§ 50d Abs. 3 nach dem BeitrRLUmsG

Europäische Hochschulschriften

European University Studies

Publications Universitaires Européennes

Reihe II **Rechtswissenschaft**

Series II Law

Série II Droit

Band/Volume **5902**

Sebastian Sumalvico

§ 50d Abs. 3 nach dem BeitrRLUmsG

Vereinbarkeit mit den Missbrauchsmaßstäben des Verfassungs-, Europa- und Völkerrechts

PL ACADEMIC RESEARCH

Bibliografische Information der Deutschen Nationalbibliothek
Die Deutsche Nationalbibliothek verzeichnet diese Publikation in der Deutschen Nationalbibliografie; detaillierte bibliografische Daten sind im Internet über http://dnb.d-nb.de abrufbar.

Zugl.: Würzburg, Univ., Diss., 2016

D 20
ISSN 0531-7312
ISBN 978-3-631-71510-9 (Print)
E-ISBN 978-3-631-71511-6 (E-PDF)
E-ISBN 978-3-631-71512-3 (EPUB)
E-ISBN 978-3-631-71513-0 (MOBI)
DOI 10.3726/b10644

PL Academic Research ist ein Imprint der Peter Lang GmbH.
Peter Lang – Frankfurt am Main · Bern · Bruxelles · New York · Oxford · Warszawa · Wien

Diese Publikation wurde begutachtet.

www.peterlang.com

Vorwort

Die vorliegende Arbeit wurde von der Juristischen Fakultät der Julius-Maximilians-Universität Würzburg im Sommersemester 2014 als Dissertation angenommen. Relevante Entwicklungen in der Rechtsprechung, etwa die Entscheidung des Bundesverfassungsgerichts vom 15.12.2015 zur Verfassungskonformität eines Treaty Override, konnten für die Druckfassung noch bis einschließlich Dezember 2015 berücksichtigt werden.

Mein ganz besonderer Dank gebührt meinem hochverehrten Doktorvater, Herrn Professor Dr. Ralf P. Schenke, für die ausgezeichnete persönliche Betreuung und die zahlreichen wichtigen Impulse bei der Anfertigung dieser Arbeit. An die überaus angenehme Zeit während meiner Assistententätigkeit an seinem Lehrstuhl, die mich in fachlicher und ganz besonders auch in persönlicher Hinsicht geprägt hat, werde ich mich allzeit gerne erinnern.

Herzlich danke ich auch Frau Professorin Dr. Stefanie Schmahl für die rasche Erstellung des Zweitgutachtens sowie Frau Professorin Dr. Anja Amend-Traut für die Übernahme des Prüfungsvorsitzes im Rahmen der Disputation.

Auch gilt mein Dank allen Kolleginnen und Kollegen am Lehrstuhl von Professor Schenke, die mich beim Entstehungsprozess dieser Arbeit unterstützt haben. Ganz besonders bedanke ich mich bei meinen ehemaligen Lehrstuhlkollegen Herren Dres. Cornelius Held und Sebastian Scholz. Und zwar nicht nur für die zahlreichen Fachgespräche, von denen ich stets profitieren und wichtige Anregungen für diese Arbeit sammeln konnte, sondern auch für die seit jeher bestehende enge freundschaftliche Verbundenheit. Auch bedanke ich mich bei Frau Sigrid Then für die stete Mithilfe in allen organisatorischen Fragen und die herzlichen Gespräche.

Ebenso danke ich herzlich Frau Kerstin Thal für ihr geduldiges Verständnis und die unschätzbare mentale Stütze während der Zeit der Promotion.

Von ganzem Herzen und nur räumlich zuletzt danke ich meiner geliebten Mutter sowie meinem Bruder, ohne deren Unterstützung und Rückhalt mir sowohl mein Studium als auch die Anfertigung dieser Arbeit kaum gelungen wären. Ihnen widme ich diese Arbeit.

München, im Oktober 2016 *Sebastian Sumalvico*

Inhaltsverzeichnis

Abkürzungsverzeichnis

a.A.	anderer Ansicht
a.F.	alte Fassung
ABl.	Amtsblatt
Abs.	Absatz
AEUV	Vertrag über die Arbeitsweise der Europäischen Union
Alt.	Alternative
AmtshilfeRL	Amtshilferichtlinie
Anm.	Anmerkung
AO	Abgabenordnung
Art.	Artikel
AStG	Außensteuergesetz
Aufl.	Auflage
BB	Betriebs-Berater
Bd.	Band
BFH	Bundesfinanzhof
BFH/NV	Sammlung amtlich nicht veröffentlichter Entscheidungen des Bundesfinanzhofs
BFHE	Entscheidungssammlung des Bundesfinanzhofs
BGBl.	Bundesgesetzblatt
BMF	Bundesministerium der Finanzen
BR-Drucks.	Drucksachen des Deutschen Bundesrates
BStBl.	Bundessteuerblatt
BT-Drucks.	Drucksachen des Deutschen Bundestages
BVerfG	Bundesverfassungsgericht
BVerfGE	Entscheidungen des Bundesverfassungsgerichts
DB	Der Betrieb
DBA	Doppelbesteuerungsabkommen
DBW	Die Betriebswirtschaft
DÖV	Die öffentliches Verwaltung
DStJG	Veröffentlichung der Deutschen Steuerjuristischen Gesellschaft
DStR	Deutsches Steuerrecht
DStRE	Deutsches Steuerrecht Entscheidungsdienst
DStZ	Deutsche Steuer-Zeitung
EFG	Entscheidungen der Finanzgerichte
EG	Europäische Gemeinschaft

EGMR	Europäischer Gerichtshof für Menschenrechte
EGV	Vertrag über die Europäische Gemeinschaft
EStG	Einkommensteuergesetz
EU	Europäische Union
EuGH	Europäischer Gerichtshof
EuGHE	Entscheidungssammlung EuGH
EuR	Europarecht (Zeitschrift)
EUV	Vertrag über die Europäische Union
EuZW	Europäische Zeitschrift für Wirtschaftsrecht
EWG	Europäische Wirtschaftsgemeinschaft
f.	folgende
ff.	fortfolgende
FG	Finanzgericht
FGO	Finanzgerichtsordnung
Fn.	Fußnote
FR	Finanz-Rundschau
FS	Festschrift
gem.	gemäß
GewStG	Gewerbesteuergesetz
GewStR	Gewerbesteuerrecht
GG	Grundgesetz
GmbHR	GmbH-Rundschau
GrS	Großer Senat
h.M.	herrschende Meinung
Hrsg.	Herausgeber
hrsg.	herausgegeben
Hs.	Halbsatz
i.d.F.	in der Fassung
i.S.v.	im Sinne von
InvStG	Investmentsteuergesetz
ISR	Internationale Steuer-Rundschau
IStR	Internationales Steuerrecht
IWB	Internationale Wirtschaftsbriefe
JStG	Jahressteuergesetz
JZ	JuristenZeitung
KapESt	Kapitalertragsteuer
KStG	Körperschaftsteuergesetz
lit.	littera (Buchstabe)

m.w.N.	mit weiteren Nachweisen
MTRL	Mutter-Tochter-Richtlinie
n.F.	neue Fassung
NJW	Neue Juristische Wochenschrift
Nr.	Nummer
OECD	Organisation für wirtschaftliche Zusammenarbeit und Entwicklung
OECD-MA	Musterabkommen der Organisation für wirtschaftliche Zusammenarbeit und Entwicklung
OECD-MK	Kommentar zum Musterabkommen der Organisation für wirtschaftliche Zusammenarbeit und Entwicklung
PIStB	Praxis Internationale Steuerberatung
RFH	Reichsfinanzhof
RFHE	Sammlung der Entscheidungen des Reichsfinanzhofs
RIW	Recht der internationalen Wirtschaft
RL	Richtlinie
Rn.	Randnummer
Rs.	Rechtssache
RStBl.	Reichssteuerblatt
S.	Seite/Satz
Slg.	Entscheidungssammlung des EuGH
sog.	sogenannt
StÄnG	Steueränderungsgesetz
StAnpG	Steueranpassungsgesetz
StbJB	Steuerberater-Jahrbuch
StuW	Steuer und Wirtschaft
Tz.	Textziffer
Ubg	Die Unternehmensbesteuerung
UmwStG	Umwandlungssteuergesetz
vgl.	vergleiche
v.	vom, von
ZLRL	Zins- und Lizenzrichtlinie
ZSteu	Zeitschrift für Steuern und Recht

§ 1 Einleitung

A. Einführung in den Untersuchungsgegenstand

I. Die Problematik des Treaty Shopping

1. Mechanismus der Dividendenbesteuerung und Funktion der Quellensteuer bei beschränkt Steuerpflichtigen

Diese Arbeit widmet sich der Untersuchung des § 50d Abs. 3 EStG in der Fassung des Gesetzes zur Umsetzung der Beitreibungsrichtlinie sowie zur Änderung steuerlicher Vorschriften[1], welcher der Verhinderung des sog. Treaty Shopping dient. Die Problematik des Treaty Shopping – das sog. „Sich-Einkaufen" in begünstigende Regelungen eines Doppelbesteuerungsabkommens – umschreibt steuerrechtlich motivierte Gestaltungen im Bereich des Internationalen und Europäischen Unternehmenssteuerrechts. Im Fokus steht hierbei, wie sich die steuerrechtliche Behandlung einer ausländischen Gesellschaft, die ihrerseits an einer deutschen Kapitalgesellschaft beteiligt ist, vollzieht. Nach dem Trennungsprinzip[2] sind bei der Besteuerung der Erträge von Kapitalgesellschaften in Deutschland traditionell zwei Ebenen auseinanderzuhalten. Auf erster Ebene wird zunächst der Gewinn der ausschüttenden Kapitalgesellschaft belastet. Auf der zweiten Ebene wird die Ausschüttung an den Anteilseigner steuerlich in Anspruch genommen. Dies führt zu einer wirtschaftlichen Doppelbelastung. Um die Vorbelastung auf Ebene der ausschüttenden Kapitalgesellschaft zu berücksichtigen, findet in Deutschland entweder ein Teileinkünfteverfahren oder ein Abgeltungssteuerverfahren Anwendung. Für im Betriebsvermögen gehaltene Beteiligungen gilt das Teileinkünfteverfahren, wonach gem. § 3 Nr. 40 EStG 40 % der Erträge steuerfrei gestellt werden. Der Abgeltungssteuer in Höhe von 25 % unterliegen im Privatvermögen gehaltene Beteiligungen (§§ 20 Abs. 1 Nr. 1; 32d Abs. 1; 43 Abs. 1 Nr. 1; 43a Abs. 1 S. 1 Nr. 1 EStG i.V.m. § 52a EStG). Ist die Anteilseignerin selbst eine Körperschaft, so bleiben die Dividenden gem. § 8b Abs. 1 KStG grundsätzlich steuerfrei[3], wobei nach § 8b Abs. 5 S. 1 KStG 5 % der Dividende als nicht abziehbare Betriebsausgaben gelten.

Schüttet eine deutsche Kapitalgesellschaft Dividenden an im Ausland ansässige Anteilseigener aus, erzielen diese inländische Einkünfte im Sinne von § 49 Abs. 1 Nr. 5 i.V.m. § 20 Abs. 1 Nr. 1 EStG. Die ausländischen Anteilseigner sind somit

---

1 Gesetz zur Umsetzung der Beitreibungsrichtlinie sowie zur Änderung steuerlicher Vorschriften v. 7.12.2011, BGBl. I 2011, 2592.

2 *Frotscher*, Internationales Steuerrecht, Rn. 380.

3 Seit dem Gesetz zur Umsetzung des EuGH-Urteils vom 20. Oktober 2011 in der Rechtssache C-284/09 v. 21.3.2013 (BGBl. 2013, S. 516) gilt die Steuerbefreiung gem. § 8b Abs. 4 KStG nicht für Streubesitzdividenden.

gem. §§ 2, 49 Abs. 1 Nr. 5a EStG bzw. § 2 KStG i.V.m. § 49 Abs. 1 Nr. 5a EStG in Deutschland beschränkt steuerpflichtig. Die ausgeschüttete Dividende unterliegt in diesem Fall einer Kapitalertragsteuer in Höhe eines einheitlichen Steuersatzes von 25 % zuzüglich Solidaritätszuschlag in Höhe von 5,5% (§ 43 Abs. 1 S. 1 Nr. 1 i.V.m. §§ 20 Abs. 1 Nr. 1, 43a Abs. 1 S. 1 EStG, § 1 Abs. 2, 3, § 2 Nr. 3, § 3 Abs. 1 Nr. 5, § 4 SolZG), woraus sich eine Gesamtbelastung von 26,375 % ergibt. Die Erhebung der anfallenden Steuer wird gem. § 50 Abs. 2 EStG i.V.m. §§ 43 Abs. 1 Nr. 1, § 20 Abs. 1 Nr. 1 EStG durch einen Abzug an der Quelle vorgenommen (Quellensteuerabzug). Gem. § 43 Abs. 1 S. 3 EStG ist der Steuerabzug ungeachtet des § 3 Nr. 40 EStG bzw. des § 8b KStG vorzunehmen. Die ausschüttende Gesellschaft hat somit die Kapitalertragsteuer bei Ausschüttung der Dividende einzubehalten und an das zuständige Finanzamt abzuführen (§ 44 Abs. 1 S. 3 i.V.m. § 43 Abs. 1 S. 1 Nr. 1, § 20 Abs. 1 Nr. 1). Schuldner der Kapitalertragsteuer ist der Gläubiger der Kapitalerträge, also der ausländische Gesellschafter. Die Einbehaltung und Abführung der Kapitalertragsteuer hat für den ausländischen Anteilseigner gem. § 50 Abs. 5 EStG, § 32 Abs. 1 Nr. 2 EStG grundsätzlich abgeltende Wirkung. Hintergrund des pauschalen Steuersatzes und der Abgeltungssteuer auf Kapitalvermögen ist vor allem die Befürchtung des Fiskus vor einer Abwanderung von Kapital ins Ausland und den damit verbundenen Schwierigkeiten eines steuerlichen Zugriffs[4].

2. *Treaty Shopping und Maßnahmen zur Verhinderung der Doppelbesteuerung*

Diese Kapitalertragsteuerbelastung kann vielfach aufgrund von unilateralen Vorschriften (etwa § 43b EStG; § 44a Abs. 9 EStG oder § 32 Abs. 5 KStG), von Doppelbesteuerungsabkommen oder infolge von EU-Richtlinien ganz oder teilweise reduziert sein. Bei grenzüberschreitenden Sachverhalten stellt sich nämlich häufig das Problem, dass ein wirtschaftlicher Vorgang in zwei oder mehreren Staaten besteuert werden kann, sodass der Steuerpflichtige dem Steuerzugriff mehrerer Staaten ausgesetzt ist. In der Regel ist mit dieser sog. Doppelbesteuerung eine steuerliche Mehrbelastung verbunden. Diese tritt in verschiedensten Formen und unter unterschiedlichsten Termini in Erscheinung, weshalb der Begriff der Doppelbesteuerung auch inhaltlich nicht eindeutig bestimmbar ist[5]. Beispielhaft seien hier nur die juristische und wirtschaftliche Doppelbesteuerung genannt. Die sog. juristische Doppelbesteuerung bezeichnet den Fall der „Erhebung vergleichbarer Steuern in zwei (oder mehreren) Staaten von demselben Steuerpflichtigen für denselben Steuergegenstand und denselben Zeitraum“[6]. Bei der sog. wirtschaftlichen

---

4 Ein viel zitierter Ausspruch, der dem früheren Finanzminister *Per Steinbrück* zugeschrieben wird, lautet dazu „Lieber 25 Prozent auf X als 42 Prozent auf nix“, vgl. *Birk/Desens/Tappe*, Steuerrecht, Rn. 760.

5 *Schaumburg*, Internationales Steuerrecht, Rn. 12.1.

6 OECD-MK, Einleitung Rn. 2; vgl. auch *Haase*, Internationales und Europäisches Steuerrecht, Rn. 31.

Doppelbesteuerung fehlt es hingegen an der Identität des Steuersubjektes. Vielmehr werden bei verschiedenen Steuerpflichtigen für dasselbe Steuergut in demselben Zeitraum vergleichbare Steuern erhoben[7]. Selbst im auf Rechtsangleichung angelegten Binnenmarkt der Europäischen Union sehen sich die Steuerpflichtigen – vor allem grenzüberschreitend tätige Unternehmen – unterschiedlichsten Steuerrechtsordnungen ausgesetzt, da die Gesetzgebungskompetenzen für die direkten Steuern grundsätzlich bei den Mitgliedstaaten verblieben sind[8].

Hintergrund der Doppelbesteuerung ist das internationale Nebeneinander von unbeschränkter und beschränkter Steuerpflicht. Der Steuerpflichtige ist in seinem Ansässigkeitsstaat regelmäßig im Bereich der Einkommensteuer mit seinem Welteinkommen der Besteuerung unterworfen (Welteinkommensprinzip) und wird in einem anderen Staat, in dem er Einkünfte generiert, zusätzlich nach dem Quellenprinzip besteuert[9]. Insofern können sich die Steueransprüche verschiedener Staaten überschneiden. Da diesbezüglich kein völkerrechtliches Verbot besteht, sind Doppelbesteuerungen auch grundsätzlich zulässig[10]. Die Doppelbesteuerung wird man zwar einerseits befürworten können, da sie, isoliert betrachtet und bezogen auf den jeweiligen Staat, Ausdruck des Leistungsfähigkeitsprinzips ist[11]. Andererseits führt die Abgeltungssteuer regelmäßig zu einer Bruttobesteuerung und so zu einer Durchbrechung des Nettoprinzips (§ 2 Abs. 2 EStG)[12]. Weil diese Doppelbesteuerung zudem als unangemessen hoch und daher als eine Behinderung des potenziellen internationalen Wirtschaftsverkehrs angesehen wird[13], versuchen die Staaten, dieser durch unilaterale (siehe Kapitalertragsteuerreduzierung nach § 43b EStG und § 44a EStG) und vor allem durch bi- bzw. multilaterale Maßnahmen entgegenzuwirken. Als bilaterale bzw. multilaterale Maßnahmen sind völkerrechtliche Verträge, sog. Doppelbesteuerungsabkommen (DBA) zu nennen. Die Staaten koordinieren dort ihre Besteuerungsrechte bzw. regeln in ihnen unter anderem Verzichte auf ihre Besteuerungskompetenz[14]. Bereits seit Ende des neunzehnten Jahrhunderts wurden

---

7 *Brähler*, Internationales Steuerrecht, S. 17 f.; *Frotscher*, Internationales Steuerrecht, S. 5.

8 Vgl. dazu *Tumpel*, DStJG 2000, 321.

9 Vgl. etwa *Strunk*, in: Grotherr/Herfort/Strunk, Internationales Steuerrecht, S. 529; *Drüen*, in: *Tipke/Kruse*, AO, § 2 Rn. 26; *Birk/Desens/Tappe*, Steuerrecht, Rn. 1452 f.

10 *Vogel*, in: *Vogel/Lehner*, DBA[5], Einl. Rn. 14.

11 Vgl. dazu *Schaumburg*, in: FS Tipke, S. 125 (134).

12 Instruktiv zum objektiven und subjektiven Nettoprinzip *Birk/Desens/Tappe*, Steuerrecht, Rn. 615 ff.

13 *Jacobs/Enders/Spengel*, Internationale Unternehmensbesteuerung, S. 1, 4 f.; *Frotscher*, Internationales Steuerrecht, S. 3; *Beiser/Kühbacher*, in: Roth/Hilpold, Der EuGH und die Souveränität der Mitgliedstaaten, S. 107; *Birk/Desens/Tappe*, Steuerrecht, Rn. 1454; die Wichtigkeit von DBA für exportorientierte Volkswirtschaften betonend: *Haase*, Internationales und Europäisches Steuerrecht, Rn. 566.

14 *Drüen*, in: *Tipke/Kruse*, AO, § 2 Rn. 33; zu den Strategien Deutschlands im Steuerwettbewerb vgl. *Fuest*, in: *Lüdicke*, Wo steht das deutsche Internationale Steuerrecht?, S. 1 (16 f.).

zur Vermeidung der Doppelbesteuerung erste Abkommen zwischen verschiedenen Staaten geschlossen. Nach dem Ende des Ersten Weltkrieges baute man in Mitteleuropa erste größere Abkommensnetze aus[15]. Diese sind von Staat zu Staat jedoch sehr unterschiedlich ausgestaltet, wodurch international ein starkes Regelungsgefälle bestehen kann[16]. Internationale Organisationen erkannten dieses Problem bereits frühzeitig und bemühten sich um einheitliche Abkommensstandards[17]. So veröffentlichte etwa die OECD im Jahr 1963 erstmals ein Musterabkommen (OECD-MA) zur Vermeidung der Doppelbesteuerung, welches bis heute immer wieder angepasst wurde und maßgeblich zur Vereinheitlichung der DBA vieler Staaten beigetragen hat. In diesem Zusammenhang ist auch das Engagement der Europäischen Union zu nennen, die ebenfalls verstärkt Maßnahmen zur Verhinderung der Doppelbesteuerung innerhalb des Binnenmarktes – etwa die Mutter-Tochter-Richtlinie[18] – ergriffen hat. Daher spielen nicht nur die durch DBA, sondern auch die durch EU-Richtlinien geschaffenen Steuervergünstigungen im Rahmen internationaler Steuerplanung, insbesondere bei großen internationalen Konzernen, zunehmend aber auch schon bei mittelständischen Unternehmen, eine bedeutende Rolle. Ziel der internationalen Steuerplanung ist es, die unterschiedliche Regelungsdichte, insbesondere Lücken in DBA und EU-Steuerrichtlinien zum eigenen steuerlichen Vorteil auszunutzen[19].

In diesem Kontext hat das sog. „Treaty Shopping" stetig an Bedeutung gewonnen. Hierdurch wird unter anderem versucht, dem eingangs geschilderten Quellensteuerabzug zu entgehen. Ursprünglich stammt dieser sehr bildhafte Begriff des Treaty Shopping aus den USA[20] und bedeutet frei übersetzt, das „Sich-Einkaufen" in den Anwendungsbereich eines fremden Abkommens[21]. In der deutschen Literatur fand der Terminus wohl erst ab den achtziger Jahren Verbreitung[22]. Zuvor sprach man

---

15 Ein historischer Abriss findet sich bei *Vogel*, in: *Vogel/Lehner*, DBA[5], Einl. Rn. 33; *Schaumburg*, Internationales Steuerrecht, Rn. 16.12 f.

16 *Schaumburg*, Internationales Steuerrecht, Rn. 16.124 f.; siehe auch *Lutz*, Massnahmen gegen die missbräuchliche Inanspruchnahme von Doppelbesteuerungsabkommen, S. 3 m.w.N.

17 Siehe dazu im Überblick *Schaumburg*, Internationales Steuerrecht, Rn. 16.14.

18 Richtlinie des Rates über das gemeinsame Steuersystem der Mutter- und Tochtergesellschaften verschiedener Mitgliedstaaten vom 23. Juli 1990, 90/435/EWG, ABl. 1990, L 225/6–9.

19 Zur wachsenden Bedeutung der internationalen Steuerplanung vgl. *Haase*, Internationales und Europäisches Steuerrecht, Rn. 1 ff.; *Schulz/Musil*, DStR 2013, 2205 f.; zu den Besonderheiten des grenzüberschreitenden Steuermissbrauchs siehe auch *Hey*, in Lüdicke, Wo steht das Internationale Steuerrecht?, S. 137 (139 f.).

20 *Lutz*, Massnahmen gegen die missbräuchliche Inanspruchnahme von Doppelbesteuerungsabkommen, S. 14 m.w.N.

21 *Becker*, in: Vogel (1985), S. 172; *Kraft*, IStR 1994, 370 ff.; *Carlé*, KÖSDI 1999, 12056, 12057; *Lüdicke*, Überlegungen zu deutschen DBA-Politik, S. 41 f.

22 Vgl. *Becker/Wurm*, Treaty Shopping; *Piltz*, Doppelbesteuerungsabkommen und Steuerumgehung; *Vogel*, StuW 1985, 369, 374; *Fischer-Zernin*, RIW 1987, 362.

lediglich von „Erschleichung von Abkommensberechtigung[23]“ oder einfach von „Gestaltungsmissbrauch“[24]. Die Begrifflichkeiten[25] werden teilweise synonym verwendet und meinen in diesem Kontext regelmäßig das aktive Verhalten eines in einem Drittstaat (Nicht-DBA-Staat) ansässigen Steuerpflichtigen, der durch diverse rechtliche Gestaltung Vergünstigungen oder Schutzwirkungen eines zwischen zwei anderen Staaten geschlossenen Abkommens in Anspruch zu nehmen versucht, obwohl sie ihm nach Sinn und Zweck der Regelung eigentlich nicht zugedacht sind[26]. Wird versucht, auf diese Weise an einer durch eine EU-Richtlinie gewährten Steuervergünstigung zu partizipieren, erfasst man dieses Verhalten auch unter dem Terminus des sog. „Directive-Shopping“[27].

Durch solche Konstruktionen – meist basierend auf der Zwischenschaltung juristischer Personen – versuchen Unternehmen oder Investoren, ihre Steuerlast zu optimieren und auf ein Minimum zu reduzieren. Nach in Deutschland ständiger höchstrichterlicher Rechtsprechung steht es dem Steuerpflichtigen zwar grundsätzlich offen, seine Verhältnisse so einzurichten, wie sie ihm steuerlich am günstigsten erscheinen, sodass also eine grundsätzliche Gestaltungsfreiheit besteht[28]. Problematisch ist es jedoch, wenn durch Abkommen gewährte Steuervorteile auch solchen Steuerpflichtigen zugutekommen, denen sie nach dem Willen zumindest einer der Vertragsstaaten eigentlich nicht zustehen sollten. Folge des Treaty Shopping sind zudem erhebliche Steuerausfälle[29]: Nach einer Aussage der Bundesregierung aus dem Jahr 2009 betrug die Minderung der steuerlichen Bemessungsgrundlage, die durch grenzüberschreitende Gewinnverlagerungen im Wege des Ausnutzens rechtlicher Gestaltungsspielräume entsteht, etwa 65 Mrd. € pro Jahr[30]. Um Gestaltungsmissbrauch zu verhindern, versuchen die betroffenen Staaten daher, diesem durch entsprechende Maßnahmen, insbesondere durch Schaffung von (allgemeinen oder typisierenden[31]) Missbrauchsverhinderungsvorschriften entgegenzuwirken. Hierbei

---

23 *Becker*, in Vogel (1985), S. 171.

24 BFH, Urt. v. 28.01.1972 – VIII R 4/66, DB 1972, 807; BFH, Urt. v. 25.9.1963 – II 185/60, HFR 1964, 47.

25 Differenzierte Ausführungen zum Treaty Shopping-Begriff siehe sogleich S. 6 ff.

26 Carlé, KÖSDI 1999, 12056, 12057.

27 Begriff bei *Knobbe-Keuk*, intertax 1992, 485, 490.

28 Vgl. nur BVerfG v. 14.4.1959 – 1 BvL 23, 34/57, BVerfGE 9, 237 (250); BFH v. 19.2.1975 – I R 26/73, BStBl. II 1975, 584; BFH v. 16.1.1992 – V R 1/91, BStBl. II 1992, 541; BFH v. 18.12.1996 – XI R 12/96, BStBl. II 1997, 374; BFH v. 19.10.1999 – IX R 39/99, BStBl. II 2000, 223 (224); vgl. auch *Schwarz*, in: *Schwarz*, AO, § 42 Rn. 10; vgl. zur sog. „Magna Charta des Steuerpflichtigen“ *Fischer*, DB 1996, 644, 647.

29 Vgl. dazu *Schanne*, Doppelbesteuerungsabkommen und innerstaatliches Recht, S. 2; zum Fiskalzweck von Missbrauchsverhinderungsvorschriften *Hey*, StuW 2008, 167, 171.

30 Vgl. BT-Drucks. 16/12028, S. 3.

31 Zum Begriff der Typisierung vgl. *Birk/Desens/Tappe*, Steuerrecht, Rn. 218; *Lang*, in: *Tipke/Lang*, § 4 Rn. 23, 101, § 5 Rn. 43.

stellt es sich für den Gesetzgeber regelmäßig als eine nur schwer zu lösende Aufgabe dar, eine gerechte Grenzziehung zwischen steuerlich anzuerkennender und missbräuchlicher Gestaltung zu finden[32].

3. Begriffliche Einordnung des Treaty Shopping in Bezug auf § 50d Abs. 3 EStG

a) Begriffliche Grundlagen

(1) Treaty Shopping

Zur Schaffung begrifflicher Transparenz sind zunächst die eng miteinander verwandten Termini des Treaty Shopping, Rule Shopping und Directive Shopping voneinander abzugrenzen, da diese teilweise synonym verwendet werden. Gemeinsam ist ihnen, dass sie dem Begriff des sog. Forum Shopping nachgebildet sind[33], nach welchem sich der Rechtssuchende den Gerichtsstand heraussucht, von dem er die günstigste Entscheidung erwartet.

i. Direct-Conduit-Strategie

Das Treaty Shopping, mit einem Wort der „Abkommenskauf"[34], kann in verschiedenen Varianten hervortreten. Als Grundkonstellation lässt sich die sog. Direct-Conduit-Strategie[35] anführen. Darunter ist wie bereits eingangs erwähnt der Gebrauch eines fremden Abkommens durch Zwischenschaltung einer juristischen Person, einer sog. Zwischengesellschaft, zu verstehen[36]. Ziel der Gestaltung ist es regelmäßig, die Besteuerung bei Ausschüttung von Dividenden, den Quellensteuerabzug, zu minimieren. Durch die Gründung der (substanzlosen) Zwischengesellschaft versuchen die nicht abkommensberechtigten Gesellschafter, in den Genuss der Abkommensvergünstigung zu gelangen, um so eine geringere Steuerbelastung zu erreichen als bei einer direkten Ausschüttung der Dividenden. Insbesondere gegen diese Strategie wendet sich § 50d Abs. 3 EStG.

---

32 *Rose*, FR 2008, 1274.

33 Carlé, KÖSDI 1999, 12056, 12057.

34 *Zettler*, Treaty Shopping nach Inkrafttreten des § 50d Ia EStG, S. 21.

35 *Department of International Economic and Social Affairs (1988)*, S. 3; *Scholz*, Anti-Treaty-Shopping-Regelungen, S. 1; zu den sog. "conduit companies" siehe auch *Krabbe*, in: Gaddum/Hofman, Münchener Schriften, S. 46 f.

36 *Wassermeyer*, in: Wassermeyer/Debatin, MA Art. 1 Rn. 65.

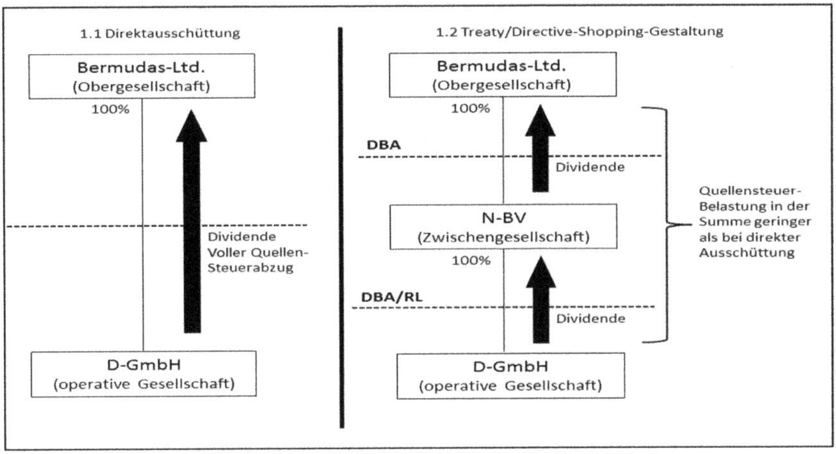

ii. Stepping-Stone-Strategie

Eine zweite Methode ist die Stepping-Stone-Strategie, auch Sprungbrettgestaltung genannt, bei der zusätzlich zu den Abkommensvorteilen Möglichkeiten zur Reduktion der Steuerbemessungsgrundlage im Ansässigkeitsstaat der Zwischengesellschaft genutzt werden[37]. Hier wird der oben genannten Grundkonstellation eine weitere Zwischengesellschaft in einem vierten Staat hinzugefügt. Die erste Zwischengesellschaft leistet dann an die zweite Zwischengesellschaft, die in einem Staat mit niedrigem Steuersatz ansässig ist, hohe Zahlungen – etwa Zinsen oder Provisionen –, die sie als gewinnmindernde Betriebsausgaben steuerlich abziehen kann[38].

37 *Department of International Economic and Social Affairs (1988)*, S. 4; *Wassermeyer*, in: Wassermeyer/Debatin, MA Art. 1 Rn. 66.

38 Carlé, KÖSDI 1999, 12056, 12058.

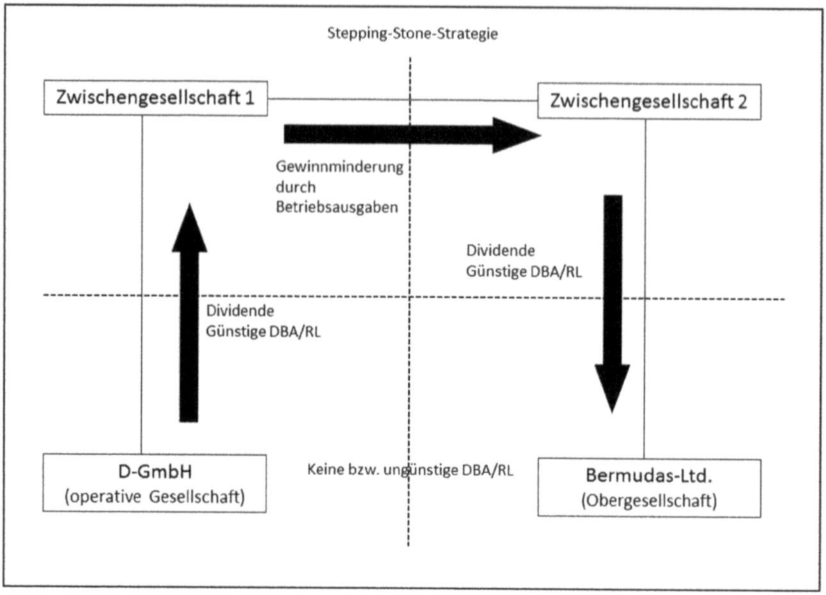

iii. Quintett-Gestaltungen

Als weitere Abwandlung sind Quintett-Gestaltungen zu nennen[39]. Sie kommen in Betracht, wenn etwa eine Quellensteuerentlastung nur bei Minderheitsbeteiligungen vorgesehen ist. In diesem Fall wird beispielsweise eine Mehrheitsbeteiligung in Höhe von 100 Prozent in fünf Minderheitsbeteiligungen (daher „Quintett") zu je 20 Prozent aufgeteilt[40], um den Quellensteuerabzug zu minimieren.

(2) Rule Shopping

Für das Rule Shopping ist in Abgrenzung zum Treaty Shopping kennzeichnend, dass ein Steuerpflichtiger bereits Berechtigter eines Abkommens ist, sich jedoch darum bemüht, in den Anwendungsbereich einer konkreten vorteilhafteren Verteilungsnorm dieses Abkommens zu gelangen, z.B. durch die Wahl einer möglichst günstigen Einkunftsart des DBA im Wege der Umqualifizierung[41]. Es wird sich also in den Anwendungsbereich einer ganz bestimmten Abkommensnorm „eingekauft".

---

39 Vgl. BFH v. 13.9.1972 – I R 130/70, BStBl. II 1973, 57.

40 Instruktiv *Pflügler*, PIStB 2001, 255 ff.; vgl. auch *Schaumburg*, Internationales Steuerrecht, Rn. 16.129; FG Köln v. 13.3.2001 – 2 K 1298/95, EFG 2001, 693; näher dazu auch unten S. 57 f.

41 *Wassermeyer*, in: Wassermeyer/Debatin, MA Art. 1 Rn. 68; *Prokisch*, in: *Vogel/Lehner*, DBA[5], Art. 1 Rn. 101; *Hey*, in Lüdicke, Wo steht das Internationale Steuerrecht?, S. 137 (130).

(3) Directive Shopping

Im Rahmen des Directive Shopping – „Richtlinienkauf"[42] – versucht der Steuerpflichtige nicht, in den Genuss einer Abkommensvergünstigung, sondern einer Richtlinienvergünstigung der Europäischen Union (hier ist insbesondere die Mutter-Tochter-Richtlinie[43], umgesetzt in § 43b EStG, zu nennen) zu gelangen, die ihm normalerweise nicht zustünde. Beispielsweise schaltet ein in den USA ansässiger Gesellschafter einer deutschen GmbH eine funktionslose Gesellschaft in einem anderen EU-Mitgliedstaat zwischen sich und die GmbH. Insoweit entspricht dies der Direct-Conduit-Strategie, weshalb auch diese Gestaltungen von § 50d Abs. 3 EStG erfasst werden.

Da die verschiedenen Strategien in sehr enger Verwandtschaft miteinander stehen, kann es vorkommen, dass die Begrifflichkeiten teilweise ungenau oder synonym verwendet werden. Während man die bloße Zwischenschaltung einer Gesellschaft zur Erlangung der Abkommensvergünstigung (Direct-Conduit-Methode) auch als Treaty Shopping im engeren Sinne bezeichnen kann[44], umfasst nach dieser Einordnung das Treaty Shopping im weiteren Sinne alle anderen Abwandlungen des Treaty Shopping bzw. auch das Rule Shopping und das Directive Shopping[45]. Für die folgenden Ausführungen soll an dieser eben genannten Einteilung festgehalten werden. Da die Darstellung auf eine Analyse des § 50d Abs. 3 EStG abzielt, der im Wesentlichen den Missbrauch von Abkommens- bzw. Richtlinienvergünstigungen mittels Zwischenschaltung funktionsloser Gesellschaften zum Gegenstand hat, kommt es für diese Untersuchung in erster Linie nur auf das Treaty Shopping i.e.S. und auf das Directive Shopping an. Sollte eine Differenzierung nötig sein, so wird an betreffender Stelle gesondert darauf hingewiesen. Im Übrigen ergibt sich die Bedeutung aus dem jeweiligen Sachzusammenhang.

b) Einordnung nach der Investitionsrichtung

Weiterhin können grenzüberschreitende wirtschaftliche Tätigkeiten nach ihrer Investitionsrichtung eingeordnet werden. Man unterscheidet zwischen Outbound- und Inbound-Investitionen.

42 *Zettler*, Treaty Shopping nach Inkrafttreten des § 50d Ia EStG, S. 21.

43 Richtlinie des Rates über das gemeinsame Steuersystem der Mutter- und Tochtergesellschaften verschiedener Mitgliedstaaten vom 23. Juli 1990, 90/435/EWG, ABl. 1990, L 225/6–9.

44 *Renger*, Treaty Shopping, S. 4.

45 *Renger*, Treaty Shopping, S. 4.

(1) Outbound-Konstellation

Der Outbound-Fall bezeichnet eine Investition eines inländischen Investors im Ausland[46]. In dieser Konstellation hat die Obergesellschaft ihre Geschäftsleitung oder ihren Sitz im Inland und ist dort unbeschränkt steuerpflichtig gem. § 1 Nr. 1 KStG i.V.m. §§ 10, 11 AO. Die Zwischen- und die operative Gesellschaft haben ihren Sitz bzw. ihre Geschäftsleitung lediglich im Ausland und erzielen daher keine inländischen Einkünfte. Für die vorliegende Untersuchung des § 50d Abs. 3 EStG spielt der Outbound-Fall grundsätzlich keine Rolle.

(2) Inbound-Konstellation

Von zentraler Bedeutung für den Untersuchungsgegenstand ist vielmehr der Inbound-Fall, bei welchem sich ein ausländischer Investor im Inland engagiert[47]. Unbeschränkt steuerpflichtig gem. § 1 Nr. 1 KStG i.V.m. §§ 10, 11 AO ist hier die operative Gesellschaft aufgrund ihrer Geschäftsleitung bzw. ihres Sitzes im Inland. Zwischen- und Obergesellschaft haben Sitz oder Geschäftsleitung im Ausland. Auf Inbound-Fälle ist in Deutschland § 50d Abs. 3 EStG anwendbar[48], da dieser gerade auf die missbräuchliche Einschaltung ausländischer Zwischengesellschaften abstellt.

II. Die Anti-Treaty/-Directive-Shopping-Regelung des § 50d Abs. 3 EStG

Wie im Lauf der Untersuchung zu zeigen sein wird, ergeben sich wiederholt Probleme bei der Ausgestaltung von Missbrauchsverhinderungsvorschriften. Der wirtschaftlich durchaus nachvollziehbare Beweggrund, Steuern sparen zu wollen, rechtfertigt für sich noch nicht die Annahme einer missbräuchlichen Gestaltung[49]. Unabhängig davon ist zu beachten, dass Steuerrecht vor allem Eingriffsrecht darstellt[50]. Der Steuerpflichtige bedarf daher grundsätzlich eines möglichst wirksamem Schutzes vor dem unplanbaren staatlichen Eingreifen[51], soweit seine allgemein anerkannte Gestaltungsfreiheit berührt ist[52]. Bei der verfassungsrechtlichen Rechtfertigung typisierender Vorschriften stellt sich vor allem das Problem, ob diese im Widerspruch zum allgemeinen Gleichheitssatz stehen bzw. ob sie verhältnismäßig ausgestaltet sind. Die Problematik, dass nicht nur die unerwünschten, sondern darüber hinaus auch die unschädlichen Gestaltungen

46 *Brähler*, Internationales Steuerrecht, S. 219; *Jacobs/Endres/Spengel*, Internationale Unternehmensbesteuerung, S. 385 ff.

47 *Jacobs/Endres/Spengel*, Internationale Unternehmensbesteuerung, S. 253 ff.

48 *Gosch*, in: FS Reiß, S. 579 (619).

49 *Schwarz*, in: *Schwarz*, § 42 Rn. 10.

50 *Weber-Grellet*, StuW 2003, 278, 282; *Loritz*, ZSteu 2007, 415, 416; siehe auch *Ralf P. Schenke*, in FS Wahl S. 803 (805).

51 *Hey*, Steuerplanungssicherheit als Rechtsproblem, S. 598 ff.

52 Im Detail siehe dazu unten S. 119 f.

durch typisierende Missbrauchsverhinderungsvorschriften betroffen werden, stellt sich für den Gesetzgeber in praxi als nicht leicht zu lösende Aufgabe dar[53]. Sind diese Normen tatbestandlich zu weit ausgestaltet, besteht besonders die Gefahr, dass nicht nur die DBA-Regelungen ins Leere zu laufen drohen, sondern zudem möglicherweise gegen das Verbot der Übermaßbesteuerung verstoßen wird[54]. In entgegengesetzter Richtung ist darauf zu achten, dass der Tatbestand nicht zu speziell ist und möglichst alle denkbaren Sachverhalte der bereichsspezifischen Steuerumgehung erfasst. Die kanadische Carter Commission formulierte diese Problematik metaphorisch, dem Gesetzgeber bleibe die Wahl zwischen dem „sniper-" und dem „shotgun-approach"[55], zu Deutsch zwischen Heckenschützen- oder Schrotflintenmethode. Der Gesetzgeber muss somit eine Gratwanderung vollziehen, um Lösungen zu finden, mit denen er seine DBA zwar einerseits effektiv und in verfassungsrechtlich zulässiger Weise vor Missbrauch schützen kann, die aber andererseits die eigentliche Funktion der DBA nicht unterminieren[56].

In völkerrechtlicher Hinsicht kommt zudem die Problematik des sog. Treaty Override hinzu. Trifft der Gesetzgeber einseitig Anordnungen, die von den Regelungen eines DBA abweichen, wurde dies bislang als verfassungsrechtlich unproblematisch qualifiziert. Darin wird allerdings vermehrt in der Literatur[57], aber auch vereinzelt in der Rechtsprechung[58] eine Verletzung des Rechtsstaatsgebots aufgrund eines Verstoßes gegen den Grundsatz *pacta sunt servanda* gesehen.

Die Problematik weist jedoch auch eine europarechtliche Dimension auf. In den letzten Jahren hat der EuGH im Wege seiner Rechtsprechung zu den Grundfreiheiten einen europäischen Missbrauchsbegriff herausgebildet, der erheblichen Einfluss auf die nationalen Steuerrechtsordnungen ausübt[59]. Durch die dort aufgestellten Vorgaben für nationale Missbrauchsverhinderungsvorschriften geraten die nationalen Gesetzgeber der Mitgliedstaaten, insbesondere auch im Rahmen von Vertragsverletzungsverfahren vor dem EuGH[60], zunehmend unter Druck. In diesem Zusammenhang stellt sich die Frage, ob Missbrauchsverhinderungsnormen mit den Grundfreiheiten vereinbar sind. Insbesondere typisierende Vorschriften müssen dem Erforderlichkeitsgrundsatz entsprechen, um einen Eingriff in die Grundfreiheiten zu rechtfertigen.[61]

---

53 *Zettler*, Treaty Shopping nach Inkrafttreten des § 50d Ia EStG, S. 20; zur überschießenden Steuerpflichtbegründung vgl. auch *Roser*, FR 2005, 178 ff.

54 Zum Verbot der Übermaßbesteuerung siehe nur BFH v. 19.11.2003 – I R 88/02, BStBl. II 2004, 751 = FR 2004, 588; BFH v. 25.02.2003 – VIII B 253/02, BFH/NV 2003, 624.

55 *Carter Commission*, zitiert bei *Schön*, IStR 1996, Beihefter zu Heft 2, S. 2.

56 Vgl. dazu auch *Schneider/Anzinger*, ZIP 2009, 1, 2.

57 *Vogel*, in: *Vogel/Lehner*, DBA[5], Einl. Rn. 204 f.

58 BFH v. 13.7.1994 – I R 120/93, BStBl. II 1995, 129; BFH v. 10.1.2012 – I R 66/09, BFHE 236, 304 = BB 2012, 1902 ff.

59 Siehe dazu näher unten S. 149 ff.

60 Z.B. EuGH v. 20.10.2011 – Rs. C-284/09, Slg. 2011, I-0.

61 Vgl. nur EuGH v. 17.7.1997 – Rs. C-28/95 (Leur-Bloem), Slg. 1997, I- 4161, Rn. 48.

Im Kontext mit den soeben angerissenen Problempunkten ist der jüngst durch das Beitreibungsrichtlinienumsetzungsgesetz (BeitrRLUmsG)[62] mit Wirkung zum 1.1.2012[63] neugefasste und revidierte § 50d Abs. 3 EStG wieder verstärkt in den Fokus der steuerrechtlichen Diskussion in Literatur und Praxis gerückt. Diese sog. „Anti-Treaty-/Directive-Shopping"-Regelung[64] sieht sich bereits seit ihrer Einführung 1994[65] in der steuerrechtlichen Literatur heftiger Kritik ausgesetzt[66] und wurde in der Folge mehrmals geändert bzw. angepasst.

Die Vorschrift soll der Einschaltung funktionsloser Gesellschaften zur Minimierung der Quellensteuerbelastung durch die Versagung der Quellensteuererstattung entgegenwirken, dient somit der Verhinderung missbräuchlicher Erschleichung der Erstattungs- und Freistellungsberechtigung gem. § 50d Abs. 1 u. 2 EStG sowie nach dem jüngst für Streubesitzdividenden eingeführten § 32 Abs. 5 KStG[67]. Insoweit beschränkt sie die Inanspruchnahme von Abkommens- und Richtlinienvergünstigungen durch ausländische Gesellschaften mit inländischen Einkünften in Deutschland, welche grundsätzlich deutschen Abzugssteuern (etwa Kapitalertragsteuer) unterworfen sind. § 50d Abs. 3 EStG wendet sich also gegen das Treaty Shopping im engeren Sinne sowie gegen das Directive Shopping.

Hintergrund der Neuregelung war vor allem das von der Europäischen Kommission eingeleitete Vertragsverletzungsverfahren gegen die Bundesrepublik Deutschland[68]. Hiernach wurde die BRD förmlich aufgefordert, die Vorschrift des § 50d Abs. 3 EStG a.F. zu ändern, da diese nach Auffassung der Kommission über das zur Erreichung der Missbrauchsvermeidung erforderliche Maß hinausgehe und somit einen unverhältnismäßigen Eingriff in die Grundfreiheiten darstelle. Jedoch auch nach der jetzigen Änderung durch das BeitrRLUmsG stößt § 50d Abs. 3 EStG nach wohl überwiegender Meinung – insbesondere aus Sicht der steuerberatenden Praxis[69] – auf

---

62 Gesetz zur Umsetzung der Beitreibungsrichtlinie sowie zur Änderung steuerlicher Vorschriften v. 7.12.2011, BGBl. I 2011, 2592.

63 Art. 25 Abs. 1 BeitrRLUmsG.

64 Zum Begriff siehe nur *Gabel*, StuW 2011, 3, 9; *Gebhardt/Moser*, IStR 2012, 607; *Schanne*, DBA und innerstaatliches Recht, S. 17.

65 Zunächst geregelt in § 50d Abs. 1a EStG a.F., eingeführt durch das StMBG v. 21.12.1993; BStBl. I 1994, 50; seit dem StÄndG v. 20.12.2001 in § 50d Abs. 3 EStG übernommen, BStBl. I 2002, 4.

66 Zu § 50d Abs. 3 EStG a.F. ab 2007: *Frotscher*, in: Frotscher, EStG[159], § 50d Rn. 97, 149 ff.; *Schönfeld*, in: Flick/Wassermeyer/Baumhoff/Schönfeld, Außensteuerrecht, § 50d Abs. 3 EStG Rn. 21 ff.; *Bron*, DB 2007, 1273. Zu § 50d Abs. 3 EStG a.F. ab 2002: *Schmidt/Heinicke*, EStG[21], § 50d Anm. 10; zu § 50d Abs. 1a EStG a.F.: *Schmidt/Heinicke*, EStG[13], § 50d Anm. 10; *Flick*, IStR 1994, 223.

67 Vgl. § 32 Abs. 5 S. 2 Nr. 4 KStG.

68 *EU-Kommission*, Mitteilung v. 18.3.2010, IP/10/298, Az. 2007/4435.

69 Siehe nur *Birker*, BB 2012, 1961 ff.; *Dorfmüller/Fischer*, IStR 2011, 857 ff.; *Engers/Dyckmanns*, Ubg 2011, 929 ff.; *Schaflitz/Weidmann*, DStR 2013, Beihefter zu Heft 23, s. 30 ff.; *Schnitger/Gebhardt*, ISR 2013, 202, 210.

erhebliche Bedenken: Kritisiert wird unter anderem der „verunglückte“[70] Gesetzestext; vereinzelt hält man die Vorschrift lapidar für „rechtswidrig“[71]. Der wohl überwiegende Teil der Literatur zweifelt an der Europarechtskonformität[72] der Norm, teilweise auch an ihrer Vereinbarkeit mit Völkerrecht[73]. Folgte man zudem der Auffassung, dass die Norm gegen Völkervertragsrecht verstößt und folglich ein sog. Treaty Override[74] vorliegt, ist darüber hinaus äußerst umstritten, ob ein Treaty Override nicht sogar einen Verstoß gegen verfassungsrechtliche Grundsätze, genauer gegen das Rechtsstaatprinzip impliziert[75]. Vor allem durch die Vorlage des BFH an das Bundesverfassungsgericht hat diese Frage wieder an Aktualität gewonnen[76]. In seinem Normenkontrollantrag geht der BFH davon aus, dass § 50d Abs. 8 S. 1 EStG a.F. gegen Art. 2 Abs. 1 GG i.V.m. Art 20 Abs. 3 und Art. 25 GG verstößt. Hiernach soll bei Einkünften eines unbeschränkt Steuerpflichtigen aus nicht selbstständiger Arbeit die völkervertragsrechtlich gemäß Art. 23 Abs. 1 lit. a Satz 1 i.V.m. Art. 15 Abs. 1 DBA-Türkei 1985[77] in Verbindung mit dem dazu ergangenen Zustimmungsgesetz vom 27.11.1989 vereinbarte Freistellungen dieser Einkünfte bei der Veranlagung ungeachtet dieses Abkommens nur gewährt werden, soweit der Steuerpflichtige nachweist, dass der Staat, dem nach dem Abkommen das Besteuerungsrecht zusteht, auf dieses Besteuerungsrecht verzichtet hat oder dass die in diesem Staat auf die Einkünfte festgesetzten Steuern entrichtet wurden. Einen auf ähnlichen Erwägungen beruhenden Vorlagebeschluss legte der BFH nochmals am 11.12.2013[78] dem BVerfG vor.

Darüber hinaus hält *Gosch* § 50d Abs. 3 EStG neben der allgemeinen Missbrauchsverhinderungsvorschrift des § 42 AO schlichtweg für „überflüssig“[79]. Jüngst setzte

---

70 *Lüdicke*, IStR 2012, 81 ff.; *Wiese*, GmbHR 2012, 376, 384.

71 *Wiese*, GmbHR 2012, 376.

72 *Schmidt/Loschelder*, EStG[32], § 50d Rn. 49; *Gosch*, in: Kirchhof, EStG[11], § 50d Rn. 24, 26, 29k; *Dorfmüller/Fischer*, IStR 2011, 857, 863; *Stöber*, DStZ 2012, 155, 164; eine partielle Nichtanwendbarkeit fordernd: *Lüdicke*, IStR 2012, 81, 86; *Stark/Jasper*, IStR 2013, 169, 172; *Wiese*, GmbHR 2012, 376, 380; a.A.: *Musil*, FR 2012, 149, 152; *Frotscher*, in: Frotscher, EStG[171], § 50d Rn. 148.

73 *Gosch*, in: Kirchhof, EStG[11], § 50d Rn. 24; differenzierend: *Kraft/Gebhardt*, DB 2012, 80, 82.

74 So etwa *Birker*, BB 2012, 1961, 1965; zum Begriff siehe näher unten S. 200 ff.

75 Von der Verfassungswidrigkeit ausgehend etwa *Daragan*, DB 2011, 2681 ff.; *Vogel*, in: *Vogel/Lehner*, DBA[5], Einl. Rn. 199 ff., 205; a.A. *Hahn*, IStR 2011, 863, 868 f.; vgl. auch den interessanten Aufsatz von *Frotscher*, in: FS Schaumburg, S. 687 ff.

76 BFH v. 10.1.2012 – I R 66/09, BFHE 236, 304 = BB 2012, 1902 ff.

77 Neugefasst BStBl. I 2013, 373.

78 BFH v. 11.12.2013 – I R 4/13 = DStR 2014, 306; kritisch *Lehner*, IstR 2014, 189 ff.

79 *Gosch*, in: Kirchhof, EStG[11], § 50d Rn. 24; so auch *Rudolf*, Treaty Shopping und Gestaltungsmissbrauch, S. 498.

sich auch das 10. Münchner Unternehmenssteuerforum kritisch mit den Anwendungsproblemen des § 50d Abs. 3 EStG auseinander[80].

B. Gang und Ziel der Arbeit

Die Minimierung der Steuerbelastung durch rechtliche Gestaltungen ist legitimes Ziel der Steuerplanung. Andererseits ist es auch einsichtig, dass der Fiskus ein gesteigertes Interesse daran hat, derartige Gestaltungen zu unterbinden. Im Bereich des Treaty Shopping, welches der Steuerumgehung zuzuordnen ist, erwächst hieraus – vor allem auch durch das international bestehende Regelungsgefälle im Abkommensrecht – ein besonderes Spannungsfeld. Insbesondere aufgrund der Abwanderungsgefahr von Besteuerungssubstrat ins Ausland versuchen die Staaten, dieser Steuerplanung entgegenzuwirken. Dabei hat sich der Gesetzgeber aber in den verfassungs- und europarechtlichen Grenzen zu bewegen. Der Finanzgerichtsbarkeit kommt in diesem Zusammenhang die Aufgabe zu, sowohl die Normsetzung als auch die Rechtsanwendung durch die Exekutive zu kontrollieren[81]. Bei typisierenden Missbrauchsverhinderungsvorschriften besteht gerade im Zusammenhang mit der Treaty-/ Directive-Shopping-Bekämpfung die Problematik, dass der Gesetzgeber häufig auf neue Konstruktionen der Steuerpflichtigen bzw. auf missliebige Rechtsprechung lediglich punktuell reagiert, um so möglichst schnell konkrete Steuerumgehungsgestaltungen zu bekämpfen. Dieses „Hase-Igel-Spiel“[82] zwischen Steuerpflichtigen und Gesetzgeber führt häufig zu unausgereiften Vorschriften[83], die sodann möglicherweise nicht nur verfassungs-, sondern auch europa- und völkerrechtlichen Maßstäben nicht gerecht werden.

Insbesondere vor dem Hintergrund verstärkter typisierender Missbrauchsgesetzgebung kommt der Problematik der Steuerumgehung und ihrer Bekämpfung zunehmende Relevanz zu. Sowohl die allgemeine Problematik des Treaty Shopping als auch der wichtige Anwendungsfall des § 50d Abs. 3 EStG waren bereits Gegenstand diverser wissenschaftlicher Untersuchungen[84]. Die Neufassung der Vorschrift durch das Gesetz zur Umsetzung der Beitreibungsrichtlinie sowie zur Änderung steuerlicher Vorschriften ist hingegen noch nicht primärer Gegenstand einer Dissertation gewesen[85]. Ziel dieser Untersuchung soll es daher sein, § 50d Abs. 3 EStG

---

80 Siehe dazu *Jehling/Stolle*, DStR 2013, Beihefter zu Heft 23, S. 26 ff.; *Schaflitz/Weidmann*, DStR 2013, Beihefter zu Heft 23, S. 30 ff.

81 *Pezzer*, DStR 2004, 525.

82 *Seer*, DStJG 2010, 2.

83 Mit deutlicher Kritik an der „Chaotisierung“ des Steuerrechts *Hey*, StuW 2008, 167, 183.

84 Siehe nur *Renger*, Treaty Shopping; *Zettler*, Treaty Shopping nach Inkrafttreten des § 50d Ia EStG; *Scholz*, Anti-Treaty-Shopping-Regelungen; *Rudolf*, Treaty Shopping; *Schade*, Die deutsche Anti-Treaty-Shopping-Regelung des § 50d Abs. 3 EStG.

85 Hinzuweisen ist jedoch auf die beeindruckende Arbeit von *Rudolf*, Treaty Shopping, S. 479 ff., der auf die Neufassung des § 50d Abs. 3 EStG durch das BeitrRLUmsG

in seiner jetzigen Fassung zu analysieren, um die Frage nach der Vereinbarkeit der Vorschrift mit den Missbrauchsmaßstäben des höherrangigen Rechts zu beantworten. Daneben soll auf die methodische Vorgehensweise bei der Auslegung spezieller Missbrauchsverhinderungsvorschriften eingegangen werden.

Der Gang der Darstellung vollzieht sich in folgenden Schritten. Zunächst wird eine steuersystematische Einordnung des Treaty Shopping und der speziellen Missbrauchsverhinderungsvorschriften vorgenommen (§ 2). Hierbei wird zum einen darauf einzugehen sein, wie die Steuerumgehung aus deutscher Sicht rechtlich einzuordnen ist, sowie zum anderen herausgestellt werden, welche Mechanismen auf nationaler Ebene zur Missbrauchsverhinderung existieren und in welchem Verhältnis diese zueinander stehen.

Sodann wird die methodische Vorgehensweise vorgestellt, nach welcher § 50d Abs. 3 EStG analysiert und ausgelegt werden soll (§ 3). Dadurch werden insbesondere die methodischen Probleme, die bei der Auslegung von speziellen Missbrauchsverhinderungsvorschriften bestehen, aufgezeigt.

§ 4 zeichnet einen historischen Abriss der tatsächlichen Entwicklung des Treaty Shopping und seiner Verhinderung in der Bundesrepublik Deutschland vorwiegend am Beispiel des § 50d Abs. 3 EStG nach. Da die Norm in weiten Teilen die zu § 42 AO ergangene Rechtsprechung kodifiziert, wird so zum einen bereits eine Grundlage für die in § 5 folgende Auslegung der unbestimmten Rechtsbegriffe der Norm geschaffen. Zum anderen wird damit deutlich werden, wie sich Gesetzgeber, Finanzverwaltung, Rechtsprechung und Steuerpflichtige mit der Problematik der Missbrauchsabwehr und des Treaty Shopping auseinandergesetzt haben.

In § 5 erfolgt die Analyse und Auslegung des § 50d Abs. 3 EStG. Ausgehend von dieser Analyse wird in einem weiteren Schritt festgestellt, ob § 50d Abs. 3 EStG mit verfassungs-, völker- und unionsrechtlichen Vorgaben vereinbar ist (§ 6) und welche rechtsmethodischen Konsequenzen sich gegebenenfalls daraus ergeben (§ 7). In verfassungsrechtlicher Hinsicht wird zu prüfen sein, inwieweit sich die in § 50d Abs. 3 EStG vorgenommene Typisierung rechtfertigen lässt. Auf unionsrechtlicher Ebene wird insbesondere zu klären sein, ob sich die Vorschrift mit dem europäischen Missbrauchsverständnis deckt. Im Hinblick auf das Völkervertragsrecht wird erörtert werden, ob es sich bei § 50d Abs. 3 EStG um ein Treaty Override handelt und welche verfassungs- und europarechtlichen Folgen dies gegebenenfalls nach sich zieht.

Abschließend wird in § 8 unter Zugrundelegung der zuvor gewonnenen Ergebnisse diskutiert, ob § 50d Abs. 3 EStG zur Verhinderung des Treaty Shopping geeignet ist und inwieweit möglicherweise effektivere Lösungsalternativen daneben bestehen. Unter Berücksichtigung der typischerweise im Zusammenhang mit speziellen Missbrauchsverhinderungsvorschriften bestehenden Probleme wird im Rahmen einer Schlussbetrachtung zu erörtern sein, ob auch zukünftig eine auf Spezialvorschriften basierende Missbrauchsverhinderung sinnvoll ist.

---

aber nur in einer Kurzanalyse eingeht. Ebenso *Schade*, Die deutsche Anti-Treaty-Shopping-Regelung des § 50d Abs. 3 EStG, S. 254 ff.

§ 2 Steuersystematische Einordnung spezieller Missbrauchsverhinderungsvorschriften

Um die speziellen Probleme bei der Auslegung von Missbrauchsverhinderungsvorschriften erörtern zu können, bedarf es zunächst einer steuersystematischen Einordnung der verschiedenen möglichen Steuerumgehungsmaßnahmen und einer Zuordnung in die Typologie der steuerrechtlichen Normen.

A. Rechtliche Einordnung des Treaty bzw. Directive Shopping in das Spannungsfeld Steuerverhinderung, Steuerumgehung und Steuerhinterziehung

Gestaltungen zur Minderung oder Verhinderung der Steuerbelastungen bewegen sich nach deutscher Terminologie in der Regel im Spannungsfeld von Steuerverhinderung, Steuerumgehung und Steuerhinterziehung. Um die Anforderungen, die an Anti-Treaty/-Directive-Vorschriften zu stellen sind, einschätzen zu können, ist das Treaty Shopping bzw. Directive Shopping zunächst einer dieser Kategorien zuzuordnen.

I. Steuerhinterziehung

Als Steuerhinterziehung bezeichnet man in Deutschland im Allgemeinen ein Verhalten des Steuerpflichtigen, bei dem dieser der Steuerverwaltung vorsätzlich falsche Tatsachen vortäuscht oder pflichtwidrig steuerlich relevante Tatsachen verschweigt, wodurch der Tatbestand der betroffenen Steuervorschrift scheinbar nicht erfüllt wird[86]. Es handelt sich insoweit um ein illegales und strafbares Verhalten (§ 370 AO).

II. Steuerverhinderung

Demgegenüber steht die Strategie der Steuerverhinderung, worunter man Vermeidungsmaßnahmen versteht, die dazu führen, dass der Tatbestand eines Steuergesetzes erst gar nicht erfüllt wird. Hierbei handelt es sich um legale Verhaltensweisen im vom Gesetzgeber gewollten „steuerrechtsfreien Raum“[87]. Wer beispielsweise keine der sieben Einkunftsarten des EStG verwirklicht, wird nicht zur Einkommensteuer herangezogen. Ebenso begeht der, der nicht raucht, um der Tabaksteuer zu entgehen, nichts Verbotenes, sondern verhält sich sogar gemäß der vom Gesetzgeber intendierten Lenkungsfunktion. Es handelt sich mithin um eine gewollte Regelungslücke. Die bloße Nichterfüllung des Steuertatbestandes ist somit für den Steuerpflichtigen folgenlos.

---

86 Vgl. *Bergmann*, StuW 2010, 246, 248; *Drüen*, StuW 2008, 154.
87 *Tipke*, StbJb. 1972/1973, S. 509 (513).

III. Steuerumgehung

Das Treaty bzw. Directive Shopping ist hingegen dem Bereich der Steuerumgehung zuzuordnen. Hierbei handelt es sich um einen Unterfall der Gesetzesumgehung (fraus legis)[88]. In der Regel wird durch zivilrechtliche Gestaltungen versucht, Vorteile zu erlangen, die zu dem Gesetzeszweck der betroffenen Norm im Widerspruch stehen[89]. Durch die rechtliche Gestaltung wird das tatbestandliche Eingreifen also entweder verhindert, obwohl das Verhalten dem Zweck der Norm entspricht, oder aber herbeigeführt, um eine für den Steuerpflichtigen günstigere Rechtsfolge zu erwirken[90].

Im Gegensatz zur Steuerhinterziehung ist diese Verhaltensweise grundsätzlich nicht verboten, sondern entspricht der Gestaltungsfreiheit des Steuerpflichtigen[91]. Anders als die deutschen Termini „Abkommenserschleichung" oder „Gestaltungsmissbrauch", die bereits eine rechtlich negative Wertung enthalten, handelt es sich beim Begriff Treaty Shopping grundsätzlich um einen wertneutralen Terminus. Das heißt, der Begriff sagt zunächst nichts über die steuerrechtliche Zulässigkeit der zugrunde liegenden Gestaltung aus[92]. In diesem Sinne ließe sich aus den in DBA und Richtlinien geschaffenen Steuervergünstigungen die Intention der jeweiligen Staaten ablesen, einen Anreiz für die Steuerpflichtigen schaffen zu wollen, diese Vergünstigungen auch in Anspruch zu nehmen[93]. Insofern deutet bereits die Begrifflichkeit darauf hin, dass dieses grundsätzlich ein legales Verhalten darstellt[94]. Der Begriff des Missbrauchs erscheint hingegen verfehlt, weil er den Anschein eines illegalen Verhaltens erweckt[95]. Da es jedoch dem gängigen Sprachgebrauch entspricht, soll in dieser Arbeit in Bezug auf die Steuerumgehung weiterhin auch von missbräuchlichem Verhalten gesprochen werden.

Anders als bei der Steuervermeidung befindet man sich auch nicht in einem vom Gesetzgeber gewollten steuerrechtsfreien Raum, sondern im Bereich der Ausnutzung von planwidrigen Regelungslücken, welche sich daraus ergeben, dass der vom Gesetzgeber verfolgte Zweck mit der betreffenden Norm tatbestandlich nicht gänzlich erfasst

---

88 BFH v. 14.5.1986 – II R 22/84, BStBl. II 1986, 620 (621); *Lang*, in: *Tipke/Lang*, § 5 Rn. 95; *Danzer*, Steuerumgehung, S. 5; *P. Fischer*, DB 1996, 644, 650; zur Gesetzesumgehung siehe die Arbeit von *Teichmann*, Gesetzesumgehung, S. 1 ff.

89 Vgl. *Schönfeld*, IStR 2012, 215 f.

90 *Danzer*, Steuerumgehung, S. 12; vgl. auch *Winkelmann*, Steuerumgehung, S. 40.

91 Siehe nur BVerfG v. 14.4.1959, 1 BvL 34/57, BVerfGE 9, 237; BFH v. 16.1.1992 – V R 1/99, BStBl. II 1992, 541.

92 *Becker*, in: *Vogel* (1985), S. 172; *Scholz*, Anti-Treaty-Shopping-Regelungen, S. 2; *Zettler*, Treaty Shopping nach Inkrafttreten des § 50d Ia EStG, S. 22.

93 So auch *Scholz*, Anti-Treaty-Shopping-Regelungen, S. 2.

94 Vgl. dazu Carlé, KÖSDI 1999, 12056, 12066; *Tipke*, StbJb. 1972/1973, S. 509 (532); vgl. auch *Flämig*, DStR 2007, Beihefter zu Heft 44, S. 6; a.A. *Blencke*, Gestaltungsfreiheit, S. 26.

95 So auch *Lutz*, Massnahmen gegen die missbräuchliche Inanspruchnahme von Doppelbesteuerungsabkommen, S. 17; siehe dazu bereits auch *Fischer*, DB 1996, 644, 648.

wurde[96]. Bereits *Hensel* formulierte 1923 die Steuerumgehung als „die Erreichung einer bestimmten wirtschaftlichen Lage, unter Vermeidung des rechtlichen Tatbestandes, welchen den Gesetzgeber hierfür als üblich im Verkehrsleben angesehen und daher zur Voraussetzung der Entstehung des Steueranspruchs erhoben hat"[97]. Systematisch steht die Steuerumgehung insoweit zwischen der folgenlosen Steuervermeidung und der strafbaren Steuerhinterziehung[98]. Steuerumgehung bezeichnet demnach den Umstand, dass zwar nicht der Wortlaut, wohl aber Sinn und Zweck des Gesetzes erfüllt sind[99]. Man könnte insoweit auch von Umgehung des Gesetzeswortlautes sprechen[100]. Teilweise wird sie auch als durch Missbrauch qualifizierte Steuervermeidung bezeichnet[101]. Missbrauchsverhinderung in dem hier verstandenen Sinne verfolgt daher vorrangig das Ziel, dem Gesetzeszweck Geltung zu verschaffen[102].

B. Mechanismen zur Verhinderung der Steuerumgehung

Wann eine Steuerumgehung als „missbräuchlich" zu qualifizieren ist, hängt davon ab, ob sie vom Norm- bzw. Abkommenszweck erfasst ist oder nicht. Gestaltungsmissbrauch ist das Ausnutzen der Divergenz von Wortlaut und Telos der Vorschrift. „Missbräuchlich" wird dieses Verhalten insoweit erst durch entsprechende Auslegung der betroffenen Norm oder durch Schaffung diverser Tatbestände, die missbräuchliches, besser gesagt zweckwidriges Treaty Shopping als solches definieren – so etwa § 42 AO als allgemeine oder § 50d Abs. 3 EStG als spezielle typisierende Missbrauchsverhinderungsvorschrift[103].

Aufgrund der Orientierung an der ratio legis einer Steuernorm bedarf es eines Rückgriffes auf Umgehungsnormen erst dann, wenn nicht bereits durch teleologische Auslegung oder Rechtsfortbildung eine Steuerumgehung verhindert werden kann. Insoweit ist zwischen verschiedenen Mechanismen der Steuerumgehung zu unterscheiden.

---

96 Vgl. *Tipke*, StbJb. 1972/1973, S. 509 (513).

97 *Hensel*, in: Festgabe Zitelmann, S. 217 (225).

98 Zur Abgrenzung vgl. auch *Gabel*, Verfassungsrechtliche Maßstäbe, S. 15 f.; *Prebble/Prebble*, Bulletin For International Taxation 2008, 151.

99 *Danzer*, Steuerumgehung, S. 11; *Fischer*, DB 1996, 644, 649; *Wienbracke*, DB 2008, 664.

100 *Zettler*, Treaty Shopping nach Inkrafttreten des § 50d Ia EStG, S. 57.

101 *Albert*, Abwehr von Steuerumgehungen, S. 9; *Drüen*, StuW 2008, 154.

102 So auch *Tipke*, in *Tipke/Lang*, § 5 Rn. 95; vgl. dazu auch *Albert*, Abwehr von Steuerumgehung, S. 12 f.

103 Vorausgesetzt man versteht sie als konstitutive Normen i.S.d. außentheoretischen Ansatzes, siehe dazu näher S. 22 f.

I. Vorrang der Auslegung des potenziell umgangenen Steuergesetzes

1. *Institute der Auslegung und Rechtsfortbildung*

Bevor auf Missbrauchsverhinderungsvorschriften zurückgegriffen wird, ist zur Verhinderung der Steuerumgehung zunächst das potenziell betroffene Gesetz auszulegen[104]. Folglich ist der Tatbestand desjenigen Gesetzes, dessen Anwendbarkeit nach der Analyse des Sachverhalts in Betracht kommt, auszulegen[105]. Die Auslegung hat Vorrang vor der Anwendung der Missbrauchsverhinderungsvorschriften.

Bei der Frage, wie weit eine solche Auslegung bzw. eine analoge Anwendung der Gesetze im Steuerrecht möglich ist, geht es im Grundsatz um die Methodik und Grenzen der Rechtsfindung. Dabei wird nach in Deutschland überwiegender Auffassung zwischen Auslegung und Rechtsfortbildung, etwa im Wege der Analogie oder der teleologischen Reduktion, differenziert[106].

Die Grenze zwischen Auslegung und Analogie liegt nach der von *Hensel* begründeten[107] und in Deutschland herrschenden Meinung[108] dort, wo die Auslegung über den möglichen Wortsinn hinausgeht. Es wird insoweit zwischen teleologischer Auslegung und Rechtsfortbildung abgegrenzt[109]. Die reine Gesetzesinterpretation wird somit durch den möglichen Wortsinn begrenzt[110]. Jenseits dieser Grenze befindet man sich nach dieser Ansicht im Bereich der Rechtsfortbildung.

Nach *Larenz* versteht man unter Analogie die Übertragung einer im Gesetz gegebenen Regel für einen Tatbestand A auf einen vom Gesetz nicht geregelten, ihm ähnlichen Tatbestand B, weil die beiden Tatbestände aufgrund ihrer Ähnlichkeit gleich zu bewerten sind[111]. Vorausgesetzt wird eine planwidrige Regelungslücke des Gesetzgebers sowie das Nichtvorliegen eines Analogieverbots[112]. Dabei ist nach herrschender Meinung eine Analogie nur dort zulässig, wo das Gesetz nicht mehr

---

104 *Winkelmann*, Steuerumgehung, S. 41; *P. Fischer*, DB 1996, 644, 649.

105 *Sieker*, Umgehungsgeschäfte, S. 59.

106 Vgl. dazu *Ralf P. Schenke*, in: FS Scheuing, S. 149 (159).

107 *Hensel*, in: Festgabe für Zitelmann, S. 217 (239).

108 Siehe nur *Kirchhof*, StuW 1983, 173, 175; *Böing*, Gestaltungsmissbrauch in Europa, S. 49; *Danzer*, Steuerumgehung, S. 53; *Barth*, Richterliche Rechtsfortbildung im Steuerrecht, S. 48; *Bydlinski*, Juristische Methodenlehre und Rechtsbegriff, S. 467 f.; vgl. auch *Ralf P. Schenke*, DStR 2011, Beihefter, 54.

109 Vgl. *Böing*, Gestaltungsmissbrauch in Europa, S. 51; a.A. *Becker*, StuW 1924, Spl. 146, 177.

110 *Zippelius*, Juristische Methodenlehre, S. 48; *Looschelders/Roth*, Juristische Methodik, S. 162.

111 *Larenz*, Methodenlehre der Rechtswissenschaft, S. 365; vgl. auch *Bydlinski*, Juristische Methodenlehre und Rechtsbegriff, S. 477.

112 *Ralf P. Schenke*, StuW 2008, 206, 207.

im Wege der Auslegung interpretiert werden kann[113]. Im Gegensatz dazu setzt die teleologische Reduktion eine verdeckte Regelungslücke[114] voraus und gestattet es, den Anwendungsbereich einer Norm entgegen dem Wortsinn einzuschränken[115].

Sowohl Analogie als auch teleologische Reduktion zugunsten des Steuerpflichtigen sind grundsätzlich auch im Steuerrecht anwendbar[116]. Nach Ansicht des BFH soll auch eine Analogie zulasten des Steuerpflichtigen möglich sein[117]. Ein Teil der Literatur geht von einem verfassungsrechtlichen Verbot einer steuerbegründenden bzw. -verschärfenden Analogie aus[118]. Abgeleitet wird ein solches Verbot aus dem in Art. 20 Abs. 3 GG[119] verankerten Grundsatz der Gesetzmäßigkeit[120]. Nach anderer Ansicht wird davon ausgegangen, dass auch eine über den Wortsinn hinausgehende Auslegung zulässig sei[121]. Nach diesem teleologischen Ansatz sei die Grenze der Gesetzesinterpretation erst der Normsinn, nicht bereits der Wortsinn. Da somit die Auslegung des Gesetzeszwecks maßgeblich ist, kommt es auf eine Analogie nicht an, weshalb auch mögliche Analogieverbote ohne Bedeutung sind. Auf dem Boden der Interessenjurisprudenz hat sich auch das Institut der von RFH[122] und BFH[123] entwickelten „Auslegung gegen den Wortlaut" herausgebildet, das entgegen in Deutschland herrschender Methodenlehre nicht zwischen auf den möglichen Wortsinn begrenzter Auslegung und darüberhinausgehender Rechtsfortbildung differenziert[124].

---

113 *Hensel*, in: Festgabe für Zitelmann, S. 217 (244); *Kirchhof*, StuW 1983, 173, 174 m.w.N.

114 Diese besteht im Fehlen einer sinngemäß notwendigen Ausnahmeregel *Bydlinski*, Juristische Methodenlehre und Rechtsbegriff, S. 480.

115 *Larenz*, Methodenlehre der Rechtswissenschaft, S. 375 ff.

116 Zur Analogie BFH v. 28.4.1982 – I R 89/77, BStBl. II 1982, 556 (559); 2.2.2000 – VII R 49/99, BStBl. II 2000, 334 (336); zur teleologischen Reduktion BFH v. 24.2.1976 – VII R 102/74, BStBl. II 1976, 601 (603); v. 27.1.1988 – I R 241/83, BStBl. II 1988, 574 (575).

117 BFH v. 20.10.1983 – IV R 175/79, BStBl. II 1984, 221 (224).

118 Siehe nur BFH v. 13.1.1984 – VI R 194/80, BStBl. II 1984, 315 (316); *Danzer*, Die Steuerumgehung, S. 75 ff.; *Hensel*, in: Festgabe für Zitelmann, S. 217 (238 ff., 246); a.A. *Fischer-Zernin*, RIW 1987, 362; *Ralf P. Schenke*, in: FS Scheuing, S. 149 (162 f.); vgl. auch *Tipke*, Steuerrechtsordnung I, S. 186 m.w.N.; *ders.*, Steuerrechtsordnung III, S. 1326 ff., der aber eine belastende Analogie letztlich für möglich hält; instruktiv zum Analogieverbot im Steuerrecht *Tanzer*, StuW 1981, 201 ff.

119 Näher zum Rechtsstaatsprinzip und seinen Ausformungen siehe unten S. 118 f.

120 *Danzer*, Die Steuerumgehung, S. 76.

121 Becker, StuW 1924, Spl. 146, 151.

122 Siehe etwa RFH v. 17.12.1927, GrS. 1/27, RFHE 22, 239.

123 BFH v. 21.11.2010, IV R 23/08, BStBl. II 2011, 277.

124 Zur verfassungsrechtlichen Kritik der Auslegung gegen den Wortlaut siehe *Ralf P. Schenke*, DStR 2011, Beihefter, 54 ff.

2. Exkurs: Innentheorie vs. Außentheorie

An dieser Grenze des möglichen Wortsinns entfacht sich insbesondere im Zusammenhang mit der Steuerumgehung der langandauernde und bis heute nicht abschließend geklärte Streit zwischen der Innentheorie und der Außentheorie[125], der hier kurz skizziert werden soll. Dabei geht es um die Frage, ob den Missbrauchsverhinderungsvorschriften neben den Methoden der teleologischen Interpretation überhaupt eine eigenständige Funktion zukommt. Maßgebliches Unterscheidungskriterium ist insoweit die Reichweite der teleologischen Interpretation und die Frage, ob § 42 AO bzw. spezielle Missbrauchsverhinderungsvorschriften lediglich deklaratorischer Natur sind oder konstitutiv wirken[126].

Die Vertreter[127] des innentheoretischen Ansatzes[128] gehen davon aus, dass sich das Steuergesetz selbst von innen heraus, gleichsam „aus eigener Kraft"[129], vor Umgehung schützen kann und es einer „von außen" kommenden Regelung, d.h. gesonderter Missbrauchsvorschriften, nicht bedarf[130]. Ausgehend von dem Standpunkt, dass eine Auslegung über den möglichen Wortsinn der betroffenen Norm hinaus bzw. eine Analogie möglich sei, könne dem Gesetz Geltung verschafft werden[131]. Folglich seien auch die Missbrauchsverhinderungsvorschriften lediglich deklaratorischer Natur und erfüllten nur eine klarstellende Funktion[132]. Auch wenn man von einem allgemeinen Analogieverbot[133] ausginge, stelle § 42 AO hiernach klar, dass im Steuerrecht eine Ausnahme für den Missbrauch rechtlicher Gestaltungsmöglichkeiten gelte[134]. Eine solche Sichtweise ließe sich auch dem Wortlaut des § 42 Abs. 1 S. 1 AO entnehmen, nach dem „das Steuergesetz nicht umgangen werden" kann[135]. Dass § 42 AO immer in Kohärenz mit dem umgangenen Steuergesetz zu sehen sei[136],

125 Hintergrund ist ein steuerrechtlicher Methodenstreit, in welchem sich die Strömungen einerseits positivistischer, andererseits teleologischer sowie axiologischer Ansätze gegenüberstehen; vgl. dazu *Ralf P. Schenke*, StuW 2008, 206, 208 ff.

126 *Heuermann,* StuW 2004, 124, 125.

127 Etwa *Becker*, StuW 1924, 145, 154; *Danzer*, S. 83 ff.; *Sieker*, Umgehungsgeschäfte, S. 22 f.; sich gegen den Positivismus im Steuerrecht wendend *Ralf P. Schenke*, Rechtsfindung im Steuerrecht, S. 409 ff.; *ders.,* StuW 2008, 206, 214 f.

128 Zu den dahinterstehenden methodischen Grundströmungen des teleologischen und axiologischen Ansatzes vgl. statt vieler *Ralf P. Schenke*, StuW 2008, 206, 208 ff.

129 *Teichmann*, Gesetzesumgehung, S. 69; *Fischer*, DB 1996, 644, 650.

130 *Ralf P. Schenke*, Rechtsfindung im Steuerrecht, S. 409.

131 Vgl. dazu S. 20.

132 Vgl. *Gosch*, in: Kirchhof, EStG[11], § 50d Rn. 24; *Ralf P. Schenke*, Rechtsfindung im Steuerrecht, S. 409, 424; *Sieker*, Umgehungsgeschäfte, S. 214; *Flick*, in: FS Klein, S. 329 (334).

133 Dazu wohl erstmals *Hensel*, in: Festgabe Zitelmann, S. 217 (237 f.); im Überblick *Tanzer*, StuW 1982, 201 ff.; *Rüthers/Höpfner*, JZ 2005, 21 f.

134 *Fischer, P.*, DB 1996, 644, 650.

135 Siehe dazu *Ralf P. Schenke*, Rechtsfindung im Steuerrecht, S. 409.

136 Vgl. dazu *Heuermann*, StuW 2004, 124, 126.

wird teilweise gleichfalls als Argument für die Innentheorie angeführt, weil § 42 AO somit keinen selbstständigen Tatbestand mit eigener Rechtsfolge enthalte, sondern immer mit der potenziell umgangenen Steuernorm auszulegen sei[137].

Die Vertreter der Außentheorie[138] gehen hingegen davon aus, dass die Grenze der Auslegung der mögliche Wortsinn der Norm und eine Rechtsfortbildung zulasten des Steuerpflichtigen unzulässig sind. Die Missbrauchsverhinderungsnormen besäßen konstitutiven Charakter. Diese Ansicht geht auf einen positivistischen Ansatz zurück[139]. Gesetzesumgehung sei somit eine Gestaltung, die zwar vom Zweck, nicht aber vom Wortlaut einer Norm erfasst werde. Nach dieser Auffassung scheitert aber der Versuch, die Umgehungsgestaltung durch analoge Anwendung der betroffenen Norm zu erfassen, da durch die alleinige Maßgeblichkeit des Gesetzeswortlauts eine Regelungslücke und somit eine Analogie nicht in Betracht kommt[140]. Insbesondere die tatbestandliche Struktur der Neufassung des § 42 AO bzw. der spezialgesetzlichen Regelungen sprächen für den außentheoretischen Ansatz[141]. Nach der Innentheorie sei zudem kaum die Rechts- und Planungssicherheit für den Steuerpflichtigen gewährleistet[142]. Denn Rechtssicherheit realisiere sich in erster Linie durch Tatbestandsmäßigkeit und den verfassungsrechtlich gebotenen Bestimmtheitsgrundsatz[143]. Bei einer Auslegung über den möglichen Wortsinn hinaus fehle es für den Steuerpflichtigen an einem konkreten Tatbestand, an welchem er sich orientieren könne, und somit an Transparenz und Kalkulierbarkeit. Ein solches auf Richterrecht basierendes Steuerrecht leide zudem an mangelnder demokratischer Legitimation[144] und laufe auf eine Gefährdung des verfassungsrechtlichen Vertrauensschutzgebotes hinaus, nach welchem dem Steuerpflichtigen eine effektive Steuerplanung möglich sein müsse[145].

Auch wenn die überzeugenderen dogmatischen Argumente[146] für die Innentheorie sprechen, so kommt es auf die Entscheidung dieses Theorienstreites für die

---

137 *Sieker*, Umgehungsgeschäfte, S. 19.

138 Etwa *Drüen*, in: *Tipke/Kruse*, § 42, Rn. 8 f.; *Schwarz*, in: *Schwarz*, AO, § 42 Rn. 22; *Rose*, FR 2003, 1274; *Hahn*, DStZ 2005, 183; *ders.*, DStZ 2008, 483, 484.

139 Vgl. *Ralf P. Schenke*, StuW 2008, 206, 208; *Böing*, Gestaltungsmissbrauch in Europa, S. 57.

140 *Kirchhof*, DStJG 2010, 9, 23.

141 So auch *Hahn*, DStZ 2005, 183, 186; *ders.*, DStZ 2008, 483, 484; *Drüen*, Ubg 2008, 31, 32 f.; *Albert*, Abwehr von Steuerumgehungen, S. 13; vgl. auch *Ralf P. Schenke*, Rechtsfindung im Steuerrecht, S. 409, der aus dem Wortlaut des § 42 Abs. 1 S. 2 AO einem innentheoretischen Ansatz ableitet.

142 So auch *Hey*, Steuerplanungssicherheit als Rechtsproblem, S. 185 ff.; kritisch dazu *Ralf. P. Schenke*, StuW 2008, 206, 212.

143 Vgl. *Hey*, Steuerplanungssicherheit als Rechtsproblem, S. 185 ff.

144 *Rose*, FR 2003, 1274, 1275.

145 So auch *Schneider/Anzinger*, ZIP 2009, 1, 6; *Rose*, FR 2003, 1274, 1275; *Rose*, StbJb 1975/76, 45 f.

146 Vgl. dazu zusammenfassen *Ralf P. Schenke*, Die Rechtsfindung im Steuerecht, S. 424 f. Näher zu den einzelnen Argumenten unten S. 214 ff.

vorliegende Untersuchung des § 50d Abs. 3 EStG allerdings nicht an[147]. Vielmehr ist es von Interesse, wie Missbrauchsverhinderungsvorschriften in praxi angewendet werden. Teilweise wird sogar davon ausgegangen, dass es sich um einen rein akademischen Streit handele, der kaum Auswirkungen auf die Praxis habe[148]. Diese Aussage bringt jedenfalls zum Ausdruck, dass es für den Steuerpflichtigen nicht notwendigerweise darauf ankommt, welches der „richtige"[149] methodische Ansatz ist. Für den Rechtsanwender spielt es im Ergebnis keine Rolle, ob der Gesetzeszweck unmittelbar aus dem Steuergesetz heraus oder über § 42 AO durchgesetzt wird[150]. Hinsichtlich der steuerberatenden Praxis besteht die Gefahr der steuerlichen Nichtanerkennung einer rechtlichen Gestaltung in fast gleicher Weise[151], d.h. unabhängig davon, ob diese an der Auslegung bzw. Rechtsfortbildung einer Steuernorm oder an der Anwendung des § 42 AO bzw. einer spezialgesetzlichen Missbrauchsverhinderungsvorschrift scheitert. Es ist somit darauf abzustellen, welche Position der Gesetzgeber und letztendlich auch die Judikative einnehmen. Ein sehr großer Teil des Schrifttums[152] sowie die Praxis folgen in Deutschland der Außentheorie. Auch wenn eine ausdrückliche Festlegung des Gesetzgebers nicht zu bestehen scheint[153], handelt es sich um durchweg tatbestandlich angewendete Normen mit folglich konstitutivem Charakter: Auch der BFH scheint der Außentheorie zugeneigt, lässt jedoch auch innentheoretische Ideen in seine Entscheidungen miteinfließen[154]. Pragmatische Erwägungen sprechen demnach dafür, sich an der aktuellen Auffassung der Finanzverwaltung bzw. der Rechtsprechung zu orientieren und dieser Arbeit den außentheoretischen Ansatz zugrunde zu legen. Denn diese sind Orientierungspunkt für den Steuerpflichtigen.

147 Selbst wenn man von einem innentheoretischen Ansatz ausginge, zeigt die Rechtspraxis, dass § 42 AO jedenfalls quasi-tatbestandlich wirkt *Böing*, Gestaltungsmissbrauch in Europa, S. 60, 65; vgl. auch *Rudolf*, Treaty Shopping und Gestaltungsmissbrauch, S. 67 f., der § 42 AO als strukturgebenden Rahmentatbestand definiert.

148 So *Ratschow*, in: *Klein*, AO, § 42 Rn. 12; a.A. *Neumann*, DStJG 2010, 73, 82. Auswirkungen hat der Streit aber auf das Konkurrenzverhältnis von Generalnorm zu den Spezialvorschriften. Ein Konkurrenzverhältnis kann nicht bestehen, wenn man den Missbrauchsverhinderungsvorschriften jeden normativen Gehalt abspricht, sondern nur dann, wenn sie konstitutiven Charakter besitzen, vgl. dazu *Böing*, Gestaltungsmissbrauch in Europa, S. 65.

149 In diesem Zusammenhang erscheint es ohnehin äußerst fraglich, ob überhaupt eine „richtige" Methode existiert. Vgl. dazu *Heuermann*, StuW 2004, 124, 124 ff., 130.

150 *Heuermann*, StuW 2004, 124, 126.

151 So *Rose*, FR 2003, 1274, 1275.

152 Siehe dazu bereits Nachweise oben S. 22.

153 A.A. wohl *Schwarz*, in: *Schwarz*, AO, § 42 Rn. 22.

154 Siehe dazu *Böing*, Gestaltungsmissbrauch in Europa, S. 59 f., 73, 85 ff.

II. Rechtliche Qualifikation von Missbrauchsverhinderungsvorschriften

1. Typologie steuerrechtlicher Normen

Steuerrechtliche Vorschriften lassen sich klassischerweise in drei Normgruppen einteilen[155].

Regelmäßig handelt es sich bei Steuernormen um Fiskalzwecknormen, die dazu dienen, den Finanzbedarf des Staates zu decken und sich überwiegend am Leistungsfähigkeits-, aber auch am Äquivalenzprinzip orientieren[156].

Daneben bestehen Sozialzwecknormen, die weniger der gerechten Lastenverteilung dienen, sondern bestimmte politische bzw. gesellschaftliche Zwecke verfolgen[157]. Darunter fallen sog. Lenkungsnormen, die durch gezielte Steuerbelastungen oder -entlastungen dazu dienen, den Steuerpflichtigen zu einem bestimmten gemeinwohlorientierten Verhalten zu bewegen[158].

Den dritten Normtypus bilden Vereinfachungszwecknormen. Steuerverwaltung bedeutet Massenverwaltung. Um eine effektive und ökonomisch sinnvolle Besteuerung zu gewährleisten, muss die Steuerrechtsanwendung erleichtert werden[159]. Dazu bedient sich der Gesetzgeber der Instrumente der Pauschalierung und Typisierung[160]. Um die Vollzugsfähigkeit der Steuergesetze durchzusetzen, wird hierbei eine Einschränkung der Einzelfallgerechtigkeit in Kauf genommen[161].

Daneben lässt sich noch eine vierte Zweckrichtung steuerlicher Normen erkennen. Normen, die – wie beispielsweise § 50d Abs. 3 EStG – der Verhinderung von Steuerumgehung dienen, verfolgen insoweit einen Missbrauchsverhinderungszweck. So soll etwa die zweckwidrige Inanspruchnahme von Steuervergünstigungen verhindert werden. Da insofern eine gleichmäßige Steuerbelastung entsprechend dem Sinn und Zweck des betroffenen Steuergesetzes sichergestellt werden soll[162], ist jedoch festzustellen, dass der Missbrauchsverhinderungszweck regelmäßig auch einen Fiskalzweck darstellt[163]. Von Normen mit reinem Fiskalzweck unterscheiden sich Missbrauchsverhinderungsvorschriften lediglich insoweit, als dass sie keine eigene Belastungsentscheidung konstituieren, sondern eine bereits bestehende

155 *Hey*, in Tipke/Lang, § 3 Rn. 19 ff.; *Jakob*, Einkommensteuerrecht, Rn. 28.
156 *Hey*, in Tipke/Lang, § 3 Rn. 20.
157 *Jakob*, Einkommensteuerrecht, Rn. 28.
158 *Hey*, in: Tipke/Lang, § 3 Rn. 21.
159 *Isensee*, StuW 1994, 3, 9 f.; *Hey*, in: Tipke/Lang, § 3 Rn. 23.
160 Instruktiv zu den Begriffen *Birk/Desens/Tappe*, Steuerrecht, Rn. 218 f.
161 Vgl. z.B. BVerfG v. 6.3.2002 – 2 BvL 17/99, BStBl. II 2002, 618 (637).
162 *Englisch*, in: Tipke/Lang, § 5 Rn. 116.
163 *Hey*, StuW 2008, 167, 171 f.

Belastungsentscheidung durchsetzen bzw. deren Umgehung verhindern sollen[164,165]. Es geht darum, den Verlust von Besteuerungsrechten zu kompensieren[166]. Im Ergebnis handelt es sich folglich um unselbstständige Fiskalzwecknormen, in deren Vordergrund jedoch der Missbrauchsverhinderungszweck steht.

Zur Verhinderung der Steuerumgehung existiert neben § 50d Abs. 3 EStG noch eine Vielzahl von weiteren speziellen Missbrauchsverhinderungsvorschriften[167]. Sie bekämpfen bestimmte missbräuchliche Verhaltensweisen und konkretisieren auf diese Weise § 42 AO und den dort niedergelegten allgemeinen Missbrauchsbegriff jeweils bereichsspezifisch. Die Spezialnormen gehen § 42 AO grundsätzlich vor[168]. Allgemeinen und typisierenden Vorschriften zur Missbrauchsverhinderung ist das regelungstechnische Grundprinzip immanent, dass diejenige Rechtslage hergestellt werden soll, die ohne die als missbräuchlich definierte Gestaltung eingetreten wäre[169]. Der Tatbestand, der ursprünglich umgangen werden sollte, tritt also trotzdem ein. Dieses Verständnis von Missbrauchsbehebung ähnelt sich in den Staaten Kontinentaleuropas stark, wenn auch unterschiedliche dogmatische Ansätze bestehen[170]. Beispielhaft sei das im angelsächsischen Recht unter dem Begriff „substance over form" bekannte Konzept genannt, welches auf ähnliche Weise zum selben Ergebnis kommt: Gestaltungen werden nicht gemäß ihrer zivilrechtlichen Form, sondern – wenn sie das Kriterium des Missbrauchs erfüllen – nach ihrer wirtschaftlichen Substanz beurteilt[171].

Um die Probleme spezieller Missbrauchsverhinderungsnormen in Deutschland zu beleuchten, wird zunächst auf den allgemeinen nationalen Missbrauchsbegriff im Rahmen des § 42 AO als Generalklausel zur Verhinderung der Steuerumgehung eingegangen.

---

164 *Hahn*, DStZ 2005, 183, 185; vgl. auch *Jansen/Weidmann*, IStR 2010, 596, 601; *Hey*, DStJG 33 (2010), S. 139, 146 spricht von unselbstständigen Fiskalzwecknormen.

165 Für einen eigenständigen Zeck und Normtypus sprechend etwa BFH v. 5.7.1961 – II 226/59 U, BStBl. III 1961, 389 (390); v. 22.4.1988 – III R 85/84, BStBl. II 1988, 738 (739), v. 9.8.1991 – III R 88/89, BFH/NV 1992, 340.

166 *Hey*, StuW 2008, 167, 172.

167 Vgl. dazu auch unten S. 70.

168 *Englisch*, in: *Tipke/Lang*, § 5 Rn. 124; siehe dazu im Einzelnen unten S. 41 f.

169 Vgl. dazu etwa *Roser*, FR 2005, 178, 181.

170 Vgl. *Vogel*, StuW 1985, 369 ff.; siehe auch *Böing*, Gestaltungsmissbrauch in Europa, S. 96 ff., 125 ff., 147 ff. und 164 ff.

171 Vgl. dazu auch *Vogel*, in: *Haarmann*, S. 79 (80); für eine Behandlung entsprechend der wirtschaftlichen Substanz spricht sich auch die Europäische Kommission aus vgl. Mitteilung der Kommission v. 6.12.2012, Kom (2012) 8806, S. 5; eine rechtsvergleichende Analyse nationaler Missbrauchskonzepte findet sich bei *Prebble/Prebble*, Bulletin For International Taxation 2008, 151, 152 ff.

2. § 42 AO und allgemeiner nationaler Missbrauchsbegriff

§ 42 AO wurde letztmals durch das Jahressteuergesetz 2008[172] mit dem Versuch neu gefasst, einen allgemeinen Missbrauchsbegriff zu definieren. Wie im Folgenden darzulegen ist, existiert jedoch keine abschließende und exakte Definition des allgemeinen Missbrauchsbegriffs. Aufgrund der Vielfältigkeit potenzieller Gestaltungen erscheint dies auch kaum möglich[173]. Es handelt sich nach vielfach vertretener Ansicht um einen Typusbegriff[174]: Ob ein bestimmter Sachverhalt darunter zu subsumieren ist, hängt davon ab, ob die für diesen Typus als typisch angesehenen Merkmale teilweise oder gänzlich so deutlich verwirklicht sind, dass sie dem Gesamtbild dieses Typus entsprechen[175]. Dabei können einzelne Merkmale auch fehlen bzw. gegeneinander ausgetauscht werden. Das Fehlen eines Merkmals kann außerdem durch eine intensive Ausprägung eines anderen Merkmals kompensiert werden. Der Typusbegriff ist somit von einer Wertungsoffenheit geprägt, die es erfordert, eine wertende Betrachtungsweise anzulegen[176].

In § 42 Abs. 2 S. 1 AO in der Fassung des Jahressteuergesetzes 2008 wird der Missbrauchsbegriff wie folgt formuliert:

> *Ein Missbrauch liegt vor, wenn eine unangemessene rechtliche Gestaltung gewählt wird, die beim Steuerpflichtigen oder einem Dritten im Vergleich zu einer angemessenen Gestaltung zu einem gesetzlich nicht vorgesehenen Steuervorteil führt. Dies gilt nicht, wenn der Steuerpflichtige für die gewählte Gestaltung außersteuerliche Gründe nachweist, die nach dem Gesamtbild der Verhältnisse beachtlich sind.*

Bei der Formulierung orientierte sich der Gesetzgeber stark an den durch die ständige Rechtsprechung entwickelten Konkretisierungsbemühungen[177], woraus sich im Wesentlichen drei Elemente des Missbrauchs ergeben: Es muss sich (a) um eine unangemessene rechtliche Gestaltung handeln, die (b) zu einem gesetzlich nicht vorgesehenen Steuervorteil führt und (c) aus Gründen der Steuerersparnis gewählt wurde.

a) Unangemessene rechtliche Gestaltung

Wesentliches Merkmal und Ausdruck der wertenden Betrachtungsweise ist die Unangemessenheit der rechtlichen Gestaltung[178]. Die Unbestimmtheit dieses

172 BGBl. I 2007, 3150, 3171.

173 So auch *Rudolf*, Treaty Shopping und Gestaltungsmissbrauch, S. 57.

174 *Frotscher*, Internationales Steuerrecht, S. 114; Erläuterungen zum Typusbegriff siehe *Ralf P. Schenke*, Die Rechtsfindung im Steuerrecht, S. 160 f., 311 f.

175 *Englisch*, in: *Tipke/Lang*, § 5 Rn. 53.

176 *Englisch*, in: *Tipke/Lang*, § 5 Rn. 53, 54; zur Unangemessenheit in § 42 AO vgl. BT-Drucks 16/7036, S. 24.

177 BT-Drucks. 16/7036, S. 31; siehe dazu auch unten S. 52 ff.

178 Vgl. auch BT-Drucks. 16/7036, S. 24.

Rechtsbegriffs[179] bereitet nicht unerhebliche Schwierigkeiten, weil man hier auf abstrakter Ebene kaum eine Konkretisierung vornehmen kann. Es handelt sich lediglich um eine andere Umschreibung von Missbrauch, die kaum einen Erkenntnisgewinn mit sich bringt. Die Rechtsprechung hat versucht, diesen Begriff auszufüllen: Danach seien unangemessene Gestaltungen i.d.R. „umständlich, kompliziert, schwerfällig, oder gekünstelt“[180]. Vielfach wurde auf die „Ungewöhnlichkeit“ der Gestaltung abgestellt[181]. Diesen Ansatz hat der Gesetzgeber mit der Neufassung des § 42 AO ausdrücklich verworfen, da er ihn für einen empirischen Begriff hielt und ihn durch den wertenden Begriff der Unangemessenheit ersetzen wollte[182]. Insoweit kommt diesen, auf Empirie basierenden Umschreibungen keine Begründungsfunktion mehr zu[183]. Gleichwohl wird man diesen Umschreibungsversuchen weiterhin eine Indizwirkung zubilligen können[184].

Allerdings ist es für die Prüfung der Unangemessenheit ausweislich der Gesetzesbegründung maßgeblich, ob die rechtliche Gestaltung mit Blick auf ihre Zielsetzung wirtschaftlich sinnvoll ist[185]. Insofern wird auch auf die Rechtsprechung des EuGH Bezug genommen, nach welcher eine Gestaltung unangemessen ist, wenn sie rein künstlich ist und nur dazu dient, Steuern zu sparen[186]. Für die Ermittlung eines Missbrauchs muss die möglicherweise umgangene Norm daher immer im Verhältnis zu den wirtschaftlichen Vorgängen gesehen werden[187].

Maßstab kann nur das möglicherweise umgangene Steuergesetz sein[188]. Folglich ist auf den Einzelfall abzustellen und weiterhin die hierzu ergangene Rechtsprechung heranzuziehen[189], an welcher sich der Gesetzgeber beim Erlass der Vorschrift orientiert hat[190]. Eine genaue Definition des Missbrauchs auf abstrakter Ebene durch § 42 AO existiert insoweit nicht[191]. Der Maßstab des Missbrauchs ergibt sich somit nicht selbst aus der Generalnorm, sondern immer nur in Bezug auf das jeweilige

179 Zu den unbestimmten Rechtsbegriffen siehe *Englisch*, in: Tipke/Lang, § 5 Rn. 147 f.; *Häcker*, Der steuerliche Begriff „Wirtschaftsgut“, S. 16 ff.

180 Siehe etwa BFH v. 19.8.1999 – I R 77/96, BStBl. II 2001, 43; v. 1.2.2001 – IV R 3/00, BStBl. II 2001, 520 (522 f.); zur Definitionsproblematik vgl. bereits *Fischer*, DB 1996, 644, 647.

181 Vgl. dazu *Drüen*, in: *Tipke/Kruse*, § 42 Rn. 19 m.w.N.

182 BT-Drucks. 16/7036, S. 24.

183 *Fischer, P.*, FR 2008, 306, 310.

184 *Drüen*, Ubg 2008, 31, 35; *Hey*, BB 2009, 1044.

185 BT-Drucks. 16/7036, S. 24.

186 BT-Drucks. 16/7036, S. 24; EuGH v. 12.9.2006 – Rs. C-196/04 (Cadbury Schweppes), Slg. 2006, I-7995.

187 *Schwarz*, in: *Schwarz*, § 42 Rn. 22.

188 *Drüen*, StuW 2008, 154, 162; *Hahn*, DStZ 2008, 483, 484.

189 Siehe dazu *Gabel*, Verfassungsrechtliche Maßstäbe, S. 7 f. m.w.N.

190 BT-Drucks. 16/7036, S. 31; *Eicke*, Repatriierungsstrategien, S. 295.

191 *Albert*, Abwehr von Steuerumgehungen, S. 25; *Hahn*, DStZ 2008, 483, 490; vgl. auch *Schwarz* in: *Schwarz*, Vor § 42 Rn. 2.

umgangene Steuergesetz[192]. Insoweit ordnet § 42 AO auch keine eigene Rechtsfolge an, sondern stellt nur die Rechtsfolge des betroffenen Gesetzes, soweit diese durch Umgehung des Tatbestandes nicht eingetreten ist, wieder her.

b) Gesetzlich nicht vorgesehener Steuervorteil beim Steuerpflichtigen oder einem Dritten

Weiterhin muss gem. § 42 AO die unangemessene Gestaltung zu einem gesetzlich nicht vorgesehenen Steuervorteil führen. Der steuerliche Vorteil muss also gerade auf die unangemessene Gestaltung zurückzuführen sein[193]. Durch das Merkmal „gesetzlich nicht vorgesehen" wird ausdrücklich der Bezug zum jeweiligen Steuergesetz hergestellt[194]. Dies verdeutlicht, dass Maßstab für die Bewertung der Unangemessenheit nur das umgangene Gesetz selbst sein kann. Zudem wird die gesetzliche Regelungslücke und somit die Zweckwidrigkeit der Steuerumgehung zum Ausdruck gebracht[195]. Ein Steuervorteil ergibt sich folglich aus der Divergenz der steuerlichen Ergebnisse der unangemessenen zu einer angemessenen Gestaltung[196].

Überdies genügt es nach dem Wortlaut des § 42 Abs. 2 S. 1 AO, dass der Steuervorteil für einen Dritten, der vom Gesetz nicht näher definiert wird, erzielt wird[197].

c) Kein Nachweis außersteuerlicher Gründe

(1) Beweislast

§ 42 Abs. 2 S. 2 AO fordert schließlich, dass die unangemessene Gestaltung nicht auf außersteuerlichen Gründen beruhen darf, die nach dem Gesamtbild der Verhältnisse beachtlich sind. Dadurch wird eine Vermutung für das Nichtvorliegen außersteuerlicher Gründe im Falle einer rechtlich unangemessenen Gestaltung formuliert. Der Steuerpflichtige muss nachweisen, dass er seine Gestaltung gerade aus außersteuerlichen Gründen, die nach dem Gesamtbild der Verhältnisse beachtlich sind, gewählt hat, um die Missbrauchsvermutung zu widerlegen. Sind sie nach dem Gesamtbild unbeachtlich oder nur von untergeordneter Bedeutung, bleibt es bei der Annahme eines Missbrauchs[198].

Allerdings fehlt eine greifbare Definition der außersteuerlichen Gründe. Es handelt sich wiederum um einen unbestimmten Rechtsbegriff. Außersteuerliche Gründe sind nach Ansicht in der Literatur jedenfalls solche, die nicht auf das Erzielen von

---

192 *Heuermann*, StuW 2004, 124, 126.
193 *Drüen*, Ubg 2008, 31, 35.
194 So auch *Rudolf*, Treaty Shopping und Gestaltungsmissbrauch, S. 74.
195 So wohl auch *Albert*, Abwehr von Steuerumgehungen, S. 28.
196 *Schwarz*, in: *Schwarz*, § 42 Rn. 73.
197 Näher dazu siehe *Drüen*, in: *Tipke/Kruse*, AO, § 42 Rn. 25.
198 BT-Drucks. 16/7036, S. 24.

Steuervorteilen gerichtet sind[199]. Sie können wirtschaftlicher oder persönlicher Natur sein. Deren Beachtlichkeit hängt von den Wertungen des Gesetzgebers ab[200].

(2) Subjektives Element des allgemeinen Missbrauchsbegriffs

Unklar ist weiterhin, ob insoweit auch die Motive des Steuerpflichtigen, anders gesprochen eine Umgehungsabsicht, zu berücksichtigen sind. Das Erfordernis eines subjektiven Elements war bisher umstritten. So sahen etwa der 1. und 3. Senat des BFH eine Umgehungsabsicht als erforderlich an[201], während der 5. Senat dies ablehnte[202]. Ein Großteil der Meinungen im Schrifttum geht ebenfalls von der Notwendigkeit eines subjektiven Elements aus[203]. Für eine Umgehungsabsicht spricht der Wortlaut des Gesetzes, der auf etwaige außersteuerliche Gründe des Steuerpflichtigen, die letztlich auf seinen Motiven beruhen, abstellt[204]. Aus dem Wortlaut der aktuellen Fassung des § 42 Abs. 2 S. 2 AO kann man insofern herauslesen, dass der allgemeine Missbrauchstatbestand auch ein subjektives Element enthält, welches bis zur Widerlegung durch den Steuerpflichtigen vermutet wird[205].

Insgesamt lässt sich jedenfalls feststellen, dass eine abstrakte, aber gleichwohl präzise und abschließende Definition des Missbrauchs kaum realisierbar scheint und in § 42 Abs. 2 S. 1 AO auch nicht gelungen ist[206]. Als Generalnorm der steuerlichen Missbrauchsverhinderung ist § 42 AO zumindest theoretisch auch auf die zweckwidrige Abkommens- bzw. Richtlinienerschleichung (Treaty bzw. Directive Shopping) anwendbar.

3. Spezielle Missbrauchsverhinderungsvorschriften

Neben der Generalklausel des § 42 AO existiert eine weitere Möglichkeit der Bekämpfung des Treaty Shoppings mittels spezieller und typisierender[207] Missbrauchsverhinderungsvorschriften.

199 *Schwarz*, in: *Schwarz*, AO, § 42 Rn. 77.
200 BT-Drucks. 16/6290, S. 81.
201 Vgl. BFH v. 5.2.1992 – I R 127/90, BStBl. II 1992, 532 (532); BFH v. 18.3.2004 – III R 25/02, BStBl. II 2004, 787 (792).
202 Vgl. BFH v. 10.9.1992 – V R 104/91, BStBl. II 1993, 253 (255).
203 *Tipke*, Steuerrechtsordnung III, S. 1341; *Drüen*, in: *Tipke/Kruse*, AO, § 42 Rn. 24, 36; a.A. *Danzer*, Die Steuerumgehung, S. 101 f.; *Fischer, P.*, in: FS Reiß, S. 621 (631).
204 *Drüen*, in: *Tipke/Kruse*, AO, § 42 Rn. 36; *Hey*, BB 2009, 1044, 1048.
205 *Hey*, StuW 2008, 167, 170.
206 Vgl. auch *Neumann*, DStJG 2010, 73, 82; zur vermeintlichen Undefinierbarkeit des Typus vgl. *Ralf P. Schenke*, Rechtsfindung im Steuerrecht, S. 318 f.
207 Zum Typisierungsbegriff vgl. *Birk/Desens/Tappe*, Steuerrecht, Rn. 218 f.; *Hey*, in: Tipke/Lang, 3 4 Rn. 147 f.

a) *Merkmale spezieller Missbrauchsverhinderungsvorschriften*

(1) Zweckrichtung und Normtypus spezieller Missbrauchsverhinderungsvorschriften

Im Vordergrund spezieller Missbrauchsverhinderungsvorschriften steht grundsätzlich, jedoch nicht immer[208], der Missbrauchsverhinderungszweck, welcher sich im Tatbestand der Norm widerspiegeln muss. Missbrauchsverhinderungsvorschriften dienen dazu, dem umgangenen Gesetz Geltung zu verschaffen, wenn dies durch Auslegung des betroffenen Gesetzes selbst nicht möglich ist.

In diesem Zusammenhang fungieren spezialgesetzliche Missbrauchsbekämpfungsnormen als unselbständige Fiskalzwecknormen[209]. Dies folgt gerade aus dem Ziel der Verhinderung der Steuerumgehung. Sie dienen dazu, die vom Gesetzgeber getroffene Belastungsentscheidung folgerichtig umzusetzen[210]. Insofern ergänzen sie einen Grundtatbestand und dienen so der Einnahmenerzielung. Bei grenzüberschreitenden Sachverhalten bezwecken sie folglich auch die Sicherung des deutschen Steuersubstrates[211]. Dem Missbrauchsverhinderungszweck kommt eigenständige Bedeutung zu. Er schränkt nämlich den Fiskalzweck insoweit ein, als dass die Missbrauchsverhinderungsnorm der Durchsetzung einer bestehenden Belastungsentscheidung und nicht der Konstituierung einer neuen Belastungsentscheidung dient.

Überdies lassen sich spezialgesetzliche Missbrauchsverhinderungsvorschriften als Sozialzweck-, genauer als Lenkungszwecknormen einordnen[212]. Sie sollen Steuerpflichtige zu einem bestimmten gesellschaftspolitischen Verhalten bewegen[213]. Dies erfolgt in erster Linie durch den konkreten Tatbestand, welcher ein bestimmtes Verhalten als missbräuchlich einstuft, aber auch durch den damit verbundenen Abschreckungseffekt[214]. Dieser wird gerade durch die Kompliziertheit und die nur schwer verständliche Formulierung der Normen hervorgerufen[215], weil dadurch auch trotz steuerlich guter Beratung Unsicherheiten für die Steuerpflichtigen bestehen bleiben.

Legislative Typisierungen dienen regelmäßig auch einem Vereinfachungszweck und somit der Vollzugsfähigkeit der Steuergesetze[216]. Gerade bei grenzüberschreitenden Gestaltungen mit verschachtelten Konzernstrukturen lässt sich der steuerliche Sachverhalt oftmals nur schwer ermitteln. Häufig wird diese Vereinfachung daher durch Aufstellung unwiderleglicher, zunehmend jedoch auch durch widerlegliche

---

208 Zu den einzelnen Zweckrichtungen vgl. auch *Hey*, DStJG 33 (2010), S. 139, 146 f.

209 Siehe oben S. 26.

210 *Drüen*, StuW 2008, 154, 165; *Hey*, StuW 2008, 167, 171.

211 *Hey*, StuW 2008, 167, 171.

212 A.A. *Gabel*, StuW 2011, 3, 5.

213 *Wernsmann*, in: HHSp, AO[213], § 3 Rn. 87; vgl. *Ralf P. Schenke*, in: FS Wahl, S. 803 (809).

214 *Loritz*, ZSteu 2007, 415, 416.

215 *Hey*, StuW 2008, 167, 172.

216 *Ralf P. Schenke*, in: FS Wahl, S. 803 (811); vgl. auch *Pahlke*, in: Pahlke/König, AO, § 3 Rn. 66 ff.; zur Typisierung in der Rechtsprechung und in der Finanzverwaltung siehe die Studie von *Isensee*, Die typisierende Verwaltung.

Vermutungen umgesetzt[217]. Damit ist mit speziellen Missbrauchsverhinderungsvorschriften nicht nur aus Sicht der Finanzverwaltung, sondern auch aus der des Steuerpflichtigen eine Vereinfachung verbunden, indem das für missbräuchlich befundene Verhalten durch die Spezialvorschrift für die Steuerpflichtigen erkennbar gemacht und somit das Risiko des Missbrauchsvorwurfs minimiert wird[218].

(2) Typisierung

Spezielle Missbrauchsverhinderungsvorschriften regeln jeweils einen bestimmten Bereich des Gestaltungsmissbrauchs und richten sich insoweit gegen eine bestimmte Steuerumgehungsstrategie bzw. ein als missbräuchlich eingestuftes Verhalten[219]. Die Typisierungstechnik besteht darin, bestimmte Sachverhalte als missbräuchlich zu qualifizieren. Dies kann dazu führen, dass unter Umständen auch tatsächlich nicht missbräuchliches Verhalten vom Tatbestand der Spezialnorm erfasst wird[220]. Der Gesetzgeber lässt durch die Typisierung bewusst den konkreten Einzelfall außer Betracht und geht das Risiko ein, ungleiche Sachverhalte gleich, nämlich als missbräuchlich zu behandeln. Als Spezialgesetze bilden sie eine sondergesetzliche Konkretisierung des abgabenrechtlichen Missbrauchsbegriffs des § 42 AO[221] und typisieren so dessen Missbrauchstatbestand normspezifisch. Dies gilt insbesondere für die Begriffe der Unangemessenheit, die beachtlichen außersteuerlichen Gründe sowie den gesetzlich nicht vorgesehenen steuerlichen Vorteil. Überdies ordnen spezialgesetzliche Missbrauchsvorschriften im Gegensatz zu § 42 AO regelmäßig eine eigenständige Rechtsfolge an.

i. Typisierung der Unangemessenheit

Die Typisierung der Unangemessenheit ist ein wesentliches Element spezialgesetzlicher Missbrauchstatbestände. Sie richten sich demnach gegen ganz bestimmte Missbrauchskonzepte, wie beispielsweise die Zwischenschaltung von Gesellschaften mit dem Ziel, Steuervergünstigungen zu erschleichen[222]. Gerade hier liegt die Gefahr, dass durch eine zu grobe Typisierung auch tatsächlich nicht missbräuchliche Verhaltensweisen von der Spezialnorm erfasst werden. Dies kann dazu führen, dass sich spezielle Missbrauchsverhinderungsvorschriften nicht mehr verfassungsrechtlich rechtfertigen lassen.

---

217 *Hey*, StuW 2008, 167, 172.
218 *Hey*, StuW 2008, 167, 172.
219 *Winkelmann*, Steuerumgehung, S. 49.
220 *Englisch*, in: Stern/Becker, Grundrechte, Art. 3 Rn. 147; *Klein*, Die legislative Typisierung, S. 19 ff.; *Osterloh*, Gesetzesbindung und Typisierungsspielräume, S. 26.
221 BFH v. 15.12.1999 – I R 29/97, BStBl. II 2000, 527 (532).
222 *Gabel*, Verfassungsrechtliche Maßstäbe, S. 19; *Hey*, DStJG 33 (2010), S. 139, 149.

ii. Typisierung des Nichtbestehens der beachtlichen außersteuerlichen Gründe

Bezüglich der außersteuerlichen Gründe erfolgt eine Typisierung regelmäßig in der Weise, dass deren Nichtbestehen bzw. Unbeachtlichkeit vermutet wird[223]. Durch die Typisierung wird insoweit regelmäßig eine Vermutung des missbräuchlichen Verhaltens aufgestellt, die je nach Ausgestaltung der Norm entweder unwiderleglich ist oder im Falle ihrer Widerleglichkeit die Beweislast auf den Steuerpflichtigen überträgt[224].

iii. Differenzierung nach dem Typisierungsgrad und dem Ausmaß des Missbrauchsverhinderungszwecks

Der Gesetzgeber nimmt durch die Typisierung eine normative Wertung vor. Im Rahmen der Typisierung unterscheidet man zwischen echten und unechten Spezialvorschriften[225]. Erstere geben die Grenze einer angemessenen Gestaltung relativ deutlich vor und ordnen zudem eine konkrete Rechtsfolge an[226]. Von unechten Spezialvorschriften spricht man hingegen, wenn sie den missbrauchsanfälligen Bereich nicht abschließend konkretisieren, sondern lediglich klarstellende Funktion[227] besitzen und somit als Regelbeispiel zu § 42 AO ausgestaltet sind[228]. Unter dem vorstehenden Begriffspaar wird teilweise auch diskutiert, inwieweit einer Spezialvorschrift ein Missbrauchsverhinderungszweck innewohnt. Ist dieser im Tatbestand hinreichend konturiert, geht es also in erster Linie um die Durchsetzung einer bestehenden Belastungsentscheidung, spricht man von echten Spezialvorschriften[229]. Eine unechte Missbrauchsverhinderungsvorschrift liegt hingegen vor, wenn der Missbrauchsverhinderungszweck lediglich ein Teilaspekt ist und sich bereits aus einer verfassungsrechtlichen Evidenzprüfung ergibt, dass sich die Vorschrift nicht allein aus den in ihr enthaltenen Missbrauchsverhinderungsgründen rechtfertigen lässt[230].

Nicht selten ist es schwierig, echte spezialgesetzliche Missbrauchsverhinderungsvorschriften zu erkennen bzw. von unechten abzugrenzen. Dies ist teilweise auch dadurch bedingt, dass ursprüngliche Missbrauchsvorschriften sich durch Gesetzesänderungen oder -verschärfungen zu eigenständigen Normen mit eigenem

---

223 *Gabel*, Verfassungsrechtliche Maßstäbe, S. 29.

224 Zur Typisierung und der damit verbundenen Vermutung vgl. auch *Crezelius*, StuW 1995, 313, 318; *Hey*, DStJG 33 (2010), S. 139, 149 f.

225 Teilweise wird in diesem Zusammenhang auch zwischen deklaratorischer und konstitutiver Missbrauchstypisierung gesprochen, vgl. *Gabel*, Verfassungsrechtliche Maßstäbe, S. 22; *dies.*, StuW 2011, 3, 4 f.

226 *Schwarz*, in: *Schwarz*, AO, § 42 Rn. 38; *Gabel*, Verfassungsrechtliche Maßstäbe, S. 26 f.

227 *Drüen*, in: Tipke/Kruse, § 42 Rn. 20b; *ders.*, StuW 2008, 154, 161.

228 *Hey*, DStJG 2010, 139, 145; vgl. auch *Englisch*, in: Tipke/Lang, § 5 Rn. 124.

229 *Albert*, Abwehr von Steuerumgehungen, S. 56; *Gabel*, Verfassungsrechtliche Maßstäbe, S. 24 f.

230 *Gabel*, StuW 2011, 3, 5.

Tatbestand entwickeln und somit keinen Missbrauchsverhinderungszweck, sondern vielmehr einen selbstständigen Fiskalzweck verfolgen[231]. Überdies wird die Identifizierung als Missbrauchsnorm dadurch erschwert, dass der Norm häufig unterschiedliche legislative Ziele zugrunde liegen[232].

Um echte Missbrauchsverhinderungsvorschriften zu identifizieren, muss auf die traditionellen Auslegungsmethoden zurückgegriffen werden[233]. Spezialnormen liegt dasselbe Verständnis wie auch in § 42 AO zugrunde. Dies ergibt sich schon aus dem Wortlaut des § 42 Abs. 1 S. 2 AO, welcher eine Definition spezieller Missbrauchsbekämpfungsvorschriften enthält und sie als Regelung in einem Einzelsteuergesetz, die der Verhinderung von Steuerumgehungen dient, bezeichnet. Daraus resultiert, dass ein Zweck der Vorschrift die Verhinderung der Steuerumgehung sein muss. Insoweit kommt der teleologischen Auslegung bei der Identifizierung von Missbrauchsverhinderungsnormen eine besondere Bedeutung zu[234]. Die Regelung darf insbesondere keine eigene Belastungsentscheidung enthalten. Vielmehr muss sie der Durchsetzung einer bestehenden Belastungsentscheidung dienen (unselbstständige Fiskalzwecknormen).

b) Missbrauchsverhinderungsvorschriften als Ergebnis eines Konflikts zwischen Steuerpflichtigen, Rechtsprechung und Finanzverwaltung

Typisches Kennzeichen von Missbrauchsverhinderungsvorschriften ist, dass sich ihre Entstehung und Fortentwicklung in einem besonderen Spannungsfeld zwischen Steuerpflichtigen, Rechtsprechung und Finanzverwaltung vollzieht[235].

(1) Der ständige „Wettlauf" zwischen Steuerpflichtigen und Gesetzgeber

i. Perspektive der Steuerpflichten

Dem Steuerrecht ist es immanent, dass es sich allgemein durch einen Interessengegenlauf von Steuerpflichtigen und Fiskus auszeichnet. Es liegt in der Natur der Sache, dass Steuerpflichtige Lösungen und Wege suchen, ihre Steuerlast zu minimieren[236]. Unternehmen sind zudem aus betriebswirtschaftlicher Sicht quasi gezwungen, ihre

---

231 Vgl. dazu *Gabel*, Verfassungsrechtliche Maßstäbe, S. 37 ff.; *Drüen*, StuW 2008, 154, 160.

232 *Hey*, BB 2007, 1044, 1047.

233 *Drüen*, StuW 2008, 154, 160; zu den klassischen Auslegungskriterien vgl. *Zippelius*, Juristische Methodenlehre, S. 42 ff.

234 *Gabel*, Verfassungsrechtliche Maßstäbe, S. 38, 40.

235 Allgemein zu dieser Problematik im Steuerrecht *Pezzer*, DStR 2004, 525 ff. Hiermit soll jedoch nicht ausgeschlossen werden, dass ein solches Spannungsfeld für andere Vorschriften des Steuerrechts nicht ebenso existiert.

236 Vgl. *Flick*, in: FS Klein, S. 329 (331); zur geringen Akzeptanz der Steuerrechtsordnung vgl. *Ralf P. Schenke*, Die Rechtsfindung im Steuerrecht, S. 45, 123 f.; zu geschichtlichen Grundzügen der Steuerumgehung vgl. Ausführungen und Nachweise bei *Poulakos*, Der Missbrauch von steuerlichen Gestaltungsmöglichkeiten, S. 20 f.

Steuerlast zu optimieren, um Wettbewerbsnachteile zu vermeiden[237]. Wenn der Gesetzgeber steuerliche Vergünstigungen schafft, ist es deshalb nicht verwunderlich, dass Steuerpflichtige versuchen, durch entsprechende rechtliche Gestaltungen in den Genuss dieser Vergünstigungen zu gelangen. Diese Vorgehensweise des ständigen Suchens und Ausnutzens von Gesetzeslücken, die oftmals schon vor Inkrafttreten einer Norm beginnt, wird teilweise auch als „aggressive Steuerplanung" (extensive consultations) bezeichnet[238]. Sowohl die aus der Besteuerung folgende hohe finanzielle Belastung, aber auch die vielfach bemängelte unzureichende Systematik[239] des Steuerrechts fordern dieses Verhalten nahezu heraus. Das international bestehende unterschiedliche Steuerniveau und das bestehende Regelungsgefälle im Bereich des Abkommensrechts verstärken zudem die Ausbreitung des Treaty Shopping[240].

Im Grundsatz ist ein solches Verhalten dem Steuerpflichtigen nicht verwehrt. Bundesverfassungsgericht und Bundesfinanzhof gehen in ständiger Rechtsprechung davon aus, dass es dem Steuerpflichtigen grundsätzlich offen steht, seine Verhältnisse so einzurichten, dass sich eine möglichst geringe Steuerlast ergibt[241]. Es handelt sich um ein Grundrecht auf „steueroptimierende Gestaltung" als Ausprägung der allgemeinen Handlungsfreiheit gem. Art. 2 Abs. 1 GG[242]. Diese Gestaltungsfreiheit erlaubt es dem Steuerpflichtigen, auf legislative Entscheidungen zu reagieren, wobei das Motiv, Steuern zu sparen, allein noch kein missbräuchliches Verhalten darstellt[243].

ii. Perspektive der Finanzverwaltung

Dennoch sind gewisse rechtliche Konstruktionen als missbräuchlich bzw. zweckwidrig einzustufen, weil sie den Zweck eines Gesetzes bzw. eines DBA unterlaufen und in der Folge das steuerliche Normensystem beeinträchtigen können[244]. Insoweit versuchen Gesetzgeber und Finanzverwaltung, das Treaty Shopping dahingehend zu beschränken, dass Steuervergünstigungen, die ein Gesetz gewährt, nur insoweit genutzt werden, als es seiner Zielrichtung und seinem Zweck entspricht.

Wie bereits angesprochen, dienen Missbrauchsverhinderungsvorschriften nicht nur der Zweckerhaltung des Gesetzes, sondern verfolgen daneben regelmäßig einen

---

237 *Flämig*, DStR 2007, Beihefter zu Heft 44, S. 6; *Heckemeyer/Overesch*, DBW, 2012, 451.

238 Vgl. etwa *OECD*, Study into the Role of Tax Intermediates, S. 10 f.

239 *Hensel*, in: Festgabe Zitelmann, S. 219 (266); zur rechtsdogmatischen Schwäche des Steuerrechts vgl. auch *Ralf P. Schenke*, StuW 2008, 206 ff.; siehe zur daraus resultierenden Steuerverdrossenheit auch den sehr interessanten Aufsatz von *Birk*, in: FS Spindler, S. 13 (21 ff.).

240 Vgl. dazu auch *Heckemeyer/Overesch*, DBW, 2012, 451, 459.

241 BVerfG v. 14.4.1959 – 1 BvL 23, 34/57, BVerfGE 9, 237 (250); BFH v. 19.2.1975 – I R 26/73, BStBl. II 1975, 584; BFH v. 16.1.1992 – V R 1/91, BStBl. II 1992, 541; BFH v. 18.12.1996 – XI R 12/96, BStBl. II 1997, 374; BFH v. 19.10.1999 – IX R 39/99, BStBl. II 2000, 223, 224.

242 Siehe hierzu *Lenz/Gerhard*, BB 2007, 2429, 2431.

243 *Schwarz*, in: *Schwarz*, AO, § 42 Rn. 10.

244 Vgl. dazu *Zettler*, Treaty Shopping nach Inkrafttreten des § 50d Ia EStG, S. 62.

Fiskal-[245], einen Lenkungs-[246] und einen Vereinfachungszweck. Letzterer wird insbesondere durch die Typisierung erreicht. Aus dieser Typisierung resultieren jedoch auch nicht zu unterschätzende Probleme: Einerseits vereinfachen spezialgesetzliche Missbrauchsverhinderungsvorschriften zwar durch die Typisierung das Verfahren für die Finanzverwaltung, die sich oft hochkomplexen Sachverhalten gegenübersieht, deren Aufklärungs- und Vollzugsaufwand nur in einem unangemessenen Verhältnis zum steuerlichen Ertrag stünden[247]. Diese Vorgehensweise geht regelmäßig zu Lasten der Einzelfallgerechtigkeit. Dem Gesetzgeber wird jedoch auch nach Ansicht des Bundesverfassungsgerichts grundsätzlich eine Befugnis für solche generalisierenden Maßnahmen zugebilligt, soweit sie dem Verhältnismäßigkeitsgrundsatz entsprechen[248]. Andererseits ist zu berücksichtigen, dass aufgrund der meist hohen Komplexität und unzureichenden Verständlichkeit der Regelungen häufig Probleme bezüglich Auslegung und Anwendung spezieller Missbrauchsverhinderungsvorschriften auftreten. Dies führt zu enormen Vollzugproblemen in der Verwaltungswirklichkeit und lässt eine tatsächliche Vereinfachung äußerst fraglich erscheinen[249].

Zudem bieten die Spezialgesetze dem Steuerpflichtigen insoweit eine Vereinfachung, als er durch relativ genaue Vorgaben – oftmals als „safe haven“ bezeichnet[250] – erkennen kann, was als missbräuchliche bzw. nichtmissbräuchliche Gestaltung einzustufen ist. Folglich wird es ihm unter Umständen leichter fallen, nichtmissbräuchliche Gestaltungen zu wählen, denn in typisierenden Missbrauchsverhinderungsvorschriften wird gerade durch die konkretisierenden normspezifischen Missbrauchsdefinitionen relativ genau – und für den Steuerpflichtigen erkennbar – aufgezeigt, was als zulässige und was als unzulässige Gestaltung einzuordnen ist. In der Folge provoziert genau diese Abgrenzung wiederum die Entwicklung neuer Umgehungsstrategien[251] und insoweit einen stetigen Wettlauf zwischen Gesetzgeber und Steuerpflichtigen[252]. Dieses „Hase-Igel-Spiel“[253] ergibt sich daraus, dass es dem Gesetzgeber bei der Formulierung des gesetzlichen Tatbestandes kaum möglich ist, alle in Zukunft denkbaren Steuergestaltungen zu erfassen. Resultierend daraus besteht die Gefahr, dass durch bloßes legislatives Reagieren auf neue Steuergestaltungen und durch übereilte Gesetzgebungsverfahren wenig ausgereifte Missbrauchsvorschriften

---

245 Etwa zur Verhinderung des Abflusses von Besteuerungssubstrat ins Ausland, vgl. *Hey*, StuW 2008, 167, 171.

246 Indem sie die Steuerpflichtigen zu einem nichtzweckwidrigen Verhalten bewegen sollen *Hey*, StuW 2008, 167, 172.

247 Vgl. dazu *Ralf P. Schenke*, in: FS Wahl, S. 803 (811).

248 Vgl. etwa BVerfG v. 6.3.2002 – 2 BvL 17/99, BStBl. II 2002, 618 (637); ausführlich dazu unten S. § 6 A.I.3122 ff.

249 So auch *Hey*, StuW 2008, 167, 172.

250 Zum Begriff *Hey*, StuW 2008, 167, 172; *Hey*, DStJG 2010, 139, 145.

251 *Hey*, BB 2009, 1044, 1045.

252 Sie dazu *Gosch*, in: FS Reiß, S. 597 (613).

253 *Seer*, DStJG 2010, 2.

entstehen[254]. Auch die OECD hat diese Problematik erkannt und versucht teilweise in ihren Leitsätzen für multinationale Unternehmen (OECD Guidelines for Multinational Enterprises) dem Konflikt zwischen Steuerpflichtigen und Gesetzgeber dadurch entgegenzuwirken, indem sie international tätige Unternehmen unter anderem dazu anhält, aggressive Steuerplanung zu unterlassen und den „Geist" der Gesetze zu befolgen[255]: „enterprises should comply with both the letter and spirit of the tax laws and regulations of the countries in which they operate"[256].

(2) Beeinflussung des Konflikts durch die Finanzgerichtsbarkeit

Bei der Schaffung von Missbrauchsverhinderungsvorschriften ist der Einfluss der Judikative nicht zu unterschätzen. Der Finanzgerichtsbarkeit obliegt es u.a, das Recht auszulegen und fortzubilden[257]. Sie kontrolliert zum einen die Rechtsanwendung durch die Exekutive. Zum anderen unterliegt auch das Ergebnis der Arbeit des Gesetzgebers der Kontrolle der Finanzgerichte und des BFH, indem diese die Steuergesetze auf ihre Vereinbarkeit mit höherrangigem Recht überprüfen und gegebenenfalls das BVerfG oder den EuGH anrufen[258].

In diesem Kontext fällt der BFH auch Urteile, die nicht der Auffassung der Finanzverwaltung entsprechen[259]. Beispielsweise hat der Bundesfinanzhof durch seine restriktive Auslegung[260] der Generalklausel des § 42 AO die Auseinandersetzung um die Zulässigkeit des Treaty Shopping nicht unerheblich beeinflusst[261]. Auch spezielle Missbrauchsverhinderungsvorschriften werden häufig entgegen der Auffassung der Finanzverwaltung ausgelegt[262]. Oft entscheidet der BFH in solchen Urteilen erstmals über eine noch ungeklärte Rechtsfrage oder weicht von einer bisher eingeschlagenen Rechtsprechungslinie ab[263].

(3) Reaktion der Finanzverwaltung auf „unliebsame" finanzgerichtliche Urteil

Solchen richtungsweisenden Urteilen, die im Widerspruch zur Position der Finanzverwaltung stehen, versucht diese mit verschiedenen Maßnahmen zu begegnen. Zu nennen sind hier die verzögerte Veröffentlichung von Entscheidungen im Bundessteuerblatt, der sog. Nichtanwendungserlass und das sog. Nichtanwendungsgesetz.

---

254 So auch *Ralf P. Schenke,* StuW 2008, 206, 207; mit deutlicher Kritik an der Chaotisierung des Steuerrechts *Hey,* StuW 2008, 167, 183; dazu auch *Isensee,* StuW 1994, 3, 4.

255 Vgl. dazu die Ausführungen von *Hardeck,* IStR 2011, 933, 934 f.

256 *OECD,* OECD Guidelines for Multinational Enterprises, S. 60.

257 *Offerhaus,* in: Mayer, Unternehmensbesteuerung in Theorie und Praxis, S. 76 (77).

258 *Pezzer,* DStR 2004, 525; vgl. zu dieser Thematik auch die u.a. rechtsvergleichende Erläuterung von *Schön,* DStJG 33 (2010), S. 29, 57.

259 Zur Emanzipation der Finanzgerichtsbarkeit *Lang,* StuW, 1991, 14, 16 f.

260 Siehe nur BFH v. 23.10.1996 – I R 55/95, BStBl. II 1998, 90 (91).

261 Näher dazu unten S. 59 ff.

262 Siehe dazu sogleich.

263 *Pezzer,* DStR 2004, 525, 526.

Da die redaktionelle Verantwortung für das Bundessteuerblatt beim Bundesfinanzministerium liegt, hat es die Handhabe darüber, unliebsame BFH-Urteile verspätet zu veröffentlichen oder gänzlich zu unterdrücken. Hintergrund dieses Vorgehens ist, dass die Finanzverwaltung allgemein angewiesen ist, nur im Bundessteuerblatt veröffentlichte Urteile anzuwenden[264]. An anderer Stelle veröffentlichte Urteile könne hingegen nur herangezogen werden, soweit sie nicht im Widerspruch zum Bundessteuerblatt stehen[265].

Eine weiteres Instrument der Finanzverwaltung sind Nichtanwendungserlasse[266]. Die Steuerverwaltung als Massenverwaltung wird wie kaum ein anderer Bereich der öffentlichen Verwaltung durch Verwaltungsrichtlinien und –erlasse geprägt[267]. Als ein Grund für die weitverbreitete Nichtanwendungspraxis im Steuerrecht wird die starke Machtposition des BMF genannt. Diese gründe in erster Linie auf seiner Kooperation mit den Landesfinanzbehörden, woraus eine erhebliche Breitenwirkung der Erlasse resultiere[268]. Nichtanwendungserlasse sind regelmäßig in Form von BMF-Schreiben ergangene und an die Finanzbehörden gerichtete Anweisungen, ein BFH-Urteil über den entschiedenen Fall hinaus nicht anzuwenden (sog. eindeutige Nichtanwendungserlasse[269]). Insoweit soll dies den BFH dazu veranlassen, seine Rechtsprechung unter Zugrundelegung der Auffassung der Finanzverwaltung zu korrigieren[270]. Ein weiteres Ziel von Nichtanwendungserlassen kann die Vorbereitung einer Gesetzesänderung sein[271].

Als dritte und wirksamste Methode kommen Nichtanwendungsgesetze – auch rechtsprechungsbrechende Gesetze[272] genannt – in Betracht[273]. Dadurch wird entweder das betroffene Steuergesetz im Sinn der Auffassung der Finanzverwaltung geändert oder ein neues spezielles Gesetz zur Lösung der Problematik geschaffen. Die Finanzverwaltung besitzt in diesem Zusammenhang regelmäßig großen Einfluss auf die parlamentarischen Entscheidungen. Hintergrund kann hier auch

---

264 Vgl. dazu *Desens*, Bindung der Finanzverwaltung an die Rechtsprechung, S. 56.
265 Siehe dazu *Pezzer*, DStR 2004, 525, 531 m.w.N.
266 Ausführlich dazu die Arbeit von *Desens*, Bindung der Finanzverwaltung an die Rechtsprechung.
267 Vgl. *Ralf P. Schenke*, Die Rechtsfindung im Steuerrecht, S. 116.
268 *Desens*, Bindung der Finanzverwaltung an die Rechtsprechung, S. 79 f.
269 *Desens*, Bindung der Finanzverwaltung an die Rechtsprechung, S. 15 f.; zur grundsätzlichen Zulässigkeit der Nichtanwendungserlasse mangels Präjudizienbindung *Offerhaus*, in: Mayer, Unternehmensbesteuerung in Theorie und Praxis, S. 76 (80).
270 *Pezzer*, DStR 2004, 525, 528; *Desens*, Bindung der Finanzverwaltung an die Rechtsprechung, S. 25 f.; *Offerhaus*, in: Mayer, Unternehmensbesteuerung in Theorie und Praxis, S. 76 (79).
271 *Desens*, Bindung der Finanzverwaltung an die Rechtsprechung, S. 30 f.
272 Vgl. *Lang*, StuW 1992, 14 f.
273 Vgl. *Offerhaus*, in: Mayer, Unternehmensbesteuerung in Theorie und Praxis, S. 76 (79), der aufgrund eines Loyalitätsgebotes zwischen den Gewalten für Zurückhaltung seitens der Legislative bei plädiert.

der oft fehlende steuerrechtliche Sachverstand in den Gesetzgebungsorganen sein. Steuergesetze basieren in der Regel auf der Expertise des Bundesfinanzministeriums[274]. Dies macht es der Finanzverwaltung leicht, etwa im Rahmen von Änderungsgesetzen punktuell missliebigen Entscheidungen des BFH entgegenzutreten[275]. Beispielsweise sah der BFH den Tatbestand des § 42 AO in vielen Fällen als nicht erfüllt an, was den deutschen Gesetzgeber zur Schaffung einer Reihe von speziellen Missbrauchsverhinderungsvorschriften mit engerem und konkreterem Tatbestand veranlasst hat[276]. Teilweise wird mit einem Nichtanwendungsgesetz auch ein bereits vorher ergangener Nichtanwendungserlass gesetzlich kodifiziert[277].

(4) Konsequenzen punktueller Gesetzgebung

Bei solchen Gesetzgebungsprozessen werden Vorschriften häufig mit großer Eile erlassen, was oft zu nicht konsequent durchdachten Regelungen und in der Folge zu Anwendungsschwierigkeiten und Vollzugsdefiziten führen kann. *Drüen* bezeichnet dies als eine verbreitete „Missbrauchsphobie"[278] des Steuergesetzgebers, *Hey* als „experimentelle Gesetzgebung"[279] und *Roser* spricht von einer neuen Gesetzestechnik[280]. Die Konsequenz ist, dass wegen dieser Fokussierung auf ein Spezialproblem häufig systematische Vorgaben aus dem Verfassungs-, Europa- oder Völkerrecht außer Acht gelassen werden. Die nur punktuelle Rechtsetzung im Steuerrecht, insbesondere beim Erlass von speziellen Missbrauchsverhinderungsnormen, führt regelmäßig zu einer mangelnden Systembildung bereits auf Ebene der Steuergesetzgebung[281]. Die häufigen Änderungen haben zum einen zur Folge, dass der BFH kaum konsistente Rechtsprechungslinien erarbeiten kann. Zum anderen wird es auch der Steuerrechtswissenschaft erschwert, einen effektiven Beitrag zur steuerrechtlichen Systembildung zu leisten[282].

---

274 Vgl. dazu *Ralf P. Schenke*, Die Rechtsfindung im Steuerrecht, S. 113 f.; *Desens*, Bindung der Finanzverwaltung an die Rechtsprechung, S. 68; *Lang*, StuW 1992, 14, 15.

275 *Pezzer*, DStR 2004, 525, 526; zur Entparlamentisierung der Gesetzgebung *Ralf P. Schenke*, Die Rechtsfindung im Steuerrecht, S. 113 f.

276 Ein Überblick findet sich in *Roser*, FR 2005, 178; vgl. dazu etwa auch die Gesetzesbegründung zu § 50d Abs. 1a EStG a.F.: BT-Drucks. 12/5630, S. 65; vgl. auch *Hey*, in: Lüdicke, Wo steht das deutsche Internationale Steuerrecht?, S. 137 (143).

277 Nicht zu Unrecht wird der Einfluss der Finanzverwaltung vor dem Hintergrund des Gewaltenteilungsgrundsatzes als bedenklich angesehen *Lang*, StuW 1992, 14, 15 f.

278 *Drüen*, StuW 2008, 3, 13.

279 *Hey*, StuW 2008, 167, 168.

280 *Roser*, FR 2005, 178.

281 *Ralf P. Schenke*, Die Rechtsfindung im Steuerrecht, S. 120; so auch *Desens*, Bindung der Finanzverwaltung an die Rechtsprechung, S. 69 f., 77; vgl. auch *Ralf P. Schenke*, StuW 2008, 206, 207, 213; zur Chaotisierung des Steuerrechts siehe auch *Helsper*, BB 1995, 17 ff.

282 *Ralf P. Schenke*, Die Rechtsfindung im Steuerrecht, S. 120.

c) *Das Verhältnis spezialgesetzlicher Missbrauchsverhinderungsvorschriften zu § 42 AO*

Wie oben bereits angedeutet, kann es Schwierigkeiten bereiten, einen bestimmten Fall unter eine spezielle Missbrauchsverhinderungsnorm zu subsumieren. In Fällen, in denen dies nicht gelingt, könnte ein Rückgriff auf § 42 AO in Betracht kommen. Diesbezüglich ist fraglich, wie das Konkurrenzverhältnis zwischen General- und Spezialvorschrift zu bestimmen ist. Eine Normenkonkurrenz ist dann gegeben, wenn der Tatbestand zweier oder mehrerer Normen dem Wortlaut nach erfüllt ist[283].

Das Konkurrenzverhältnis spezialgesetzlicher Missbrauchsverhinderungsvorschriften zur Generalnorm wird in § 42 Abs. 1 S. 2 AO aufgegriffen und hinsichtlich spezieller Missbrauchsverhinderungsvorschriften eine Prüfungsreihenfolge festgelegt[284]: Ist der Tatbestand einer spezialgesetzlichen Missbrauchsverhinderungsregelung erfüllt, so bestimmt sich die Rechtsfolge nach dieser Vorschrift. Im Wortlaut spiegelt sich zunächst nur der allgemein rechtsmethodisch anerkannte lex specialis Grundsatz wider[285]. Ist also eine speziellere Umgehungsvorschrift tatbestandlich erfüllt, so entfaltet sie eine Sperrwirkung für § 42 AO mit der Folge, dass die Generalnorm nicht parallel anwendbar ist (lex specialis derogat legi generali)[286]. Dies entspricht auch der grundsätzlichen Intention des Gesetzgebers[287].

Hiervon ist die Frage zu unterscheiden, ob ein Rückgriff auf die Generalnorm möglich ist, wenn zwar der Anwendungsbereich der (echten) Spezialvorschrift eröffnet ist, aber ein oder mehrere Tatbestandsmerkmale nicht erfüllt sind. Die Finanzverwaltung geht von einer Anwendbarkeit der Generalnorm auch in diesen Fällen aus[288] und folgt dem Willen des Gesetzgebers des JStG 2008[289]. Nach herrschender Meinung in der Literatur[290] genügt hingegen bereits die abstrakte Eröffnung des Anwendungsbereichs der Spezialvorschrift, um die Anwendung von § 42 AO zu sperren. Bis zur Änderung durch das JStG 2008 folgte dem auch der BFH in ständiger

283 *Zippelius*, Juristische Methodenlehre, S. 37; *Larenz*, Methodenlehre der Rechtswissenschaft, S. 255 ff.

284 BT-Drucks. 16/7036, S. 24.

285 *Drüen*, Ubg 2008, 31, 33.

286 BFH v. 13.12.1989 – I R 118/87, BStBI. II 1990, 474 (477); v. 15.12.1999 – I R 29/97, BStBl. II 2000, 527 (532); *Albert*, Abwehr von Steuerumgehungen, S. 33; Eicke, Repatriierungsstrategien, S. 295.

287 BT- Drucks. 16/7036, S. 24.

288 BMF v. 3.4.2007, BStBl. I 2007, 446.

289 BT- Drucks. 16/7036, S. 24.

290 Vgl. *Drüen*, Ubg 2008, 31, 33; *Englisch*, in: *Tipke/Lang*, § 5 Rn. 124; *Schwarz*, in: *Schwarz*, AO § 42 Rn. 32; *Englisch*, in: *Tipke/Lang*, Steuerrecht, § 5 Rn. 124.

Rechtsprechung[291] und hält wohl weiterhin daran fest[292]. Ebenso geht das FG Kassel im Falle einer abschließenden Konkretisierung durch die Spezialvorschrift von einer Unanwendbarkeit des § 42 AO aus[293].

Bei speziellen Missbrauchsverhinderungsvorschriften handelt es sich um eine Typisierung und Konkretisierung des § 42 AO sowohl auf Tatbestand- als auch auf Rechtsfolgenseite, durch welche für den Steuerpflichtigen relativ deutlich abgegrenzt wird, was als unangemessen einzustufen ist und was nicht (safe haven)[294]. Der Anwendungsbereich ist demnach wesentlich enger. Ein Rückgriff auf § 42 AO würde diese vorgenommene Abgrenzung sinnlos machen und die durch die Konkretisierung eröffnete normative Wertung leerlaufen lassen bzw. den mit der Spezialnorm angeordneten Gesetzesbefehl umkehren[295]. Das Risiko einer zu eng gefassten Spezialnorm muss deshalb der Gesetzgeber tragen[296]. Die durch die Spezialvorschrift konkretisierte Angemessenheitsgrenze darf durch einen Rückgriff nicht verschoben werden, um Wertungswidersprüche zu vermeiden[297]. Diesen Gedanken erkannte auch der BFH bislang an, indem er feststellte, dass die „enger gefasste Spezialvorschrift auf die allgemeinere Vorschrift durchschlagen" muss[298]. Denn § 42 AO selbst enthält keinen normativen Maßstab für die Angemessenheit einer rechtlichen Gestaltung. Der normative Maßstab ergibt sich erst aus dem umgangenen Gesetz[299]. Auch *Drüen* schließt durch die „gesetzliche Kopplung von [speziellem] Missbrauchstatbestand und spezieller Rechtsfolge" einen Rückgriff auf die Generalklausel aus[300]. Dies würde auch der ursprünglichen Intention des Gesetzgebers entsprechen, mit der Neufassung des § 42 AO mehr Rechtssicherheit und eine präzisere Missbrauchsdefinition zu schaffen[301].

Aus dem Wortlaut des § 42 Abs. 1 S. 3 AO scheint sich jedoch eine andere Sichtweise zu ergeben, wonach „andernfalls [...] der Steueranspruch beim Vorliegen eines Missbrauchs i.S.v. § 42 Abs. 2 AO so [entsteht], wie er bei einer den wirtschaftlichen Vorgängen angemessenen rechtlichen Gestaltung" entstehen würde. Dadurch könnte

291 BFH v. 13.12.1989 – I R 118/87, BStBl. II 1990, 474 (477); v. 15.12.1999 – I R 29/97, BStBl. II 2000, 527 (532); v. 20.3.2002 – I R 63/99, BStBl. II 2003, 50 (53); v. 31.5.2005 – I R 74, 88/04, BStBl. II 2006, 118 (120); v. 29.1.2008 – I R 26/06, BStBl. II 2008, 978 (980); FG Münster v. 25.10.2006 – 1 K 53803 F, EFG 2007, 722 (725).

292 BFH v. 29.1.2008 – I R 26/06, BStBl. II 978, 980.

293 FG Kassel v. 24.3.2009 – 8 K 399/02, EFG 2009, 1885 = DStRE 2010, 735.

294 Vgl. *Drüen*, in: *Tipke/Kruse*, § 42 Rn. 20.

295 *Drüen*, Ubg 2008, 31, 34; *Hey*, BB 2009, 1044, 1047; *Stark/Jasper*, IStR 2013, 169, 171 f.

296 *Wienbracke*, DB 2008, 664, 669; *Hey*, BB 2009, 1044, 1047; nach a.A. muss § 42 „als subsidiärer Auffangtatbestand angesehen werden", *Rudolf*, Treaty Shopping und Gestaltungsmissbrauch, S. 273 f.

297 Vgl. *Zippelius*, Juristische Methodenlehre, S. 37; vgl. auch *Schönfeld*, in: Flick/Wassermeyer/Baumhoff/Schönfeld, Außensteuerrecht, § 50d Abs. 3 EStG Rn. 41.

298 BFH v. 31.5.2004 – I R 74/04, BStBl. II 2006, 118 (120); ähnlich auch BFH v. 20.3.2002 – I R 63/99, BStBl. II 2003, 50, 53 m.w.N.

299 *Danzer*, Die Steuerumgehung, S. 94 ff.

300 *Drüen*, in: *Tipke/Kruse*, § 42 Rn. 20.

301 BT-Drucks. 16/6290, S. 81.

der lex specialis Grundsatz durchbrochen sein. Die Generalnorm würde als allgemeine Auffangklausel dienen[302]. Allerdings erscheint dies aufgrund der obigen Ausführungen nicht haltbar. In formaler Hinsicht wird der Rechtsanwender zwar zu einem Rückgriff auf § 42 AO gezwungen, allerdings legt der Gesetzgeber durch seine spezialgesetzliche Konkretisierung bereits fest, was er als unangemessen ansieht und was nicht, weshalb ein Rückgriff ausgeschlossen werden muss[303]. Der Versuch des Gesetzgebers in § 42 Abs. 1 S. 3 AO den Spezialitätsgrundsatz zu durchbrechen, überzeugt insoweit nicht[304]. Auch die Rechtsprechung schließt weiterhin einen Rückgriff aus[305].

Ein tatsächlicher Rückgriff auf § 42 AO scheint daher nur in zwei Fällen denkbar. Zum einen bei unechten Missbrauchsverhinderungsvorschriften, da diese keine abschließende Konkretisierung enthalten[306]. Es besteht insoweit kein Wertungswiderspruch. Zum anderen kommt ein Rückgriff in Betracht, wenn die Missbrauchsverhinderungsvorschrift ihrerseits selbst missbräuchlich umgangen wird[307].

Insofern wird bei der Analyse des § 50d Abs. 3 EStG herauszuarbeiten sein, ob es sich um eine echte oder unechte Missbrauchsverhinderungsnorm handelt, weshalb an späterer Stelle auf das Verhältnis von § 50d Abs. 3 EStG zu § 42 AO eingegangen wird.

302 So *Rudolf*, Treaty Shopping und Gestaltungsmissbrauch, S. 273 f.; ebenfalls *Hey*, in: Lüdicke, Wo steht das deutsche Internationale Steuerrecht?, S. 137 (144).

303 *Schwarz*, in: *Schwarz*, AO, § 42 Rn. 42; *Hey*, BB 2009, 1044, 1048; *dies.*, StuW 2008, 167, 173; *Drüen*, Ubg 2008, 31, 34; a.A. speziell zu § 50d Abs. 3 EStG *Frotscher*, in: Frotscher, EStG[159], § 50d Rn. 67; speziell zu § 4h EStG *Ralf P. Schenke*, in: K/S/M, EStG[236], § 4h, Rn. A 69.

304 *Oellerich*, IWB 2013, 33, 39 f.; *Wienbracke*, DB 2008, 664, 669; zweifelnd *Köhler*, IStR 2007, 681, 682.

305 Vgl. die Fußnoten 295 und 297.

306 *Roser*, FR 2005, 178, 180; vgl. auch *Gabel*, Verfassungsrechtliche Maßstäbe, S. 22.

307 *Englisch*, in: *Tipke/Lang*, Steuerrecht, § 5 Rn. 124; *Drüen*, in: *Tipke/Kruse*, AO, § 2 Rn. 20b; zu verschiedenen Gestaltungen zur „Aushebelung" des Abs. 3 siehe *Frotscher*, in: Frotscher, EStG[171], § 50d Rn. 149 ff.

§ 3 Methodische Probleme bei der Auslegung spezieller Missbrauchsverhinderungsvorschriften

A. Verschiedene Regelungskreise als Auslegungsproblem

Bei der Rechtsfindung stellt sich heute zunehmend das Problem der Mehrstufigkeit der Rechtsordnung[308]. Insbesondere im Rahmen der Missbrauchsverhinderung, die Steuergestaltungen mit Auslandsbezug betrifft, ist es notwendig, zwischen nationaler, abkommensrechtlicher und unionsrechtlicher Ebene zu differenzieren, da es sich im Grundsatz – wenn auch oft miteinander verzahnt und ineinandergreifend – um getrennte Reglungskreise handelt und sich nationale Grundsätze generell nicht ohne weiteres auf die internationale bzw. supranationale Ebene übertragen lassen[309]. Die jeweiligen Regelungskreise verfügen über verschiedene Maßnahmen gegen die Steuerumgehung und sind teilweise von unterschiedlichen Missbrauchsverständnissen geprägt. Daraus resultiert, dass für die Anerkennung einer Steuerumgehung verschiedene Maßstäbe bestehen, welche miteinander kollidieren können. Es stellt sich daher nicht nur die Frage, ob § 50d Abs. 3 EStG mit Verfassungsrecht in Einklang steht, sondern auch, inwieweit nationale Vorschriften im Anwendungsbereich von Doppelbesteuerungsabkommen bzw. des Europarechts angewendet werden können. In diesem Zusammenhang ist zu klären, ob ein möglicherweise unvollkommenes Gesetz durch eine verfassungs-, europarechts- oder völkerrechtskonforme Auslegung bzw. Rechtsfortbildung korrigiert werden kann, um so Brüche innerhalb der Rechtsordnung zu vermeiden[310]. Hinzukomt die Frage, wie genau eine solche Auslegung, die sich an Wertungen des höherrangigen Rechts orientiert, zu erfolgen hat.

B. Methodische Vorgehensweise bei der Auslegung spezieller Missbrauchsverhinderungsnormen

Die Frage nach dem methodischen Vorgehen hinsichtlich der Auslegung beantwortet sich abhängig davon, auf welche Weise der Einfluss des höherrangigen Rechts bei der Rechtsfindung zu berücksichtigen ist. Insbesondere die verfassungs-, europarechts- und völkerrechtskonforme Auslegung werden in diesem Zusammenhang teilweise als Ergänzung des klassischen Auslegungskanons[311], nämlich als Unterfälle

308 Vgl. dazu *Ralf P. Schenke*, Die Rechtsfindung im Steuerrecht, S. 44 ff.; *P. Fischer*, DB 1996, 644, 645 f.

309 Vgl. *Winkelmann*, Steuerumgehung, S. 18; vgl. auch *Schön*, in FS Reiß, S. 571 (572).

310 Vgl. *Ralf P. Schenke*, Die Rechtsfindung im Steuerrecht, S. 82.

311 Dazu sogleich unten.

der systematisch-historischen Auslegung, angesehen[312]. Dem wird man zustimmen können, sofern in den Gesetzesmaterialien auf die Beeinflussung durch höherrangiges Recht Bezug genommen wird. So wird teilweise vertreten, dass zur Umsetzung von Unionsrecht erlassene Normen mit dem Willen[313] geschaffen wurden, den Auftrag des Unionsrechts zu erfüllen[314].

Allerdings bereitet ein solches Vorgehen auch nicht unerhebliche Probleme. Die Rechtsfindung erreicht dadurch eine Komplexität, die nur schwer zu handhaben ist[315]. Vor allem im Rahmen der europa- und völkerrechtskonformen Auslegung ist bislang vieles ungeklärt: Es sind jeweils spezielle Besonderheiten[316] zu beachten, die möglicherweise zur Modifikation der nationalen Auslegungsmethoden zwingen[317]. Insbesondere die Einordnung der sog. richtlinienkonformen Auslegung in den nationalen Methodenkanon ist umstritten[318]. Zudem ist es notwendig, dass der Gesetzgeber zum Zeitpunkt des Normerlasses einen möglichen Verstoß gegen höherrangiges Recht auch erkannt hat. Für eine solche Auslegung muss zum einen der jeweilige Maßstab des höherrangigen Rechts bekannt sein und zum anderen erkennbar sein, inwieweit der Gesetzgeber diese Maßstäbe umsetzen wollte. Ein solcher Wille muss klar zum Ausdruck kommen und wird oft nur schwer zu ermitteln sein[319]. Ob der Gesetzgeber beim Erlass von Gesetzen alle Wertungen gänzlich im Blick hatte und diese auch berücksichtigt hat, ist oftmals eine eher spekulativ zu beantwortende Frage[320]. Hinzu kommt, dass Irrtümer und Fehler bei der Umsetzung von Wertungen oder Prinzipien seitens des Gesetzgebers auf die Auslegung durchschlagen. Dies gilt im Besonderen bei der bereits beschriebenen Problematik der punktuellen Gesetzgebung im Bereich der speziellen Missbrauchsverhinderungsvorschriften. Im Hinblick auf das Unionsrecht ist hierbei zu berücksichtigen, dass dieses von enormer Dynamik und

---

312 Zur verfassungskonformen Auslegung *Bydlinski*, Juristische Methodenlehre und Rechtsbegriff, S. 455; zur europarechtskonformen Auslegung *Schön*, Die Auslegung europäischen Steuerrechts, S. 36; *Stotz*, in: Riesenhuber, Europarechtliche Methodenlehre, Rn. 34–39; *Grundmann/Riesenhuber*, JuS 2001, 529, 531 f.; siehe auch *Ralf P. Schenke*, in: FS Scheuing, S. 149 (163); zur völkerrechtskonformen Auslegung *Rosenkranz*, EuZW 2007, 238, 241.

313 Vgl. in diesem Zusammenhang zur subjektiven und objektiven Theorie sowie zu Vereinigungstheorie *Ralf P. Schenke*, Rechtsfindung im Steuerrecht, 31 ff.

314 So etwa *Jarass*, EuR 1991, 211, 217 m.w.N; kritisch dazu *Müller/Christensen*, Juristische Methodik, S. 382 ff.

315 *Ralf P. Schenke*, Die Rechtsfindung im Steuerrecht, S. 54 f.

316 Dazu sogleich unten.

317 Für das Europarecht vgl. *Ralf P. Schenke*, Die Rechtsfindung im Steuerrecht, S. 427 ff.

318 Vgl. dazu *Ralf P. Schenke*, Die Rechtsfindung im Steuerrecht, S. 472 f.

319 *Looschelders/Roth*, Juristische Methodik im Prozeß der Rechtsanwendung, S. 65.

320 Vgl. dazu *Looschelders/Roth*, Juristische Methodik im Prozeß der Rechtsanwendung, S. 119 f.

Entwicklungsoffenheit geprägt ist[321]. Auch im Bereich der verfassungskonformen Auslegung besteht die Problematik, dass die Verfassung mit immer neuen normativen Geboten aufgeladen werden kann[322].

Um die Vereinbarkeit des § 50d Abs. 3 EStG mit höherrangigem Recht methodenehrlich ermitteln zu können, bietet es sich daher an, die Rechtsfindung in einem Dreischritt vorzunehmen. Die Norm wird zuerst rein national, orientiert am Willen des Gesetzgebers ausgelegt. Erst in einem zweiten Schritt erfolgt die Bewertung am Maßstab des höherrangigen Rechts. *Höpfner* unterscheidet in diesem Zusammenhang zwischen „systematischer" und „systemkonformer Auslegung"[323]. Nach diesem Ansatz sind die Ermittlung des Norminhalts des § 50d Abs. 3 EStG einerseits und die Überprüfung seiner Konformität mit höherrangigem Recht andererseits zwei voneinander zu trennende Vorgänge[324]. Nur durch eine solche Trennung könne verhindert werden, dass die verfassungs-, europarechts- oder völkerrechtskonforme Auslegung zur Verschleierung richterlicher Normsetzung unter dem Deckmantel der Auslegung verwendet werde und dem höherrangigen Recht widersprechende Normen mit einem vollständig anderen als von der ursprünglichen Regelungsabsicht getragenen Inhalt formal weitergelten[325]. In einem dritten Schritt ist letztlich an eine etwaige Rechtsfortbildung zu denken, wenn eine systemkonforme Auslegung nicht gelingt.

I. Ermittlung des Norminhalts – „systematische Auslegung"

1. Der klassische Auslegungskanon oder Ermittlung des Norminhalts

Somit ist in einem ersten Schritt die Norm subjektiv auszulegen[326]. Dazu ist auf den klassischen Auslegungskanon, der im Grundsatz auf die Methodenlehre *Savignys* zurückgeht[327] und heute die grammatische, die systematische(-logische), die historische und die teleologische Auslegung umfasst[328], zurückzugreifen. Dabei ist zu berücksichtigen, dass aufgrund unterschiedlicher Auslegungsargumente verschiedene mögliche Auslegungsergebnisse erreicht werden können. Grenze ist der mögliche Wortsinn der Norm. Ob die jeweiligen Auslegungsergebnisse mit höherrangigem Recht in Einklang stehen, ist für diesen ersten Schritt ohne Belang. Verfassungs-,

---

321 Dazu *Ralf P. Schenke*, Die Rechtsfindung im Steuerrecht, S. 433. Dies liegt vor allem auch an der ausgeprägten Rechtsprechung des EuGH, der großen Einfluss auf die nationalen Rechtsordnungen ausübt.

322 *Ralf P. Schenke*, Die Rechtsfindung im Steuerrecht, S. 55.

323 *Höpfner*, Die systemkonforme Auslegung, S. 142 ff.; vgl. dazu auch *Looschelders/Roth*, Juristische Methodik im Prozeß der Rechtsanwendung, S. 176 ff.

324 *Höpfner*, Die systemkonforme Auslegung, S. 142.

325 *Höpfner*, Die systemkonforme Auslegung, S. 181 f.

326 *Rüthers/Höpfner*, JZ 2005, 21 ff.; vgl. dazu auch *Looschelders/Roth*, Juristische Methodik im Prozeß der Rechtsanwendung, S. 29 ff.

327 Vgl. *v. Savigny*, System des heutigen römischen Rechts, S. 216 ff.

328 Siehe dazu im Einzelnen *Bydlinski*, Juristische Methodenlehre und Rechtsbegriff, S. 436 ff.; vgl. auch *Müller/Christensen*, Juristische Methodik, S. 382 ff.

europarechts- und völkerrechtskonforme Maßstäbe bleiben auf dieser Stufe weitestgehend außer Betracht.

2. *Besonderheiten im Steuerrecht und im Besonderen bei spezialgesetzlichen Missbrauchsverhinderungsvorschriften*

Bei der Rechtsfindung ist das Zusammenspiel von Rechtsprechung, Finanzverwaltung und Gesetzgeber besonders zu beachten. Zum einen hat die Finanzverwaltung wie bereits gezeigt einen enormen Einfluss auf die Steuergesetzgebung. Zum anderen bezieht sich der Gesetzgeber beim Gesetzeserlass häufig auf die höchstrichterliche Rechtsprechung der Finanzgerichtsbarkeit, indem er entweder bezüglich unbestimmter Normen bzw. Rechtsbegriffe auf die vom BFH herausgearbeiteten Konkretisierungen verweist oder aber mit einer Abweichgesetzgebung auf ein (vermeintliches) Versagen der Rechtsprechung reagiert. Aber auch in Fällen, in denen ein Nichtanwendungserlass gesetzlich kodifiziert wird, kommt diesem bei der Ermittlung des Willens des Gesetzgebers besondere Bedeutung zu.

II. Vereinbarkeit des Auslegungsergebnisses mit höherrangigem Recht – „systemkonforme Auslegung“

In einem zweiten Schritt ist die Norm sodann systemkonform „auszulegen“. Dazu werden die sich aus der subjektiven Auslegung ergebenden Auslegungsergebnisse am Maßstab des höherrangigen Rechts überprüft. Hierbei handelt es sich nicht um eine Auslegung im eigentlichen Sinne. Der Norminhalt wird durch diesen zweiten Vorgang nicht beeinflusst. Das Auslegungsergebnis wird lediglich an außerhalb der Norm liegenden Vorgaben geprüft. Voraussetzung dafür ist, dass zunächst der jeweilige Maßstab feststeht[329]. Die systemkonforme Auslegung ist Korrektiv der Anwendung einer nach allgemeinen Grundsätzen auszulegenden Rechtsnorm[330]. In diesem Vorgang werden also die im ersten Schritt ermittelten Auslegungsergebnisse herausselektiert, die mit höherrangigem Recht in Einklang stehen. Weitere Voraussetzung ist daher, dass die überprüfte Norm mehrere Auslegungsmöglichkeiten zulässt, von denen mindestens eine gegen höherrangiges Recht verstößt und mindestens eine weitere mit den höherrangigen Vorgaben zu vereinbaren ist[331]. Im Kern dient die systemkonforme Auslegung im hier verstandenen Sinn also der Normerhaltung und der Vermeidung von Verstößen gegen höherrangiges Recht[332]. Es handelt sich um eine Bewertung nach verfassungs-, europa- und völkerrechtlichen Maßstäben.

---

329 *Höpfner*, Die systemkonforme Auslegung, S. 142.
330 *Höpfner*, Die systemkonforme Auslegung, S. 169.
331 *Höpfner*, Die systemkonforme Auslegung, S. 152; zur verfassungskonformen Auslegung siehe *Desens*, Bindung der Finanzverwaltung an die Rechtsprechung, S. 250; siehe auch *Ralf P. Schenke*, Die Rechtsfindung im Steuerrecht, S. 53 f.
332 *Jarass*, EuR 1991, 211, 214.

1. *Verfassungsrechtliche Bewertung*

Auch nach Ansicht des Bundesverfassungsgerichts ist eine verfassungskonforme Auslegung immer dann geboten, wenn „unter Berücksichtigung von Wortlaut, Entstehungsgeschichte, Gesetzeszusammenhang und Zweck mehrere Deutungen möglich sind, von denen nicht alle, aber zumindest eine zu einem verfassungsgemäßen Ergebnis führt“[333]. Aus verfassungsrechtlicher Perspektive ist zu erforschen, ob die typisierende Missbrauchsbekämpfungsnorm verhältnismäßig ausgestaltet wurde[334]. Ausschlaggebend dafür sind im Wesentlichen die Gröbe der Typisierung und die Bestimmtheit der Norm. Insbesondere ist zu prüfen, wieweit die Vorschrift „zielgenau“ am Missbrauchsverhinderungszweck ausgerichtet ist[335].

2. *Europarechtliche Bewertung*

Im Anwendungsbereich des Unionsrechts gehen die primär- und sekundärrechtlichen Vorschriften den nationalen Regelungen vor und führen im Kollisionsfall zur gänzlichen oder teilweisen Unanwendbarkeit des nationalen Rechts (Anwendungsvorrang des Unionsrechts)[336]. Eine konkrete Missbrauchsdefinition existiert im EU-Recht zwar nicht. Im Bereich der direkten Steuern hat der EuGH aber durch seine zu den Grundfreiheiten und den steuerrechtlichen Richtlinien ergangene Rechtsprechung ein europäisches Missbrauchsverständnis geprägt, an welchem sich die nationalen Missbrauchsverhinderungsvorschriften messen lassen müssen[337].

Europarechtskonforme Auslegung im hier verstandenen Sinne dient der Auflösung von Kollisionen mit höherrangigem Recht und der Erhaltung der rangniederen Norm[338]. Dabei ist grundsätzlich zwischen unionsrechtskonformer und richtlinienkonformer Auslegung zu unterscheiden. Unter unionsrechtskonforme Auslegung versteht man zum einen die Überprüfung der Vereinbarkeit von sekundärem mit primären Unionsrecht[339]. Darüber hinaus umfasst die unionsrechtskonforme Auslegung – und für die Auslegung des nationalen Rechts relevanter – die Prüfung der Vereinbarkeit von nationalem Recht mit *unmittelbar* geltendem primären und sekundären Unionsrecht[340]. Die richtlinienkonforme Auslegung ist deshalb davon zu trennen, da Richtlinien grundsätzlich nur *mittelbare* Wirkung entfalten. Diese

333 BVerfG v. 7.5.1953 – 1 BvL 104/52, BVerfGE 2, 266 (282); v. 18.12.1984 – 2 BvL 22/82, BVerfGE 68, 337 (344); v. 28.5.1993 – 2 BvF 2/90 u.a., BVerfGE 88, 203 /331); v. 11.1.2005 – 2 BvR 167/02, BVerfGE 112, 164 (183); v. 19.9.2007 – 2 BvF 3/02, BVerfGE 119, 247 (274); siehe hierzu *Jarass*, EuR 1991, 211, 214.

334 Sie dazu im Detail unten S. 126 ff.

335 Näher dazu unten S. 126 f.

336 Grundlegend EuGH v. 15.7.1946 – Rs. C-6/64 (Costa/ENEL), Slg. 1964, 1261, 1269 ff.

337 Sie dazu im Detail unten S. 149 ff.

338 Vgl. *Leible/Domröse*, in: Riesenhuber, Europarechtliche Methodenlehre, § 9 Rn. 3.

339 *Höpfner*, Die systemkonforme Auslegung, S. 355.

340 *Müller/Christensen*, Juristische Methodik, S. 450 f.; *Höpfner*, Die systemkonforme Auslegung, S. 219.

Unterscheidung verliert jedoch an Bedeutung, wenn eine Richtlinie im Einzelfall unmittelbar wirkt.

Zu erwähnen ist in diesem Zusammenhang die durch den EuGH geprägte besondere Methodik des Europarechts. Diese basiert ebenfalls auf den tradierten Auslegungsmethoden[341]. Allerdings unterscheidet der EuGH nicht zwischen Auslegung und Rechtsfortbildung, sondern geht von einem weiten Auslegungsbegriff aus[342]. Geschuldet ist dies vor allem der Mehrsprachigkeit und der unterschiedlichen Verwendung von Rechtsbegriffen im Unionsrecht. Insoweit kann der Wortlautgrenze keine Abgrenzungsfunktion zukommen[343]. Demgegenüber unterscheidet die nationale Methodik zwischen Auslegung sowie zulässiger Rechtsfortbildung praeter legem und unzulässiger Rechtsfortbildung contra legem[344]. Die Eigenheit der nationalen Methodik und somit die Grenze des möglichen Wortsinns wird jedoch auch vom EuGH anerkannt[345]. Insbesondere scheidet auch nach Ansicht des EuGH eine Auslegung bzw. Rechtsfortbildung contra legem aus[346]. Insoweit kann auch für das Europarecht an der oben vorgenommenen Einordnung der systemkonformen Auslegung festgehalten werden. Im Wege der unions- bzw. richtlinienkonformen Auslegung ist also unter mehreren Interpretationsmöglichkeiten diejenige zu wählen, die mit dem höherrangigen Recht in Einklang steht[347].

3. *Völkerrechtliche Bewertung*

Grundgedanke der völkerrechtskonformen Auslegung ist, einen Verstoß gegen völkerrechtliche Verpflichtungen möglichst zu vermeiden[348]. Im Rahmen der völkerrechtlichen Bewertung muss zwischen Völkervertragsrecht und den allgemeinen Regeln des Völkerrechts unterschieden werden. Während völkerrechtliche Verträge den Rang ihres Umsetzungsgesetzes[349] und somit regelmäßig den von einfachem Bundesrechts

---

341 Vgl. *Ralf P. Schenke*, Die Rechtsfindung im Steuerrecht, S. 434 ff.

342 *Ralf P. Schenke*, Die Rechtsfindung im Steuerrecht, S. 442; *ders.*, in: FS Scheuing, S. 149 (159); vgl. auch *Auer*, NJW 2007, 1106, 1108; *Kellersmann/Treisch/Lampert/Heinemann*, Europäische Unternehmensbesteuerung I, S. 43.

343 *Ralf P. Schenke*, Die Rechtsfindung im Steuerrecht, S. 455.

344 *Schön*, Die Auslegung des europäischen Steuerrechts, S. 20 m.w.N.

345 Vgl. EuGH Urt. v. 10.04.1984 – Rs. C-14/83 (Von Colson and Kamann / Land Nordrhein-Westfalen), Slg. 1984, 1891 Rn. 28; Urt. v. 16.06.2005 – Rs. C-105/03 (Pupino), Slg. 2005, I-5285 Rn. 31 ff.

346 EuGH v. 4.7.2006 – Rs. C-212/04 (Adeneler u.a.), Slg. 2006, I.6057, Rn. 110; v. 12.6.2008 – Rs. C-364/07 (Vassilakis u.a.), Slg. 2008, I-90, Rn. 58; vgl. dazu *Stotz*, in: Riesenhuber, Europarechtliche Methodenlehre, Rn. 30 ff.; vgl. dazu *Ralf P. Schenke*, Die Rechtsfindung im Steuerrecht, S. 478 f.

347 Zum Gleichlauf von verfassungs- und europarechtskonformer Auslegung *Jarass*, EuR 1991, 211, 218.

348 *Looschelders/Roth*, Juristische Methodik im Prozeß der Rechtsanwendung, 1996, S. 179.

349 Siehe hierzu unten S. 199 f.

besitzen[350], stehen die allgemeinen Regeln des Völkerrechts im Rang über den Bundesgesetzen. Zu beachten ist zum einen der Anwendungsvorrang (Art. 25 S. 1 GG) der allgemeinen Regeln des Völkerrechts, worunter diejenigen Vorschriften verstanden werden, die von der überwiegenden Mehrheit der Staaten anerkannt werden[351]. Ein Konflikt zum nationalen Recht wird daher durch den lex superior Grundsatz aufgelöst. Insoweit ist auch in der völkerrechtskonformen Auslegung im hier verstandenen Sinne ein Selektionsmittel zu sehen[352]. Das Völkervertragsrecht steht hingegen im Rang auf einer Stufe mit dem Bundesrecht, weshalb Kollisionen grundsätzlich nach lex posterior bzw. lex specialis Grundsätzen aufzulösen sind. Eine völkervertragskonforme Auslegung erlangt insofern nur dann Bedeutung, wenn das Spezialitätsverhältnis nicht eindeutig ermittelt werden kann. Abgeleitet aus dem Grundsatz der Völkerrechtsfreundlichkeit muss auch hier dasjenige Auslegungsergebnis gewählt werden, welches mit dem völkerrechtlichen Vertrag in Einklang steht, um ein Leerlaufen des Vertrags zu vermeiden[353]. Insofern kann der lex posterior Grundsatz durchbrochen werden. Im Zusammenhang mit den Spezialitätsgrundsätzen stellt sich die Frage, ob es sich bei der nationalen Norm um ein Treaty Override handelt[354]. Ist dies der Fall, muss wiederum geprüft werden, ob dieses mit verfassungsrechtlichen bzw. unionsrechtlichen Vorgaben zu vereinbaren ist.

III. Rechtsmethodische Konsequenzen bei Unvereinbarkeit mit höherrangigem Recht

Wurde bereits ein systemkonformes Auslegungsergebnis gefunden, besteht keine Notwendigkeit eines weiteren rechtsmethodischen Vorgehens. Bestehen andererseits nur solche Auslegungsergebnisse, nach der die Norm nicht mit höherrangigem Recht vereinbar ist, muss dies nicht zwangsläufig ihre endgültige Unanwendbarkeit zur Folge haben. Vielmehr ist in einem dritten Schritt zu prüfen, ob die Norm im Wege einer systemkonformen Rechtsfortbildung (vor allem durch teleologische Reduktion) an die Vorgaben des höherrangigen Rechts angepasst werden kann. Hier stellt sich das Problem der Reichweite, also inwieweit eine Rechtsfortbildung nicht nur *praeter legem*, sondern auch *contra legem* möglich ist. In verfassungsrechtlicher Hinsicht müssen zudem die Folgen eines Treaty Override diskutiert werden.

---

350 *Schmahl*, in: Sodan, GG, Art. 59 Rn. 23.

351 BVerfG v. 30.11.1962 – 2 BvM 1/60, BVerfGE 15, 25 (34); v. 14.5.1968 – 2 BvR 544/63, BVerfGE 23, 288 (316 f.); vgl. dazu *Schmahl*, in: Sodan, GG, Art. 25 Rn. 6.

352 *Höpfner*, Die systemkonforme Auslegung, S. 356 f.; ähnlich *Schmahl*, in: Sodan, GG, Art. 25 Rn. 9.

353 Vgl. dazu *Schmahl*, in: Sodan, GG, Art. 59 Rn. 24.

354 Vgl. dazu unten S. 198 ff.

§ 4 Geschichtliche Entwicklung der Verhinderung des Treaty Shopping in Deutschland

A. Historischer Abriss zur Generalklausel des § 42 AO

I. Gesetzgebungsakte seit der Reichabgabenordnung bis heute

1. § 5 RAO (1919) / § 10 RAO (1931)

Eine erste allgemeine Generalklausel gegen die Umgehung von Steuergesetzen fand sich in § 5 RAO von 1919, der später durch den im Wortlaut identischen § 10 RAO von 1931 ersetzt wurde. Der damalige Gesetzgeber hielt eine Generalklausel zur Abschreckung vor Steuerumgehung für unentbehrlich.[355] Bereits hiernach machte der Gesetzgeber deutlich, dass rechtliche Gestaltungen keinen Einfluss auf die Besteuerung hätten, „*wenn jemand auf Kosten der Gesamtheit eine Steuer dadurch zu seinem persönlichen Vorteil umgehen will, daß er den wirtschaftlichen Erfolg, den das Gesetz mit der Steuer treffen will, durch Mißbrauch von Formen des Bürgerlichen Rechts in einer Weise erzielt, die formell nicht unter die Steuer fällt*“[356]. Die Vorschrift enthielt eine relativ genaue Definition des Missbrauchsbegriffs, welche wohl Ausdruck der damals vorherrschend angewendeten positivistisch-formalen Auslegung war[357]:

> *Durch Mißbrauch von Formen und Gestaltungsmöglichkeiten des bürgerlichen Rechts kann die Steuerpflicht nicht umgangen oder gemindert werden. Ein Mißbrauch im Sinne des Abs. 1 liegt vor, wenn*
>
> 1. *in Fällen, wo das Gesetz wirtschaftliche Vorgänge, Tatsachen oder Verhältnisse in der ihnen entsprechenden rechtlichen Gestaltung einer Steuer unterwirft, zur Umgehung der Steuer ihnen nicht entsprechende, ungewöhnliche Rechtsformen gewählt oder Rechtsgeschäfte vorgenommen werden,*
> 2. *nach der Lage der Verhältnisse und nach der Art, wie verfahren wird oder verfahren werden soll, wirtschaftlich für die Beteiligten im wesentlichen derselbe Erfolg erzielt wird, der erzielt wäre, wenn eine den wirtschaftlichen Vorgängen, Tatsachen und Verhältnissen entsprechende rechtliche Gestaltung gewählt wäre, und ferne*
> 3. *etwaige Rechtsnachteile, die der gewählte Weg mit sich bringt, tatsächlich keine oder nur geringe Bedeutung haben.*

---

355 Entwurf der Reichsabgabenordnung, Nationalversammlung 1919, Drucks. 759, 95.
356 Entwurf der Reichsabgabenordnung, Nationalversammlung 1919, Drucks. 759, 94.
357 Vgl. zur Erläuterung des positivistischen Ansatzes *Ralf P. Schenke*, StuW 2008, 206, 208.

2. § 6 StAnpG und § 42 AO 1977

In § 6 StAnpG von 1934, der § 10 RAO ablöste, fand sich keine Definition des Missbrauchs mehr. Dort hieß es schlicht:

> *„Durch Missbrauch von Gestaltungsmöglichkeiten des Rechts kann das Steuergesetz nicht umgangen werden. Liegt ein Missbrauch vor, so entsteht der Steueranspruch so, wie er bei einer den wirtschaftlichen Vorgängen angemessenen rechtlichen Gestaltung entsteht".*

Wann eine Steuerumgehung vorlag, sollte nach den allgemeinen Auslegungsregeln durch die Finanzgerichtsbarkeit geklärt werden[358]. Als Begründung führte der Gesetzgeber an, dass die bisherige Regelung zu eng und umständlich gewesen sei und dadurch missbräuchliche Gestaltungen nicht immer erfasst werden konnten[359]. Die Frage, wann eine Gestaltung als missbräuchlich auszulegen sei, war nach der amtlichen Begründung nach nationalsozialistischer Weltanschauung zu beantworten[360].

Auch § 42 AO 1977 enthielt keine genaue Definition. Es blieb somit zunächst dabei, dass die Rechtsprechung, mit einem weiten Auslegungsspielraum ausgestattet war und § 42 AO 1977 insoweit näher auszugestalten hatte („legislative self-restraint")[361]. So arbeitete der BFH u.a. heraus, dass ein Missbrauch vorliege, wenn „zur Erreichung des angestrebten wirtschaftlichen Zieles ein nach bürgerlichem Recht ungewöhnlicher Weg gewählt wird" und durch diesen „ungewöhnlichen Weg ein steuerlicher Erfolg erreicht werden soll, der bei sinnvoller, Sinn und Zweck der Rechtsordnung berücksichtigender Auslegung vom Gesetz missbilligt wird"[362].

3. § 42 AO seit dem Jahressteuergesetz 2008

Da die Anwendung der Generalklausel stark durch die Kasuistik des BFH geprägt war und keine gesetzliche Definition des Missbrauchsbegriffs existierte, versuchte der Gesetzgeber mit dem Jahressteuergesetz 2008 (wieder), den Tatbestand des § 42 AO erneut zu präzisieren[363]. Die Intention des Gesetzgebers war es, für mehr Rechtsklarheit zu sorgen[364]. Wie bereits oben aufgezeigt, ist dies nur bedingt gelungen, da es sich nur um eine Umschreibung handelt und weiterhin eine präzise Missbrauchsdefinition auf abstrakter Ebene fehlt[365].

---

358 Zu den Anwendungsvoraussetzungen vgl. *Becker/Riewald/Koch*, RAO, § 6 StAnpG, S. 667 ff.
359 Amtl. Begründung, RStBl. 1934, 1401.
360 Amtl. Begründung, RStBl. 1934, 1402.
361 *Wienbracke*, DB 2008, 664, 665.
362 Vgl. nur BFH v. 2.3.1966 – II 113/61, BStBl. II 1996, 509 (510).
363 BT-Drucks. 16/6290, S. 81.
364 BT-Drucks. 16/2712, S. 60.
365 Siehe bereits S. 26 ff.

II. Skizzierung der Entwicklung der BFH-Rechtsprechung zur Generalklausel

Die Judikatur zu § 42 AO ist mannigfaltig und lässt sich im Rahmen dieser Darstellung kaum zusamenfassen. Eine umfassende Widergabe ist für die vorliegende Arbeit auch nicht zweckmäßig, weshalb im Folgenden lediglich die relevanten Entwicklungen bezüglich des Treaty Shopping nachgezeichnet werden soll. Vorweggenommen sei an dieser Stelle, dass der BFH § 42 AO in ständiger Rechtsprechung restriktiv anwendet[366]. Beispielhaft sei hier nur seine Ablehnung in den Fällen des Mantelkaufs[367] oder des verdeckten Nennkapitals[368] genannt. Bereits zu § 6 StAnpG betonte der BFH, dass dieser nur mit gebotener Zurückhaltung anzuwenden sei[369]. Dies ergebe sich aus dem Ausnahmecharakter der Vorschrift[370].

Geschuldet ist diese Entwicklung möglicherweise auch der sehr weiten und von nationalsozialistischer Weltanschauung geprägten Auslegung[371] während der Phase des Dritten Reiches. Insbesondere § 1 Abs. 1 und § 2 Abs. 3 StAnpG vom 16. Oktober 1934[372] geboten zu jener Zeit eine solche Auslegung.

Diese zurückhaltende Judikatur führte wiederum nicht nur zu einer Neufassung des § 42 AO, sondern auch dazu, dass der Gesetzgeber zunehmend spezielle Missbrauchsvorschriften in Einzelsteuergesetzen erließ. Diese Entwicklung soll im Folgenden insbesondere am Beispiel der Gesetzeshistorie des § 50d Abs. 3 EStG skizziert werden.

B. Rechtshistorie des Treaty Shopping und des § 50d Abs. 3 EStG

I. Die Basisgesellschaften-Rechtsprechung des BFH

Mit der Fragestellung, wann nationale Missbrauchsverhinderungsvorschriften im Bereich von Doppelbesteuerungsabkommen Anwendung finden, hat sich der BFH vor allem in seiner Rechtsprechung zur Einschaltung ausländischer Basisgesellschaften auseinandergesetzt. Bei Basisgesellschaften handelt es sich um Gesellschaften in Niedrigsteuerländern, die eigens gegründet werden, um in sie Einkünfte aus Gründen

366 Siehe nur BFH v. 25.2.2004 – I R 42/02, BStBl. II 2005, 14 (17); v. 7.8.2002 – I R 64/01, BFH/NV 2003, 205; v. 18.7.2001 – I R 48/97, BFHE 196, 128; v. 19.1.2000 – I R 117/97, BFH/NV 2000, 824; v. 23.10.1996 – I R 55/95, BStBl. II 1998, 90 (91); vgl. auch *Hergeth/Ettinger*, IStR 2006, 307.

367 BFH, 29.10.1986 – I R 202/82, BStBl. II 1987, 308.

368 BFH, 5.2.1992 – I R 127/90, BStBl. II 1992, 532.

369 BFH v. 6.5.1969 – II 141/64, BStBl. II 1969, 630, 631.

370 *Blencke*, Gestaltungsfreiheit, S. 147 f.

371 Zur Rechtsprechungsanalyse des RFH vgl. *Franzen*, in: FS Klein, S. 1061 (1064 ff.).

372 RGBl. I 1934, 925.

der Steuerersparnis zu verlagern[373]. Unter der Ausnutzung der Abschirmwirkung der Kapitalgesellschaft[374] dienen sie als Basen zur Ansammlung von Einkünften. Infolge dieser Abschirmwirkung werden Gewinne ausländischer Gesellschaften nicht besteuert, solange keine Ausschüttung erfolgt[375]. Der BFH bejahte in ständiger Rechtsprechung grundsätzlich die Anwendbarkeit von § 6 StAnpG bzw. § 42 AO (1977) auf ausländische Basisgesellschaften, wobei er diverse Kriterien herausbildete, bei deren Vorliegen die Einschaltung von Basisgesellschaften als missbräuchlich einzustufen sei. In einer Vielzahl von Entscheidungen wurden diese sukzessive konkretisiert und ausdifferenziert[376]. Diese Kriterien beeinflussten die Formulierung der später folgenden spezialgesetzlichen Regelungen als auch die Neufassung des § 42 AO n. F. (2008) maßgeblich[377].

Mit Urteil vom 17.7.1968 stellte der BFH fest, dass bei einer Transaktion auf Basisgesellschaften eine Steuerumgehung im Sinn von § 6 StAnpG dann vorliege, wenn wirtschaftliche oder sonst beachtliche Gründe fehlten[378]. In seinem Urteil vom 29.1.1975[379] bestimmte der 1. Senat den Anwendungsbereich des § 6 StAnpG zunächst abstrakt. In dem zugrundeliegenden Sachverhalt hatte ein im Inland Ansässiger (A) eine Gesellschaft in der Schweiz gegründet und sich über diese an einer deutschen GmbH beteiligt. Die von der GmbH an die schweizerische Gesellschaft ausgeschütteten Gewinne rechnete das zuständige Finanzamt dem A zu, da es sich nach Auffassung des Fiskus um eine Umgehungsgestaltung handelte. Der BFH führte dazu aus, der Anwendungsbereich des § 6 StAnpG sei eröffnet, wenn eine Gestaltung in Bezug auf das erstrebte Ziel unangemessen sei und das Ergebnis von der Rechtsordnung missbilligt werde[380]. Überdies sei es zusätzlich zum Nichtvorliegen wirtschaftlicher oder sonst beachtlicher Gründe notwendig, dass die ausländische Gesellschaft keine eigene Wirtschaftstätigkeit entfalte[381]. Zudem führte er aus, dass eine Zurechnung der Gewinne an den Gesellschafter dann in Betracht komme, wenn das Einschalten der ausländischen Gesellschaft steuerrechtlich nicht anzuerkennen sei. Dies sei dann der Fall, wenn ein Missbrauch von Gestaltungsmöglichkeiten des bürgerlichen Rechts gegeben ist[382]. In der Rechtsfolge führt dies

373 Zu den Voraussetzungen siehe im Einzelnen *Schaumburg*, Internationales Steuerrecht, Rn. 10.26.
374 Vgl. dazu etwa *Hey*, in: *Tipke/Lang*, Steuerrecht, § 13 Rn. 135.
375 *Schaumburg*, Internationales Steuerrecht, Rn. 10.1.
376 Vgl. BFH v. 17.7.1968 – I 121/64, BStBl. II 1968, 695 (697); BFH v. 29.1.1975 – I R 135/70, BStBl. II 1975, 553 (554); BFH v. 16.01.1976 – III R 92/74, BStBl. II 1976, 401 (403); BFH v. 21.1.1976 – I R 234/73, BStBl. II 1976, 513 (514); BFH v. 29.7.1976 – VIII R 142/73, BStBl. II 1977, 263 (264 f.).
377 BT-Drucks. 12/5630, S. 65; siehe dazu ab S. 59 ff.
378 BFH v. 17.7.1968 – I 121/64, BStBl. II 1968, 695 (697).
379 BFH v. 29.1.1975 – I R 135/70, BStBl. II 1975, 553.
380 BFH v. 29.1.1975 – I R 135/70, BStBl. II 1975, 553 (554).
381 BFH v. 29.1.1975 – I R 135/70, BStBl. II 1975, 553 (554).
382 BFH v. 29.1.1975 – I R 135/70, BStBl. II 1975, 553 (554).

zu einer Durchbrechung der Abschirmwirkung der Gesellschaft, d.h. es kommt auch ohne Ausschüttung zu einer Gewinnzurechnung.

Diese Merkmale wurden in der Folge vom BFH im jeweiligen Einzelfall näher konkretisiert: Für das Vorliegen wirtschaftlicher Gründe genüge nicht allein die Festlegung einer bestimmten Tätigkeit als Gesellschaftszweck. Vielmehr müsse die Tätigkeit auch tatsächlich vollzogen werden[383]. Insbesondere sei das bloße Halten von Stammkapital nicht als eigene Wirtschaftstätigkeit anzusehen[384]. Die Wirtschaftstätigkeit müsse demnach also von gewisser Bedeutung sein[385]. Wirtschaftliche Gründe seien etwa dann zu bejahen, wenn (a) die Basisgesellschaft als Spitze eines weltweit aufzubauenden Konzerns fungiere, (b) sie dazu diene, Beteiligungen von einigem Gewicht zu erwerben[386], oder (c) sie darauf abziele, mehrere Tochtergesellschaften finanziell auszustatten[387].

Den vorstehenden Entscheidungen war es gemeinsam, dass ein inländischer unbeschränkt Steuerpflichtiger eine Gesellschaft im Ausland gründete oder gründen ließ, um der höheren Besteuerung im Inland zu entgehen. Mithin handelte es sich klassischerweise um Outbound-Fälle.

II. Die Quintett-Rechtsprechung des BFH

Um eine Inbound-Konstellation und einen Fall des Treaty Shopping durch Zwischenschaltung einer ausländischen Gesellschaft handelte es sich hingegen bei den bereits oben erwähnten Quintett-Gestaltungen, mit denen sich der BFH seit dem Jahre 1972 auseinandergesetzt hat.[388]. Interessant ist diese Rechtsprechung vor allem deshalb, weil der BFH hierbei erstmals zum Abkommensmissbrauch Stellung nahm[389]. Die Quintett-Gestaltungen zielten auf die Ermäßigung der deutschen Quellensteuer ab[390]. Hintergrund des Abkommensmissbrauchs waren die sog. Suspensionsklauseln[391], die in den damals geltenden Doppelbesteuerungsabkommen enthalten waren. Die Suspensionsklauseln ordneten eine Versagung der Ermäßigung der Quellensteuer auf Dividenden von 25 % auf 15 % an, wenn eine ausländische Kapitalgesellschaft mit mindestens 25 % an einer deutschen Kapitalgesellschaft beteiligt war. Um diese Versagung der Quellensteuerreduktion zu vermeiden, splitteten die ausländischen

383 BFH v. 16.01.1976 – III R 92/74, BStBl. II 1976, 401 (403).

384 Vgl. BFH v. 16.01.1976 – III R 92/74, BStBl. II 1976, 401 (403); BFH v. 21.1.1976 – I R 234/73, BStBl. II 1976, 513 (514).

385 Vgl. *Vogel*, in: Haarmann, S. 79, 82.

386 BFH v. 29.7.1976 – VIII R 41/74, BStBl. II 1977, 261 (263); v. 9.12.1980 – VIII R 11/77, BStBl. II 1981, 339.

387 BFH v. 23.10.1991 – I R 40/89, BStBl. II 1992, 1026.

388 BFH v. 13.9.1972 – I R 130/70, BStBl. II 1973, 57; im Folgenden BFH v. 19.2.1975 – I R 26/73, BStBl. II 1975, 584; v. 10.11.1983 – IV R 62/82, BStBl. II 1984, 605.

389 Vgl. *Winkelmann*, Steuerumgehung, S. 227.

390 Instruktiv zum Folgenden *Pflügler*, PIStB 2001, 255 f.

391 Vgl. dazu *Lüdicke*, IStR 2001, 743 ff.

Muttergesellschaften ihr Beteiligungen an den deutschen Tochtergesellschaften auf mehrere ausländische Zwischengesellschaften auf, sodass diese jeweils weniger als 25 % der Anteile einer Tochtergesellschaft hielten.

Der 1. Senat verneinte zunächst eine missbräuchliche Gestaltung mit der Begründung, dass die Steuerpflichtigen „ihre Verhältnisse, auch ihre Auslandsbeziehungen, so gestalten können, wie sie ihnen steuerrechtlich am günstigsten erscheinen"[392]. Eine Prüfung, ob für die Aufteilung der Beteiligungen wirtschaftliche Gründe gegeben waren, hielt er dabei für nicht erforderlich. Ob daraus der Schluss gezogen werden kann, dass der BFH die Einschaltung von Quintett-Gesellschaften zur Ermäßigung der inländischen Quellensteuer nicht als unangemessene Gestaltung gem. § 42 AO auffasste, lässt sich nicht mit Gewissheit sagen[393]. In einer späteren Entscheidung, in der es zwar nicht um eine Quintett-Gestaltung ging, ließ der 4. Senat jedenfalls ausdrücklich offen, ob er der Auffassung des 1. Senats folge[394]. Er erwähnte zwar kurz die Quintett-Rechtsprechung, stellte jedoch deshalb eine Steuerumgehung fest, weil es sich im Gegensatz zu den vorherigen Urteilen bei den Tochtergesellschaften um reine „Domizilgesellschaften ohne eigene wirtschaftliche Funktion" handelte, weshalb der auf Umgehung gerichtete Sachverhalt eine Missbrauchsabsicht indiziere[395].

III. Das Monaco-Urteil des BFH

Eine Inbound-Konstellation lag ebenfalls im sog. Monaco-Urteil des BFH vom 29.10.1981[396] vor, das ausschlaggebend für die Einführung des § 50d Abs. 1a EStG (heute § 50d Abs. 3 EStG) war. In diesem Fall beschäftigte sich der BFH mit der Frage, ob die Zwischenschaltung einer substanzlosen ausländischen Gesellschaft durch eine in einem Drittstaat ansässige Person als Gestaltungsmissbrauch einzustufen sei. Eine in Monte Carlo ansässige natürliche Person beteiligte sich über eine schweizerische Aktiengesellschaft an der Gründung einer Aktiengesellschaft in Deutschland. Die Tätigkeit der Schweizer Aktiengesellschaft beschränkte sich lediglich auf das Halten der Anteile an der deutschen AG. Da zwischen Deutschland und Monaco kein DBA bestand, hätten die Dividenden bei einem Direktbezug der vollen Quellensteuer unterlegen. Das DBA zwischen Deutschland und Schweiz sah hingegen eine Ermäßigung der Quellensteuer für ausgeschüttete Dividenden auf 15 % vor, welche von der schweizerischen Aktiengesellschaft beantragt wurde. Aus heutiger Sicht würde man insofern von einer typischen Treaty Shopping-Konstruktion sprechen können.

Die Finanzverwaltung lehnte den Erstattungsantrag der schweizerischen Aktiengesellschaft mit der Begründung ab, dass es sich bei ihr um eine funktionslose Gesellschaft handle, die nur zum Zweck der Steuerumgehung gegründet worden

392 BFH v. 13.9.1972 – I R 130/70, BStBl. II 1973, 57 (59); v. 19.2.1975 – I R 26/73, BStBl. II 1975, 584 (586).
393 Siehe dazu *Winkelmann*, Steuerumgehung, S. 228.
394 BFH v. 10.11.1983 – IV R 62/82, BStBl. II 1984, 605 (607).
395 BFH v. 10.11.1983 – IV R 62/82, BStBl. II 1984, 605 (607).
396 BFH v. 29.10.1981 – I R 89/80, BStBl. II 1982, 150.

sei[397]. Insbesondere wies das Bundesamt für Finanzen darauf hin, dass unabhängig von der Anwendbarkeit der Basisgesellschaften-Rechtsprechung sich die Versagung von Steuererstattungen mangels einschlägiger Bestimmungen im DBA-Schweiz nach dem deutschen Recht richten müsse[398].

Vorliegend zweifelte der BFH jedoch an der Möglichkeit die oben dargestellte Basisgesellschaften-Rechtsprechung, welche sich auf unbeschränkt steuerpflichtige Inländer bezog auch auf solche Fälle zu übertragen, in denen beschränkt Steuerpflichtige aus einem Drittstaat eine Gesellschaft im Ausland gründen und diese sich wiederum an einer Gesellschaft in der Bundesrepublik beteiligt. In einem solchen Fall fehle es an einer Beziehung zum Inland, da die Gründung einer Kapitalgesellschaft im Ausland durch einen Ausländer das deutsche Steuerrecht nicht berühre[399]. Diese Aussage wurde teilweise so interpretiert, dass der BFH die Anwendbarkeit des § 6 StAnpG bzw. § 42 AO 1977 auf beschränkt Steuerpflichtige prinzipiell verneinte[400]. Zu erwähnen ist jedoch auch, dass der BFH in seiner weiteren Urteilsbegründung ausführte, dass den Finanzbehörden die Prüfung zugestanden werden müsse, ob die rechtliche Konstruktion Merkmale eines Missbrauchs im Sinne von § 6 StAnpG bzw. § 42 AO aufweise[401]. Daraus schloss *Selling*, dass die fehlende Inlandsbeziehung nicht der zentrale Grund für die Entscheidung des BFH gewesen sei[402]. Konstatieren lässt sich zumindest, dass die Aussagen des BFH missverständlich erschienen und zu Unsicherheiten bezüglich der Behandlung steuerrechtlicher Gestaltungsmöglichkeiten beschränkt Steuerpflichtiger führten. Von der Finanzverwaltung wurde das Urteil jedenfalls dahingehend verstanden, dass § 42 AO lediglich auf unbeschränkt Steuerpflichtige anzuwenden sei[403].

IV. Der Erlass des § 50d Abs. 1a EStG

1. Reaktion des Gesetzgebers auf die Monaco-Rechtsprechung

Der Gesetzgeber reagierte in der Folge mit der Schaffung des § 50d Abs. 1a EStG durch das StMGB vom 21.12.1993[404], der folgenden Wortlaut hatte:

> *Eine ausländische Gesellschaft hat keinen Anspruch auf Steuerentlastung (Steuerbefreiung oder -ermäßigung nach § 44d EStG [a.F.] oder nach einem DBA), soweit Personen an ihr beteiligt sind, denen die Steuerentlastung nicht zustände, wenn sie die Einkünfte unmittelbar*

397 Vgl. BFH v. 29.10.1981 – I R 89/80, BStBl. II 1982, 150 (151).
398 Vgl. BFH v. 29.10.1981 – I R 89/80, BStBl. II 1982, 150 (151).
399 BFH v. 29.10.1981 – I R 89/80, BStBl. II 1982, 150 (153).
400 So wohl *Winkler*, Steuerumgehung, S. 230; ablehnend *Rauer*, DB 1983, 2276, 2279 ff.; kritisch *Selling*, DB 1988, 930, 933 ff.
401 BFH v. 29.10.1981 – I R 89/80, BStBl. II 1982, 150 (154).
402 *Selling*, DB 1988, 930, 933.
403 Dazu sogleich unten.
404 BGBl. I 1993, 2310.

erzielten, und für die Einschaltung der ausländischen Gesellschaft wirtschaftliche oder sonst beachtliche Gründe fehlen und sie keine eigene Wirtschaftstätigkeit entfaltet".

Der Tatbestand gliederte sich in ein personelles und ein sachliches Element. Als personelles Element wurden eine ausländische Gesellschaft und an ihr beteiligte Personen, die bei direktem Einkünftebezug nichtentlastungsberechtigt wären, gefordert. In sachlicher Hinsicht war es erforderlich, dass wirtschaftliche oder sonst beachtliche Gründe bzw. eine eigene wirtschaftliche Tätigkeit der Zwischengesellschaft fehlten[405].

Die Einfügung des § 50 d Abs. 1a EStG begründete der Gesetzgeber mit der Entscheidung des BFH im Monaco-Fall, weil die Steuerumgehung mittels Zwischenschaltung ausländischer Gesellschaften mit § 42 AO nicht wirksam zu bekämpfen sei[406]. Der Gesetzgeber wendete sich also direkt gegen die Rechtsprechung des BFH. Er lehnte sich jedoch bei der Formulierung des neuen Tatbestandes an die Rechtsprechung des BFH zu den ausländischen Basisgesellschaften an[407].

2. Klarstellung durch den BFH oder Abkehr von der Monaco-Rechtsprechung

Je nachdem, wie man das Monaco-Urteil vom 29.10.1981 interpretierte, gab der BFH in seinem Urteil vom 29.10.1997[408] seine Monaco-Rechtsprechung auf bzw. präzisierte seine dort getroffenen Aussagen klarstellend. Der BFH verwies ausdrücklich darauf, dass § 42 AO auch auf beschränkt Steuerpflichtige Anwendung finde[409]. Weder Wortlaut noch Teleologie böten einen Anhaltspunkt, um zwischen beschränkter und unbeschränkter Steuerpflicht zu differenzieren[410]. Teile der Literatur befanden daraufhin, dass mit diesem Urteil die Einführung des § 50d Abs. 1a EStG obsolet geworden sei[411]. Dennoch hielt der Gesetzgeber an der Vorschrift fest.

V. Das Steueränderungsgesetz vom 20.12.2001

Mit dem StändG 2001[412] wurde die Vorschrift unverändert in § 50d Abs. 3 EStG übernommen. Dadurch wollte der Gesetzgeber klarstellen, dass sich die Versagung der Kapitalertragsteuerentlastung auf die in § 50d Abs. 1 und 2 genannten Entlastungsansprüche bezieht[413].

---

405 Vgl. zu dieser Einteilung *Scholz*, Anti-Treaty-Shopping-Regelungen, S. 21 ff. und 52 ff.

406 BT-Drucks. 12/5630, S. 65.

407 BT-Drucks. 12/5630, S. 65.

408 BFH v. 29.10.1997 – I R 35/96, BStBl. II 1998, 235.

409 BFH v. 29.10.1997 – I R 35/96, BStBl. II 1998, 235.

410 BFH v. 29.10.1997 – I R 35/96, BStBl. II 1998, 235 (237).

411 *Strobl-Haarmann*, in: FS Raupach, S. 613 (617).

412 BStBl. I 2001, 3794.

413 BT-Drucks. 14/7341, S. 13.

VI. Die Hilversum-Rechtsprechung des BFH

1. Hilversum I

Entscheidend für die weitere Entwicklung der Gesetzgebung war die Hilversum-Rechtsprechung des BFH. In seiner Hilversum I-Entscheidung vom 20.3.2002[414] wendete der 1. Senat § 50d Abs. 1a EStG a.F. an und verwehrte einer in den Niederlanden ansässigen Konzerngesellschaft, deren Tätigkeit sich lediglich auf das Halten von Anteilen beschränkte, den Entlastungsanspruch.

In dem zugrundeliegenden Fall hatte eine niederländische B.V., die 100 % der Anteile an einer deutschen GmbH hielt, eine Kapitalertragsteuererstattung gem. § 44 Abs. 1 S. Nr. 1 und Abs. 2 EStG 1990 beantragt. Weitere Tätigkeiten übte sie nicht aus. Muttergesellschaft war eine auf den Bermudas ansässige Holdinggesellschaft (Ltd.), die daneben weitere Beteiligungen an niederländischen Tochtergesellschaften mit jeweils eigener, aktiver Wirtschaftstätigkeit hielt. Die betroffene B.V verfügte weder über eigene Geschäftsräume noch über einen eigenen Telefonanschluss, sondern nutzte die Geschäftsräume einer Schwestergesellschaft. Sie verfügte über kein eigenes Personal und wurde wie diverse andere Schwestergesellschaften von einem Mehrfachgeschäftsführer geleitet.

Der BFH arbeitete heraus, dass es bezüglich der beteiligten Personen nur auf solche ankomme, die unmittelbar an der zwischengeschalteten Gesellschaft beteiligt seien. Tiefer gestaffelte Beteiligungsstrukturen seien irrelevant, wenn feststehe, dass die unmittelbar beteiligte Person nicht abkommensberechtigt sei[415]. Insofern stellte der BFH bezüglich des sachlichen Tatbestandes nun auch ausschließlich auf die Verhältnisse der zwischengeschalteten Gesellschaft ab.

2. Hilversum II

In Abkehr von dieser Rechtsprechung legte der BFH in der sog. Hilversum II-Entscheidung vom 31.5.2005[416] die Voraussetzungen des § 50d Abs. 3 EStG deutlich liberaler aus und verneinte dessen Anwendbarkeit. Der Fall betraf denselben Konzern, der bereits Gegenstand der Hilversum I-Entscheidung gewesen war. Obwohl auch hier wiederum eine lediglich beteiligungshaltende Kapitalgesellschaft in den Niederlanden betroffen war, welche weder über eigenes Personal noch über eigene Räumlichkeiten verfügte, erkannte der BFH diese nun steuerlich an. Die zwischengeschaltete Gesellschaft hielt in diesem Fall – im Gegensatz zu Hilversum I – Beteiligungen an mehreren Gesellschaften. Der Senat entschied, dass im Falle eines langfristigen konzerninternen Strategiekonzepts die Merkmale des sachlichen Tatbestandes anderer konzerninterner Unternehmen auf diese Gesellschaft übertragen

414 BFH v. 20.3.2002 – I R 38/00, BStBl. II 2002, 819.

415 BFH v. 20.3.2002 – I R 38/00, BStBl. II 2002, 819 (822).

416 BFH v. 31.5.2005 – I R 74/04, BStBl. II 2006, 118; vgl. zusammenfassend auch *Bünning/Mühle*, BB 2006, 2159, 2159 ff.

werden könnten, da dann die Inanspruchnahme von Abkommensvergünstigungen nicht alleiniges Motiv für Einschaltung der Gesellschaft sei[417]. Dieses Kriterium der Merkmals-Übertragung hatte der BFH bereits in der Niederländische Stiftung-Entscheidung entwickelt[418]. Dort waren Kapitalgesellschaften innerhalb eines wirtschaftlich tätigen Konzerns aus organisatorischen und haftungsrechtlichen Gründen ausgegliedert worden. Mithin wurde bezüglich der Prüfung des Vorliegens wirtschaftlicher oder sonst beachtlicher Gründe nicht mehr isoliert auf die zwischengeschaltete Gesellschaft abgestellt, sondern eine konsolidierte Gesamtbetrachtung hinsichtlich der Eingliederung dieser Gesellschaft in den Konzern vorgenommen.

VII. Nichtanwendungserlass: Das BMF-Schreiben vom 30.1.2006

Der Hilversum II-Rechtsprechung des BFH trat die Finanzverwaltung mit einem eindeutigen[419] Nichtanwendungserlass[420] vom 30.1.2006 entgegen[421]. Entgegen der Auffassung des BFH sah sie in dem Urteilsfall eine Treaty Shopping-Konstruktion. Nach ihrer Ansicht sei eine konzerninterne Merkmalsübertragung abzulehnen, da sie sich weder aus dem Wortlaut noch aus der Gesetzeshistorie ableiten ließe und überdies der Schutzzweck der Vorschrift aufgehoben werde[422]. In der Folge wurde das Urteil des BFH nicht von der Finanzverwaltung angewendet.

Darüber hinaus legte die Finanzverwaltung § 50d Abs. 3 EStG verschärfend aus. Zum einen sei eine substanzielle Geschäftsausstattung erforderlich, um ein Funktionslosigkeit der Zwischengesellschaft auszuschließen[423]. Zum anderen sei von einer Versagung der Steuerentlastung nur dann abzusehen, wenn kumulativ sowohl wirtschaftliche oder sonst beachtliche Gründe für die Zwischenschaltung der Gesellschaft vorlägen als auch die ausländische Gesellschaft eine eigene Wirtschaftstätigkeit ausübe[424]. Anders gewendet bedeutete dies, dass nach Ansicht des BMF bereits das alternative Vorliegen der Versagungsgründe für eine Versagung der Steuerentlastung ausreichen sollte. Mit dieser letzten Forderung setzte sich die Finanzverwaltung contra legem über den eindeutigen Wortlaut des § 50d Abs. 3 EStG hinweg[425]. Wie zu zeigen sein wird, wurde in der Folgezeit der Nichtanwendungserlass durch eine spätere Gesetzesänderung des § 50d Abs. 3 EStG weitestgehend

---

417 BFH v. 31.5.2005 – I R 74/04, BStBl. II 2006, 118 (120).

418 BFH v. 17.1.2004 – I R 55/03, BFH/NV 2005, 1016.

419 Zur Einordnung der Nichtanwendungserlasse *Desens*, Bindung der Finanzverwaltung an die Rechtsprechung, S. 15 ff.

420 Zur Problematik der Zulässigkeit von Nichtanwendungserlassen vgl. *Spindler*, DStR 2007, 1061 ff.

421 BMF v. 30.1.2006, BStBl. I 2006, 166 Tz. 1.

422 Vgl. dazu *Grotherr*, IStR 2006, 361, 363 ff.; *Forst*, EStB 2006, 384.

423 BMF v. 30.1.2006, BStBl. I 2006, 166 Tz. 2.

424 BMF v. 30.1.2006, BStBl. I 2006, 166 Tz. 3.

425 Zurecht kritisch zu dieser Ansicht *Hergeth/Ettinger*, IStR 2006, 307 f.; *Grotherr*, IStR 2006, 361, 365 f.

gesetzlich kodifiziert. Hier wird also gleich in zweifacher Hinsicht die Machtposition des Bundesfinanzministeriums deutlich.

VIII. Die SOPARFI-Rechtsprechung

1. Erstes SOPARFI-Urteil des FG Köln vom 16.3.2006

Die sog. „SOPARFI"[426]-Entscheidungen[427] verdeutlichen das bei der Entstehung von speziellen Missbrauchsverhinderungsvorschriften typische Spannungsfeld zwischen Finanzverwaltung und Rechtsprechung.

Dem Urteil des FG Köln vom 16.3.2006[428] lag folgender Sachverhalt zugrunde. Eine luxemburgische Aktiengesellschaft in der Rechtsform einer SOPARFI (société de participations financières), die eine Erstattung der deutschen Kapitalertragsteuer beantragt hatte, war auf Veranlassung einer in der Schweiz ansässigen Person durch ein luxemburgisches Treuhandunternehmen, der Y-S.A., gegründet worden. Hauptgesellschafterin der SOPARFI war die T-Ltd, eine auf den Britischen Jungferninseln (British Virgin Islands) ansässige Briefkastengesellschaft. Diese wurde durch einen der Gesellschafter des luxemburgischen Treuhandunternehmens vertreten, der die restlichen Anteile an der SOPARFI direkt hielt. Die SOPARFI verfügte in den Streitjahren in Luxemburg weder über eigene Büroräume noch über eigenes Personal, sondern war in den Räumlichkeiten der Y-S.A. ansässig. Die SOPARFI hielt Anteile an Kapitalgesellschaften in Deutschland, der Schweiz, der Dominikanischen Republik sowie in Rumänien und Ungarn. Gegen die Ablehnung des Erstattungsanspruchs durch das Bundeszentralamt für Steuern klagte die SOPARFI vor dem FG Köln[429].

Das FG hob die Ablehnung des Erstattungsanspruchs auf. Zur Begründung führte es an, die Versagungsgründe des § 50d Abs. 1a EStG a.F. müssten kumulativ vorliegen[430]. Nach Ansicht des Gerichts war die SOPARFI als geschäftsleitende Holding zu qualifizieren, da sie mehr als zwei aktive Beteiligungen hielt. Da somit eine eigene wirtschaftliche Tätigkeit vorlag und daher bereits einer der Versagungsgründe im Sinne von § 50d Abs. 1a EStG a.F. nicht gegeben sei, sah es das FG Köln nicht mehr als maßgebend an, dass es sich bei der SOPARFI möglicherweise um eine substanzlose Gesellschaft handelte. Damit wandte es sich gegen die im Nichtanwendungserlass vom 30.1.2006 vertretene Auffassung der Finanzverwaltung, dass bereits das Vorliegen eines Versagungsgrundes für die steuerliche Nichtanerkennung der Gestaltung ausreichend sei. Gegen das Urteil des FG legte die Finanzverwaltung Revision ein.

---

426 Vgl. dazu *Schade,* Die deutsche Anti-Treaty-Shopping-Regelung des § 50d Abs. 3 EStG, S. 46 f.

427 BFH. v. 29.1.2008 – I R 26/06, BStBl. II 2008, 978; FG Köln v. 16.3.2006 – 2 K 1139/02; EFG 2006, 869 = IStR 2006, 425; v. 28.4.2010 – 2 K 1564/08; EFG, 210, 2004.

428 FG Köln v. 16.3.2006 – 2 K 1139/02; EFG 2006, 869 = IStR 2006, 425.

429 FG Köln v. 16.3.2006 – 2 K 1139/02, EFG 2006, 896.

430 FG Köln v. 16.3.2006 – 2 K 1139/02, EFG 2006, 896.

2. *Die SOPARFI-Entscheidung des BFH vom 28.1.2008*

In seiner Revisionsentscheidung hob der BFH das SOPARFI-Urteil des FG Köln auf und verwies die Sache zu Nachholung der notwendigen tatsächlichen Feststellungen an das FG zurück[431].

Der Senat bestätigte zwar – explizit entgegen der Auffassung der Finanzverwaltung – die Notwendigkeit des kumulativen Vorliegens der Versagungsgründe des § 50d Abs. 1a EStG a.F., da der Gesetzeswortlaut insoweit unmissverständlich sei[432]. Allerdings zweifelte er daran, ob tatsächlich eine eigene Wirtschaftstätigkeit der SOPARFI gegeben war, da es sich um eine substanzlose Gesellschaft handele. Nach Ansicht des BFH fehlte es „an objektiven, von Dritter Seite nachprüfbaren Anhaltpunkten, die Rückschlüsse auf ein „greifbares Vorhandensein" der ausländischen Gesellschaft und für eine „wirkliche" eigenwirtschaftliche Tätigkeit zulassen" würden[433]. Dabei berief er sich ausdrücklich auf das Urteil des EuGH in der Rechtssache *Cadbury Schweppes* vom 12.9.2006[434]. Nur wenn feststehe, dass es sich um keine „rein künstliche, jeder wirtschaftlichen Realität bare Gestaltung" handele, könne der Einschätzung des FG Köln gefolgt werden[435].

3. *Zweites SOPARFI-Urteil des FG Köln vom 28.4.2010*

Trotz der Hinweise des BFH, war das FG Köln im zweiten Rechtszug weiterhin von einer eigenen Wirtschaftstätigkeit der SOPARFI überzeugt und hielt deshalb an seiner erstinstanzlichen Entscheidung fest. Zur Begründung führte es aus, dass eine rein künstliche Gestaltung nicht vorläge, da die Tätigkeit der Zwischengesellschaft in dem Halten von Beteiligungen bestünde und deren Führung im Rahmen einer übergeordneten Konzernstrategie sowie in der teilweisen Finanzierung der Gesellschaften bestehe[436]. Insoweit hielt das FG Köln – entgegen der im Nichtanwendungserlass vom 30.1.2006 getroffenen Aussage – eine konsolidierte Konzernbetrachtung für möglich. Darüber hinaus bekräftigte es noch einmal, dass nach dem eindeutigen Wortlaut des § 50d Abs. 1 EStG die Versagungsgründe kumulativ vorliegen müssten[437].

IX. Neuregelung durch das Jahressteuergesetz 2007

Durch das JStG 2007 vom 13.12.2006[438] wurde in der Neufassung § 50d Abs. 3 EStG nicht nur der Nichtanwendungserlass des BMF vom 30.1.2006 gesetzlich kodifiziert,

---

431 BFH. v. 29.1.2008 – I R 26/06, BStBl. II 2008, 978.
432 BFH. v. 29.1.2008 – I R 26/06, BStBl. II 2008, 978 (980).
433 BFH. v. 29.1.2008 – I R 26/06, BStBl. II 2008, 978 (980).
434 EuGH v. 12.9.2006 – C-196/04 (Cadbury Schweppes), Slg. 2006, I-7995 Rn. 55.
435 BFH. v. 29.1.2008 – I R 26/06, BStBl. II 2008, 978 (980).
436 FG Köln v. 28.4.2010 – 2 K 1564/08; EFG, 210, 2004.
437 FG Köln v. 28.4.2010 – 2 K 1564/08; EFG, 210, 2004.
438 BStBl. I 2007, 28.

sondern die Norm auch grundlegend geändert und in erheblichem Umfang verschärft[439]. Vor dem Hintergrund der Hilversum II-Entscheidung sollte die Neuregelung ausdrücklich eine Reaktion auf die BFH-Rechtsprechung darstellen und Sinn und Zweck der Norm deutlicher herausstellen[440].

Abs. 3 wurde in folgender Form neu gefasst:

> [1]*Eine ausländische Gesellschaft hat keinen Anspruch auf völlige oder teilweise Entlastung nach Absatz 1 oder Absatz 2, soweit Personen an ihr beteiligt sind, denen die Erstattung oder Freistellung nicht zustände, wenn sie die Einkünfte unmittelbar erzielten, und*
>
> 1. *für die Einschaltung der ausländischen Gesellschaft wirtschaftliche oder sonst beachtliche Gründe fehlen oder*
> 2. *die ausländische Gesellschaft nicht mehr als 10 Prozent ihrer gesamten Bruttoerträge des betreffenden Wirtschaftsjahres aus eigener Wirtschaftstätigkeit erzielt oder*
> 3. *die ausländische Gesellschaft nicht mit einem für ihren Geschäftszweck angemessen eingerichteten Geschäftsbetrieb am allgemeinen wirtschaftlichen Verkehr teilnimmt.*
>
> [2]*Maßgebend sind ausschließlich die Verhältnisse der ausländischen Gesellschaft; organisatorische, wirtschaftliche oder sonst beachtliche Merkmale der Unternehmen, die der ausländischen Gesellschaft nahe stehen (§ 1 Abs. 2 des Außensteuergesetzes), bleiben außer Betracht.* [3]*An einer eigenen Wirtschaftstätigkeit fehlt es, soweit die ausländische Gesellschaft ihre Bruttoerträge aus der Verwaltung von Wirtschaftsgütern erzielt oder ihre wesentlichen Geschäftstätigkeiten auf Dritte überträgt.* [4]*Die Sätze 1 bis 3 sind nicht anzuwenden, wenn mit der Hauptgattung der Aktien der ausländischen Gesellschaft ein wesentlicher und regelmäßiger Handel an einer anerkannten Börse stattfindet oder für die ausländische Gesellschaft die Vorschriften des Investmentsteuergesetzes gelten.*

Positiv formuliert bedeutet dies, dass ein Entlastungsanspruch nur besteht, soweit entweder die beteiligten Personen entlastungsberechtigt sind oder, soweit dies nicht der Fall ist, keiner der in Nr. 1–3 genannten Versagungsgründe vorliegt. Die Entlastung erfolgt also nur dann, wenn kumulativ für die Einschaltung der ausländischen Gesellschaft wirtschaftliche oder sonst beachtliche Gründe bestehen, die Gesellschaft mehr als 10% ihrer gesamten Bruttoerträge des betreffenden Wirtschaftsjahres aus eigener Wirtschaftstätigkeit erzielt und sie mit einem für ihren Geschäftszweck angemessen eingerichteten Geschäftsbetrieb am allgemeinen wirtschaftlichen Verkehr teilnimmt. Durch die Negation und die alternative Verknüpfung der sachlichen Tatbestandsmerkmale erfuhr die Vorschrift somit eine erhebliche Verschärfung[441]. Für eine

439 Vgl. *Schade,* Die deutsche Anti-Treaty-Shopping-Regelung des § 50d Abs. 3 EStG, S. 45; *Rudolf,* Treaty Shopping und Gestaltungsmissbrauch, S. 356.

440 BT-Drucks. 16/2712, S. 38, 60.

441 *Hahn-Joecks,* in: K/S/M, EStG[246], § 50d, Rn. E 2.

Versagung war weiterhin das kumulative Vorliegen von personalem und sachlichem Tatbestand notwendig[442].

Aus dem Wortlaut des zweiten Satzes wird deutlich, dass der Gesetzgeber unmissverständlich klarstellen wollte, dass bezüglich der wirtschaftlichen oder sonstigen beachtlichen Gründe nunmehr ausschließlich auf die zwischengeschaltete Gesellschaft abzustellen ist. Eine Gesamtbetrachtung konzerninterner Strategiekonzepte wurde somit ausdrücklich ausgeschlossen. Insofern findet sich hier die Aussage des Nichtanwendungserlasses wieder.

Eine weitere Verschärfung erfolgte mit der Konkretisierung des erforderlichen Umfangs der eigenen Wirtschaftstätigkeit durch die Einführung einer 10%-Klausel mit dem Ziel, „Minimaltätigkeiten" auszuschließen[443]. Erwirtschaftete die Gesellschaft danach nicht mehr als 10 % ihrer Bruttoerträge aus eigener Wirtschaftstätigkeit, wurde der Entlastungsanspruch versagt. Daneben muss eine dem Geschäftszweck angemessene Geschäftsausstattung gegeben sein, um nachzuweisen, dass nicht lediglich eine Basisgesellschaft vorliegt. Für die Teilnahme am Geschäftsverkehr reicht es ausweislich der Gesetzesbegründung aus, dass eine Dienstleistung gegenüber einem Konzerngesellschafter erbracht wird[444].

Die Neuregelung wurde in weiten Teilen durch das BMF-Schreiben vom 3.4.2007 erläutert, welche bezüglich der Konkretisierungen der unbestimmten Rechtsbegriffe auf die Rechtsprechung des BFH verwies[445].

X. Vertragsverletzungsverfahren vom 18.3.2010

Die Neufassung des § 50d Abs. 3 EStG stieß auf erhebliche Kritik. Ihren Höhepunkt fand diese in der Einleitung eines Vertragsverletzungsverfahrens durch die Europäische Kommission[446]. Hierdurch wurde die Bundesrepublik Deutschland förmlich aufgefordert, die Vorschrift des § 50d Abs. 3 EStG a.F. zu ändern. Kritisiert wurde, dass eine ausreichende eigene Wirtschaftstätigkeit selbst dann vorliegen könne, wenn die 10%-Grenze nicht überschritten werde. Daher beurteilte die Kommission die 10%-Klausel in Verbindung mit einer fehlenden Gegenbeweismöglichkeit als eine unverhältnismäßige Beschränkung der Grundfreiheiten[447].

---

442 Zu den einzelnen Tatbestandsmerkmalen siehe *Rudolf*, Treaty Shopping und Gestaltungsmissbrauch, S. 360 ff.; *Schade*, Die deutsche Anti-Treaty-Shopping-Regelung des § 50d Abs. 3 EStG, S. 71 ff.

443 BT-Drucks. 16/2712, S. 60.

444 BT-Drucks. 16/2712, S. 60.

445 BMF v. 3.4.2007, BStBl. I 2007, 446 ff.

446 *EU-Kommission*, Mitteilung v. 18.3.2010, IP/10/298, Az. 2007/4435.

447 Vgl. hierzu *Rudolf*, Treaty Shopping und Gestaltungsmissbrauch, S. 474 ff.

XI. BMF-Schreiben vom 21.6.2010

Mit dem BMF-Schreiben vom 21.6.2010 wurden die Passagen zu den Textziffern 4 und 10 des BMF-Schreibens vom 3.4.2007 teilweise neugefasst bzw. ergänzt[448]. Während bezüglich der persönlichen Entlastungsberechtigung ursprünglich nur auf die unmittelbar an der Zwischengesellschaft beteiligten Personen abzustellen war, sollten nun auch die mittelbar beteiligten zu prüfen sein, soweit die unmittelbar Beteiligten nicht entlastungsberechtigt waren. § 50d Abs. 3 S. 4 EStG sei in diesem Fall entsprechend auch auf die mittelbar beteiligten Gesellschaften anzuwenden.

XII. Die Revidierung des § 50d Abs. 3 EStG durch das BeitrRLUmsG vom 7.12.2011

In der Folge wurde § 50d Abs. 3 EStG schließlich durch das BeitrRLUmsG vom 7.12.2011[449] revidiert. Persönliche und sachliche Voraussetzungen müssen weiterhin kumulativ vorliegen. Die sachlichen Voraussetzungen sind nun auf zwei ebenfalls notwendig kumulativ vorliegende Versagungsgründe aufgeteilt worden. Die umstrittene 10%-Klausel (auch Umqualifizierungsklausel) wurde gestrichen und durch eine sog. Aufteilungsklausel ersetzt[450]. Diese teilt die Erträge danach ein, ob sie aus eigener oder nicht eigener Wirtschaftstätigkeit stammen. Für Erträge, die nicht aus eigener Wirtschaftstätigkeit stammen, muss für eine Versagung der Entlastung zusätzlich geprüft werden, ob in Bezug auf diese Erträge entweder wirtschaftliche bzw. sonst beachtliche Gründe fehlen oder ob kein angemessener Geschäftsbetrieb existiert. Die neue Aufteilungsklausel wirkt sich im Vergleich zur Altfassung insoweit aus, dass diejenigen ausländischen Gesellschaften besser gestellt werden, deren Anteil von eigenwirtschaftlichen Erträgen an ihren Gesamterträgen bis zu 10 % beträgt, da diesen der Entlastungsanspruch bisher gänzlich versagt wurde. Gesellschaften mit einem Anteil von eigenwirtschaftlichen Erträgen von mehr als 10 % werden hingegen regelmäßig schlechter gestellt, da eine Quellensteuerreduktion nur nach Maßgabe der Entlastungsquote erfolgt. Es kommt insoweit nur noch zu einer anteiligen Entlastung[451].

Zudem ordnet nun § 50d Absatz 3 Satz 4 EStG ausdrücklich eine Übertragung der Beweislast auf den Steuerpflichtigen bezüglich des Vorliegens wirtschaftlicher oder sonst beachtlicher Gründe bzw. für die Existenz eines angemessenen Geschäftsbetriebes an.

Positiv gesprochen wird seit dem 1.1.2012 eine Entlastung nur gewährt, soweit den an der Zwischengesellschaft beteiligten Personen bei unmittelbarer Einkünfteerzielung ein Entlastungsanspruch zustünde (persönliche Entlastungsberechtigung) oder die Bruttoerträge der Zwischengesellschaft aus eigener Wirtschaftstätigkeit stammen

---

448 BMF v. 21.6.2010, BStBl. I 2010, 446.

449 Gesetz zur Umsetzung der Beitreibungsrichtlinie sowie zur Änderung steuerlicher Vorschriften v. 7.12.2011, BGBl. I 2011, 2592.

450 BMF v. 24.1.2012, BStBl. I 2012, 171 (173).

451 Zur Erläuterung siehe auch *Richter*, BB 2012, 1643, 1644; *Lüdicke*, IStR 2012, 148, 151.

(erste sachliche Entlastungsberechtigung), oder – soweit dies nicht der Fall ist – wirtschaftliche bzw. sonst beachtliche Gründe für die Einschaltung vorliegen und ein angemessener Geschäftsbetrieb existiert (zweite sachliche Entlastungsberechtigung)[452].

Synopse:

<u>§ 50d Abs. 3 EStG i.d.F. des JStG 2007 vom 13.12.2006:</u>

[1]Eine ausländische Gesellschaft hat keinen Anspruch auf völlige oder teilweise Entlastung nach Absatz 1 oder Absatz 2, soweit Personen an ihr beteiligt sind, denen die Erstattung oder Freistellung nicht zustände, wenn sie die Einkünfte unmittelbar erzielten, und

1. *für die Einschaltung der ausländischen Gesellschaft wirtschaftliche oder sonst beachtliche Gründe fehlen oder*
2. *die ausländische Gesellschaft nicht mehr als 10 Prozent ihrer gesamten Bruttoerträge des betreffenden Wirtschaftsjahres aus eigener Wirtschaftstätigkeit erzielt oder*
3. *die ausländische Gesellschaft nicht mit einem für ihren Geschäftszweck angemessen eingerichteten Geschäftsbetrieb am allgemeinen wirtschaftlichen Verkehr teilnimmt.*

[2]Maßgebend sind ausschließlich die Verhältnisse der ausländischen Gesellschaft; organisatorische, wirtschaftliche oder sonst beachtliche Merkmale der Unternehmen, die der ausländischen Gesellschaft nahe stehen (§ 1 Abs. 2 des Außensteuergesetzes), bleiben außer Betracht. [3]An einer eigenen Wirtschaftstätigkeit fehlt es, soweit die ausländische Gesellschaft ihre Bruttoerträge aus der Verwaltung von Wirtschaftsgütern erzielt oder ihre wesentlichen Geschäftstätigkeiten auf Dritte überträgt. [4]Die Sätze 1 bis 3 sind nicht anzuwenden, wenn mit der Hauptgattung der Aktien der ausländischen Gesellschaft ein wesentlicher und regelmäßiger Handel an einer anerkannten Börse stattfindet oder für die ausländische Gesellschaft die Vorschriften des Investmentsteuergesetzes gelten.

<u>§ 50d Abs. 3 EStG i.d.F. des BeitrRLUmsG vom 7.12.2011:</u>

*[1]Eine ausländische Gesellschaft hat keinen Anspruch auf völlige oder teilweise Entlastung nach Absatz 1 oder Absatz 2, soweit Personen an ihr beteiligt sind, denen die Erstattung oder Freistellung nicht zustände, wenn sie die Einkünfte unmittelbar erzielten, **und die von der ausländischen Gesellschaft im betreffenden Wirtschaftsjahr erzielten Bruttoerträge nicht aus eigener Wirtschaftstätigkeit stammen, sowie***

1. ***in Bezug auf diese Erträge** für die Einschaltung der ausländischen Gesellschaft wirtschaftliche oder sonst beachtliche Gründe fehlen oder*
2. *die ausländische Gesellschaft nicht mit einem für ihren Geschäftszweck angemessen eingerichteten Geschäftsbetrieb am allgemeinen wirtschaftlichen Verkehr teilnimmt.*

*[2]Maßgebend sind ausschließlich die Verhältnisse der ausländischen Gesellschaft; organisatorische, wirtschaftliche oder sonst beachtliche Merkmale der Unternehmen, die der ausländischen Gesellschaft nahe stehen (§ 1 Absatz 2 des Außensteuergesetzes), bleiben außer Betracht. [3]An einer eigenen Wirtschaftstätigkeit fehlt es, soweit die ausländische Gesellschaft ihre Bruttoerträge aus der Verwaltung von Wirtschaftsgütern erzielt oder ihre wesentlichen Geschäftstätigkeiten auf Dritte überträgt. **[4]Die Feststellungslast für das Vorliegen wirtschaftlicher oder sonst beachtlicher Gründe im Sinne von Satz 1 Nummer 1 sowie des Geschäftsbetriebs im Sinne von Satz 1 Nummer 2 obliegt der ausländischen Gesellschaft.** [5]Die Sätze 1 bis 3 sind nicht anzuwenden, wenn mit der Hauptgattung der Aktien der ausländischen Gesellschaft ein wesentlicher und regelmäßiger Handel an einer anerkannten Börse stattfindet oder für die ausländische Gesellschaft die Vorschriften des Investmentsteuergesetzes gelten*

452 Zu den Begriffen siehe BMF v. 24.2.2012, BStBl. I 2012, 171.

XIII. BMF-Schreiben v. 24.1.2012

Der Erlass der Finanzverwaltung zur Neuregelung des § 50d Abs. 3 EStG erfolgte mit dem BMF-Schreiben vom 24.1.2012[453]. Diese ersetzte zwar die BMF-Schreiben vom 3.4.2007 und 21.6.2010 ausdrücklich, stimmte aber in Aufbau und Inhalt weitestgehend mit diesen überein[454].

C. Kurzdarstellung weiterer spezieller Missbrauchsvorschriften mit vergleichbarer Gesetzeshistorie

Im Bereich der steuerlichen Missbrauchsbekämpfung lässt sich eine auffallende Aktivität des Gesetzgebers feststellen. Die zeigt sich allein schon an der Bezeichnung vieler Gesetze: So etwa das Gesetz zur Bekämpfung des Missbrauchs und Bereinigung des Steuerrechts vom 21.12.1993[455], das Gesetz zur Beschränkung der Verlustverrechnung im Zusammenhang mit Steuerstundungsmodellen vom 22.12.2005[456], das Gesetz zu Eindämmung missbräuchlicher Steuergestaltungen vom 28.4.2006[457], das Jahressteuergesetz vom 20.12.2007[458] und das Gesetz zur Umsetzung der Beitreibungsrichtlinie sowie zur Änderung steuerlicher Vorschriften vom 7. Dezember 2011[459].

Neben § 50d Abs. 3 EStG existieren weitere zahlreiche Missbrauchsvorschriften[460], die verschiedenste steuerrechtliche Bereiche betreffen. Um den durch den Gesetzgeber eingeschlagenen Weg einer Spezialgesetzgebung weiter zu verdeutlichen, werden im Folgenden einige weitere Beispiele dieser Missbrauchsgesetzgebung überblicksartig vorgestellt[461].

I. Vermeidung der Umgehung der Hinzurechungsbesteuerung nach § 15 Abs. 1 Nr. 2 S. 2 EStG

§ 15 Abs. 1 Nr. 2 S. 2 EStG regelt seit dem StÄnG vom 25.2.1992[462] den steuerlichen Durchgriff bei doppelstöckigen Personengesellschaften, um eine Umgehung der

453 BMF v. 24.1.2012, BStBl. I 2012, 171.

454 BMF v. 24.1.2012, BStBl. I 2012, 171 (176) Tz. 16; zum Vergleich der Schreiben vgl. *Lüdicke*, IStR 2012, 148 ff.

455 BGBl. I 1993, 2310.

456 BGBl. I 2005, 3683.

457 BGBl. I 2006, 1095.

458 BGBl. I 2007, 3150.

459 BGBl. I 2011, 2592.

460 Vgl. etwa § 50g Abs. 4 EStG; §§ 5 Abs. 3, 6 Abs. 3 S. 2 GrEStG; § 18 Abs. 3 UmwStG, § 22 UmwStG.

461 Eine zusammenfassend Darstellung findet sich erstmals bei *Crezelius*, StuW 1995, 313, 315 ff.

462 StÄnG v. 25.2.1992, BStBl. I 1992, 297.

Hinzurechnungsbesteuerung zu vermeiden. Die Vorschrift bestimmt daher, dass der mittelbar über eine oder mehrere Personengesellschaften beteiligte Gesellschafter einem unmittelbar beteiligten Gesellschafter gleichsteht. Der Gesetzgeber reagierte damit auf einen Beschluss des Großen Senates des BFH[463], welcher einen Durchgriff verneinte[464]. Er erkannte zwar die grundsätzliche Anwendbarkeit des § 42 AO an, hielt dessen Voraussetzungen jedoch nicht für gegeben. Nach Auffassung des BFH war nur die Obergesellschaft, nicht aber deren Gesellschafter als Mitunternehmer der Untergesellschaft zu qualifizieren. Insofern entfaltete die Obergesellschaft eine Abschirmwirkung. Auf diese Weise eröffnete der BFH den Steuerpflichtigen die Möglichkeit, durch rechtliche Gestaltung die Hinzurechnungsbesteuerung zu umgehen[465]. Dieser eingeschränkten Anwendungsmöglichkeit des § 42 AO versuchte der Gesetzgeber durch die Änderung[466] des § 15 Abs. 1 Nr. 2 EStG zu begegnen mit der Begründung, das nur so Steuerausfälle vermieden und die Gleichmäßigkeit der Besteuerung gewahrt werden könne[467].

II. Verhinderung der Nutzung von Verlustabzügen nach § 8 IV KStG bzw. § 8c KStG

§ 8 IV KStG a.F. bzw. § 8c KStG[468] zielen darauf ab, die Nutzung von Verlustabzügen beim sog. Mantelkauf zu verhindern. Gestaltungsziel des Mantelkaufs ist es, durch den Erwerb einer Kapitalgesellschaft, die jenseits steuerlicher Erwägungen unwirtschaftlich ist, deren Verlustvortäge zu übernehmen. Diese können dann mit eigenen positiven Einkünften verrechnet werden, womit eine unter Umständen erhebliche Steuerersparnis verbunden sein kann. Ob die Norm wirklich als Missbrauchsverhinderungsvorschrift anzusehen ist, ist nicht unbestritten[469]. Dafür spricht jedoch zumindest, dass die Einführung der Vorschrift wiederum wesentlich auf einer Reaktion des Gesetzgebers auf die Judikatur des BFH beruht, welcher zuvor in ständiger Rechtsprechung § 42 AO auf den Mantelkauf angewendet hatte[470]. Durch seine Urteile vom 29.10.1986[471] änderte dieser seine bis dahin vertretene Auffassung und verneinte eine Anwendbarkeit des § 42 AO. Daraufhin wurde § 8 Abs. 4 KStG a.F.

463 BT-Drucks. 12/1108, S. 58.

464 BFH v. 25.2.1991 – GrS 7/91, BStBl. II 1991, 691; vgl. hierzu die aufschlussreiche Analyse von *Scholz*, „Einheit der Gesellschaft" versus „Vielheit der Gesellschafter", S. 77 ff.

465 Sie dazu *Raupach*, StuW 1991, 278, 238.

466 StÄnG v. 25.2.1992, BStBl. I 1992, 297.

467 BT-Drucks. 12/1108, S. 58.

468 Eingefügt durch URefG v. 14.8.2007, BGBl. I 2007, 1912.

469 Dafür *Albert*, Abwehr von Steuerumgehungen, S. 51; a.A. *Drüen*, StuW 2008, 154, 155, Fn. 11.

470 BT-Drucks. 11/2157, S. 171; zur Rechtshistorie siehe *Dötsch*, in: Dötsch/Pung/Möhlenbrock, KStG[76], § 8 Abs. 4 Rn. 18 ff., § 8c Rn. 1 ff.

471 BFH v. 29.10.1986, BStBl. II 1987, 308; BFH v. 29.10.1986, BStBl. II 1987, 310.

durch das StRefG 1990 dahingehend geändert, dass nicht ausgeglichene Verluste nur dann steuerlich genutzt werden können, wenn die Kapitalgesellschaft, die den Verlust nutzt, mit derjenigen, die ihn erlitten hat, rechtlich und wirtschaftlich identisch ist. Der Gesetzgeber wendete sich insbesondere auch deshalb gegen diese Rechtsprechung des BFH, um zu verhindern, dass die Zielsetzung des § 10d EStG nicht umgangen wird[472].

III. Verhinderung missbräuchlicher Einschaltung von Basisgesellschaften nach § 10 AStG

§ 10 AStG regelt die sog. Hinzurechnungsbesteuerung und will die missbräuchliche Einschaltung von Basisgesellschaften bekämpfen[473]. Dies geschieht im Wege der Beseitigung der Abschirmwirkung bzw. der Durchbrechung des Trennungsprinzips der ausländischen Gesellschaft[474]: Danach werden dem inländischen Anteilseigner auch ohne Ausschüttung von Einkünften i.S.v. § 7 AStG diese als Kapitaleinkünfte nach § 20 Abs. 1 Nr. 1 EStG zugerechnet.

Vorliegend geht § 42 AO den Regelungen des Außensteuergesetzes vor[475]. Bei der Hinzurechnungsbesteuerung wird der Gewinn der ausländischen Gesellschaft zu dem Zeitpunkt erfasst, zu welchem er auch beim inländischen Anteilseigner der Steuer unterworfen werden würde. Bei Anwendung des § 42 AO werden die Einkünfte der ausländischen Gesellschaft hingegen direkt verrechnet, indem deren Existenz verneint wird[476]. Die Anwendung des § 42 AO setzt zwingend voraus, dass die Gestaltung als missbräuchlich angesehen wird. Um mehr Rechtssicherheit zu erlangen, erachtetet es der Gesetzgeber daher als notwendig, spezielle Regelungen zu erlassen[477].

IV. Verhinderung der Verlagerung von Fremdfinanzierungsaufwand nach § 4h EStG

§ 4h EStG, der auf das Unternehmenssteuerreformgesetz 2008 zurückgeht[478], ist als eine typisierende Missbrauchsnorm einzustufen[479]. Durch die Vorschrift soll

---

472 BT-Drucks. 11/2157, S. 171.

473 BT-Drucks. 6/2883, S. 18.

474 Siehe im Einzelnen *Intemann*, in: *Haase*, AStG/DBA, § 10 AStG, Rn. 2 ff.; *Schmidt*, AStG, § 7 Rn. 1.

475 BFH v. 23.10.1991, BStBl. II 1992, 1026 (1028); BFH v. 10.6.1992, BStBl. II 1992, 1029 (1031); BFH v. 7.9.2005; BStBl. II 2006, 537 (538).

476 Siehe im Einzelnen *Jacobs/Endres/Spengel*, Internationale Unternehmensbesteuerung, S. 435.

477 BT-Drucks. 6/2883, S. 18; vgl. auch *Danzer*, Steuerumgehung, S. 163.

478 Unternehmenssteuerreformgesetz 2008 v. 14.8.2007, BStBl. I 2007, 640.

479 *Ralf P. Schenke*, in: FS Wahl, S. 803 (817); *ders.*, in: K/S/M, EStG[236], § 4h, Rn. A 2 f.; *Seiler*, in: Kirchhof, EStG[11], § 4h Rn. 1; auch ausweislich der Gesetzesbegründung

die Besteuerung der von deutschen Tochtergesellschaften erwirtschafteten Erträge sichergestellt werden, indem dem Steuerpflichtigen verwehrt wird, denjenigen Zinsaufwand zum Abzug zu bringen, der ein Drittel des zins- und abschreibungsbereinigten Ertrages des Unternehmens übersteigt, obwohl deren handelsbilanzrechtlicher Gewinn durch die Zinsabführung geschmälert ist. Auch wenn die Norm auf reine Inlandssachverhalte anwendbar ist, sollte damit im Ergebnis eine Verlagerung von Fremdfinanzierungsaufwand ins Ausland verhindert werden[480].

Die überaus komplizierte Norm zeigt, wie der Gesetzgeber versucht, gegen Gewinnverlagerungsstrategien vorzugehen und dafür ein hohe Komplexität und die schwere Verständlichkeit seiner Missbrauchsabwehrgesetze in Kauf nimmt, was mit erheblichen Rechtsunsicherheiten und Vollzugsschwierigkeiten verbunden ist.

D. Zusammenfassung

I. Ableitung einer kontinuierlichen Vorgehensweise von Legislative und Judikative

Der historische Abriss verdeutlicht, dass der Gesetzgeber einerseits in § 42 AO einen allgemeinen Missbrauchsbegriff zu definieren versucht hat und andererseits eine Vielzahl von Spezialnormen erlassen hat[481].

Die Entstehungsgeschichte des § 50d Abs. 3 EStG steht hier nur beispielhaft für eine allgemein zu erkennende Entwicklung in Rechtsprechung und Gesetzgebung Steuerumgehungen entgegenzutreten. Es zeigt sich, dass der Gesetzgeber ein System verschiedener spezialgesetzlicher Missbrauchstatbestände geschaffen hat. Der Erlass spezieller Missbrauchsverhinderungsvorschriften stellt zumeist eine Reaktion den Gestaltungseifer der Steuerpflichtigen sowie die damit korrespondierende und zurückhaltende Anwendung der Generalklausel durch die Rechtsprechung dar[482]. Die Missbrauchsgesetzgebung und die damit verbundene Schaffung von „safe havens“ führt im Ergebnis jedoch eher zu einer Verstärkung der Steuerumgehungstätigkeit als zu ihre Einschränkung[483]. Auch *Kirchhof* konstatiert, kaum „ein Tatbestand ist missbrauchsanfälliger als der Missbrauchstatbestand“[484].

Der BFH hat eine vielgestaltige und kaum überschaubare Kasuistik zu § 42 AO entwickelt. Es besteht somit zwar eine größtenteils gefestigte Judikatur, die

richtet sich § 4h EStG gegen missbräuchliche Steuergestaltungen, BT-Drucks. 220/07, S. 61.

480 BT-Drucks 220/07, S. 75.

481 Vgl. dazu *Gabel,* Verfassungsrechtliche Maßstäbe, S. 65 f.

482 Vgl. dazu auch *Hey*, BB 2009, 1044, 1045.

483 *Flick*, in: FS Klein, S. 329 (342 ff.).

484 *Kirchhof,* DStJG 33 (2010), S. 9, 22. Dabei kritisiert er insbesondere tatbestandliche Ausgestaltung des Missbrauchskonzepts und plädiert dafür, die Steuerumgehung im Wege der Auslegung zu lösen.

allerdings immer wieder modifiziert und verfeinert wird. Dies lässt auch das Beispiel der historischen Entwicklung des § 50d Abs. 3 EStG erkennen.

Die Finanzverwaltung kann sich somit nicht darauf verlassen, dass ein von ihr als missbräuchlich angesehenes Verhalten auch tatsächlich von der Rechtsprechung als missbräuchlich eingestuft wird. Um Rechtssicherheit zu erlangen, sah und sieht sich der Gesetzgeber gezwungen, spezielle Missbrauchstatbestände zu schaffen. Dies ist nicht nur als Reaktion auf die Rechtsprechung des BFH sehen, sondern darüber hinaus auch der Kreativität der Steuerpflichtigen geschuldet, welche immer wieder neue Umgehungsstrategien in den unterschiedlichsten steuerrechtlichen Bereichen entwickeln.

Die Rechtsprechung hat sich zwar ausdrücklich weder der Innen- noch der Außentheorie angeschlossen. Allerdings wendet der BFH § 42 AO überwiegend als eigenen Tatbestand an, worin ein implizites Bekenntnis zu Außentheorie gesehen werden kann[485]. Zumindest ist nicht zu erkennen, dass der BFH explizit von einem innentheoretischen Verständnis ausgeht bzw. einen Paradigmenwechsel in diese Richtung anstrebt[486]. Eine Abschaffung der Spezialvorschriften scheint daher gegenwärtig nicht denkbar. Dafür sprechen schon finanz- und steuerpolitische Gründe: Der Steuer- und Haushaltsgesetzgeber wird schon aus Furcht vor dem Verlust von Besteuerungssubstrat nicht auf die spezialgesetzlichen Missbrauchsverhinderungsvorschriften verzichten wollen. Denn durch einen solchen Verzicht würde er die Einordnung missbräuchlicher Verhaltensweisen gänzlich in die Hände der Rechtsprechung legen und seinen Einfluss erheblich beschneiden.

II. Die Lehre von der Pfadabhängigkeit als Erklärungskonzept

Als Erklärungskonzept kann hier zudem die vor allem in den Sozialwissenschaften entwickelte[487], aber zunehmend auch in der Rechtswissenschaft diskutierte[488] Theorie der Pfadabhängigkeit herangezogen werden. Die Grundkonzeption diese Theorie ist, dass man von einem einmal beschrittenen Pfad nicht ohne weiteres umkehren kann, sondern an die einmal eingeschlagene Richtung gebunden ist[489]. Damit werden insbesondere historisch gewachsene Institutionen umschrieben, die sich durch in der Vergangenheit getroffene Entscheidungen bzw. durch eingespielte Routinen, welche bis in die Gegenwart hineinwirken, entwickelt haben („history

485 *Böing*, Gestaltungsmissbrauch in Europa, S. 59.

486 *Drüen*, in: *Tipke/Kruse*, § 42 Rn. 37; *Böing*, Gestaltungsmissbrauch in Europa, S. 60; a.A. *Pezzer*, StbJb 2000/01, S. 61, 68.

487 *Werle*, in: Benz/Lütz/Schimank/Simonis, S. 119 (122).

488 *Schmidt*, dms 2010, 455 ff.; für den Bereich der Präjudizienbildung fruchtbar machend *Scholz*, „Einheit der Gesellschaft“ versus „Vielheit der Gesellschafter“, S. 101 ff.

489 *Holtmann*, Pfadabhängigkeit strategischer Entscheidungen, S. 29 ff.; *Werle*, in: Benz/Lütz/Schimank/Simonis, S. 119 (120).

matters")[490]. Zurückzuführen ist dies darauf, dass auf einen bestimmten Entwicklungspunkt („Critical Juncture") ein Stadium der Reproduktion bzw. positiver Verstärkung folgt[491]. Aus dieser durch kausale Prozessketten geprägten historischen Kontinuität[492] resultiert eine Einschränkung möglicher Handlungsalternativen[493]. Eine einmal getroffene Entscheidung beeinflusst also zukünftige Entwicklungsrichtungen, da man an die einmal eingeschlagen Richtung gebunden ist[494]. Eine Abkehr vom eingeschlagenen Pfad ist zwar generell möglich, jedoch in der Regel höchst unwahrscheinlich[495]. Der Entwicklungsprozess lässt sich nur durch einen sog. „fundamentalen Wandel" umkehren bzw. in eine neue Richtung lenken[496]. Eine solche Abkehr von dem eingeschlagenen Pfad kommt regelmäßig jedoch nur dann in Frage, wenn der neue Pfad wesentlich vorteilhafter ist, als der bisher beschrittene Entwicklungspfad. Es bedarf sog. externer Anstöße, die umso intensiver sein müssen, je stärker man in dem jeweiligen Pfad eingebunden ist[497].

Das Erklärungskonzept der Pfadabhängigkeit lässt sich auch für die oben aufgeworfene Problematik fruchtbar machen: Grenzüberschreitende Steuerumgehungsstrategien gewinnen mit zunehmender Globalisierung immer mehr an Bedeutung. Die Steuerplanung wartet mit immer neuen Umgehungskonzepten auf. Gleichzeitig hat sich der BFH für eine grundsätzlich zurückhaltende Anwendung der Generalklausel entschieden. Dabei kommt es hier nicht darauf an, inwieweit eine rechtsverbindliche Bindung der Rechtsprechung an Präjudizien besteht. Entstehung und Umfang der Präjudizienbindung der Gerichte, insbesondere im Steuerrecht, sind eine viel diskutierte und umstrittene Thematik[498], die jedoch für den hier erörterten Bereich eine weniger relevante Rolle spielt. Tatsache ist, dass sich der Gesetzgeber aufgrund der restriktiven Haltung des BFH veranlasst sah, ein System verschiedener, meist hochkomplexer Spezialvorschriften zu schaffen. Das Konzept einer „reinen'" Innentheorie findet insoweit in Deutschland in praxi keine Anwendung. Insofern könnte man von einem eingeschlagenen Pfad sprechen, von dem

490 *Beyer*, Pfadabhängigkeit, S. 12; vgl. auch *Struck*, Rechtssoziologie, S. 55; eine im Wesentlichen auf Historizität basierendes Pfadverständnis wird teilweise auch als Pfadabhängigkeit im weiteren Sinne bezeichnet, vgl. *Holtmann*, Pfadabhängigkeit strategischer Entscheidungen, S. 34. Für die folgenden Ausführungen wird dieses Begriffsverständnis maßgeblich sein.

491 *Lehmbruch*, Der unitarische Bundesstaat, S. 14; vgl. *Schmidt*, dms 2010, 455, 456.

492 *Holtmann*, Pfadabhängigkeit strategischer Entscheidungen, S. 38.

493 Vgl. *Ackermann*, Pfadabhängigkeit, S. 22 ff.

494 *Beyer*, Pfadabhängigkeit, S. 12; berühmt ist das Beispiel der QWERTY-Tastatur, welch seit der Benutzung der Schreibmaschine bis heute nicht mehr von einer effizienteren Tastaturbelegung verdrängt werden konnte, vgl. dazu *Beyer*, ZFS 2005, 5, 8.

495 *Lehmbruch*, Der unitarische Bundesstaat, S. 13.

496 *Beyer*, Pfadabhängigkeit, S. 27.

497 *Werle*, in: Benz/Lütz/Schimank/Simonis, S. 119 (122).

498 Hierzu im Überblick *Ralf P. Schenke*, Die Rechtsfindung im Steuerrecht, S. 65 ff.

nicht mehr ohne weiteres abgewichen werden kann. Dem wird man aber sicherlich entgegenhalten können, dass es sich um einen steuerrechtlichen und steuerpolitischen Entwicklungsprozess handelt, der stets im Fluss ist und sich sowohl in die eine als auch in die andere Richtung weiterentwickeln kann. Eine Abkehr von der aktuellen Systematik spezialgesetzlicher und allgemeiner Missbrauchsvorschriften hin zu einem innentheoretischen Modell erscheint nach derzeitiger Lage allerdings kaum mehr vorstellbar. Zum einen ist nicht erkennbar, dass der Gesetzgeber die speziellen Missbrauchsverhinderungsvorschriften abschaffen wird. Zum anderen ist nicht abzusehen, dass die Judikative ihre restriktive Haltung zur Anwendbarkeit des § 42 AO aufgeben wird. Zudem bekennt sich die Rechtsprechung auch nicht eindeutig zur Innentheorie, sondern neigt in weiten Teilen der Außentheorie zu[499]. Daraus ergibt sich, dass die Rechtsprechung wie auch die Verwaltungspraxis von einem außentheoretischen Ansatz ausgehen. Vor allem aber sprechen finanzpolitische Gründe gegen einen Paradigmenwechsel: Ein sog. „fundamentaler Wandel" könnte praktisch nur vom Gesetzgeber selbst in Gang gesetzt werden. Wegen der Furcht vor einer drohenden Abwanderung von Besteuerungssubstrat ins Ausland ist zu erwarten, dass Gesetzgeber und Finanzverwaltung diese Bedrohung auch in Zukunft durch eine Vielzahl von konstitutiven Missbrauchsverhinderungsnormen abzuwenden versuchen. Ein fundamentaler Wandel, welcher die Kontinuität des bisherigen Systems durchbricht, ist insoweit nicht in Sicht. Vielmehr spricht alles dafür, dass die in Deutschland herrschende Außentheorie auch weiterhin Bestand haben und ein Paradigmenwechsel weg vom spezialgesetzlichen Missbrauchskonzept hin zur Innentheorie nicht erfolgen wird.

---

499 Siehe etwa BFH v. 13.12.1995 – X R 261/93, BStBl. II 1996, 180.

§ 5 „Systematische Auslegung“ – Analyse und Auslegungsmöglichkeiten des § 50d Abs. 3 EStG

A. Konzeption und Wirkungsweise des § 50d EStG

I. Regelungsgegenstand und Anwendungsbereich

§ 50d EStG umfasst Regelungen für alle Einkünfte, welche dem Steuerabzug (§ 50a EStG) vom Kapitalertrag bzw. von Zinsen und Lizenzeinkünften unterliegen, die jedoch aufgrund einer nach DBA, nach § 43b (Umsetzung der Mutter-Tochter-Richtlinie[500]) oder aber nach § 50g (Umsetzung der Zins- und Lizenzrichtlinie) gewährten Vergünstigung nicht oder nur nach einem reduzierten Steuersatz besteuert werden. Die Vorschrift soll auch für die Fälle, in denen das deutsche Besteuerungsrecht aufgrund von Abkommen oder § 43b bzw. § 50g EStG eingeschränkt oder ausgeschlossen ist, den Abzug vom Kapitalertrag sicherstellen. Insofern dient sie im Grundsatz dem Fortbestehen des Quellensteuergrundsatzes. Der beschränkt Steuerpflichtige, der von einem DBA oder eine Steuerrichtlinie profitiert, ist daher grundsätzlich darauf angewiesen, seine Steuervergünstigung im Wege eines Erstattungsverfahrens geltend zu machen. Gemäß § 32 Abs. 5 S. 2 Nr. 4 KStG ist zudem § 50d Abs. 3 EStG nunmehr entsprechend auf das Erstattungsverfahren bei Streubesitzdividenden anzuwenden[501].

II. Verfahren: Erstattungs- oder Freistellungsanspruch

§ 50d Abs. 1 und 2 regeln zunächst, wie die Steuervergünstigung geltend gemacht werden kann. Dies geschieht im Wege eines Erstattungs- bzw. Freistellungsanspruchs hinsichtlich des Steuerabzuges. Anspruchsinhaber ist der Gläubiger der Kapitalerträge[502]. § 50d Abs. 1 S. 1 EStG stellt zunächst die Kernaussage auf, dass grundsätzlich ein Quellensteuerabzug vom Kapitalertrag zu erfolgen hat. Die Steuer muss demnach generell einbehalten und abgeführt worden sein[503]. Ist der Steuerabzug jedoch aufgrund eines DBA oder einer Vergünstigung nach § 43b EStG bzw. § 50g EStG gänzlich oder teilweise eingeschränkt, kann gem. § 50d Abs. 1 S. 2–9 EStG dann im Nachhinein die Erstattung des Steuerabzugs beansprucht werden

---

500 Vgl. *Inteman*, in: Hermann/Heuer/Raupach, EStG/KStG[249], § 43b EStG Rn. 1.

501 Ausführlich zur Einführung des § 32 Abs. 5 KStG *Benz/Jetter*, DStR 2013, 489 ff.; *Anissimov/Stöber*, DStZ 2013, 379 ff.

502 Vgl. *Schmidt/Loschelder*, EStG[30], § 50d Rn. 5.

503 Siehe *Klein/Hagena*, in: Hermann/Heuer/Raupach, EStG/KStG[259], § 50d EStG Rn. 17.

(Erstattungsverfahren). Zuständig für die Erstattung ist das Bundeszentralamt für Steuern (§ 50d Abs. 1 S. 3 EStG, § 5 Abs. 1 Nr. 2 FVG).

Vereinfacht kann gem. § 50d Abs. 2 EStG auch im Wege eines Freistellungsverfahrens gänzlich oder teilweise vom Steuerabzug abgesehen werden. Der Freistellungsanspruch wird auf Antrag beim Bundeszentralamt für Steuern (vgl. § 50d Abs. 2 S. 4 EStG) direkt beim Steuerabzug berücksichtigt. Beim Erstattungsanspruch handelt es sich hingegen um ein nachgelagertes Verfahren.

Ebenso wie § 50d Abs. 1 EStG sieht auch § 32 Abs. 5 S. 1 KStG ein Erstattungsverfahren bei Streubesitzdividenden vor. Ein Freistellungsverfahren ist im Rahmen des § 32 KStG hingegen nicht geregelt.

Zur Ermittlung des Entlastungsanspruchs muss die beantragende Gesellschaft einen von der Finanzverwaltung zur Verfügung gestellten Fragebogen beantworten und gegebenenfalls Beweismittel beifügen[504].

III. Sinn und Zweck des § 50d Abs. 3 EStG

Nach der ursprünglichen Gesetzesbegründung diente § 50d Abs. 3 EStG der Bekämpfung der missbräuchlichen Ausnutzung eines DBA oder einer EG-Regelung (Richtlinie)[505]. Dies war auch die Intention des Gesetzgebers des Jahressteuergesetzes 2007, nach welcher die Änderung des § 50d Abs. 3 EStG der „Feststellung und Konkretisierung dieser Vorschrift als Missbrauchsregelung“ dienen sollte[506].

Durch die Neufassung sollte die Vorschrift insbesondere mit Rücksicht auf die Entscheidung des EuGH in der Rechtssache *Cadbury Schweppes und Cadbury Schweppes Overseas*[507] „zielgenauer“ ausgestaltet werden[508]. Sie bezweckt demnach, die Europarechtswidrigkeit der Altregelung zu beseitigen. Ratio legis des § 50d Abs. 3 EStG ist daher formal die Missbrauchsbekämpfung. Im Folgenden ist daher die Norm zu analysieren, um dann anhand der Vorgaben des höherrangigen Rechts überprüfen zu können, ob sie dieses Ziel erreicht oder ob sie über den Missbrauchsverhinderungszweck hinausschießt.

Da sich der Gesetzgeber bei der Formulierung der Anti-Treaty-Shopping-Vorschrift stets an die langjährige Rechtsprechung des BFH angelehnt hat[509], ist diese insbesondere bei der Konkretisierung unbestimmter Rechtsbegriffen im Rahmen der Auslegung zu berücksichtigen.

---

504 Für § 50d Abs. 3 EStG a.F. vgl. *Schönfeld*, in: Flick/Wassermeyer/Baumhoff/Schönfeld, Außensteuerrecht, § 50d Abs. 3 EStG Rn. 223; siehe dazu auch früher *Hahn-Joecks*, in: K/S/M, EStG[194], § 50d Rn. E 97. Ein aktueller Fragebogen ist abrufbar unter http://www.ip-tax.de/mosaic/_M_userfiles/Frageb%C3%B6gen/Fragebogen%20 zu%20%2050d%20Absatz%203%20EStG.PDF.

505 BT-Drucks. 12/5630, S. 65.

506 BT-Drucks. 16/2712, S. 60.

507 EuGH v. 12.9.2006 – C-196/04 (Cadbury Schweppes), Slg. 2006, I-7995.

508 BT-Drucks. 17/7524, S. 13 f.

509 Siehe BT-Drucks. 12/5630, S. 65; BT-Drucks. 16/2712, S. 60.

IV. Die Versagung des Erstattungs- bzw. Freistellungsanspruchs

§ 50d Abs. 3 EStG schränkt den Entlastungsanspruch einer ausländischen Gesellschaft nach §§ 43b, 50g EStG oder nach einem Doppelbesteuerungsabkommen auf Befreiung oder Ermäßigung von Kapitalertrag- oder Abzugssteuern nach § 50a EStG ganz oder teilweise ein. Absatz 3 bezieht sich also unmittelbar auf die vorstehenden Absätze.

Schon nach erster Lektüre des Gesetzestextes lässt sich feststellen, dass die Norm – sehr zum Nachteil des Rechtsanwenders – sowohl durch die zahlreichen in ihr enthaltenen Negationen unnötig kompliziert formuliert wurde[510] als auch durch eine Reihe von unbestimmten Rechtsbegriffen geprägt ist, die der Auslegung bedürfen. Insbesondere die unterschiedlichen Verknüpfungen der Tatbestandsvoraussetzungen mit „soweit", „sowie" bzw. „oder" machen die Norm auf den ersten Blick nur schwer verständlich.

Kurz und mit den Worten der Finanzverwaltung gesprochen, kommt es zu einer Versagung des Anspruchs, „soweit an der ausländischen Gesellschaft Personen beteiligt sind, denen die Steuerentlastung nicht zustände, wenn sie die Einkünfte unmittelbar erzielten (sog. persönliche Entlastungsberechtigung), und soweit die Funktionsvoraussetzungen des § 50d Abs. 3 Satz 1 Hs. 2 EStG (sog. sachliche Entlastungsberechtigung) nicht vorliegen"[511].

Anders gewendet sind die Funktionsvoraussetzungen alternativ erfüllt, soweit die von der ausländischen Gesellschaft im betreffenden Wirtschaftsjahr erzielten Bruttoerträge aus eigener Wirtschaftstätigkeit stammen oder in Bezug auf die nicht eigenwirtschaftlichen Erträge für die Einschaltung der ausländischen Gesellschaft wirtschaftliche oder sonst beachtliche Gründe vorhanden sind und die ausländische Gesellschaft mit einem für ihren Geschäftszweck angemessen eingerichteten Geschäftsbetrieb am allgemeinen wirtschaftlichen Verkehr teilnimmt. Man spricht diesbezüglich von unschädlichen Erträgen. Sind die Funktionsvoraussetzungen hingegen nicht erfüllt, handelt es sich um schädliche Erträge[512].

Will man den Entlastungsanspruch versagen, müssen somit nach der Grundstruktur der Vorschrift drei Grundvoraussetzungen gegeben sein: das Fehlen der persönlichen Entlastungsberechtigung, das Vorliegen von Erträgen aus nichteigener Wirtschaftstätigkeit (erste sachliche Entlastungsberechtigung) und das Fehlen beachtlicher Gründe für die Einschaltung der Gesellschaft oder das Nichtvorliegen eines angemessenen Geschäftsbetriebs (zweite sachliche Entlastungsberechtigung)[513].

---

510 Zum gleichen Ergebnis kommend *Engers/Dyckmans*, Ubg 2011, 929, 930; vgl. dazu auch *Jehling/Stolle*, DStR 2013, Beihefter zu Heft 23, S. 28.

511 Vgl. zum Begriff BMF v. 24.1.2012, BStBl. I 2012, 171 Tz. 1.

512 BMF v. 24.1.2012, BStBl. I 2012, 171, Tz. 1.

513 *Birker*, BB 2012, 1961, 1962; vgl. auch *Schnitger/Gebhardt*, ISR 2013, 202, 208.

Grobschema:

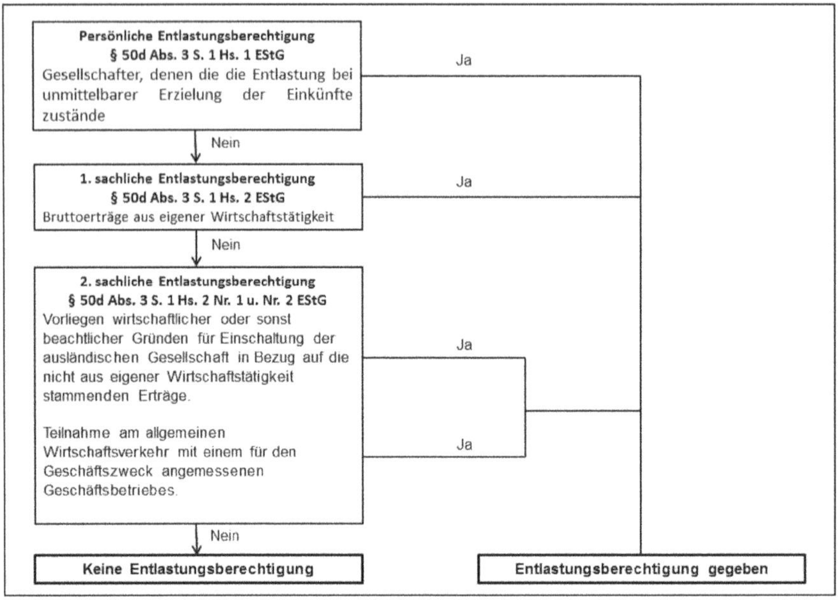

B. Tatbestand des § 50d Abs. 3 EStG: Prüfung der Entlastungsberechtigung

I. Persönliche Entlastungsberechtigung ausländischer Gesellschaften

1. Ausländische Gesellschaft

Adressat der Norm ist zunächst immer die ausländische (zwischengeschaltete) Gesellschaft, welche im Grundsatz einen Anspruch auf völlige oder teilweise Entlastung nach § 50d Abs. 1 oder Abs. 2 EStG hat. Gerade der Umweg über eine ausländische Zwischengesellschaft ist als Charakteristikum einer Treaty- (i.e.S.) bzw. Directive-Shopping-Gestaltung anzusehen.

a) Einordnung als Gesellschaft

Der Terminus der Gesellschaft ist in der Norm zunächst nicht definiert. Durch den Verweis in § 50d Abs. 3 S. 1 Hs. 1 EStG auf § 50d Abs. 1 und 2 EStG bestimmt sich der Begriff der Gesellschaft systematisch nach dem jeweils einschlägigen DBA oder den Katalogen der Mutter-Tochter-Richtlinie (§ 43b Abs. 2 EStG i.V.m. Anlage 2) bzw. der Zins- und Lizenzrichtlinie (§ 50g Abs. 3 Nr. 5 lit. a) aa) EStG i.V.m. Anlage 3

Nr. 1). Dieser Auffassung folgt auch die Finanzverwaltung[514]. Nach Art. 3 MTRL muss die Gesellschaft mit mindestens 10 % unmittelbar an der Tochtergesellschaft beteiligt sein (vgl. § 43b Abs. 2 EStG).

Bezüglich der Abkommen definiert Art. 3 Abs. 1 b OECD-MA den Begriff der Gesellschaft als „juristische Personen oder Rechtsträger, die für die Besteuerung wie juristische Personen behandelt werden". Zahlreiche deutsche DBA bedienen sich der eben genannten Definition[515]. Nach dieser Formulierung fallen darunter nicht nur Kapitalgesellschaften und Stiftungen, sondern auch Treuhandvermögen (sog. Trusts) und Personengesellschaften[516]. Die Einordnung als Kapitalgesellschaft durch die Vertragsstaaten kann unterschiedlich ausfallen. Nach Auffassung der Finanzverwaltung erfolgt in Deutschland die Einordnung ausschließlich nach deutschem Steuerrecht und somit nach einem Typenvergleich. Die Entlastungsberechtigung sei jedoch zu gewähren, „wenn die Einkünfte nach dem Recht des anderen Staates dort als Einkünfte einer ansässigen Person steuerpflichtig sind"[517]. Wird eine ausländische Personengesellschaft nach ausländischen Recht als Kapitalgesellschaft behandelt, ist sie somit Gesellschaft i.S.v. § 50d Abs. 3 EStG und ein Typenvergleich insoweit entbehrlich[518]. Die Ausnahme vom Rechtstypenvergleich soll verhindern, dass sich nichtberechtigte Personen Vergünstigung durch Einschaltung hybrider Gesellschaften erschleichen[519]. Darunter sind solche Gesellschaften zu verstehen, die die Elemente von Kapital- und Personengesellschaften verbinden[520] und in einem Staat als transparent und in einem anderen Staat als intransparent qualifiziert werden.

Hinsichtlich der Richtlinienvergünstigungen bestimmt sich die zulässige Rechtsform ausdrücklich nach Anlage 2 zu § 43b EStG und nach Anlage 3 zu § 50g EStG bzw. den ihnen zugrunde liegenden Richtlinien[521]. Auf eine Einordnung nach deutschem Steuerrecht kommt es in diesem Fall daher nicht an[522].

---

514 BMF v. 24.1.2012, BStBl. I 2012, 171, Tz. 3.

515 Vgl. die Übersicht bei *Vogel*, in: *Vogel/Lehner*, DBA[5], Art. 3 Rn. 24.

516 *Winkelmann*, Steuerumgehung, S. 239; *Vogel*, in: *Vogel/Lehner*, DBA[5], Art. 3 Rn. 13 ff.

517 BMF v. 24.1.2012, BStBl. I 2012, 171, Tz. 3.

518 BMF v. 24.1.2012, BStBl. I 2012, 171, Tz. 3; *Hahn-Joecks*, in: K/S/M, EStG[246], § 50d Rn. E 21; *Frotscher*, in: Frotscher, EStG[159], § 50d Rn. 71; *Rudolf*, Treaty Shopping und Gestaltungsmissbrauch, S. 362.

519 *Schönfeld*, in: Flick/Wassermeyer/Baumhoff/Schönfeld, Außensteuerrecht, § 50d Abs. 3 EStG Rn. 51; Unstimmigkeiten bezüglich hybrider Gesellschaft sollen zukünftig durch eine Änderung der Mutter-Tochter-Richtlinie beseitigt werden, vgl. Mitteilung der Kommission v. 6.12.2012, Kom (2012) 722, S. 10.

520 Beispielsweise eine Limited Liability Partnership (LLP) des englischen Rechts. Vgl. dazu *Linardatos*, VersR 2013, 1488, 1489.

521 Vgl. EuGH v. 1.10.2009 – Rs. 247/08 (Gaz de France), Slg. 2009, I-9225 Rn. 28 ff.

522 *Hahn-Joecks*, in: K/S/M, EStG[246], § 50d Rn. E 20; vgl. auch *Frotscher*, in: Frotscher, EStG[159], § 50d Rn. 71.

b) Einordnung als ausländisch

Der Wortlaut „ausländisch" intendiert bereits, dass eine Gesellschaft jedenfalls dann ausländisch ist, wenn sie weder Sitz noch Geschäftsleitung im Inland hat[523]. Im Übrigen wird man das Merkmal nach den jeweiligen einschlägigen Vorschriften bestimmen müssen, welche die Vergünstigung gewähren[524]. DBA und EU-Richtlinien knüpfen hierbei an die Ansässigkeit an. Art. 4 Abs. 1 OECD-MA definiert die Ansässigkeit als Ort von Sitz und Geschäftsleitung der Gesellschaft. Die EU-Richtlinien stellen zwar auf die Ansässigkeit ab, es fehlt jedoch an einer Definition des Begriffs[525].

Problematische sind in diesem Zusammenhang Fälle der sog. Doppelansässigkeit, in denen Sitz und Geschäftsleitung auseinanderfallen[526]. Im Anwendungsbereich von DBA kommt hier in der Regel die sog. „Tie-breaker-rule" zum Tragen (vgl. Art. 4 Abs. 3 OECD-MA)[527]. Die Ansässigkeit richtet sich dann nach dem Ort der tatsächlichen Geschäftsführung, welcher im jeweiligen Einzelfall festzustellen ist. Dies ist der Ort, an dem die maßgeblichen Entscheidungen im Wesentlichen getroffen werden, die für die Führung der Geschäfte notwendig sind[528]. In den Richtlinien ist der Begriff der Ansässigkeit nicht näher definiert. Man kann jedoch mit *Frotscher* von einem international einheitlich verstandenen Ansässigkeitsbegriff ausgehen und die eben genannte Tie-breaker-rule auch für die Definition der Ansässigkeit nach der EU-Richtlinie nutzbar machen[529]. Eine Bestätigung dieses Verständnisses lässt sich auch der EuGH-Entscheidung in der Rechtssache *Überseering* entnehmen, die sich mit der Anerkennung der Rechts- und Parteifähigkeit einer im Ausland gegründeten Gesellschaft, welche ihre tatsächliche Geschäftsleitung aber in Deutschland hatte, befasste[530].

c) Ausnahmen für börsennotierte Gesellschaften und ausländische Investmentvermögen

Gem. § 50d Abs. 3 S. 5 EStG findet die Vorschrift keine Anwendung, wenn mit der Hauptgattung der Aktien der ausländischen Gesellschaft ein wesentlicher und regelmäßiger Handel an einer anerkannten Börse stattfindet oder für die ausländische Gesellschaft die Vorschriften des Investmentsteuergesetzes gelten. Unter dem

---

523 So auch *Hahn-Joecks*, in: K/S/M, EStG[246], § 50d Rn. E 22; *Frotscher*, in: Frotscher, EStG[159], § 50d Rn. 72; *Klein/Hagena*, in: Hermann/Heuer/Raupach, EStG/KStG[259], § 50d EStG Rn. 54; BMF v. 24.1.2012, BStBl. I 2012, 171 (172), Tz. 3.

524 *Frotscher*, in: Frotscher, EStG[159], § 50d Rn. 72; vgl. die Auflistung bei *Frotscher*, in: *Haase*, AStG/DBA, Art. 4 MA Rn. 114 ff.

525 Vgl. etwa Art. 2 a) ii) MTRL.

526 Kritisch zur mangelnden Auseinandersetzung mit diesem Problem seitens des deutschen Gesetzgebers *Schnitger*, IStR 2013, 82 ff.

527 Grundlegend *Lehner*, in: *Vogel/Lehner*, DBA[5], Art. 4 Rn. 240 ff.

528 OECD-MK, Art. 4 Rn. 24.

529 *Frotscher*, in: Frotscher, EStG[171], § 50d Rn. 67; so auch *Tumpel*, in: Gassner/Lang/Lechner, S. 181 (199).

530 EuGH v. 5.11.2002 – Rs. C-208/00 (Überseering), Slg. 2002, I-9919, Rn. 94 f.

Begriff „anerkannte Börse" versteht man einen organisierten Markt i. S. d. § 2 Abs. 5 WpHG und vergleichbare Märkte mit Sitz außerhalb der Europäischen Union und des Europäischen Wirtschaftsraumes. Investmentgesellschaften sind solche i.S.v. § 2 Abs. 5 InvStG. Hinter dieser Regelung steht der Gedanke, dass solche Gesellschaften in der Regel nicht missbräuchlich eingeschaltet werden, da sie hierfür ohnehin nicht geeignet sind. Eine börsennotierte Gesellschaft wird zudem nur schwer nachweisen können, inwieweit Personen an ihr beteiligt sind, denen bei unmittelbarem Bezug der Einkünfte eine Entlastung zustände[531].

2. *Beteiligte Personen*

Weiterhin müssen an der Zwischengesellschaft Personen beteiligt sein, „denen die Erstattung oder die Freistellung nicht zustände, wenn sie die Einkünfte unmittelbar erzielten" (§ 50d Abs. 3 S. 1 EStG). Nach dem Wortlaut ist somit eine fiktive Prüfung vorgeschrieben, ob den beteiligten Personen ein Entlastungsanspruch nach den §§ 43b bzw. 50g EStG oder nach einem DBA zustände, wenn sie die Einkünfte unmittelbar erzielten. Die Art der Beteiligung muss gesellschaftsrechtlicher Natur sein und kann am Nennkapital, an den Stimmrechten oder an der Gewinnausschüttung bestehen[532].

Der Begriff „Person" enthält keine Differenzierung und erfasst sowohl natürliche als auch juristische Personen[533]. Nach dem Wortlaut „soweit" besteht die persönliche Entlastungsberechtigung nur insofern, als an der ausländischen Zwischengesellschaft Personen beteiligt sind, denen im Falle einer unmittelbaren Einkünfteerzielung ein Steuerentlastungsanspruch zustünde. Das spricht dafür, dass im Rahmen der Prüfung des fiktiven Entlastungsanspruchs der beteiligten Personen die Entlastungsberechtigung für jeden Gesellschafter gesondert zu prüfen ist.

a) *Beschränkt und unbeschränkt steuerpflichtige Personen*

Der Wortlaut des § 50d Abs. 3 EStG gibt nicht eindeutig wieder, ob als beteiligte Personen auch unbeschränkt Steuerpflichtige erfasst werden. Teile der Literatur sehen auch im Inland ansässige Steuerpflichtige als von § 50d Abs. 3 EStG erfasst an[534]. Damit sind solche Fälle gemeint, in denen ein unbeschränkt Steuerpflichtiger über eine ausländische Gesellschaft an einer deutschen Gesellschaft beteiligt ist.

531 *Schönfeld*, in: Flick/Wassermeyer/Baumhoff/Schönfeld, Außensteuerrecht, § 50d Abs. 3 EStG Rn. 202.

532 *Hahn-Joecks*, in: K/S/M, EStG[246], § 50d Rn. E 24; *Schönfeld*, in: Flick/Wassermeyer/Baumhoff/Schönfeld, Außensteuerrecht, § 50d Abs. 3 EStG Rn. 84.

533 Vgl. *Klein/Hagena*, in: Hermann/Heuer/Raupach, EStG/KStG[259], § 50d EStG Rn. 55; *Hahn-Joecks*, in: K/S/M, EStG[246], § 50d Rn. E 23.

534 *Schaumburg*, Internationales Steuerrecht, Rn. 16.164; a.A. *Wagner*, in: Blümich, EStG/KStG/GewStG[115], § 50d EStG Rn. 80; vgl. auch *Frotscher*, in: Frotscher, EStG[159], § 50d Rn. 78, der jedoch eine teleologische Reduktion des Anwendungsbereich des § 50d Abs. 3 EStG für notwendig hält.

Nach Auffassung der Finanzverwaltung besitzen Gesellschafter, welche im Inland ansässig sind – sog. „Mäander-Strukturen“[535] – keine Entlastungsberechtigung[536].

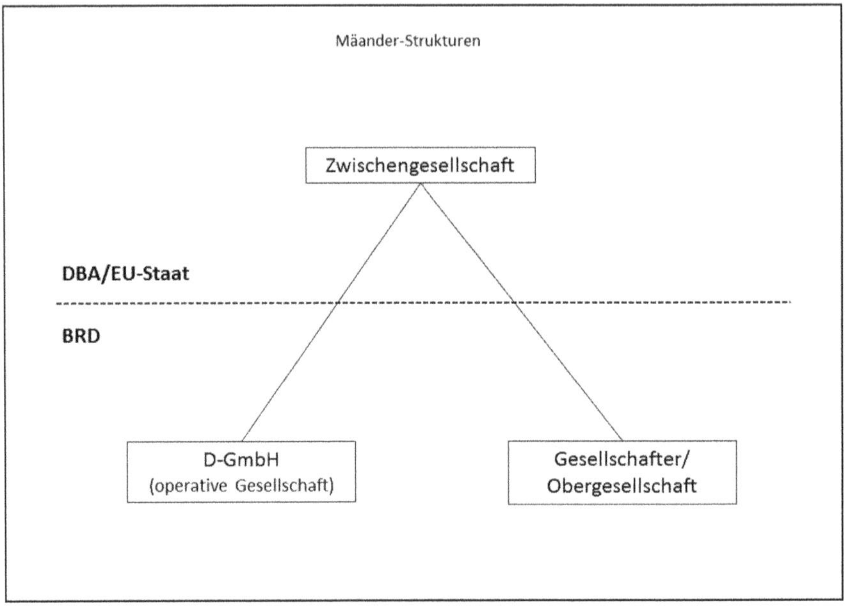

Gegen die Anwendbarkeit der Norm auf unbeschränkt Steuerpflichtige spricht, dass nach der Gesetzessystematik der fiktiv zu prüfende Entlastungsanspruch nur ein solcher nach § 50d Abs. 1 bzw. 2 EStG sein kann. Ein solcher Anspruch steht im Inland ansässigen Personen, die direkt an einer inländischen Gesellschaft beteiligt sind, jedoch gerade nicht zu[537]. Bei Inländern sind bei einer unmittelbaren Beteiligung weder DBA noch § 43b bzw. 50g EStG anwendbar, sondern ist lediglich eine Befreiung nach § 8b KStG denkbar. Zudem wurden in der Praxis bereits vor

535 Der Begriff Mäander bezeichnet Flussschlingen bzw. Flussbiegungen, die immer wieder mit bis zu über 180° quasi fast zum Ausgangpunkt zurückfließen, und wird daher bildhaft für die oben genannte Gestaltung verwendete. Vgl. nur *Micker*, FR 2009, 409, 414; *Schönfeld*, in: Flick/Wassermeyer/Baumhoff/Schönfeld, Außensteuerrecht, § 50d Abs. 3 EStG Rn. 74, 82.

536 BMF v. 24.1.2012, BStBl. I 2012, 171 (172), Tz. 4.2; zustimmend *Gosch*, in: Kirchhof, EStG[11], § 50d Rn. 28b.

537 *Schönfeld*, in: Flick/Wassermeyer/Baumhoff/Schönfeld, Außensteuerrecht, § 50d Abs. 3 EStG Rn. 82; *Micker*, FR 2009, 409, 414; im Ergebnis ähnlich *Frotscher*, in: Frotscher, EStG[159], § 50d Rn. 75, der den Anwendungsbereich des Abs. 3 teleologisch reduziert.

der Revidierung des § 50d Abs. 3 EStG im Inland ansässige Gesellschafter als nicht entlastungsberechtigt angesehen[538]. Hätte der Gesetzgeber hier eine Änderung gewünscht, hätte er dies beim Neuerlass klarstellen können. Der Anwendungsbereich des § 50d EStG ist mithin nicht eröffnet. Folglich kann in diesem Fall auch keine Versagung nach § 50d Abs. 3 EStG erfolgen, sondern lediglich die Anwendung des § 42 AO in Betracht gezogen werden[539].

b) Mehrstöckige Beteiligungsstrukturen

Fraglich ist, ob die Prüfung der fiktiven persönlichen Entlastungsberechtigung sich lediglich auf die unmittelbar an der Zwischengesellschaft beteiligten Personen beschränkt oder – wenn die unmittelbar beteiligte Person eine Gesellschaft ist – eventuell auch ein Durchgriff auf hinter diesen Anteilseignern stehenden mittelbar beteiligten Personen vorzunehmen ist. In letzterem Fall würde das bedeuten, dass man bei tiefer gestaffelten Beteiligungsstrukturen durch mehrere Gesellschaften hindurchsehen müsste.

Der Wortlaut des § 50d Abs. 3 S. 1 EStG gibt keine eindeutige Antwort und lässt beide Möglichkeiten zu[540]. In der Literatur wird teilweise vertreten, dass nur auf die unmittelbar beteiligten Personen abzustellen ist[541]. Der Missbrauchsverhinderungszweck der Vorschrift gebietet jedoch eine Ausdehnung auch auf mittelbar beteiligte Personen. Für die Einbeziehung von mittelbar Beteiligten spricht nämlich, dass die Vorschrift andernfalls leicht umgangen werden könnte, indem man funktionslose unmittelbar beteiligte Gesellschafter zwischenschaltet[542].

Zudem ist eine solche Prüfung nur konsequent. Denn prüft man einen fiktiven Anspruch der unmittelbar beteiligten Gesellschaft aus § 50d Abs. 1 bzw. Abs. 2 EStG, so muss auch fiktiv geprüft werden, ob dieser Anspruch nicht nach § 50d Abs. 3 EStG versagt würde[543]. Der Durchgriff in tiefer gestaffelte Beteiligungsstrukturen ist also nichts weiter als die inzidente fiktive Prüfung von § 50d Abs. 3 EStG[544]. Insoweit führt dies gegebenenfalls dazu, dass in einer Beteiligungskette Ebene für Ebene

---

538 BMF v. 21.1.2001, Tz. 4.

539 Vgl. dazu *Hahn-Joecks,* in: K/S/M, EStG[246], § 50d Rn. E 23; a.A. *Schönfeld,* in: Flick/Wassermeyer/Baumhoff/Schönfeld, Außensteuerrecht, § 50d Abs. 3 EStG Rn. 83; vgl. auch *Micker,* FR 2009, 409, 414.

540 So auch *Klein/Hagena,* in: Hermann/Heuer/Raupach, EStG/KStG[259], § 50d EStG Rn. 55; *Hahn-Joecks,* in: K/S/M, EStG[246], § 50d Rn. E 25; a.A. *Flick,* IStR 1994, 223, 224; *Schönfeld,* in: Flick/Wassermeyer/Baumhoff/Schönfeld, Außensteuerrecht, § 50d Abs. 3 EStG Rn. 93; *Schmidt/Loschelder,* EStG[32], § 50d Rn. 47.

541 *Schaumburg,* Internationales Steuerrecht, Rn. 16.164; *Flick,* IStR 1994, 223, 224.

542 So etwa *Höppner,* in *Haarmann,* S. 127 (138); *Wagner,* in: Blümich, EStG/KStG/GewStG[115], § 50d EStG Rn. 80.

543 BMF v. 24.1.2012, BStBl. I 2012, 171 (172), Tz. 4.2; *Schönfeld,* in: Flick/Wassermeyer/Baumhoff/Schönfeld, Außensteuerrecht, § 50d Abs. 3 EStG Rn. 91.

544 Vgl. dazu *Schönfeld,* in: Flick/Wassermeyer/Baumhoff/Schönfeld, Außensteuerrecht, § 50d Abs. 3 EStG Rn. 94.

durchgeprüft werden muss. Es ist demnach fiktiv sowohl die persönliche als auch die sachliche Entlastungsberechtigung der mittelbar an der Zwischengesellschaft beteiligten Gesellschaft(en) zu prüfen. Daraus ergibt sich folgendes: Fehlt bereits die persönliche Entlastungsberechtigung, schließt dies mögliche mittelbare Entlastungsberechtigungen nachfolgender Gesellschafter aus[545]. Tiefer gestaffelte Beteiligungen bleiben dann außer Betracht. Es ist in diesem Fall nur noch die sachliche Entlastungsberechtigung der Zwischengesellschaft zu prüfen. Ist die persönliche Entlastungsberechtigung der mittelbar an der Zwischengesellschaft beteiligten Gesellschaft hingegen gegeben und fehlt aber die sachliche Entlastungsberechtigung, sind die Voraussetzungen für die Entlastung bei der an ihr beteiligten Gesellschaft zu prüfen. In dieser Hinsicht muss also für jede Gesellschaft in der Beteiligungskette die persönliche Entlastungsberechtigung gegeben sein.

Auch im Fall mehrstöckiger Beteiligungsstrukturen greifen bei konsequenter Prüfung der persönlichen Entlastungsberechtigung die Ausnahmen i.S.v. § 50d Abs. 3 S. 5 EStG.

II. Sachliche Entlastungsberechtigung ausländischer Gesellschaften (Funktionsvoraussetzungen)

1. Erste sachliche Entlastungsberechtigung – die eigene Wirtschaftstätigkeit der Zwischengesellschaft

Sind Personen, denen eine Entlastung bei unmittelbarer Einkünfteerzielung nicht zustände, an der ausländischen Gesellschaft beteiligt, muss diese im betreffenden Wirtschaftsjahr Bruttoerträge, die aus eigener Wirtschaftstätigkeit stammen, erzielt haben, damit ihr gleichwohl eine Entlastung gewährt werden kann. Die frühere pauschale 10%-Klausel wurde infolge europarechtlicher Bedenken durch eine Aufteilungsklausel ersetzt. Nach dieser kann es jetzt zu einer quotalen Steuerentlastung kommen. Der Wortlaut „soweit" bezieht sich auch auf diese Bruttoerträge. Es wird demnach zwischen Erträgen aus eigener und aus nicht eigener Wirtschaftstätigkeit differenziert. Im ersten Fall besteht eine Entlastungsberechtigung. Die eigene Wirtschaftstätigkeit stellt im Gegensatz zur Vorgängerregelung einen eigenständigen Entlastungsgrund dar[546]. Im zweiten Fall muss weiterhin die zweite sachliche Entlastungsberechtigung geprüft werden. Bezüglich der sachlichen Entlastungsberechtigung erfolgt somit eine zweistufige Prüfung.

Damit ist die eigene Wirtschaftstätigkeit zum zentralen Merkmal des § 50d Abs. 3 EStG geworden, in welchem sich die gesetzgeberische Wertung konkretisiert, wann eine Zwischenschaltung als missbräuchlich einzustufen ist[547].

---

545 So auch BFH v. 20.3.2002 – I R 38/00, BStBl. II 2002, 819 (822).

546 *Wilhelm*, in: Hermann/Heuer/Raupach, EStG/KStG[249], § 50d EStG Rn. J 11–8; vgl. auch *Schnitger/Gebhardt*, ISR 2013, 202, 208.

547 Vgl. *Frotscher*, in: Frotscher, EStG[171], § 50d Rn. 82.

Nach dem Gesetzeswortlaut kann eine Gesellschaft somit sowohl missbräuchlich als auch nicht missbräuchlich eingeschaltet werden, je nachdem wie hoch der Anteil der eigenen Wirtschaftstätigkeit ist. Die Aufteilungsklausel bietet im Gegensatz zur Vorgängerregelung den Vorteil, dass bei Unterschreitung der 10%-Hürde die Entlastungsberechtigung nicht mehr zwingend ausgeschlossen wird, sondern eine Entlastung für die eigenen wirtschaftlichen Erträge erfolgt und überdies die Möglichkeit besteht, für die nicht aus eigener Wirtschaftstätigkeit stammenden Erträge die Voraussetzungen der zweiten Entlastungsberechtigung nachzuweisen. Kehrseite ist die Schlechterstellung von Gesellschaften mit einem Anteil von eigenwirtschaftlichen Erträgen von mehr als 10 %, denen bislang die Entlastung in vollem Umfang gewährt wurde. Diese werden nicht mehr vollumfänglich, sondern nur nach Maßgabe der Entlastungsquote von der Quellensteuer befreit[548].

a) Bruttoerträge

§ 50d EStG schreibt vor, dass es bezüglich der eigenen Wirtschaftstätigkeit auf die erzielten Bruttoerträge ankommt, welche jedoch in der Vorschrift nicht näher definiert werden. Bruttoerträge sind nach dem ausdrücklichen Willen des Gesetzgebers und auch nach Auffassung der Finanzverwaltung Bruttoerträge i.S.v. § 9 AStG[549], welcher im Rahmen der Hinzurechnungsbesteuerung bei gemischten Einkünften ein Rolle spielt. Dabei wird jede steuerlich relevante Erhöhung des Vermögens und der Einnahmen der ausländischen Gesellschaft erfasst[550]. Allgemein versteht man hierunter „Solleinnahmen ohne durchlaufenden Posten und ohne gesondert ausgewiesene Umsatzsteuer“[551]. Nach allgemeiner Meinung fallen darunter sämtliche Bruttoerträge der ausländischen Gesellschaft, also auch solche, die nicht aus Deutschland abfließen[552].

b) Eigene Wirtschaftstätigkeit

Was eine eigene Wirtschaftstätigkeit ist, wurde bislang nicht abschließend geklärt[553]. Der Begriff der eigenen Wirtschaftstätigkeit wird im Gesetz nicht näher definiert. Da ausweislich der Gesetzesmaterialien das Merkmal der „wirtschaftlichen und sonst beachtlichen Gründe“ der Basisgesellschaften-Rechtsprechung[554] entlehnt ist[555], kann zu seiner Konkretisierung die Judikatur des BFH herangezogen werden. Bereits in seinen zu § 42 AO ergangenen Entscheidungen hatte der BFH zumindest

548 Näher zur Aufteilungsklausel unten S. 99 ff.

549 BT-Drucks. 16/2712, S. 60; BMF v. 24.1.2012, BStBl. I 2012, 171 (173), Tz. 5.1.

550 *Edelmann*, in: *Kraft*, AStG, § 9 Rn. 71.

551 BMF v. 14.5.2004, BStBl. 2004, Sondernr. 1, 3 Tz. 9.0.1; vgl. dazu *Hans*, in: *Haase*, AStG/DBA, § 9 AStG Rn. 12.

552 *Brunsbach/Mock*, IStR 2013, 653, 654; *Lüdicke*, IStR 2012, 81, 83.

553 Vgl. dazu *Jehling/Stolle*, DStR 2013, Beihefter zu Heft 23, S. 28.

554 Siehe dazu bereits oben S. 55.

555 BT-Drucks. 12/5630, S. 65.

eine über die bloße Verwaltungstätigkeit hinausgehende Tätigkeit gefordert[556]. Das bloße Halten von Anteilen genüge nicht.

Auch die Finanzverwaltung erachtet es für notwendig, dass die wirtschaftliche Tätigkeit über die reine Vermögensverwaltung hinausgeht (sog. „wirkliche wirtschaftliche Tätigkeit)[557]. Dabei beziehen sich das BMF-Schreiben vom 24.1.2012 – wie auch die Gesetzesbegründung zum BeitrRLUmsG[558] – explizit auf das EuGH-Urteil in der *Rechtssache Cadbury Schweppes*, wonach die Gesellschaft im Ausland an dem dortigen Marktgeschehen im Rahmen ihrer gewöhnlichen Geschäftstätigkeit aktiv, ständig und nachhaltig teilnehmen muss[559]. Zu den Bruttoerträgen zählen auch solche, die mit der eigenen Wirtschaftstätigkeit in wirtschaftlich funktionalem Zusammenhang stehen[560].

c) § 50d Abs. 3 S. 3 EStG

Besondere praktische Bedeutung hat die Frage, ob die Tätigkeit von Holdinggesellschaften als eigene Wirtschaftstätigkeit zu qualifizieren ist. Nach § 50d Abs. 3 S. 3 EStG fehlt es an einer eigenen Wirtschaftstätigkeit, soweit die Gesellschaft ihre Bruttoerträge aus der Verwaltung von Wirtschaftsgütern erzielt. Nach dem Wortlaut wären reine Holdinggesellschaften somit grundsätzlich von der ersten sachlichen Entlastungsberechtigung nach § 50d Abs. 3 S. 1 Hs. 2 EStG ausgeschlossen.

Der Wortlaut unterscheidet nicht zwischen sog. aktiver und passiver Beteiligungsverwaltung. In wirtschaftlicher Hinsicht wird man jedoch im Rahmen der Beteiligungsverwaltung aktive und passive Beteiligungsverwaltung voneinander abgrenzen müssen.[561] Eine Gesellschaft, deren Tätigkeit sich lediglich auf das Halten von Wirtschaftsgütern beschränkt, ist nicht vergleichbar mit einer am Markt aktiv tätigen Holdinggesellschaft. Erträge aus aktiver Beteiligungsverwaltung sind daher als Bruttoerträge aus eigener Wirtschaftstätigkeit anzusehen[562]. Ebenso ist der Auffassung der Finanzverwaltung zuzustimmen, dass eine eigene Wirtschaftstätigkeit vorliegt, wenn Beteiligungen von einigem Gewicht erworben wurden, um eine geschäftsleitende Funktion auszuüben, wobei es auf die tatsächliche Einflussmöglichkeit nicht auf die Höhe der kapitalmäßigen Beteiligung ankomme[563]. Die reine Ausübung der Gesellschafterrechte reiche dazu nicht aus, vielmehr müsse die geschäftsleitende Funktion von durch Langfristigkeit und Grundsätzlichkeit

---

556 Vgl. nur BFH v. 29.10.1997 – I R 35/96, BStBl. II 1998, 235 (238).
557 BMF v. 24.1.2012, BStBl. I 2012, 171 (173), Tz. 5.1.
558 BT-Drucks. 17/7524, S. 13.
559 BMF v. 24.1.2012, BStBl. I 2012, 171 (173), Tz. 5.1.
560 BMF v. 24.1.2012, BStBl. I 2012, 171 (173), Tz. 5.
561 *Frotscher*, in: Frotscher, EStG[159], § 50d Rn. 107; *Schönfeld*, in: Flick/Wassermeyer/Baumhoff/Schönfeld, Außensteuerrecht, § 50d Abs. 3 EStG Rn. 182; *Schaflitz/Weidmann*, DStR 2013, Beihefter zu Heft 23, S. 32.
562 *Dorfmüller*, IStR 2012 423, 424.
563 BMF v. 24.1.2012, BStBl. I 2012, 171 (173), Tz. 5.2.

geprägten Führungsentscheidungen gegenüber der sog. „geleiteten Gesellschaft" ausgeübt werden[564]. Satz 3 bezieht sich somit auf die geschäftsleitende Funktion[565]. Als eigene wirtschaftliche Tätigkeit können zudem konzerninterne Dienstleistungen angesehen werden, wenn sie gegen gesondertes Entgelt erbracht werden und einem Fremdvergleich standhalten[566].

Unter Berufung auf ein Urteil des BFH aus dem Jahr 1980[567] fordert die Finanzverwaltung überdies, dass die geschäftsleitende Funktion gegenüber mehr als einer Gesellschaft ausgeübt wird[568]. Diese Auffassung wird vom überwiegenden Teil der Literatur abgelehnt und als nicht mehr zeitgemäß angesehen[569]. Dem ist zu folgen, da es nicht einsichtig erscheint, warum eine geschäftsleitende Holding mit einer Beteiligung „passiver" sein soll als eine Holding mit zwei oder mehr Beteiligungen[570].

An einer eigenen wirtschaftlichen Tätigkeit fehlt es gem. § 50 d Abs. 3 S. 3 EStG auch dann, wenn wesentliche Geschäftstätigkeiten auf Dritte übertragen werden[571] (sog. „Outsourcing"[572]). In der Literatur wird teilweise vertreten, dass sich dies mit dem Merkmal des eingerichteten Geschäftsbetriebs überschneidet[573]. Dieser Ansatz widerspricht aber sowohl der Prüfungsstruktur als auch dem eindeutigen Wortlaut des Satz 3. Zu beachten ist vielmehr, dass es um die Übertragung *wesentlicher* Geschäftstätigkeiten geht. Das bedeutet, dass die ausländische Gesellschaft die wirtschaftlichen Kerntätigkeiten selbst ausüben muss, Nebentätigkeiten hingegen ausgelagert werden können[574]. Unter Satz 3 fällt somit z.B. die Auslagerung der Kerntätigkeit auf eine Managementgesellschaft[575].

2. Zweite sachliche Entlastungsberechtigung

Liegen Bruttoerträge vor, die nicht aus eigener Wirtschaftstätigkeit stammen, verlangt die Vorschrift für eine Versagung der Entlastungsberechtigung weiterhin,

---

564 BMF v. 24.1.2012, BStBl. I 2012, 171 (173), Tz. 5.3.

565 *Hahn-Joecks*, in: K/S/M, EStG[246], § 50d Rn. E 32 f.

566 *Hahn-Joecks*, in: K/S/M, EStG[246], § 50d Rn. E 46; vgl. auch *Schaflitz/Weidmann*, DStR 2013, Beihefter zu Heft 23, S. 32; BMF v. 24.1.2012, BStBl. I 2012, 171 (173), Tz. 5.1.

567 BFH v. 9.12.1980 – VIII R 11/77, BStBl. II 1981, 339 (341); ebenso bereits BFH v. 15.4.1970 – I R 122/66, BStBl. II 1970, 554 (556).

568 BMF v. 24.1.2012, BStBl. I 2012, 171 (173), Tz. 5.2.

569 Vgl. *Schaflitz/Weidmann*, DStR 2013, Beihefter zu Heft 23, S. 32; *Dorfmüller*, IStR 2012 423, 425; *Klein*, JbFAStR 2012/2013, 533, 550; *Frotscher*, in: Frotscher, EStG[171], § 50d Rn. 89.

570 *Kraft/Gebhardt*, DStZ 2012, 398, 403.

571 Vgl. auch BMF v. 24.1.2012, BStBl. I 2012, 171 (173), Tz. 5.4.

572 Vgl. nur *Rudolf*, Treaty Shopping, S. 388; *Schönfeld*, in: Flick/Wassermeyer/Baumhoff/Schönfeld, Außensteuerrecht, § 50d Abs. 3 EStG Rn. 184.

573 *Frotscher*, in: Frotscher, EStG[171], § 50d Rn. 90a.

574 *Frotscher*, in: Frotscher, EStG[171], § 50d Rn. 90a; *Schönfeld*, in: Flick/Wassermeyer/Baumhoff/Schönfeld, Außensteuerrecht, § 50d Abs. 3 EStG Rn. 184.

575 BMF v. 24.1.2012, BStBl. I 2012, 171 (173), Tz. 5.4.

dass „in Bezug auf diese Erträge“ wirtschaftliche oder sonst beachtliche Gründe für die Zwischenschaltung der ausländischen Gesellschaft fehlen *oder* diese nicht mit einem für ihren Geschäftszweck angemessenen eingerichteten Geschäftsbetrieb am allgemeinen Wirtschaftsverkehr teilnimmt. Umgekehrt wird die Entlastungsberechtigung in diesem Fall also nur dann gewährt, wenn wirtschaftliche oder sonst beachtliche Gründe für die Zwischenschaltung vorliegen *und* ein für den Geschäftszweck angemessen eingerichteter Geschäftsbetrieb existiert, der am allgemeinen Wirtschaftsverkehr teilnimmt. Die zweite sachliche Entlastungsberechtigung ist also nur für Erträge zu prüfen, die nicht aus eigener Wirtschaftstätigkeit stammen. Auch im Rahmen der Auslegung der zweiten sachlichen Entlastungsberechtigung wird man die frühere Basisgesellschaften-Rechtsprechung des BFH teilweise miteinbeziehen können[576].

a) *Wirtschaftliche oder sonst beachtliche Gründe i.S.v. § 50d Abs. 3 S. 1 Nr. 1 EStG*

Schon nach dem Wortlaut „für die Einschaltung der ausländischen Gesellschaft“ ist Anknüpfungspunkt für einen wirtschaftlichen oder sonst beachtlichen Grund nicht die Frage, warum die ausländische Gesellschaft errichtet worden ist, sondern warum sie eingeschaltet wurde[577]. Diese Gründe werden zwar oftmals dieselben sein, insbesondere wenn Gründung und Zwischenschaltung der Gesellschaft im engen zeitlichen Zusammenhang stehen oder sogar zusammenfallen. Häufig wird es jedoch auch so sein, dass eine Gesellschaft bereits lange Zeit vorher besteht, bevor sie zwischengeschaltet wird. Es geht also um die gründe der Zwischenschaltung der ausländischen Gesellschaft, durch welche diese Einkünfte von einer deutschen Gesellschaft bezieht. Fraglich ist indes, auf wessen Gründe abzustellen ist. Für die Prüfung der Entlastungsberechtigung ist nach dem Wortlaut des § 50d Abs. 3 S. 2 EStG „ausschließlich“ auf die Verhältnisse der ausländischen Gesellschaft, nicht auch auf die Konzernverhältnisse, insbesondere auf etwaige Struktur- und Strategiekonzepte abzustellen. Eine Konzerngesamtbetrachtung ist somit unzulässig. Der Gesetzgeber hat damit auf die Hilversum-Rechtsprechung des BFH[578] reagiert und so den Nichtanwendungserlass des BMF v. 30.1.2006 gesetzlich kodifiziert[579].

Danach wären die Gründe der Gesellschafter der ausländischen Gesellschafter als nicht beachtlich anzusehen, sondern nur die der zwischengeschalteten Gesellschaft[580]. Diese Lesart scheint zweifelhaft. Zum einen ist zu beachten, dass sich

---

576 So auch *Gosch*, in: Kirchhof, EStG[11], § 50d Rn. 28c; vgl. auch *Richter*, BB 2012, 1643, 1646.

577 *Schönfeld*, in: Flick/Wassermeyer/Baumhoff/Schönfeld, Außensteuerrecht, § 50d Abs. 3 EStG Rn. 122; *Schnitger/Gebhardt*, ISR 2013, 202, 204.

578 Dazu bereits S. 61 f.

579 BMF v. 30.1.2006, BStBl. I 2006, 166 Tz. 1.

580 So etwa *Schmidt/Loschelder*, EStG[30], § 50d Rn. 47; vgl. dazu auch *Schaflitz/Weidmann*, DStR 2013, Beihefter zu Heft 23, S. 33.

die Regelung vorwiegend gegen das Institut der Merkmalsübertragung wendet[581]. Zum anderen kann die Gesellschaft selbst gar keine eigenen Gründe haben, weil sie sich nicht selbst einschaltet, sondern gerade von jemand anderem – dem Gesellschafter – eingeschaltet wird. Die Zwischenschaltung der Gesellschaft beruht also zwangsläufig auf den Absichten des Gesellschafters[582]. Um ein Leerlaufen der Vorschrift zu vermeiden, ist § 50d Abs. 3 S. 2 EStG daher dahingehend auszulegen, dass auf die Gründe der Gesellschafter abzustellen ist, diese aber keine Gründe miteinbeziehen können, die sich erst aus der Betrachtung mit anderen Konzerngesellschaften ergeben[583]. Diese Interpretation steht nach obigen Ausführungen auch nicht im Widerspruch zum Willen des historischen Gesetzgebers[584].

(1) Wirtschaftliche Gründe

Was als wirtschaftlicher Grund anzusehen ist, kann nur beispielhaft aufgezählt werden. Ein abschließender Katalog solcher Gründe existiert nicht und erscheint auch aufgrund der vielfältigen Möglichkeiten kaum realisierbar. Insoweit kommt es auf den konkreten Einzelfall an. Die Finanzverwaltung nimmt einen wirtschaftlichen Grund insbesondere dann an, wenn mit der ausländischen Gesellschaft die Aufnahme einer eigenwirtschaftlichen Tätigkeit geplant ist und solche Tätigkeiten eindeutig nachgewiesen sind[585]. Im Übrigen verweist sie auf die einschlägige BFH-Rechtsprechung. Danach fehlt es an einem wirtschaftlichen Grund insbesondere dann, wenn die ausländische Gesellschaft überwiegend der Sicherung von Inlandsvermögen in Krisenzeiten dient[586], diese als Spitze eines weltweit aufzubauenden Konzerns fungiert und dazu dient, Beteiligungen von einigem Gewicht zu erwerben[587] oder die Gesellschaft darauf abzielt, mehrere Tochtergesellschaften finanziell auszustatten[588]. Problematisch an diesen Beispielen ist jedoch, dass sie im Rahmen der Judikatur zu § 42 AO überwiegend zu dem Merkmal der eigenwirtschaftlichen Tätigkeit ergangen sind[589]. Insofern ergibt sich eine Diskrepanz zu § 50d Abs. 3 EStG,

---

581 Vgl. BMF v. 30.1.2006, BStBl. I 2006, 166 Tz. 1.

582 BFH v. 5.3.1986 – I R 201/82, BStBl. II 1986, 496 (497).

583 *Piltz*, IStR 2007, 793, 796; Altrichter-Herzberg, AG 2007, 443, 444; *ders.*, GmbHR 2007, 579, 580; zustimmend *Schönfeld*, in: Flick/Wassermeyer/Baumhoff/Schönfeld, Außensteuerrecht, § 50d Abs. 3 EStG Rn. 125; a.A. *Schmidt/Loschelder*, EStG[30], § 50d Rn. 47.

584 Vgl. BT-Drucks. 16/2712, S. 60, zur Unzulässigkeit der einschränkenden Auslegung bei ausdrücklich rechtsprechungsbrechender Gesetzgebung vgl. *Hey*, DStJG 2010, 139, 173.

585 BMF v. 24.1.2012, BStBl. I 2012, 171 (173), Tz. 6.

586 BFH v. 29.7.1976 – VIII R 142/73, BStBl II 1977, 263 (265); v. 24.2.1976 – VIII R 155/71, BStBl. II 1977, 265 (266).

587 BFH v. 29.7.1976 – VIII R 41/74, BStBl. II 1977, 261 (263); v. 9.12.1980 – VIII R 11/77, BStBl. II 1981, 339.

588 BFH v. 23.10.1991 – I R 40/89, BStBl. II 1992, 1026.

589 Siehe dazu bereits oben S. 56.

der ausdrücklich zwischen den Merkmalen „Erträge aus eigener Wirtschaftstätigkeit“ einerseits und „wirtschaftlichen Gründen“ andererseits differenziert. In der Literatur wird daher ein abstrakter Definitionsversuch unternommen, wonach ein wirtschaftlicher Grund zu bejahen ist, wenn die Zwischenschaltung dazu dient, einen betrieblichen Vorteil in einem überschaubaren Zeitraum zu generieren[590]. Als betrieblicher Vorteil sind danach vor allem Ertragssteigerungen und Aufwandsminderungen anzusehen. Denkbar ist jedoch auch ein mittelbarer Vorteil etwa durch die Verminderung von (Haftungs-)Risiken[591]. Festzuhalten bleibt insoweit, dass aufgrund der Vielzahl möglicher wirtschaftlicher Gründe eine pauschale Aussage für deren Vorliegen nicht getroffen werden kann und daher auf den Einzelfall abzustellen ist.

(2) Sonst beachtliche Gründe

Als sonst beachtliche Gründe nennt bereits die Gesetzesbegründung zum JStG 2007 „rechtliche, politische oder auch religiöse Gründe“[592]. Was damit konkret gemeint ist, wird nicht ausgeführt. Auch in der Missbrauchsjudikatur des BFH werden die sonst beachtlichen Gründe zwar grundsätzlich anerkannt, bislang haben sie jedoch in keinem Fall eine entscheidungserhebliche Rolle gespielt und wurden daher auch nicht näher ausgeführt[593].

b) Angemessen eingerichteter Geschäftsbetrieb i.S.v. § 50d Abs. 3 S. 1 Nr. 2 EStG

Weiterhin muss die Gesellschaft mit einem für ihren Geschäftszweck angemessen eingerichteten Geschäftsbetrieb am allgemeinen wirtschaftlichen Verkehr teilnehmen.

(1) Für den Geschäftszweck angemessener Geschäftsbetrieb

Nach Ansicht der Finanzverwaltung muss die Gesellschaft für das Vorliegen eines angemessenen Geschäftsbetriebs ein „greifbares Vorhandensein“ nachweisen, welches sich durch qualifiziertes Personal, Geschäftsräume und technische Kommunikationsmittel auszeichnet[594]. Sie nimmt damit ausdrücklich auch auf das Urteil des EuGH in der Rechtssache *Cadbury Schweppes* Bezug, der bei dem Fehlen solcher Anhaltspunkte eine fiktive Ansiedlung ohne wirkliche wirtschaftliche Tätigkeit annimmt[595]. Auch hier wird nur eine einzelfallbezogene Feststellung möglich sein,

590 *Schönfeld,* in: Flick/Wassermeyer/Baumhoff/Schönfeld, Außensteuerrecht, § 50d Abs. 3 EStG Rn. 123; zustimmend *Rudolf,* Treaty Shopping, S. 378.

591 *Schönfeld,* in: Flick/Wassermeyer/Baumhoff/Schönfeld, Außensteuerrecht, § 50d Abs. 3 EStG Rn. 123.

592 BT-Drucks. 16/2712, S. 60.

593 BFH v. 29.10.1997 – I R 35/96, BStBl. II 1998, 235 (238); v. 20.3.2002 – I R 38/00, BStBl. II 2002, 820 (821 f.); v. 31.5.2005 – I R 74, 88/04, BStBl. II 2006, 118 (120).

594 BMF v. 24.1.2012, BStBl. I 2012, 171 (174), Tz. 7, abgeleitet von BFH v. 20.3.2002 – I R 38/00, BStBl. II 819 (822); vgl. *Schönfeld,* in: Flick/Wassermeyer/Baumhoff/Schönfeld, Außensteuerrecht, § 50d Abs. 3 EStG Rn. 153.

595 EuGH v. 12.9.2006 – Rs. C-196/04 (Cadbury Schweppes), Slg. 2006, I-7995, Rn. 67 f.

da durch das Merkmal der Angemessenheit die jeweils vorhandene substanzielle Ausstattung in das Verhältnis zum jeweiligen Geschäftszweck zu setzen ist[596].

(2) Teilnahme am allgemeinen wirtschaftlichen Verkehr

Gem. § 50d Abs. 3 S. 1 Nr. 2 EStG muss die Gesellschaft mit ihrem angemessen eingerichteten Geschäftsbetrieb auch zwingend am allgemeinen wirtschaftlichen Verkehr teilnehmen. Das Merkmal der Teilnahme am allgemeinen wirtschaftlichen Verkehr findet sich etwa in § 15 Abs. 2 EStG zur Begriffsdefinition des Gewerbebetriebs, aber auch in dem regelungsverwandten § 8 Abs. 1 Nr. 4 AStG. Bezüglich der Auslegung dieses Merkmals wird in der Literatur daher auf das Begriffsverständnis dieser Vorschriften verwiesen[597]. Unter der Teilnahme am allgemeinen wirtschaftlichen Verkehr ist generell ein Güter- und Leistungsaustausch unter Inanspruchnahme des allgemeinen Marktes zu verstehen[598]. Auf die Anzahl der Kunden kommt es nicht an. Es genügt, wenn die Gesellschaft mit ihren Kunden in unmittelbarem Kontakt steht und nach außen erkennbar hervortritt[599]. In einem älteren Urteil verneinte der BFH die Teilnahme am allgemeinen wirtschaftlichen Verkehr, wenn die Zwischengesellschaft Dienstleistungen nur innerhalb des Konzerns erbringt[600]. Dieser Auffassung wird man heute jedoch nicht mehr folgen können. Der Gesetzgeber hat ausdrücklich klargestellt, dass dieses Merkmal bereits als erfüllt anzusehen ist, wenn die Gesellschaft Dienstleistungen nur gegenüber einem Auftraggeber erbringt[601]. Darüber hinaus ist es sogar ausreichend, wenn sie Dienstleistungen nur gegenüber einer oder mehreren Konzerngesellschaften ausführt[602]. Dieser ausdrückliche legislative Wille muss bei der Auslegung Berücksichtigung finden. Für konzerninterne Dienstleistungen wird man jedoch mit der Finanzverwaltung[603] zu Recht verlangen müssen, dass diese einem Fremdvergleich standzuhalten haben[604]. Insofern deckt sich diese Auslegung mit den Voraussetzungen für das Vorliegen eines Gewerbebetriebs i.S.v. § 15 EStG[605].

---

596 *Schönfeld,* in: Flick/Wassermeyer/Baumhoff/Schönfeld, Außensteuerrecht, § 50d Abs. 3 EStG Rn. 153, 155.

597 *Frotscher,* in: Frotscher, EStG[159], § 50d Rn. 124; *Schönfeld,* in: Flick/Wassermeyer/Baumhoff/Schönfeld, Außensteuerrecht, § 50d Abs. 3 EStG Rn. 156.

598 *Reiß,* in: Kirchhof, EStG[11], § 15 Rn. 28.

599 *Frotscher,* in: Frotscher, EStG[159], § 50d Rn. 125; *Reiß,* in: Kirchhof, EStG[11], § 15 Rn. 31.

600 BFH v. 29.8.1984 – I R 68/81, BStBl. II 1985, 120 (124).

601 BT-Drucks. 16/2712, S. 60.

602 BT-Drucks. 16/2712, S. 60.

603 BMF v. 24.1.2012, BStBl. I 2012, 171 (174), Tz. 7.

604 Kritisch *Fischer/Dorfmüller,* Ubg 2012, 162, 165; vgl. auch *Brunsbach/Mock,* IStR 2013, 653, 657.

605 *Brunsbach/Mock,* IStR 2013, 653, 657; *Reiß,* in: Kirchhof, EStG[11], § 15 Rn. 28 f.

III. Auslegung der neuen Aufteilungsklausel für die Höhe der Entlastungsberechtigung

Der einleitende Wortlaut „soweit" umfasst in der Neufassung sowohl die persönliche als auch die sachliche Entlastungsberechtigung. Insoweit wird eine aufteilende Betrachtung angeordnet. Zu klären ist, wie die Aufteilung durchzuführen ist. Für die Berechnung der Entlastungsberechtigung kommen entweder eine ertragsbezogene oder eine gesellschaftsbezogene Aufteilungsmethode in Betracht[606].

1. Ertragsbezogene Aufteilungsmethode

Nach der ertragsbezogenen Aufteilungsmethode wird die sachliche Entlastungsberechtigung separat für die jeweiligen der ausländischen Gesellschaft zugeflossenen abzugssteuerpflichtigen Erträge geprüft[607]. Danach besteht nur für unschädliche Erträge ein Entlastungsanspruch, für schädliche hingegen nicht.

2. Gesellschaftsbezogene Aufteilungsmethode

Nach der gesellschaftsbezogenen Aufteilungsmethode werden die von der Gesellschaft insgesamt erzielten Bruttoerträge geprüft. Aus allen Erträgen wird eine fixe prozentuale Entlastungsquote errechnet, die auf alle der Gesellschaft zugeflossenen Erträge angewandt wird[608]. Die Entlastungsquote ergibt sich demnach aus dem Verhältnis der unschädlichen Erträge zu den Gesamtbruttoerträgen der Gesellschaft. Diese Entlastungsquote wird auch auf unschädliche Erträge angewandt[609].

3. Auswirkungen der unterschiedlichen Aufteilungsmethoden

a) Praktische Unterschiede bei der Berechnung der Höhe der Entlastungsberechtigung

Um zu veranschaulichen, welche unterschiedlichen Belastungen sich aus den beiden Berechnungsmethoden für die Gesellschaft ergeben können, soll folgendes Beispiel[610] dienen: Die Z-B.V., die über keine angemessene Geschäftsausstattung verfügt, ist eine Tochtergesellschaft der M-Ltd. (Bermudas) und tritt als geschäftsleitende Holding gegenüber mehreren Kapitalgesellschaften auf. Darunter befindet sich auch die A-GmbH, an der die M-Ltd. 100 % der Anteile hält und deren ausgeschüttete Dividende 30 % der Gesamterträge der Z-B.V. ausmachen. Von dieser Ausschüttung wird 100.000 € Kapitalertragsteuer einbehalten. Allerdings erhält die Z-B.V. auch Dividendenausschüttungen von der B-GmbH und der C-S.A., gegenüber

606 Zusammenfassend *Schaflitz/Weidmann*, DStR 2013, Beihefter zu Heft 23, S. 35.
607 *Birker*, BB 2012, 1961, 1962 f.
608 Vgl. *Kraft/Gebhardt*, DStZ 2012, 398, 400; *Lüdicke*, IStR 2012, 148, 150.
609 Vgl. *Birker*, BB 2012, 1961, 1963.
610 Angelehnt an *Birker*, BB 2012, 1961, 1962.

denen sie keine geschäftsleitende Funktion ausübt. Beachtliche Gründe i.S.v. § 50d Abs. 3 S. 1 Nr. 1 EStG sind diesbezüglich nicht gegeben.

Hinsichtlich der Ausschüttungen der A-GmbH ist die Z-B.V. gem. § 50d Abs. 3 S. 1 Hs. 2 EStG sachlich entlastungsberechtigt, da diese (unschädlichen) Erträge aus eigener Wirtschaftstätigkeit stammen (aufgrund geschäftsleitender Funktion). Fraglich ist, wie sich die Aufteilungsklausel darauf auswirkt. Nach der ertragsbezogenen Aufteilungsmethode wird der jeweils abzugssteuerliche Ertrag geprüft, woraus sich eine Quellensteuerentlastung in vollem Umfang (100.000 €) ergibt. Nach der gesellschaftsbezogenen Aufteilungsmethode werden die unschädlichen Erträge in das Verhältnis zu den Gesamtbruttoerträgen gesetzt. Da die Z-B.V. 30 % der Erträge aus eigener Wirtschaftstätigkeit erzielt, erfolgt die Entlastung auch nur in diesem Umfang, also in Höhe von 30.000 €.

Die gesellschaftsbezogene Aufteilungsmethode hat somit zur Folge, dass die Schädlichkeit anderer Erträge – mitunter auch der Erträge aus Drittstaaten – für die Höhe der Entlastungsquote der unschädlichen Erträge aus Deutschland mitentscheidend ist.

b) Die Suche nach der „richtigen“ Aufteilungsmethode

Fraglich ist, welcher der dargestellten Methoden den Vorzug zu geben ist. Der Gesetzeswortlaut könnte in Richtung einer gesellschaftsbezogenen Aufteilungsmethode deuten. Im Rahmen des Merkmals der eigenen Wirtschaftstätigkeit stellt die Vorschrift explizit auf die „von der ausländischen Gesellschaft im betreffenden Wirtschaftsjahr erzielten Bruttoerträge“ ab. Dies lässt gut vertretbar die Interpretation zu, dass damit alle in einem Wirtschaftsjahr erzielten Erträge der ausländischen Gesellschaft umfasst sind[611]. Die Finanzverwaltung folgt ausdrücklich der gesellschaftsbezogenen Aufteilungsmethode. Im BMF-Schreiben v. 24.1.2012 findet sich dazu folgende Formulierung:

> *„Erzielt die ausländische Gesellschaft der Quellensteuer unterliegende abzugssteuerpflichtige Einkünfte, ermäßigt sich die Quellensteuer vorbehaltlich einer zusätzlichen persönlichen Entlastungsberechtigung im Verhältnis der unschädlichen Bruttoerträge zu den im Wirtschaftsjahr insgesamt erzielten Bruttoerträgen der ausländischen Gesellschaft („Aufteilungsklausel“)“*[612].

Wenn die unschädlichen Bruttoerträge in das Verhältnis zu den Gesamtbruttoerträgen gesetzt werden, entspricht dies der gesellschaftsbezogenen Aufteilungsmethode.

Der Wille des Gesetzgebers deutet jedoch mehr auf eine ertragsbezogene Aufteilungsmethode hin[613]. Nach dem in den Gesetzesmaterialien gebildeten Beispiel „werden nur insoweit keine Abkommensvorteile mehr gewährt, als die Bruttoerträge nicht aus eigener Wirtschaftstätigkeit stammen und die übrigen Ausschlussgründe

---

611 Zu diesem Ergebnis kommend, aber kritisch *Lüdicke*, IStR 2012, 81, 83 f.

612 BMF v. 24.1.2012, BStBl. I 2012, 171, Tz. 2.

613 *Birker*, BB 2012, 1961, 1963; *Schaflitz/Weidmann*, DStR 2013, Beihefter zu Heft 23, S. 35.

vorliegen". Demgegenüber ist es unerheblich, „ob und in welchem Umfang die ausländische Tochter im Übrigen Bruttoerträge aus unschädlicher Tätigkeit erzielt"[614]. Diese Differenzierung zwischen unschädlichen und schädlichen Erträgen spricht für die ertragsbezogene Aufteilungsmethode[615]. Auch die Anlehnung des Gesetzgebers an die *Cadbury Schweppes*-Rechtsprechung des EuGH könnte für dieses Verständnis sprechen[616]. Die dort aufgestellte Maxime, dass sich Missbrauchsverhinderungsvorschriften nur gegen rein künstliche, jeder wirtschaftlichen Realität bare Gestaltungen richten müssen[617], legt es nahe, dass vom Gesetzgeber eher die begrenzte ertragsbezogene als die weitergreifende gesellschaftsbezogen Aufteilungsmethode gewollt war. Allerdings spiegelt sich die Intention des Gesetzgebers nicht ausdrücklich im Wortlaut der Norm wider. Dennoch ist diese Methode mit dem Wortlaut vereinbar[618].

In der Literatur wird die gesellschaftsbezogene Aufteilungsmethode vielfach kritisiert und abgelehnt[619]. Vor allem wird es als unsachgemäß angesehen, dass zum einen passive Erträge die aktiven „infizieren" sowie zum anderen sogar Drittstaatenerträge Einfluss auf die deutsche Quellensteuerentlastung haben, sodass im Ergebnis auch für unschädlicher Einkünfte nur eine teilweise Entlastung droht[620]. Dies führt zu einer „starren" Missbrauchsklausel, welche pauschal Einkünfte umqualifiziert[621]. Nach *Lüdicke* folgt daraus ein „quotaler" Missbrauch[622]: Es erscheine zweifelhaft, ob eine Gesellschaft sowohl missbräuchlich als auch nicht missbräuchlich eingeschaltet werden kann. Insoweit führt die von der Finanzverwaltung befürwortete Interpretation zu einer übeschießenden Tendenz des § 50d Abs. 3 EStG. Mit Blick auf den Zweck der Gesetzesänderung und die sonst drohende überschießende Tendenz ist es gut vertretbar, der ertragsbezogenen Aufteilungsmethode den Vorzug zu geben[623].

Allerdings ist zu berücksichtigen, dass sich der Wille des Gesetzgebers im Wortlaut der Norm kaum niedergeschlagen hat[624]. Es bleibt zu konstatieren, dass die Lesart der Finanzverwaltung – im Hinblick auf den legislatorischen Willen – zwar

---

614 BT-Drucks. 17/7524, S. 14.

615 So auch *Wiese*, GmbHR 2012, 376, 379.

616 BT-Drucks. 17/7524, S. 13.

617 EuGH v. 12.9.2006 – Rs. C-196/04 (Cadbury Schweppes), Slg. 2006, I-7995, Rn. 55; näher zum europäischen Missbrauchsbegriff siehe unten S. 148 ff.

618 So auch *Wiese*, GmbHR 2012, 376, 381.

619 *Lüdicke*, IStR 2012, 148, 149 f.; *Kraft/Gebhardt*, DStZ 2012, 398, 400; *Fischer/Dorfmüller*, Ubg 2012, 162, 166; vgl. auch *Jehling/Stolle*, DStR 2013, Beihefter zu Heft 23, S. 28; *Schnitger/Gebhardt*, ISR 2013, 203, 204.

620 *Kraft/Gebhardt*, DStZ 2012, 398, 400; *Fischer/Dorfmüller*, Ubg 2012, 162, 166.

621 *Schaflitz/Weidmann*, DStR 2013, Beihefter zu Heft 23, S. 35, die insbesondere an der Europarechtskonformität der gesellschaftsbezogenen Aufteilungsmethode zweifeln.

622 *Lüdicke*, IStR 2012, 148, 149.

623 So auch *Dorfmüller/Fischer*, IStR 2011, 857, 862; zustimmend *Kraft/Gebhardt*, DStZ 2012, 398, 400; anders aber *Frotscher*, in: Frotscher, EStG[171], § 50d Rn. 122.

624 *Lüdicke*, IStR 2012, 81, 84.

nicht absolut zwingend ist, jedoch vom Wortlaut der Norm gedeckt wird. Losgelöst von etwaigen Vorgaben höherrangigen Rechts ist daher keiner der Auslegungsalternativen zwingend den Vorzug zu geben. Insoweit stellt sich nur die Frage, wie sich die Auffassung der Finanzverwaltung auf die Verfassungs- und Europarechtskonformität der Vorschrift auswirkt. Problematisch erscheint vor allem, dass mit der gesellschaftsbezogenen Aufteilungsmethode Belastungen verbunden sind, die nicht mehr durch den Zweck der Missbrauchsverhinderung gedeckt sind. Hierauf wird an späterer Stelle im Detail eingegangen[625].

IV. Prüfungsreihenfolge

Die vorstehende Darstellung der Tatbestandsmerkmale orientiert sich hinsichtlich der Prüfungsreihenfolge am Wortlautes § 50d Abs. 3 EStG. Liegen keine Ausnahmen i.S.v. § 50d Abs. 3 S. 5 EStG vor, erscheint es in praktischer Hinsicht jedoch sinnvoller, mit der Prüfung der sachlichen Entlastungsberechtigung zu beginnen[626]. Soweit nämlich die sachliche Entlastungsberechtigung der Zwischengesellschaft gegeben ist, steht dieser der Anspruch auf die Steuervergünstigung zu, ohne dass auf eine Prüfung der dahinter stehenden unmittelbar bzw. mittelbar beteiligten Gesellschafter (fiktiver Entlastungsanspruch) eingegangen werden muss. Auf die Prüfung der persönlichen Entlastungsberechtigung kommt es insoweit nicht mehr an.

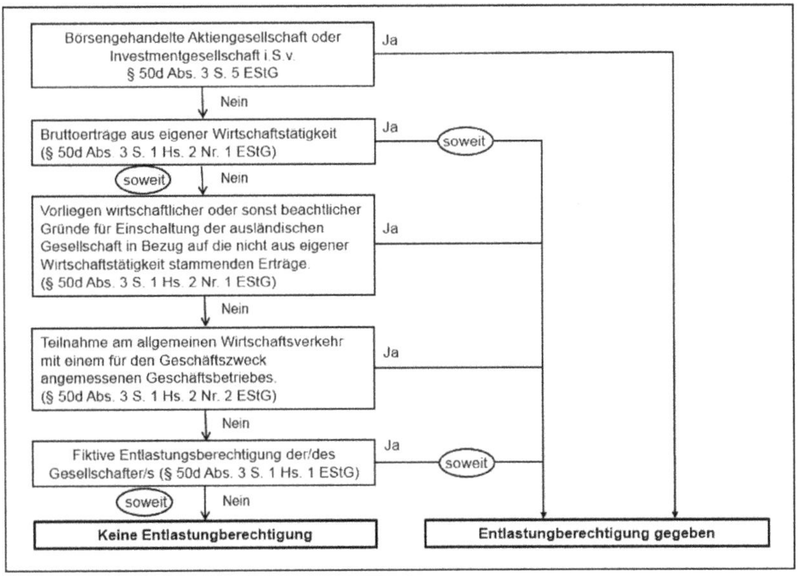

625 Siehe unten S. 125 ff. und S. 182 ff.

626 Vgl. zum Folgenden *Schaflitz/Weidmann*, DStR 2013, Beihefter zu Heft 23, S. 30 (31).

V. Beweislast und Widerlegbarkeit des Missbrauchsvorwurfs

1. *Allgemeine Grundsätze der Beweislastverteilung und Beweislastumkehr*

a) Beweislastverteilung

Bereits nach Aussage des zu § 50d Abs. 3 EStG a.F. ergangenen BMF-Schreibens vom 3.4.2007 sollte die Feststellungslast bezüglich der Tatbestandsvoraussetzungen des Abs. 3 die antragstellende Gesellschaft treffen[627]. Diese Ansicht fand und findet teilweise Zustimmung in der Literatur mit der Begründung, dass bei grenzüberschreitenden Sachverhalten die ausländische Gesellschaft bereits gem. § 90 Abs. 2 AO die betreffenden Beweismittel zu beschaffen habe[628]. Eine solche Beweislastverteilung widerspricht jedoch den allgemeinen Beweislastgrundsätzen[629], nach denen für steuerbegründende bzw. steuererhöhende Tatbestände die objektive Beweislast[630] grundsätzlich auf Seiten der Finanzverwaltung liegt[631]. Die Beweislast für Tatsachen, die hingegen Steuerbefreiungen oder -vergünstigungen begründen, trägt grundsätzlich der Steuerpflichtige[632]. Der Zwischengesellschaft steht gem. § 50d Abs. 1 und 2 EStG grundsätzlich ein Entlastung zu. § 50d Abs. 3 EStG normiert eine Ausnahme von dieser Entlastungsberechtigung. Die Vorschrift wirkt somit steuerbegründend bzw. steuererhöhend, weshalb nach diesen Grundsätzen die Beweislast bei der Finanzverwaltung liegt[633]. Die Aussage des BMF-Schreibens vom 3.4.2007 verkennt die Grundsätze der Beweislastverteilung und begründet eine im Grundsatz nicht gerechtfertigte Beweislastumkehr.

b) Faktische Beweislast

Zu berücksichtigen ist jedoch der den Steuervollzug beherrschenden Kooperationsgrundsatz, der die Wechselwirkung zwischen Ermittlungspflicht der Finanzverwaltung und Mitwirkung des Steuerpflichtigen beschreibt[634]. Den Steuerpflichtigen trifft die Darlegungslast für die in seiner Sphäre liegenden Umstände. Eine besondere Ausprägung durch die gem. § 90 Abs. 2 AO statuierten erhöhten Mitwirkungspflichten des

627 BMF v. 3.4.2007, BStBl. I 2007, 446 (449), Tz. 14.

628 *Wagner*, in: Blümich, EStG/KStG/GewStG[119], § 50d Rn. 86; *Schmidt/Loschelder*, EStG[32], § 50d Rn. 48; *Kraft/Gebhardt*, DStZ 2012, 398, 404 f.

629 Vgl. *Schmidt/Loschelder*, EStG[32], § 50d Rn. 48. Zu den allgemeinen Beweislastregeln *Isensee*, Die typisierende Verwaltung, S. 121 f.; vgl. auch *Friedrich Hey*, Beweislast und Vermutungen im deutschen internationalen Steuerrecht, S. 19 ff.

630 Zum Begriff siehe *Schmidt*, Die Problematik der objektiven Beweislast im Steuerrecht, S. 22, 127 m.w.N.

631 BFH v. 5.11.1970 – V R 71/67, BStBl. II 1971, 220 (224); v. 2.3.1966 – II 113/61. BStBl. III 1966, 509 (510); vgl. *Hahn-Joecks*, in: K/S/M, EStG[246].

632 BFH v. 5.11.1970 – V R 71/67, BStBl. II 1971, 220 (224); *Hahn-Joecks*, in: K/S/M, EStG[246], § 50d Rn. E 60.

633 § 50d Rn. E 60; *Frotscher*, in: Frotscher, EStG[171], § 50d Rn. 128.

634 Vgl. *Birk/Desens/Tappe*, Steuerrecht, Rn. 49 ff., 480.

Steuerpflichtigen bei Auslandssachverhalten. Im Rahmen von durch Typisierungen aufgeworfener Vermutungen ist zudem berücksichtigen, dass sich die Beweislast auf einen reduzierten Tatsachenkern beschränkt[635]. Im Ergebnis liegt aufgrund der erhöhten Mitwirkungspflicht in § 90 Abs. 2 AO die Beweislast faktisch bei der ausländischen Gesellschaft[636]. Sie muss den Sachverhalt aufklären und die erforderlichen Beweismittel beschaffen (§ 90 Abs. 2 S. 1 AO).

Etwas anderes dürfte nur in non liquet-Situationen gelten[637]: Erfüllt der Steuerpflichtige seine Darlegungsverpflichtungen und kann der Sachverhalt dennoch nicht mit Sicherheit festgestellt werden, geht dies nach den allgemeinen Beweislastgrundsätzen zu Lasten der Finanzverwaltung[638].

Die Vermutung des Gestaltungsmissbrauchs kann allerdings nur so lange gerechtfertigt sein, wie dies zur Überzeugung des Gerichts feststeht. Der Steuerpflichtige kann die Vermutung sowohl durch unmittelbaren Beweis als auch mit Hilfe eines Indizienbeweises entkräften[639]. Es ist eine Frage der Beweiswürdigung, welche Umstände zur Entkräftung der Vermutung des Gestaltungsmissbrauchs allgemein geeignet sind und welcher Beweiswert ihnen im Einzelfall zukommt[640].

Auch führt ein Verstoß gegen die Mitwirkungspflicht grundsätzlich nicht zu einer Übertragung der objektiven Feststellungslast, sondern nur zu einer Reduzierung des Beweismaßes[641]. Denn nach der Rechtsprechung darf die Finanzverwaltung unter Berücksichtigung der Beweisnähe des Beteiligten und seiner gesetzlich verankerten Verantwortung für die Aufklärung zu Lasten des Steuerpflichtigen nachteilige Schlüsse ziehen und einen Sachverhalt zugrunde legen, für den eine gewisse Wahrscheinlichkeit spricht[642]. Die Mitwirkungspflicht gem. § 90 Abs. 2 AO ist somit nach *Schmidt* als Beweisbeschaffungspflicht einzuordnen, deren Verletzung zu einem Nachteil im Rahmen der Beweiswürdigung führen kann[643]. Bezüglich Tatsachen, für die die Finanzverwaltung beweispflichtig ist, reduziert sich jedoch das Beweismaß[644].

---

635 *Isensee*, Die typisierende Verwaltung, S. 123.

636 *Dorfmüller/Fischer*, IStR 2011, 857, 863; *Winkelmann*, Steuerumgehung, S. 248; *Hahn-Joecks*, in: K/S/M, EStG[246], § 50d Rn. E 60; *Frotscher*, in: Frotscher, EStG[171], § 50d Rn. 129; ausführlich zur faktischen Beweislast *Schmidt*, Die Problematik der objektiven Beweislast im Steuerrecht, S. 179 ff.

637 *Klein/Hagena*, in: Hermann/Heuer/Raupach, EStG/KStG[259], § 50d EStG Rn. 59.

638 *Frotscher*, in: Frotscher, EStG[171], § 50d Rn. 130.

639 BFH v. 28.1.1992 – VIII R 7/88, BStBl. II 1993, 84 (86).

640 BFH v. 28.1.1992 – VIII R 7/88, BStBl. II 1993, 84 (86).

641 *Wünsch*, in: Pahlke/König, AO, § 90 Rn. 43; grundsätzlich auch *Rätke*, in: *Klein*, AO, § 90 Rn. 31.

642 BFH v. 6.6.2006 – XI B 162/05, BFH/NV 2006, 1785; v. 15.2.1989 – X R 16/86, BStBl. II 1989, 462.

643 *Schmidt*, Die Problematik der objektiven Beweislast im Steuerrecht, S. 139.

644 *Schmitz*, in: *Schwarz*, AO, § 90 Rn. 62; *Frotscher*, in: Frotscher, EStG[171], § 50d Rn. 130.

c) *Beweislastumkehr nach § 50d Abs. 3 S. 4 EStG*

Die neue Gesetzesänderung nimmt nun zur Beweislast teilweise Stellung. Nach § 50d Abs. 3 S. 4 EStG wird ausdrücklich die Beweislast in Bezug auf die zweite Entlastungsberechtigung zu Lasten des Steuerpflichtigen umgekehrt. Danach obliegt es dem Steuerpflichtigen, die in § 50d Abs. 3 S. 1 Nr. 1 und Nr. 2 EStG genannten Versagungsgründe auszuräumen. Weitere Regelungen in Bezug auf die Beweislast werden nicht getroffen. Obwohl § 50d Abs. S. 4 EStG die Beweislast explizit auf die zweite Entlastungsberechtigung beschränkt, will die Finanzverwaltung diese weiterhin unter Bezugnahme auf die gem. § 90 Abs. 2 AO gebotene Mitwirkungspflicht auch auf die erste sachliche sowie die persönliche Entlastungsberechtigung ausdehnen[645]. Teilweise wird in der Literatur die Neuregelung sogar als überflüssig angesehen, da bereits vorher die Beweislastregelung des § 90 Abs. 2 AO zum gleichen Ergebnis geführt hat[646].

Dies verkennt jedoch, dass nach der Neufassung nunmehr differenziert werden muss: Durch § 50d Abs. 3 Satz 4 wird lediglich eine Beweislastumkehr bezüglich der zweiten Entlastungsberechtigung angeordnet, so dass Fälle der Unaufklärbarkeit nun zu Lasten der antragstellenden Gesellschaft gehen[647]. Insofern wurde auch in dieser Hinsicht die Vorschrift für den Steuerpflichtigen verschärft. § 50d Abs. 3 S. 4 EStG verdrängt insoweit als lex specialis die allgemeine Regelung des § 90 Abs. 2 AO[648]. Aus dem ausdrücklichen Wortlaut und der Systematik des Gesetzes folgt im Umkehrschluss, dass die Beweislastumkehr für die übrigen Tatbestandsmerkmale gerade nicht gilt. Non liquet-Situationen hinsichtlich der persönlichen und der ersten sachlichen Entlastungsberechtigung müssen folglich zu Lasten der Finanzverwaltung gehen. Diesbezüglich gelten die oben genannten Ausführungen zu den Grundsätzen der Beweislastverteilung und der faktische wirkenden Beweislast nach § 90 Abs. 2 AO.

2. *Die Möglichkeit des Gegenbeweises*

§ 50d Abs. 3 EStG statuiert einen typisierten Missbrauchsvorwurf, soweit seine Tatbestandsmerkmale vorliegen. Fraglich ist indes, inwieweit dem Steuerpflichtigen die Möglichkeit des Gegenbeweises offensteht. Eine ausdrückliche Gegenbeweismöglichkeit, wie sie in § 42 Abs. 2 S. 2 AO oder in § 8 Abs. 2 S. 1 AStG geschaffen wurde, findet sich in § 50d Abs. 3 EStG nicht. Nach *Frotscher* lässt das Gesetz deshalb keinen Gegenbeweis zu[649].

Gosch sieht in § 50d Abs. 3 S. 4 EStG zumindest einen „versteckten Vorbehalt einer Gegenbeweismöglichkeit" bezüglich Abs. 3 S. 1 Nr. 1 und 2[650]. Auch nach *Musil* ist es

---

645 BMF v. 24.1.2012, BStBl. I 2012, 171 (176), Tz. 13.

646 *Engers/Dyckmans*, Ubg 2011, 929, 934.

647 *Wagner*, in: Blümich, EStG/KStG/GewStG[119], § 50d, Rn. 86; vgl. auch *Gabel*, Verfassungsrechtliche Maßstäbe, S. 193.

648 *Frotscher*, in: Frotscher, EStG[171], § 50d Rn. 130.

649 *Frotscher*, in: Frotscher, EStG[171], § 50d Rn. 145; ebenso *Schmidt/Loschelder*, EStG[32], § 50d Rn. 49.

650 *Gosch*, in: Kirchhof, EStG[11], § 50d Rn. 29g.

durch die Neuregelung dem Steuerpflichtigen nun möglich, einen Gegenbeweis im Sinne der *Cadbury Schweppes*-Rechtsprechung des EuGH zu führen[651]. Hinter dieser Ansicht steht folgende Überlegung. Aufgrund der Beweislastumkehr gem. § 50d Abs. 3 S. 4 EStG bzw. der gesteigerten Mitwirkungspflicht nach § 90 Abs. 2 AO wird die davon betroffene Zwischengesellschaft dazu gezwungen, Beweisvorsorge zu betreiben[652]. Insofern hat es die betroffene Gesellschaft möglicherweise selbst in der Hand, die für sie günstigen Tatsachen vorzubringen. Die Beweisvorsorge- und Beweisbeschaffungspflichten nach § 90 Abs. 2 AO bzw. nach § 50d Abs. 3 S. 4 EStG wirken somit faktisch wie die Gegenbeweismöglichkeit in § 42 Abs. 2 S. 2 AO oder § 8 Abs. 2 AStG. Allerdings ist fraglich, inwieweit durch eine solche faktische Gegenbeweismöglichkeit eine realistische Chance zur Exkulpation besteht, wenn – wie oben dargelegt – die Finanzverwaltung die Merkmale der zweiten Entlastungsberechtigung nur zurückhaltend bejaht. Es bleibt jedenfalls dabei, dass bezüglich § 50d Abs. 3 S. 1 Nr. 1 und Nr. 2 EStG eine non liquet-Situation zu Lasten des Steuerpflichtigen geht.

C. Rechtsfolgenseite

I. Die Komplexität des § 50d Abs. 3 EStG – ein Beispiel zur Ermittlung der persönlichen und sachlichen Entlastungsberechtigung

1. Ausgangslage

Als Rechtsfolge ordnet § 50d Abs. 3 EStG die teilweise oder volle Versagung der Quellensteuerentlastung an. Die rechnerische Ermittlung der Entlastungsberechtigung kann sich als äußerst komplex erweisen, wie sich anhand folgenden Beispiels[653] veranschaulichen lässt. Die Berechnung erfolgt dabei anhand der in praxi von der Finanzverwaltung verwendeten gesellschaftsbezogenen Aufteilungsmethode:

> Die ausländische A-Gesellschaft erzielt in Deutschland Erträge aus Dividendenzahlungen, welche zu 70 % schädlich sind und zu 30 % aus ihrer eigenen Wirtschaftstätigkeit stammen. Die Quellensteuer beträgt für Dividenden 25 %. An der A-Gesellschaft sind die B-Gesellschaft mit 40 % und die C- Gesellschaft mit 60 % beteiligt. An der B-Gesellschaft, die nach DBA persönlich entlastungsberechtigt ist und zu 100 % schädliche Erträge erzielt, sind die aufgrund von fehlendem DBA persönlich nicht entlastungsberechtigte natürliche Person D und die entlastungsberechtigte börsennotierte E-AG zu je 50 % beteiligt. An der C-Gesellschaft, die in einem Staat ansässig ist, in dem aufgrund eines DBA eine Quellensteuerreduktion bis zu 5 % möglich ist, sind die natürlichen Personen

651 *Musil*, FR 2012, 149, 152.
652 *Gosch*, in: Kirchhof, EStG[11], § 50d Rn. 28 f.; *Schwarz*, in: *Schwarz*, AO, § 42 Rn. 53.
653 Angelehnt an BMF v. 24.1.2012, BStBl. I 2012, 171 (174 f.), Tz. 12 und *Schaflitz/ Weidmann*, DStR 2013, Beihefter zu Heft 23, S. 30 (33); angewandt wird dabei die in praxi verwendete gesellschaftsbezogene Aufteilungsmethode.

E und F zu jeweils 50 % beteiligt. E und F sind wiederum in einem Staat ansässig, in dem aufgrund eines DBA eine Quellensteuerreduktion bis zu 15 % möglich ist. Fraglich ist, wie hoch die Entlastungsberechtigung der A-Gesellschaft ist.

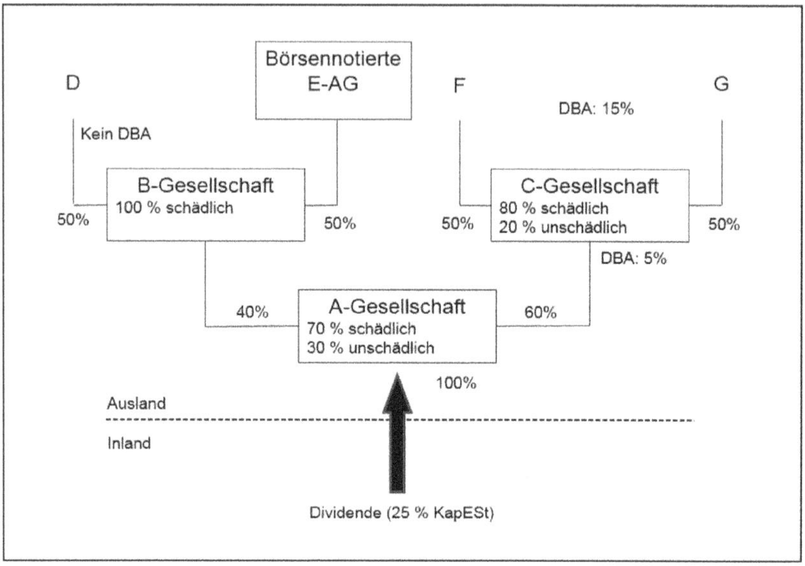

2. *Sachliche Entlastungsberechtigung der A-Gesellschaft*

Da die A-Gesellschaft keine weiteren Erträge erzielt, beträgt ihre sachliche Entlastungsberechtigung 30 % (Erträge aus eigener Wirtschaftstätigkeit).

3. *Persönliche Entlastungsberechtigung der A-Gesellschaft*

Bezüglich der schädlichen Erträge muss auf die persönliche Entlastungsberechtigung der A-Gesellschaft abgestellt werden. Dazu ist der fiktive Entlastungsanspruch der unmittelbar und gegebenenfalls mittelbar beteiligten Gesellschafter zu prüfen.

a) B-Gesellschaft

Die B-Gesellschaft ist zwar nach DBA persönlich entlastungsberechtigt, generiert aber ausschließlich schädliche Erträge, weshalb der fiktive Entlastungsanspruch der an ihr beteiligten Gesellschafter zu prüfen ist.

b) Gesellschafter D

Gesellschafter D kann nichts zur persönlichen Entlastungsberechtigung der A-Gesellschaft beisteuern, da mit dem Staat, in dem er ansässig ist, kein DBA abgeschlossen wurde und er somit weder sachlich noch persönlich entlastungsberechtigt ist.

c) *Börsennotierte E-AG*

Aufgrund der Ausnahmeregelung von § 50d Abs. 3 S. 5 EStG unterliegt die börsennotierte E-AG nicht den Entlastungsbeschränkungen des § 50d Abs. 3 S. 1–3 EStG und ist somit voll entlastungsberechtigt. Da E-AG 50 % der Anteile der B-Gesellschaft hält und diese wiederum 40 % der A-Gesellschaft hält, welche zu 70 % schädliche Erträge erzielt, trägt die E-AG 14 % (=50 % x 40 % x 70 %) zur persönlichen Entlastungsberechtigung der A-Gesellschaft bei.

d) *Gesellschaft C*

Die C-Gesellschaft erzielt 20 % unschädliche und 80 % schädliche Erträge. Nur bezüglich letzteren ist auf den fiktiven Entlastungsanspruch der an ihr beteiligten Gesellschafter einzugehen. C ist in einem Staat ansässig, wonach die Quellensteuer auf 5% reduziert ist. Da die C-Gesellschaft zu 20 % sachlich entlastungsberechtigt ist, trägt sie in Bezug auf die schädlichen Bruttoerträge (70%) zur persönlichen Entlastungsberechtigung der A-Gesellschaft 6,72 % (= 20 % x 60 % x 70 % x 4/5) bei.

e) *Gesellschafter F und G*

Bezüglich Gesellschafter F und G bestehen keine Unterschiede, sodass diese zusammen berechnet werden können. Zusammen sind sie zu 100 % an der C-Gesellschaft beteiligt. In Bezug auf die schädlichen Erträge (80 %) der C kommt es auf den fiktiven Entlastungsanspruch der Gesellschafter an. F und G sind zudem in einem Staat ansässig, in dem aufgrund eines DBA eine Quellensteuerreduktion bis zu 15 % möglich ist. Gemeinsam tragen sie daher zur persönlichen Entlastungsberechtigung der A-Gesellschaft 13,44 % (=100 % x 80 % x 60 % x 70 % x 2/5) bei.

f) *Gesamtentlastung*

Die Gesamtentlastungsberechtigung der A-Gesellschaft beträgt somit 64,16 % (=30 % + 14 % + 6,72 % + 13,44 %). Auf die Dividende wird daher deutsche Kapitalertragsteuer in Höhe von 8,96% (= [100 % - 64,16 %] x 25 %) erhoben.

4. *Zwischenfazit*

Das Beispiel zeigt nur ansatzweise, welche komplexen Berechnungsvorgänge bei der Anwendung der Norm notwendig werden können. In der Praxis werden regelmäßig unübersichtlichere und tiefer gestaffelte Konzernstrukturen vorzufinden sein. Dies führt nicht nur zu Schwierigkeiten bei der Berechnung, sondern erhöht auch den Aufklärungs- und Verwaltungsaufwand deutlich[654].

---

654 Ähnlich *Schaflitz/Weidmann*, DStR 2013, Beihefter zu Heft 23, S. 30 (36).

II. De-minimis-Regelung

Die Aufteilungsklausel führt auch in andere Hinsicht zu praktischen Schwierigkeiten, wenn sich das Verhältnis zwischen der unschädlichen zu den schädlichen Bruttoerträgen ändert. Die Entlastungsberechtigung ist für das jeweils betroffene Wirtschaftsjahr zu ermitteln. Im Grundsatz besteht eine Mitteilungspflicht, wenn die Entlastungsberechtigung teilweise oder vollständig wegfällt. Eine Unterschreitung der gesetzlich oder abkommensrechtlich vorgeschriebenen Mindestbeteiligungshöhen ist ebenfalls unverzüglich mitzuteilen[655]. Daraus resultiert, dass der prozentuale Anteil der entlastungsberechtigten Erträge neu berechnet werden muss. Die Neuberechnung wird regelmäßig notwendig sein, da in der Praxis abhängig von der Wirtschaftslage von volatilen Ertragsstrukturen auszugehen ist. Auch Änderungen in der Anteilseignerstruktur der ausländischen Gesellschaft können sich auf die mittelbare Entlastungsberechtigung auswirken. Gerade bei tiefer gestaffelten Beteiligungsstrukturen wird es für die Zwischengesellschaft schwierig sein, von schädlichen Beteiligungsänderungen auf höherer Beteiligungsstufe Kenntnis zu erlangen[656]. Wie mit temporären Veränderungen im Anteilseignerbestand umzugehen ist, lässt sich dem Gesetz nicht entnehmen. In der Praxis muss dies zwangsläufig zu einem hohen Verwaltungsaufwand führen. Da bereits kleine Abweichungen zu einer jährlichen Neuberechnung führen würden, sieht das BMF-Schreiben vom 24.01.2012 zur Abmilderung des damit verbundenen Verwaltungsaufwandes für Unternehmen und Finanzverwaltung eine De-minimis-Regelung vor. Danach entfällt die Mitteilungspflicht in den Fällen, in denen sich entweder „das bei Erteilung der Freistellungsbescheinigung zugrunde gelegte Verhältnis der Bruttoerträge aus eigenwirtschaftlicher Tätigkeit zu den gesamten Bruttoerträgen um weniger als 30 %-Punkte verringert oder sich ein Gesellschafteranteil (bei unmittelbarer oder mittelbarer Beteiligung) um weniger als 20 %-Punkte ändert"[657]. Entfällt hiernach die Mitteilungspflicht kann auch die damit verbundene Neuberechnung unterbleiben. Diese Vorgehensweise entbehrt jeder Rechtsgrundlage. Die de-minimis-Regelung offenbart einmal mehr, wie der Gesetzgeber Normen schafft, die in der Verwaltungswirklichkeit zu massiven Vollzugsschwierigkeiten führen.

D. Verhältnis von § 50d Abs. 3 EStG zu § 42 AO

Auf das Verhältnis von speziellen Missbrauchsvorschriften zu § 42 AO wurde bereits eingegangen[658]. Diesbezüglich muss zwischen echten und unechten Spezialvorschriften unterschieden werden. Während erstgenannte eine Sperrwirkung gegenüber § 42 AO entfalten, um Wertungswidersprüche zu vermeiden, ist bei letzteren – da sie

---

655 BMF v. 24.1.2012, BStBl. I 2012, 171 (176), Tz. 15.

656 *Kraft/Gebhardt*, DStZ 2012, 398, 405.

657 BMF v. 24.1.2012, BStBl. I 2012, 171 (176), Tz. 15; kritisch hierzu *Lüdicke*, IStR 2012, 148, 151.

658 Siehe oben S. 41 ff.

keine abschließende Konkretisierung enthalten – ein Rückgriff auf § 42 AO möglich. Folglich ist zu untersuchen, ob § 50d Abs. 3 EStG als echte oder als unechte Missbrauchsregelung einzustufen ist, um das Konkurrenzverhältnis bestimmen zu können.

I. Einordnung des § 50d Abs. 3 EStG als spezialgesetzlicher Missbrauchsvorbehalt

Zunächst ist dazu § 50d Abs. 3 EStG überhaupt als spezialgesetzlicher Missbrauchsvorbehalt einzuordnen. Wie bereits erläutert, müsste es sich gem. § 42 Abs. 1 S. 2 AO um eine Regelung in einem Einzelsteuergesetz, die der Verhinderung von Steuerumgehungen dient, handeln. Danach stellt sich die Frage, ob die Spezialvorschrift eine abschließende Konkretisierung des Missbrauchs oder lediglich ein Regelbeispiel darstellt.

§ 50d Abs. 3 EStG dient – wenn auch mit überschießender Tendenz – der Verhinderung des Treaty bzw. Directive Shopping, welches dem Bereich der Steuerumgehung zuzuordnen ist. Wie sich dies schon aus der Intention des Gesetzgebers ablesen lässt, ist es Sinn der Vorschrift, missbräuchliche Gestaltungen zu verhindern. Die überschießende Tendenz und die damit einhergehende Erfassung nicht missbräuchlicher Gestaltungen ändert an der Einordnung als Missbrauchsregelung nichts[659]. Ihr Tatbestand konkretisiert in sachlicher und persönlicher Hinsicht, welche Gestaltungen als angemessen einzustufen sind und welche nicht. Aus dem Vorliegen der Tatbestandsmerkmale folgt die Vermutung einer Steuerumgehung[660]. Zum Ausdruck kommt die Vermutungswirkung – zugunsten des Steuerpflichtigen – auch in § 50d Abs. 3 S. 5 EStG, indem beim Vorliegen der dort genannten Gesellschaftstypen eine missbräuchliche Gestaltung pauschal ausgeschlossen wird. Auch auf Rechtsfolgenseite wird der allgemeine Missbrauchstatbestand konkretisiert, da durch die Versagung der Quellensteuerentlastung auch eine konkretere Rechtsfolgenanordnung als in § 42 AO gegeben ist. Der Gesetzgeber legt demnach einen konkreten Wertungsmaßstab zugrunde. Wenn sich nach der Prüfung des § 50d Abs. 3 EStG ergibt, dass kein Missbrauch vorliegt, darf somit, um Wertungswidersprüche zu vermeiden, nicht auf § 42 AO zurückgegriffen werden. Zwar kodifizierte der frühere § 50d Abs. 1a EStG a.F. die Basisgesellschaften-Rechtsprechung zu § 42 AO, was für eine rein deklaratorische Konkretisierung der Generalklausel sprechen könnte. Allerdings fand die Konkretisierung der Tatbestandsmerkmale des § 50d Abs. 3 EStG fortan nur im Rahmen dieser Regelung statt[661]. Insoweit besteht keine vollständige Kongruenz mehr zwischen § 42 AO und § 50d Abs. 3 EStG[662]. § 50d Abs. 3 EStG ist damit nicht als bloßes Regelbeispiel ausgestaltet, sondern beinhaltet

659 So auch *Hey*, BB 2009, 1044, 1047.

660 Von einer unwiderleglichen Vermutung ausgehend *Frotscher*, in: Frotscher, EStG[171], § 50d Rn. 64.

661 *Jacob/Klein*, IStR 2005, 711, 712 f.

662 *Stark/Jasper*, IStR 2013, 169, 171; a.A. *Rudolf*, Treaty Shopping und Gestaltungsmissbrauch, S. 429.

eine abschließende Konkretisierung des Missbrauchs und ist daher als echte Spezialvorschrift einzuordnen. Insoweit muss er aufgrund seines Wertungsvorrangs eine Sperrwirkung gegenüber § 42 AO entfalten[663].

II. Auseinandersetzung mit der Ansicht der Finanzverwaltung nach dem BFM-Schreiben vom 24.1.2012

Die zuvor genannte Auffassung trifft jedoch nicht auf uneingeschränkte Zustimmung. Das Bundesfinanzministerium geht zwar davon aus, dass die Regelung des § 50d Abs. 3 EStG als Spezialvorschrift vorrangig gegenüber der Generalklausel anzuwenden ist, verneint allerdings eine Sperrwirkung gegenüber § 42 AO, wenn ihr Tatbestand nicht erfüllt ist[664]. Die Finanzverwaltung folgt somit der mit § 42 Abs. 1. S. 3 AO verfolgten Intention des Gesetzgebers des JStG 2008, den Spezialitätsgrundsatz zu durchbrechen[665]. Auch in der Literatur wird teilweise vertreten, dass sich die Rechtslage durch die Gesetzesänderung gewandelt hat und ein Rückgriff auf § 42 AO möglich ist, wenn der Tatbestand des § 50d Abs. 3 EStG nicht vollständig erfüllt ist[666]. Dies vermag aus den oben genannten Gründen nicht zu überzeugen.

Der ganz überwiegende Teil im Schrifttum geht daher richtigerweise von dem oben genannten Ansatz aus, dass der Gesetzgeber sein Ziel mit seiner Gesetzesänderung durch das JStG 2008 nicht erreicht hat, da auch durch § 42 Abs. 1 S. 3 AO der in § 50d Abs. 3 EStG spezialgesetzlich vorgegebene Wertungsmaßstab nicht leerlaufen darf[667]. Dies hatte bereits der BFH in seiner Rechtsprechung zu § 42 AO a.F. erkannt, in der er ausführt, dass die tatbestandlich enger gefasste Spezialnorm auf die allgemeine Missbrauchsregelung „durchschlagen“ muss[668].

Eine Anwendung des § 42 AO kommt daher nur in Fällen einer Umgehung des § 50d Abs. 3 EStG in Betracht. In der Literatur werden hierzu verschiedene Gestaltungsvorschläge diskutiert[669], die hier beispielhaft skizziert werden sollen: Als eine

---

663 A.A. *Rudolf*, Treaty Shopping und Gestaltungsmissbrauch, S. 433.

664 BMF v. 24.1.2012, BStBl. I 2012, 171 (174), Tz. 11.

665 Siehe oben S. 42.

666 *Frotscher*, in: Frotscher, EStG[159], § 50d Rn. 67.

667 *Hahn-Joecks*, in: K/S/M, EStG[246], § 50d, Rn. E 13; *Klein/Hagena*, in: Hermann/Heuer/Raupach, EStG/KStG[259], § 50d EStG Rn. 53; *Wagner*, in: Blümich, EStG/KStG/GewStG[120], § 50d EStG Rn. 72; *Strak/Jasper*, IStR 2013, 169, 172; allgemein zum Verhältnis Generalnorm zu Spezialvorschrift *Drüen*, in: *Tipke/Kruse*, § 42 Rn. 20b; *Hey*, BB 2009, 1044, 1048; *Oellerich*, IWB 2013, 33, 39 f.; *Wienbracke*, DB 2008, 664, 669; zweifelnd *Köhler*, IStR 2007, 681, 682; a.A. *Frotscher*, in: Frotscher, EStG[171], § 50d Rn. 65.

668 BFH v. 31.5.2005, BStBl.II 2006, 118, 120; vgl. auch *Hahn-Joecks*, in: K/S/M, EStG[246], § 50d, Rn. E 14.

669 Zu den verschiedene Umgehungsmöglichkeiten siehe *Frotscher*, in: Frotscher, EStG[171], § 50d Rn. 151 f.; *Käshammer/Schümmer*, IStR 2011, 410, 410 ff.; zur Ausnutzung der Zinsschranke siehe *Kollruss*, IStR 2007, 780.

Gestaltungsmöglichkeit wurde in der Vergangenheit insbesondere eine Beteiligung in Form von hybriden Gesellschaften vorgeschlagen: Zum einen könne sich der ausländische Gesellschafter in Form einer atypisch stillen Gesellschaft beteiligen[670]. In diesem Fall würde zwar der Gewinnanteil des ausländischen Gesellschafters der beschränkten Steuerpflicht unterliegen. Die Einbehaltung und Abführung der Kapitalertragssteuer im Falle der Ausschüttung würde dann für den atypisch stillen Gesellschafter keine abgeltende Wirkung haben. Die Dividendeneinkünfte wären dann vielmehr als Sonderbetriebseinnahmen des ausländischen Gesellschafters als Mitunternehmer zu qualifizieren. Zum anderen sei auch eine Gestaltung über eine KGaA möglich, bei der der ausländische Gesellschafter eine gegenüber dem Kommanditkapital überwiegende Beteiligung halte[671]. Auch hier würden die Gewinne in den mitunternehmerischen Bereich fallen und nicht als Gewinnausschüttungen zu qualifizieren sein. Beide Gestaltungsvarianten werden jedoch nun aufgrund des durch das BeitrRLUmsG ebenfalls erlassenen § 50d Abs. 11 EStG ausgeschlossen. Als weitere und heute noch ernsthafte diskutierte Gestaltungsmöglichkeit wird die Zwischenschaltung einer Personengesellschaft in Deutschland diskutiert[672]. Diese könne sich die Kapitalertragssteuer nach § 8b KStG erstatten lassen. Da die Erstattung somit nicht auf § 43b EStG beruhe, könne auch nicht § 50d Abs. 3 EStG eingreifen. Die darauf folgende Entnahme aus der Mitunternehmerschaft durch den ausländischen Mitunternehmer wäre dann steuerneutral. Insoweit besteht an dieser Stelle ein denkbarer Ansatzpunkt für die Anwendung des § 42 AO wegen einer missbräuchlichen Umgehung des § 50d Abs. 3 EStG.

---

670 *Frotscher,* in: Frotscher, EStG[171], § 50d Rn. 151; *Käshammer/Schümmer,* IStR 2011, 410, 413.

671 *Frotscher,* in: Frotscher, EStG[171], § 50d Rn. 152.

672 *Frotscher,* in: Frotscher, EStG[171], § 50d Rn. 150; *Käshammer/Schümmer,* IStR 2011, 410, 413.

§ 6 „Systemkonforme Auslegung“ – Vereinbarkeit des § 50d Abs. 3 EStG mit höherrangigem Recht

A. Verfassungsrechtliche Bewertung

Zunächst sind die an spezielle Missbrauchsverhinderungsnormen zu stellenden verfassungsrechtlichen Vorgaben herauszuarbeiten. In einem weiteren Schritt ist zu prüfen, ob § 50d Abs. 3 EStG so ausgelegt werden kann, dass er diesen Maßstäben entspricht. Auf die verfassungsrechtliche Zulässigkeit eines etwaigen Treaty Overrides soll erst an späterer Stelle im Rahmen der völkerrechtlichen Beurteilung des § 50d Abs. 3 EStG eingegangen werden, da sich diese Problematik an der Schnittstelle von Verfassungs- und Völkerrecht vollzieht.

I. Verfassungsrechtliche Maßstäbe in Bezug auf typisierende Missbrauchsverhinderungsvorschriften im Steuerrecht

Bezüglich der Frage der Vereinbarkeit spezialgesetzlicher Missbrauchsverhinderungsvorschriften mit verfassungsrechtlichen Vorgaben ist insbesondere zu untersuchen, ob die Typisierung des § 50d Abs. 3 EStG verfassungsrechtlich gerechtfertigt ist. Hierfür sind zunächst im Allgemeinen die verschiedenen grundrechtlichen Wertungen und Prinzipien sowie der steuerverfassungsrechtliche Hintergrund der Steuerumgehungsbekämpfung zu beleuchten, um dann im Besonderen die verfassungsrechtlichen Anforderungen an spezielle Missbrauchsvorschriften darzustellen.

1. Grundlegende verfassungsrechtliche Positionen im Steuerrecht

a) Prinzipien und Wertungen in der Rechtsordnung

Nach der heute wohl herrschenden Wertungsjurisprudenz[673] leiten sich die Regeln einer Rechtsordnung aus fundamentalen Wertungen und Prinzipien bzw. Grundsätzen ab[674]. Sie sind richtungsweisend für das System der Rechtsordnung. Prinzipien sind Optimierungsgebote, welche – abhängig von den tatsächlichen und rechtlichen Möglichkeiten – zu realisieren sind[675]. Sie beinhalten in Abgrenzung zu Normen

---

673 Vgl. *Ralf P. Schenke*, Die Rechtsfindung im Steuerrecht, S. 36 m.w.N.; *Hey*, in: Tikpe/Lang, Steuerrecht, § 3 Rn. 9; *Larenz*, Methodenlehre der Rechtswissenschaft, S. 117 ff.

674 Zur verwaschenen Abgrenzung von Wertungen und Prinzipien siehe *Röhl/Röhl*, Allg. Rechtslehre, S. 289 f.

675 *Alexy*, Theorie der Grundrechte, S. 75 f.; vgl. auch *Spindler*, in: FS Spiegelberger, S. 471; *Hey*, in: Tipke/Lang, § 3 Rn. 12; *Zippelius*, Juristische Methodenlehre, S. 55.

keine Rechtsfolge und bedürfen der Konkretisierung durch Subprinzipien[676]. Prinzipien lassen sich hierarchisch ordnen, wobei höherrangige Prinzipien insbesondere abstrakter und vieldeutiger sind als nachrangige[677]. Die strikte Einhaltung der Prinzipien ist gerade in dem von verschiedensten Zielen und Zwecken bestimmten Steuerrecht vielfach nur schwerlich möglich, sodass Prinzipienkonflikte unvermeidlich sind[678]. Hierzu sei nur beispielsweise die mögliche Durchbrechung des Prinzips der Gleichmäßigkeit der Besteuerung nach der Leistungsfähigkeit durch typisierende Tatbestände genannt, worauf im Folgenden einzugehen sein wird.

b) Prinzip der Lastengleichheit im Steuerrecht

Ausgangspunkt für den Maßstab der Lastengleichheit im Steuerrecht ist der allgemeine Gleichheitssatz gem. Art. 3 Abs. 1 GG. Er ist tragender Grundsatz des Steuerrechts[679] und bildet den Zielpunkt und Prüfungsmaßstab für eine verfassungskonforme Besteuerung[680]. Art. 3 Abs. 1 GG verpflichtet nicht nur zur Rechtsetzungsgleichheit sondern auch zur Rechtsanwendungsgleichheit und bindet somit den Gesetzgeber, die Finanzverwaltung sowie die Finanzgerichtsbarkeit gleichermaßen[681].

(1) Das Prinzip der Gleichmäßigkeit der Besteuerung nach der Leistungsfähigkeit

Näher konkretisiert wird das Gebot der Gleichmäßigkeit der Besteuerung auch durch das sog. Leistungsfähigkeitsprinzip, welches heute als das tragende Prinzip gerechter Besteuerung angesehen wird[682]. Nach Rechtsprechung und absolut herrschender Lehre sind die Steuerlasten im Grundsatz nach der individuellen wirtschaftlichen Leistungsfähigkeit zu verteilen[683].

Erstmals kodifiziert wurde das Leistungsfähigkeitsprinzip in Art. 134 WRV, wonach alle *„Staatsbürger ohne Unterschied [...] im Verhältnis ihrer Mittel zu allen öffentlichen Lasten“* beitragen[684]. Im Grundgesetz findet sich hingegen keine dementsprechende Vorschrift. Eingang fand das Leistungsfähigkeitsprinzip vielmehr

---

676 *Röhl/Röhl*, Allg. Rechtslehre, S. 288.
677 *Hey*, in: Tikpe/Lang, Steuerrecht, § 3 Rn. 13.
678 Vgl. *Ralf P. Schenke*, Die Rechtsfindung im Steuerrecht, S. 109 ff.
679 *Gabel*, Verfassungsrechtliche Maßstäbe, S. 85 m.w.N.
680 *Kube/Palm/Seiler*, NJW 2003, 927, 928.
681 *Birk/Desens/Tappe*, Steuerrecht, Rn. 187.
682 *Schaumburg*, in: FS Tipke, S. 125; *Ralf P. Schenke*, in: FS Wahl, S. 803 (804); *Hey*, in: Tikpe/Lang, Steuerrecht, § 3 Rn. 40; *Morgenthaler*, IStR 1993, 258, 259; *Birk*, Das Leistungsfähigkeitsprinzip als Maßstab der Steuernormen, S. 155; *Kirchhof*, StuW 1984, 297, 304 f.
683 Siehe statt vieler *Birk*, Das Leistungsfähigkeitsprinzip als Maßstab der Steuernormen, S. 2.
684 Zur Entwicklung des Leistungsfähigkeitsprinzips in Deutschland siehe *Gassner/Lang*, Österreichischer Juristentag, S. 10 ff.

durch die Rechtsprechung des Bundesverfassungsgerichts zu Art. 3 Abs. 1 GG[685]. Entscheidend aufgewertet worden ist das Leistungsfähigkeitsprinzip durch die Hinwendung des BVerfG von der Willkürkontrolle[686] zur sog. „neuen Formel"[687], wonach der Gleichheitsgrundsatz *„vor allem dann verletzt ist, wenn eine Gruppe von Normadressaten im Vergleich zu anderen Normadressaten anders behandelt wird, obwohl zwischen beiden Gruppen keine Unterschiede von solcher Art und solchem Gewicht bestehen, daß sie die ungleiche Behandlung rechtfertigen könnten"*[688].

Das Leistungsfähigkeitsprinzip bildet einen obersten Rechtsgrundsatz und ist daher konkretisierungsbedürftig[689]. Besondere Ausprägungen sind sowohl die horizontale als auch vertikale Steuergerechtigkeit[690]. In horizontaler Richtung sind Steuerpflichtige mit gleicher Leistungsfähigkeit demnach in gleicher Weise steuerlich zu belasten, während in vertikaler Richtung der unterschiedlichen Leistungsfähigkeit nach Maßgabe des Gerechtigkeitsgebots Rechnung zu tragen ist.

(2) Gebot der Folgerichtigkeit

Das an den Gesetzgeber adressierte und eng mit dem Leistungsfähigkeitsprinzip verbundene Folgerichtigkeitsgebot fließt aus Art. 3 Abs. 1 GG und schließt die Rechtsetzungs- und Rechtsanwendungsgleichheit mit ein[691]. Es steht insoweit auf einer Stufe mit dem Leistungsfähigkeitsprinzip[692]. Dem Gesetzgeber steht zwar bei der Umsetzung von Prinzipien wie etwa der Besteuerung nach der Leistungsfähigkeit ein weitreichender Gestaltungsspielraum zu[693]. Die Legislative wie auch die Finanzverwaltung haben danach aber eine einmal getroffene Belastungsentscheidung folgerichtig im Sinne der Belastungsgleichheit umzusetzen[694]. Dabei geht es nicht darum, ein Rangverhältnis zwischen Grundsatzentscheidung und Folgeentscheidung zu statuieren, sondern darum, eine allgemein getroffene Aussage folgerichtig zu konkretisieren[695]. Das Folgerichtigkeitsprinzip gebietet insoweit die Konsistenz legislativer Wertungen[696].

---

685 Vgl. dazu *Ralf P. Schenke*, in: FS Wahl, S. 803 (806 ff.).

686 Vgl. BVerfG v. 12.12.1967 – 2 BvL 14/62, 3/64, 11/65, 15/66, BVerfGE 22, 387, 415.

687 So *Ralf P. Schenke*, in: FS Wahl, S. 803 (808).

688 BVerfG v. 7.10.1980 – 1 BvL 50/79, 1 BvL 89/79, 1 BvR 240/79, BVerfGE 55, 72, 88.

689 *Birk*, Das Leistungsfähigkeitsprinzip als Maßstab der Steuernormen, S. 52.

690 Vgl. *Birk*, Das Leistungsfähigkeitsprinzip als Maßstab der Steuernormen, S. 165, 170; *Spindler*, in: FS Spiegelberger, S. 471 (477).

691 Siehe hierzu *Englisch*, in: Stern/Becker, Grundrechte, Art. 3 Rn. 44 ff.; vgl. *Lehner*, DStR 2009, 185, 186.

692 *Gabel*, Verfassungsrechtliche Maßstäbe, S. 88.

693 BVerfG v. 30.9.1998 – 2 BvR 1818/91, BVerfGE 99, 88 (95).

694 BVerfG v. 22.6.1995 – 2 BvL 37/91, BVerfGE 93, 121 (136); v. 30.9.1998 – 2 BvR 1818/91, BVerfGE 99, 88 (95); v. 9.3.2004 – 2 BvL 17/02, BVerfGE, 110, 94 (Leitsätze).

695 *Leisner-Egensperger*, DÖV 2013, 533, 535 ff.

696 *Englisch* DStR 2009, Beihefter zu Heft 34, S. 100.

(3) Objektives Nettoprinzip

Im Bereich des Einkommen- und Körperschaftsteuerrechts ist zudem das objektive Nettoprinzip zu nennen, welches den Grundsatz der Besteuerung nach der individuellen Leistungsfähigkeit realisiert, indem nur die Nettoeinkünfte der Besteuerung unterliegen[697]. Insofern wird die steuerliche Bemessungsgrundlage durch erwerbsbedingte Aufwendungen gemindert[698]. Ungeklärt ist indes, ob das objektive Nettoprinzip direkt in Art. 3 Abs. 1 GG verankert ist oder ihm deduziert aus dem Leistungsfähigkeitsprinzip[699] Verfassungsrang zukommt[700] oder ob es sich schlicht um ein einfachgesetzliches Strukturprinzip handelt[701]. Das BVerfG hat dies bislang offen gelassen[702].

c) Prinzip der Rechtsstaatlichkeit

(1) Gesetzmäßigkeit der Besteuerung

Ausfluss des Rechtsstaatsprinzips und in Art. 20 Abs. 3 GG positiviert ist die Gesetzmäßigkeit der Besteuerung[703]. Insbesondere folgt daraus der Vorbehalt des Gesetzes. Ein steuerlicher Eingriff ist demnach nur zulässig, wenn er auf einer gesetzlichen Grundlage beruht. Einfachgesetzlich konkretisiert wird dies für das Steuerrecht in § 85 AO.

(2) Bestimmtheitsgebot und Grundsatz der Normenklarheit

Ebenfalls Ausfluss des Rechtsstaatsprinzips ist das Gebot der Gesetzesbestimmtheit[704]. Welche steuerlichen Belastungen sich aus einem Steuergesetz ergeben, muss für den Bürger hinreichend erkennbar sein[705]. Unbestimmte Rechtsbegriffe müssen sich jedenfalls durch Auslegung der betroffenen Normen konkretisieren lassen und verbleibende Ungewissheiten dürfen nicht so weit gehen, dass die Vorhersehbarkeit und Justitiabilität des Handelns der durch die Normen ermächtigten

---

697 Vgl. *Birk/Desens/Tappe*, Steuerrecht, Rn. 615; *Spindler*, in: FS Spiegelberger, S. 471 (478).

698 *Ratschow*, in: Blümich, EStG/KStG/GewStG[120], § 2 Rn. 13.

699 So wohl *Klein*, Die legislative Typisierung, S. 8.

700 Für eine Ableitung aus dem Leistungsfähigkeitsprinzip *Pahlke*, in: Pahlke/König, AO, § 3 Rn. 76; *Ralf P. Schenke*, in: K/S/M, EStG[236], § 4h, Rn. A 165.

701 So *Paetsch*, DStR 2009, Beihefter zu Heft 34, S. 79.

702 BVerfG v. 4.12.2004 – 2 BvR 400/98, BVerfGE 107, 27 (47 f.); v. 9.12.2008 – 2 BvL 1/07, BVerfGE 122, 210 (234); instruktiv *Drüen*, StuW 2008, 3, 4 ff.

703 *Spindler*, in: FS Spiegelberger, S. 471 (472); vgl. auch *Hahn*, Gesetzmäßigkeit und Tatbestandsmäßigkeit der Besteuerung, S. 27 f.

704 *Hey*, in: Tikpe/Lang, Steuerrecht, § 3 Rn. 243; *Spindler*, in: FS Spiegelberger, S. 471 (472).

705 BVerfG v. 3.3.2004 – 1 BvF 3/92, BVerfGE 110, 33 (55).

Stellen gefährdet sind[706]. Allerdings sieht das BVerfG die Verwendung unbestimmter Rechtsbegriffe sogar als notwendig an[707]. Denn aufgrund der Vielgestaltigkeit des Steuerrechts kann nicht immer jeder Einzelfall konkret sprachlich definiert werden. Ein Verstoß gegen das Bestimmtheitsgebot liegt jedoch etwa dann vor, wenn Normen aufgrund zu offener Tatbestandsmerkmale unbestimmbar werden. Eine Verletzung des Grundsatzes der Normenklarheit kann auch dann gegeben sein, wenn einzelne unbestimmte Tatbestandsmerkmale zwar noch bestimmbar sind, in der Zusammenschau aber zu einer nicht zu rechtfertigenden Ungenauigkeit führen[708]. Rechtsnormen dürfen insoweit nicht unklar und widersprüchlich bleiben, sodass es dem Normbetroffenen möglich ist, die Rechtslage klar zu erkennen und sein Verhalten daran auszurichten[709]. Dem Gesetzgeber ist es somit grundsätzlich unbenommen, unbestimmte Rechtsbegriffe zu verwenden, wenn die Rechtsprechung sie flexibel auslegen und an zukünftige Entwicklungen anpassen kann[710].

d) Freiheitsrechte und Gestaltungsfreiheit

Im Gegensatz zum allgemeinen Gleichheitssatz, der als Maßstab der Belastungsgleichheit fungiert, bilden die Freiheitsrechte den äußeren Rahmen der zulässigen steuerlichen Belastung[711]. Dem Steuerpflichtigen steht es grundsätzlich offen, seine Verhältnisse so einzurichten, dass sich daraus eine möglichst geringe Steuerlast ergibt[712]. In der Literatur wird diesbezüglich ein Grundrecht auf „steueroptimierende Gestaltung" als Ausprägung der allgemeinen Handlungsfreiheit gem. Art. 2 Abs. 1 GG angeführt[713]. Darunter ist jedoch nicht eine Erweiterung des freiheitlichen Gewährleistungsumfangs des Art. 2 Abs. 1 GG zu verstehen, es handelt sich vielmehr um eine auf das Steuerrecht zugeschnittene terminologische Umschreibung der allgemeinen

706 BVerfG v. 13.6.2007 – 1 BvR 1550/03, 1 BvR 2357/04, 1 BvR 603/05, BVerfGE 118, 168 (188).

707 BVerfG v. 19.4.1978 – 2 BvL 2/75, BVerfGE, 48, 210 (222); v. 10.10.1961 – 2 BvL 1/59, BVerfGE 13, 153 (161).

708 *Pahlke*, in: Pahlke/König, AO, § 3 Rn. 52; vgl. zur Abgrenzung auch *Hey*, in: Tikpe/Lang, Steuerrecht, § 3 Rn. 244.

709 BVerfG v. 7.5.2001 – 2 BvL 1/00, BVerfGE 103, 332 (384); v. 9.4.2003 – 1 BvL 1/01, BVerfGE 108, 52 (75).

710 BVerfG v. 31.5.1998 – 1 BvR 520/83, BVerfGE 78, 214 (226); v. 24.11.1981 – 2 BvL 4/80, BVerfGE 59, 104 (114); v. 21.1.1967 – 1 BvR 169/63, BVerfGE 21, 73 (779 f.); v. 7.7.1971 – 1 BvR 775/66, BVerfGE 31, 255 (264).

711 *Kube/Palm/Seiler*, NJW 2003, 927, 928.

712 BVerfG v. 14.4.1959 – 1 BvL 23, 34/57, BVerfGE 9, 237 (250); BFH v. 19.2.1975 – I R 26/73, BStBl. II 1975, 584; BFH v. 16.1.1992 – V R 1/91, BStBl. II 1992, 541; BFH v. 18.12.1996 – XI R 12/96, BStBl. II 1997, 374; BFH v. 19.10.1999 – IX R 39/99, BStBl. II 2000, 223, 224.

713 Instruktiv *Lenz/Gerhard*, BB 2007, 2429, 2431.

Handlungsfreiheit[714]. Diese subjektive Rechtsposition[715] der Gestaltungsfreiheit erlaubt es dem Steuerpflichtigen, auf legislative Entscheidungen zu reagieren. Das Motiv Steuern zu sparen, stellt dabei allein noch kein missbräuchliches Verhalten dar[716].

Während vorstehende Ausführungen nur die positive Gestaltungsfreiheit des Steuerpflichtigen betreffen, ist es auch denkbar, dass dieser daneben in seiner negativen Gestaltungsfreiheit eingeschränkt wird. Insofern kann auch die Freiheit geschützt sein, nicht zu handeln[717]. Einen solchen Fall könnte man etwa dann in Betracht ziehen, wenn eine neu geschaffene Missbrauchsverhinderungsnorm eine bereits bestehende Gestaltung betrifft. Hier wird sich der Steuerpflichtige regelmäßig dazu veranlasst sehen, ausweichend gestalterisch tätig zu werden[718].

Die in Art. 2 Abs. 1 GG verortete Gestaltungsfreiheit gilt jedoch lediglich als Auffanggrundrecht und ist nur einschlägig, soweit kein spezielleres Freiheitsgrundrecht betroffen ist[719]. Daneben wird die Gestaltungsfreiheit im unternehmerischen Bereich teilweise aus Art. 12 Abs. 1 GG und Art. 14 Abs. 1 GG hergeleitet[720].

Nach Ansicht des BVerfG schützt Art. 14 Abs. 1 GG vor einer übermäßigen Besteuerung (Übermaßverbot)[721]. Eine absolut zahlenmäßig festgelegte Obergrenze existiere freilich nicht. Art. 14 Abs. 1 GG stelle jedoch die Angemessenheit und Zumutbarkeit der Steuerbelastung sicher. Insofern dürfe durch die Besteuerung der wirtschaftliche Erfolg nicht grundlegend beeinträchtigt werden[722].

Unabhängig davon, ob ein Eingriff in die allgemeine oder unternehmerische Gestaltungsfreiheit erfolgt, ist diese – wie im Folgenden dargelegt wird – gleichheitskonform auszugestalten, um den Verhältnismäßigkeitsgrundsatz zu wahren[723].

2. *Steuerumgehung: Gestaltungsfreiheit und verfassungsrechtliche Missbrauchsverhinderungspflicht*

Die Wahrung des Gleichheitssatzes führt dazu, dass die Gestaltungsfreiheit nicht grenzenlos gelten kann. Insbesondere kann sie nicht zur freien Wahl steuerlicher Folgen führen[724]. Durch das Instrument der Steuerumgehung wird versucht, mittels rechtlicher Gestaltungen den Tatbestand eines Steuergesetzes zu vermeiden

---

714 *Gabel*, Verfassungsrechtliche Maßstäbe, S. 214.

715 A.A. *Danzer*, Steuerumgehung, S. 105, nach dem die Gestaltungsfreiheit lediglich logische Folge der Besteuerung bestimmter Sachverhalte ist.

716 *Schwarz*, in: *Schwarz*, AO, § 42 Rn. 10.

717 Vgl. dazu *Horn*, in: Stern/Becker, GG, Art. 2 Rn. 20.

718 *Gabel*, Verfassungsrechtliche Maßstäbe, S. 219.

719 BVerfG v. 16.1.1957 – 1 BvR 253/56, BVerfGE 6, 32 (36 ff.).

720 Vgl. dazu *Gabel*, Verfassungsrechtliche Maßstäbe, S. 215 f.

721 Im Folgenden BVerfG v. 18.1.2006 – 2 BvR 2194/99, BVerfGE 115, 97 (110 ff.).

722 BVerfG v. 18.1.2006 – 2 BvR 2194/99, BVerfGE 115, 97 (117).

723 *Rudolf*, Treaty Shopping und Gestaltungsmissbrauch, S. 48; *Gabel*, Verfassungsrechtliche Maßstäbe, S. 218 f.; vgl. auch *Seer*, in: DStJG 2010, S. 1 (2 f.).

724 *Drüen*, StuW 2008, 154, 156 f.

oder in den Genuss steuerlicher Vergünstigungen zu gelangen. Trotz gleicher wirtschaftlicher Leistungsfähigkeit wird lediglich aufgrund einer speziellen rechtlichen Konstruktion eine niedrigere Steuerbelastung erreicht. Es erfolgt insoweit keine Besteuerung nach der individuellen Leistungsfähigkeit. Dies widerspricht dem Prinzip der Lastengleichheit[725]. Nach *Birk* schadet die Steuerverweigerung des Einzelnen der Solidargemeinschaft der Steuerzahler und dem Gemeinwesen[726]. Insofern müssen der Gestaltungsfreiheit des Steuerpflichtigen Grenzen gesetzt werden[727]. Art. 2 Abs. 1 GG bringt ebenfalls zum Ausdruck, dass der Freiheitsbereich des Einzelnen nur soweit gewährt wird, als der Freiheitsbereich Dritter nicht verletzt wird. Bereits *Hensel* formulierte dies unter dem Prinzip der „Nachbargleichheit“[728]. Insoweit, ist zu berücksichtigen, dass eine gerechte Lastenverteilung auch der Verwirklichung des Sozialstaatsprinzips dient[729]. Dieser Teilaspekt macht umso mehr deutlich, dass Steuerrecht nicht nur Eingriffsrecht, sondern auch Verteilungsrecht darstellt[730].

Im Ergebnis wird die vom Gesetzgeber getroffene Belastungsentscheidung durch die Gestaltung umgangen. Gemäß dem Folgerichtigkeitsgebot ist der Gesetzgeber aufgefordert, diesen Umstand zu korrigieren. Er befolgt insoweit eine verfassungsrechtliche Pflicht zur Missbrauchsverhinderung. Sinn der Missbrauchsverhinderungsvorschriften ist daher nach wohl überwiegender Ansicht zumindest auch die Verwirklichung des Gleichheitssatzes[731] und insoweit auch die Herstellung sozialer Gerechtigkeit[732]. Dem Gesetzgeber obliegt deshalb eine Pflicht zur Herstellung von Lastengleichheit gegenüber den Steuerpflichtigen[733]. Missbrauchskontrolle ist nach dieser Ansicht Ausdruck des Gebots der Steuergerechtigkeit. Auch das BVerfG akzeptiert die Missbrauchsabwehr als Rechtfertigungsgrund einer Ungleichbehandlung[734]. Dieser Rechtfertigungsgrund basiert im Wesentlichen auf der zu Art. 6 Abs. 1 GG entwickelten Judikatur[735] und wird nach heute gefestigter

---

725 Vgl. dazu *Ralf P. Schenke*, StuW 2008, 206, 207; zusammenfassend auch *Gabel*, Verfassungsrechtliche Maßstäbe, S. 50 f.

726 *Birk*, in: FS Spindler, S. 13 ff.

727 Vgl. dazu *Blencke*, Gestaltungsfreiheit, S. 144 ff.

728 *Hensel*, in: Festgabe für Zitelmann, S. 217 (220).

729 Vgl. dazu *Poulakos*, Der Missbrauch von steuerlichen Gestaltungsmöglichkeiten, S. 35 f.

730 *Drüen*, in: FS Kruse, S. 191, 197; vgl. *Weber-Grellet*, StuW 1993, 97, 102 f.

731 *Danzer*, Die Steuerumgehung, S. 24; *Heintzen*, FR 2009, 599, 605; *Drüen*, StuW 2008, 154, 157; *Winkelmann*, Steuerumgehung, S. 41; *Albert*, Abwehr von Steuerumgehung, S. 12 m.w.N; vgl. auch *Schön*, DStJG 33 (2010), S. 29, 59 m.w.N.

732 *Tipke*, Steuerrechtsordnung I, S. 428; vgl. *Poulakos*, Der Missbrauch von steuerlichen Gestaltungsmöglichkeiten, S. 36.

733 *Drüen*, StuW 2008, 154, 158; *Gabel*, StuW 2011, 3, 6 ff.; *dies.*, Verfassungsrechtliche Maßstäbe, S. 50 ff.; vgl. auch BVerfG v. 23.11.1976 – 1 BvR 150/75, BVerfGE 43, 108 (118).

734 Vgl. im Überblick *Gabel*, StuW 2011, 3, 7.

735 Zu Ehegatten-Arbeitsverhältnissen: BVerfG v. 24.1.1962 – 1 BvL 32/57, BVerfGE 13, 290 (315); v. 22.7.1970 – 1 BvR 285/66, BVerfGE 29, 104 (118); v. 24.1.1962 – 1 BvR

Rechtsprechung auch im Rahmen des allgemeinen Gleichheitssatzes anerkannt[736]: In seiner frühen Rechtsprechung ordnete das BVerfG Missbrauchsverhinderungsvorschriften zunächst noch generell als nicht gegen Art. 6 Abs. 1 GG verstoßende Benachteiligung ein[737]. Eine dogmatische Einstufung als Rechtfertigungsgrund erfolgte jedoch nicht. In einer späteren Entscheidung aus dem Jahre 1962 konstituierte es die Missbrauchsverhinderung jedoch ausdrücklich als Rechtfertigungsgrund hinsichtlich einer Benachteiligung nach Art. 6 Abs. 1 GG[738]. Im selben Jahr entwickelte das BVerfG den Missbrauchsverhinderungszweck auch als Rechtfertigungsgrund im Rahmen von Art. 3 Abs. 1 GG: In seinem Judikat zur personenbezogenen Kapitalgesellschaft untersuchte es gewerbesteuerliche Hinzurechnungsvorschriften und führte aus, dass die Verhinderung der Steuerumgehung grundsätzlich als Rechtfertigungsgrund herangezogen werden könne, jedoch das Übermaßverbot zu berücksichtigen sei[739]. Hieraus ergeben sich erste Ansatzpunkte für das heute anerkannte Gebot der Zielgenauigkeit einer Norm als besondere Ausprägung des Verhältnismäßigkeitsgrundsatzes[740]. Diese Rechtsprechungslinie setzt sich bis heute mit unterschiedlichen Konkretisierungen fort[741]. Mithin kann die Gestaltungsfreiheit eingeschränkt werden, wobei der Gesetzgeber jedoch die Schranken-Schranke des Verhältnismäßigkeitsgrundsatzes zu beachten hat.

Teilweise wird eine Missbrauchsverhinderungspflicht auch aus dem Rechtsstaatsprinzip gefolgert[742]. Überzeugender erscheint indes, eine Missbrauchsverhinderungspflicht aus dem allgemeinen Gleichheitssatz herzuleiten, will man erreichen, dass durch Steuerumgehung nicht die Belastungsentscheidung des Gesetzgebers

232/60, BVerfGE 13, 318 (330 f.); zur Ehegattenbenachteiligung bei KVSt: BVerfG v. 10.6.1963 – 1 BvR 345/61, BVerfGE 16, 203 (208 ff.); v. 15.7.1969 – 1 BvL 22/65, BVerfGE 26, 321 (326); zur Pensionsrückstellungen für mitarbeitenden Ehegatten BVerfG v. 22.7.1970 – 1 BvR 285/66 u.a., BVerfGE 29, 104 (118).

736 Zur personenbezogenen Kapitalgesellschaft: BVerfG v. 24.1.1962 – 1 BvR 845/58, BVerfGE 13, 331 (343 f.); zum Gesellschafter-Geschäftsführer BVerfG v. 11.7.1967 – 1 BvR 495/63 u.a., BVerfGE 22, 156 (161); zu Nachtarbeitszuschlägen: BVerfG v. 8.6.1993 – 1 BvL 20/85, BVerfGE 89, 15 (24); zum Oder-Konto: BVerfG v. 7.11.1995 – 2 BvR 802/90, BStBl. II 1996, 34 (36); zur Abfärberegelung: BVerfG v. 15.1.2008 – 1 BvL 2/04, BVerfGE 120, 1 (49); in einer Entscheidung zur personellen Verflechtung bei Betriebsaufspaltung nimmt es auf Art. 3 Abs. 1 i.Vm. Art. 6 Abs. 1 GG Bezug: BVerfG v. 12.3.1985 – 1 BvR 571/81 u.a., BVerfGE 69, 188 (205).

737 BVerfG v. 17.1.1957 – 1 BvL 4/54, BVerfGE 6, 55 (84) – *Haushaltbesteuerung*; v. 14.4.1959 – BvL 23/57, BVerfGE 9, 237 (248) – *Ehegattenbesteuerung*.

738 BVerfG v. 24.1.1962 – 1 BvL 32/57, BVerfGE 13, 290 (315) – *Ehegatten-Arbeitsverhältnisse*.

739 BVerfG v. 24.1.1962 – 1 BvR 845/58, BVerfGE 13, 331 (343 f.).

740 Hierzu sogleich unten S. 127.

741 Vgl. nur BVerfG v. 3.7.1973 – 1 BvR 368/65, BVerfGE 35, 324 (314 f.); v. 8.6.1993 – 1 BvL 20/85, BVerfGE 89/15 (24 f.); v. 30.9.1998 – 2 BvR 1818/91, BVerfGE 99,88 (97).

742 *Hey*, FR 2008, 1033, 1036; zusammenfassend zur dogmatischen Herleitung beider Ansätze vgl. *Gabel*, Verfassungsrechtliche Maßstäbe, S. 54 ff.

unterminiert wird und jeder Steuerpflichtige nach seiner Leistungsfähigkeit besteuert wird[743]. Den Freiheitsgrundrechten der Steuerpflichtigen kann der Gesetzgeber daher Grenzen setzen, wenn dies der Umsetzung des Leistungsfähigkeitsprinzips dient[744]. Insoweit steht der Gesetzgeber vor der Aufgabe, im Wege praktischer Konkordanz zwischen den Freiheitsgrundrechten einerseits und dem Gebot der Gleichmäßigkeit der Besteuerung andererseits abzuwägen und einen möglichst verhältnismäßigen Ausgleich zu schaffen[745].

3. *Rechtfertigung typisierender Missbrauchsverhinderungsvorschriften*

Im Rahmen typisierender Missbrauchsverhinderungsvorschriften kommen neben den zentralen Punkten der Gestaltungsfreiheit, der Missbrauchsverhinderung sowie der Gleichmäßigkeit der Besteuerung weitere verfassungsrechtlich zu berücksichtigende Besonderheiten hinzu. Die verfassungsrechtliche Rechtfertigung einer Missbrauchsverhinderungsnorm ist insofern an den hinter ihr stehenden Zwecken zu orientieren.

a) *Missbrauchsverhinderungszweck*

Im Verhältnis zu der mittlerweile großen Zahl spezialgesetzlicher Missbrauchsverhinderungsnormen finden sich bislang relativ wenige Vorgaben des BVerfG zur verfassungsrechtlich zulässigen Ausgestaltung solcher Vorschriften[746]. Folgt man obiger Darstellung[747], kann zunächst der Missbrauchsverhinderungszweck als legitimer Rechtfertigungsgrund herangezogen werden, zumal dieser in der Judikatur des BVerfG als solcher grundsätzlich anerkannt ist[748]. Zu berücksichtigen ist jedoch, dass allein die gesetzgeberische Intention nicht genügt, sondern sich dieser Zweck auch im Tatbestand der Norm niederschlagen muss, damit im Einzelfall als nichtmissbräuchlich anzusehende Gestaltungen möglichst nicht erfasst werden[749]. Auf Rechtsfolgenseite ist zudem zu berücksichtigen, dass diese sich an der Rechtsfolge einer angemessenen Gestaltung zu orientieren hat.

Bei unechten Missbrauchsverhinderungsvorschriften reicht allein der Missbrauchsverhinderungszweck nicht zur verfassungsrechtlichen Rechtfertigung aus. Allerdings kann er zumindest in einer Gesamtbetrachtung mit anderen Rechtfertigungsgründen zu einer verfassungsrechtlichen Rechtfertigung der Norm führen[750].

---

743 Vgl. dazu auch *Drüen*, in: FS Kruse, S. 191 (196 ff.); *Gabel*, StuW 2011, 3, 6.

744 *Drüen*, in: *Tipke/Kruse*, AO, § 42 Rn. 16; *Hey*, StuW 2008, 167, 174; Umgehungsschutz als Korrektiv der Gestaltungsfreiheit, *Seer*, DStJG 2010, 1, 2.

745 *Drüen*, StuW 2008, 154, 157; vgl. auch *Rudolf*, Treaty Shopping und Gestaltungsmissbrauch, S. 48.

746 Vgl. *Hey*, StuW 2008, 167, 173.

747 S. 116.

748 BVerfG 24.1.1962 – 1 BvL 32/57, BVerfGE 13, 290 (316); BVerfG v. 15.7.1969 – 1 BvL 22/65, BVerfGE 26, 321 (326).

749 *Hey*, StuW 2008, 167, 171.

750 *Gabel*, StuW 2011, 3, 5.

b) *Fiskal- und Lenkungszweck*

Steuern sind zwar primäre Einnahmequellen des Staates, dies rechtfertigt jedoch nicht eine ungleiche Belastung[751]. Aus fiskalischen Gründen dürfen dem Einzelnen keine Sonderopfer auferlegt werden[752]. Allerdings dienen Missbrauchsverhinderungsnormen durch die Verhinderung der Steuerumgehung auch der steuerlichen Lastengleichheit und somit der Verwirklichung des Leistungsfähigkeitsprinzips[753]. Problematisch wird dies nur in Fällen, in welchen aufgrund typisierender Betrachtungsweise auch nicht missbräuchliche Verhaltensweisen erfasst wird. Die Missbrauchsverhinderung dient zwar häufig auch dazu, den Abfluss von Besteuerungssubstrat ins Ausland zu verhindern. Die Heranziehung des Fiskalzwecks als alleiniger Rechtfertigungsgrund genügt jedoch nicht für eine Ungleichbehandlung und wird nach richtiger Ansicht von Schrifttum und Rechtsprechung abgelehnt, da dieser Grund jeglicher Steuererhebung zugrundeliegt[754]. Der Gesetzgeber darf fiskalische Erwägungen nur im Wege einer Tarifanhebung, nicht aber über Sonderopfer Einzelner decken[755].

Lenkungszwecke vermögen hingegen eine Ungleichbehandlung zu rechtfertigen, wenn sie im Tatbestand hinreichend klar zum Ausdruck kommen und dieser hinreichend zielgenau ausgestaltet ist[756]. Bei dem oben genannten Abschreckungseffekt spezieller Missbrauchsverhinderungsnormen ist jedoch zu berücksichtigen, dass er nur bedingt zur Rechtfertigung geeignet ist, weil er mit dem Vereinfachungszweck oder dem Gebot der Bestimmtheit und Normklarheit kollidiert.

c) *Vereinfachungszweck mittels Typisierung*

Zentrales Element typisierender Missbrauchsverhinderungsvorschriften ist der Vereinfachungszweck zur Ordnung von Massenerscheinungen. Der Vereinfachungszweck kollidiert zwar mit dem Leistungsfähigkeitsprinzip, missbräuchliche und nichtmissbräuchliche Sachverhalte gleich zu behandelt. Eine Typisierung steht daher grundsätzlich in einem Spannungsverhältnis mit der individuellen Einzelfallgerechtigkeit und somit mit dem allgemeinen Gleichheitssatz. Ohne weitere Differenzierung greift diese Betrachtung allerdings zu kurz. Denn andererseits dienen Missbrauchsverhinderungsvorschriften sogar in zweierlei Hinsicht der Verwirklichung des allgemeinen

---

751 So etwa BVerfG v. 21.6.2006 – 2 BvL 2/99.

752 *Drüen*, StuW 2008, 3, 12.

753 *Drüen*, StuW 2008, 154, 156.

754 *Gabel*, Verfassungsrechtliche Maßstäbe, S. 131; *Albert*, Abwehr von Steuerumgehungen, S. 56 f.; *Hey*, StuW 2008, 167, 172; *Drüen*, StuW 2008, 3, 12; *Musil/Volmering*, DB 2008, 12, 14 f.; BVerfG v. 9.12.2008 – 2 BvL 1/07 u.a.; BVerfGE 122, 210 (233); BVerfG v. 21.6.2006 – 2 BvL 2/99, BVerfGE 116, 164 (182); v. 17.1.1957 – 1 BvL 4/54, BVerfGE 6, 55, (80).

755 *Tipke*, BB 2007, 1525, 1528; zustimmend *Drüen*, StuW 2008, 3, 12.

756 BVerfG v. 7.11.2006 – 1 BvL 10/02, BVerfGE 117, 1 (34 f.); instruktiv *Gabel*, Verfassungsrechtliche Maßstäbe, S. 131 ff.

Gleichheitssatzes. Zum einen muss berücksichtigt werden, dass durch überkomplizierte Gesetze, die jeden Einzelfall berücksichtigen, ein unverhältnismäßiger Verwaltungsaufwand entstehen kann, der möglicherweise bis zur Undurchführbarkeit der Steuergesetze führt. Es ist somit nicht möglich, das Leistungsfähigkeitsprinzip wie auch das objektive Nettoprinzip in Reinform zu realisieren[757]. Resultierend daraus wäre die Rechtsanwendungsgleichheit kaum gewahrt. Diesbezüglich dienen Typisierungen durch ihren Vereinfachungszweck dem allgemeinen Gleichheitssatz[758]. Zum anderen realisieren sie die Gleichmäßigkeit der Besteuerung insoweit, als sie eine unberechtigte Inanspruchnahme von Steuervorteilen verhindern und der umgangenen Belastungsentscheidung Geltung verschaffen. Überdies wird man es auch als rechtsstaatliche Pflicht des Gesetzgebers ansehen müssen, die Vollzugsfähigkeit der Steuergesetze zu gewährleisten[759]. Insbesondere an dieser Schnittstelle zeigt sich die Doppelfunktionalität des allgemeinen Gleichheitssatzes, der einerseits mit der Missbrauchsverhinderungspflicht eine Begründungsfunktion und andererseits im Rahmen der Verhältnismäßigkeitsprüfung eine Begrenzungsfunktion hinsichtlich der Besteuerung besitzt[760].

Auch das BVerfG sieht Regelungen zum Zweck der Verwaltungsvereinfachung grundsätzlich als gerechtfertigt an[761]. Voraussetzung dafür ist, dass ein realitätsgerechter Durchschnittsfall zugrunde gelegt wird[762]. Zudem muss eine Typisierung durch den Verhältnismäßigkeitsgrundsatz begrenzt werden, darf also nicht außer Verhältnis zu der mit der Typisierung verbundenen Ungleichbehandlung stehen[763]. Die spezielle Missbrauchsvermeidungsvorschrift darf nicht über die in der umgangenen Grundnorm getroffenen Belastungsentscheidung hinausgehen. Die Missbrauchsverhinderungsvorschrift muss sich daher am Zweck der umgangenen Norm orientieren, um überschießende Rechtsfolgen zu vermeiden. Gegebenenfalls wird man den Wortlaut der Vorschrift am Zweck der Missbrauchsverhinderung auslegen müssen[764].

Zudem stellt sich bezüglich des Vereinfachungszwecks das bereits oben genannte Problem der hohen Komplexität spezieller Missbrauchsverhinderungsvorschriften. Diese sollen zwar der Rechts- und Planungssicherheit dienen. Allerdings können sie dies nur leisten, wenn sie klar und verständlich formuliert sind und den Vereinfachungszweck nicht konterkarieren. Insofern wird sich der Gesetzgeber am

---

757 *Drüen*, StuW 2008, 3, 13.

758 Vgl. im Allgemeinen *Isensee*, StuW 1994, 3, 9 f.

759 *Osterloh*, Gesetzesbindung und Typisierungsspielräume, S. 43 f.

760 *Gabel*, Verfassungsrechtliche Maßstäbe, S. 95 f.

761 BVerfG v. 8.10.1991 – 1 BvL 50/86, BVerfGE 84, 348 (359); v. 10.4.1997 – 2 BvL 77/92, BVerfGE 96, 1 (6 f.); v. 11.11.1998 – 2 BvL 10/95, BVerfGE 99, 280 (290); v. 20.4.2004 – 1 BvR 1748/99, 905/00, BVerfGE 110, 274 (292); v. 21.6.2006 – 2 BvL 2/99, BVerfGE 116, 116 (182 f.); v. 12.10.2010 – 1 BvL 12/07, BVerfGE 127, 224 (253 ff.).

762 BVerfG v. 20.12.1966 – 1 BvR 320/57, BVerfGE 21, 12 (27).

763 Vgl. dazu auch *Pahlke*, in: Pahlke/König, AO, § 3 Rn. 65.

764 So *Hey*, StuW 2008, 167, 175.

Gebot der Zielgenauigkeit festhalten lassen müssen[765], worauf im Folgenden näher eingegangen wird.

d) *Zielgenauigkeit als grundlegendes Gebot spezialgesetzlicher Missbrauchsverhinderungsvorschriften*

In der Zusammenschau ist zu konstatieren, dass sich im Bereich spezialgesetzlicher Missbrauchsvorschriften verschiedene verfassungsrechtliche Prinzipien und grundrechtliche Positionen kreuzen, die in einen angemessenen Ausgleich zueinander gebracht werden müssen. Einerseits erfolgt ein Eingriff in die steuerliche Gestaltungsfreiheit. Andererseits existieren für die Rechtfertigung spezialgesetzlicher Missbrauchsverhinderungsvorschriften gewichtige Gründe. Diese sind der Missbrauchsverhinderungszweck, der zugleich der Gleichmäßigkeit der Besteuerung und der Durchsetzung der legislativen Belastungsentscheidung (unselbstständige Fiskalzwecknormen) dient, sowie der durch Typisierung verfolgte Vereinfachungszweck. In dieser Hinsicht ist grundsätzlich anerkannt, dass Ungleichbehandlungen unvermeidbar und hinzunehmen sind, wenn sich die Norm zugleich in gewissem Maß auf nicht durch Missbrauch gekennzeichnete Fälle erstreckt[766].

Aus dem oben Gesagten ergibt sich, dass grundsätzlich eine überschießende Tendenz spezieller Missbrauchsvorschriften sowohl auf Tatbestands- als auch auf Rechtsfolgenseite zu vermeiden ist. Nur so können Missbrauchsverhinderungs- und Vereinfachungszweck als Rechtfertigungsgründe durchgreifen. Insofern sind Missbrauchsbekämpfungsnormen am sog. „Gebot der Zielgenauigkeit“ zu messen[767]. Zum einen ist im Rahmen des Tatbestandes zu beachten, dass dieser auf einen typischen missbrauchsgefährdeten Bereich abzielen muss. Andernfalls würde der Missbrauchsverhinderungszweck konterkariert. Das gesetzliche Leitbild der Typisierung muss sich am realitätsgerecht abgebildeten Durchschnittsfall orientieren und darf kein atypischer Fall sein[768]. Insoweit sollten die als nicht missbräuchlich einzustufende Gestaltung möglichst nicht vom Tatbestand der Norm erfasst werden[769], was jedoch aus Vereinfachungsgründen in gewissen Grenzen hingenommen wird. Zum anderen muss zwar einerseits die Rechtsfolge der Steuerumgehung beseitigt werden,

765 Vgl. etwa BVerfG v. 30.9.1998 – 2 BvR 1818/91, BVerfGE 99, 88 (97, 99); BVerfG v. 7.11.2006 – 1 BvL 10/02, BVerfGE, 117, 1 (14 ff.).

766 BVerfG v. 21.6.2006 – 2 BvL 2/99, BVerfGE 116, 116 (182 f.); 10.4.1997 – 2 BvL 77/92, BVerfGE 96, 1 (6 f.); v. 20.12.1966 – 1 BvR 320/57, 70/63; BVerfGE 21, 12 (27).

767 BVerfG v. 24.1.1962 – 1 BvR 845/58, BVerfGE 13, 331 (344 f.); v. 8.6.1993 – 1 BvL 20/85, BVerfGE 89, 15 (24 f.); v. 30.9.1998 – 2 BvR 1818/91, BVerfGE 99, 88 (97); v. 7.11.2006 – 1 BvL 10/02, BVerfGE 117, 1 (34 f.); in der Literatur: Hey, FR 2008, 1033, 1037; dies., StuW 2008, 167, 178; zur Zielgenauigkeit vgl. auch *Ralf P. Schenke*, in: K/S/M, EStG[236], § 4h Rn. A 174.

768 BVerfG v. 17.11.2009 – 1 BvR 2192/05, BVerfGE 125, 1 (37); v. 21.6.2006 – 2 BvL 2/99, BVerfGE 116, 164 (183).

769 *Gabel*, StuW 2011, 3, 11.

andererseits darf die Rechtsfolge der Missbrauchsvorschrift nicht weitergehen, als diejenige, die eine angemessene Gestaltung auslösen würde (Rechtsfolgenseite)[770]. Das Ziel, die Herstellung der umgangenen Rechtsfolge, muss im Fokus stehen. Insbesondere im Hinblick auf die Typisierung wird sich die konsequente Einhaltung der Zielgenauigkeit kaum erreichen lassen. Insofern ließe sich das Gebot der Zielgenauigkeit auch als besondere Ausprägung des Verhältnismäßigkeitsgrundsatzes bezeichnen. Im Rahmen der Verhältnismäßigkeit muss dann eine umfassende Abwägung der steuerlichen Vorteile auf der einen Seite und der damit verbundenen Ungleichheit auf der anderen Seite vorgenommen werden[771].

e) Die Widerleglichkeit der Missbrauchsvermutung als Aspekt der Verhältnismäßigkeit

Werden durch die vorgenommene Typisierung auch Gestaltungen erfasst, die nicht durch Missbrauch gekennzeichnet sind, trifft dies den Steuerpflichtigen besonders dann, wenn die Missbrauchsvermutung unwiderleglich ausgestaltet ist (materielle Typisierung). Insofern ist der Aspekt der Gegenbeweismöglichkeit im Rahmen der Verhältnismäßigkeit zu berücksichtigen[772].

Allerdings wird teilweise auch die Zulässigkeit einer unwiderleglichen Vermutung bejaht[773]. Die Unwiderleglichkeit ließe sich möglicherweise durch den Vereinfachungszweck der typisierenden Spezialnorm rechtfertigen. Allerdings vermag dies insoweit nicht zu überzeugen, als die Finanzverwaltung sich ohnehin mit dem Tatsachenvortrag des Steuerpflichtigen auseinandersetzen muss, wodurch bereits ein Verwaltungs- und Vollzugsaufwand entsteht[774].

Überwiegend wird ein sog. subjektiver Motivtest gefordert[775]. Daran ist jedoch problematisch, dass die Exkulpation durch innere Tatsachen erfolgen soll und diese von außen nur schwer zu ermitteln sind. Insofern ist es notwendig, dass solche Absichten, Vorhaben oder Vorstellungen[776] durch objektiv nachvollziehbare Gegebenheiten nachgewiesen werden können. Eine solche objektiv ausgestaltete Exkulpationsmöglichkeit gestattet es dem Steuerpflichtigen, anhand gesetzlich vorgegebener objektiver Merkmale nachzuweisen, dass die Steuerersparnis nicht Hauptmotiv der Gestaltung

---

770 *Hey,* StuW 2008, 167, 175.

771 BVerfG v. 17.11.2009 – 1 BvR 2192/05, BVerfGE 125, 1 (37); v. 20.12.1966 – 1 BvR 320/57, 70/63; BVerfGE 21, 12 (27).

772 *Drüen,* StuW 2008, 3, 13; instruktiv *Gabel,* Verfassungsrechtliche Maßstäbe, S. 183 ff.; die Unwiderleglichkeit bereits als nicht erforderlich im Rahmen der Verhältnismäßigkeit ansehend *Albert,* Abwehr von Steuerumgehungen, S. 62.

773 *Wendt,* DStJG 2010, 117, 133; kritisch *Hey,* DStJG 2010, 139, 164 ff.; *Rudolf,* Treaty Shopping und Gestaltungsmissbrauch, S. 129 f.; *Kirchhof,* StuW 2000, 316, 320; kritisch *Gabel,* Verfassungsrechtliche Maßstäbe, S. 183.

774 *Gabel,* Verfassungsrechtliche Maßstäbe, S. 185 f.

775 Vgl. dazu *Dötsch,* FR 2007, 589, 590 f.

776 *Dötsch,* FR 2007, 589, 590.

ist. Nach *Gabel* ist für einen objektiv ausgestalteten Motivtest zu fordern, dass er eine realistische Chance zu Exkulpation bietet sowie nicht als verdeckte und unverhältnismäßige Beweislastumkehr instrumentalisiert wird[777]. Dafür sei es notwendig, dass der Steuerpflichtige Einfluss auf die Nachweisführung nehmen kann und ihm diese mit angemessenem Aufwand möglich ist. Insbesondere sei es unverhältnismäßig, wenn dem Steuerpflichtigen das Risiko eines non liquet bezüglich steuererhöhender Tatsachen aufgebürdet werde. Etwas anderes könne nur für den Fall gelten, wenn die darzulegenden Umstände derart in der Sphäre des Steuerpflichtigen verhaftet seien, dass diesem gewissermaßen ein „Zugangsmonopol" zukomme[778].

Selbst wenn man von der Zulässigkeit einer unwiderleglichen Vermutung ausgeht, muss in jedem Falle im Verhältnis zu der damit verbundenen Ungleichbehandlungen abgewogen werden[779]. Gerade bei unwiderleglichen Vermutungen legt das BVerfG einen strengen Maßstab an[780]. Insofern ist auf den Grad der Typisierung abzustellen. Je gröber die jeweilige Norm typisiert, desto mehr muss dem Steuerpflichtigen die Möglichkeit zur Erbringung eines Gegenbeweises eingeräumt werden, um dem Verhältnismäßigkeitsgrundsatz gerecht zu werden[781].

f) Billigkeitsmaßnahmen aus verfassungsrechtlichen Gründen

Die Bewertung der Verfassungsmäßigkeit typisierender Normen kann zudem davon abhängen, ob unbillige Ergebnisse durch die Möglichkeit von Steuererlassen in Härtefällen gem. §§ 163, 227 AO korrigiert werden können[782]. Eine solche Billigkeitsmaßnahme aus verfassungsrechtlichen Gründen kommt jedoch nur dann in Betracht, wenn die unbillige Härte den Ausnahmefall darstellt, nicht wenn die betroffene Norm typischerweise Grundrechte verletzt[783].

II. Verfassungskonforme Auslegungsmöglichkeiten des § 50d Abs. 3 EStG

Als echte typisierende Missbrauchsverhinderungsvorschrift ist danach zu fragen, inwieweit durch § 50d Abs. 3 EStG und die durch ihn vorgenommene Typisierung in die freiheits- sowie gleichheitsrechtlichen Positionen des Steuerpflichtigen eingegriffen wird bzw. grundlegende steuerrechtliche Prinzipien verletzt werden und ob sich die Norm dabei noch im Rahmen des Verhältnismäßigkeitsgrundsatzes bewegt.

---

777 Im Folgenden *Gabel*, Verfassungsrechtliche Maßstäbe, S. 191 f.

778 *Gabel*, Verfassungsrechtliche Maßstäbe, S. 193.

779 *Rudolf*, Treaty Shopping und Gestaltungsmissbrauch, S. 129 f.

780 BVerfG v. 20.12.1966 – 1 BvR 320/57, BVerfGE 21, 12 (27).

781 *Gabel*, Verfassungsrechtliche Maßstäbe, S. 188; *Hey*, DStJG 2010, 139, 168 f.

782 BVerfG v. 22.5.1963 – 1 BvR 78/59, BVerfGE 16, 147 (177); v. 28.1.1970 – 1 BvL 4/67, BVerfGE 27, 375 (385); v. 13.10.1971 – 1 BvL 10/69, BVerfGE 32, 78 (86); v. 5.4.1978 – 1 BvR 117/73, BVerfGE 48, 102 (114); instruktiv *Bopp*, DStR 1977, 215.

783 *W.-R. Schenke*, in: FS Armbruster, S. 177 (205).

1. *Kollision der in § 50d Abs. 3 EStG enthaltenen Typisierung mit verfassungsrechtlichen Vorgaben*

a) Typisierungswirkung

Sind die Voraussetzungen des § 50d Abs. 3 EStG gegeben, wird eine Umgehungsgestaltung angenommen mit der Folge, dass die Entlastungsansprüche aus § 50d Abs. 1 bzw. Abs. 2 EStG versagt werden. In der Praxis verstärkt sich diese Typisierung durch die von der Finanzverwaltung zur Aufteilungsklausel vertretenen Auffassung: Die Anwendung der gesellschaftsbezogenen Aufteilungsmethode und der daraus resultierenden fixen Entlastungsquote führt dazu, dass § 50d Abs. 3 EStG wie eine „starre" Missbrauchsklausel wirkt. Dies führt im Ergebnis zu einer Quotelung des Missbrauchs, indem unschädliche Erträge quotal umqualifiziert werden. Es werden insofern in erheblichem Maße auch nichtmissbräuchliche Fälle als missbräuchliche typisiert. Insgesamt ergibt sich aus der Aufteilungsklausel somit eine deutlich überschießende Tendenz. Eine weitere Verschärfung der Typisierung erfolgt durch das Fehlen einer ausdrücklich normierten Gegenbeweismöglichkeit.

b) Verletzung freiheitsrechtlicher Positionen

Durch die teilweise oder gänzliche Versagung des Entlastungsanspruchs nach § 50d Abs. 1 und Abs. 2 EStG greift § 50d Abs. 3 EStG in die steuerliche Gestaltungsfreiheit ein. Das Bemühen des Steuerpflichtigen seine tatsächlichen und rechtlichen Verhältnisse so einzurichten, dass sich eine möglichst geringe Steuerlast ergibt[784], wird steuerrechtlich nicht anerkannt.

Unabhängig davon, ob konkret ein Eingriff in die steuerliche Gestaltungsfreiheit vorliegt, kann ein solcher jedoch durch das Gebot der Gleichmäßigkeit der Besteuerung grundsätzlich gerechtfertigt sein. Denn die Verhinderung der Steuerumgehung als Zweck des § 50d Abs. 3 EStG dient der Herstellung der Lastengleichheit im Steuerrecht[785]. Durch die missbräuchliche Zwischenschaltung einer ausländischen Gesellschaft wird die vom Gesetzgeber getroffene Belastungsentscheidung umgangen. Dieser kommt seiner aus Art. 3 Abs. 1 GG abgeleiteten Pflicht nach, den Missbrauch zu bekämpfen. In Ermangelung spezifischer verfassungsrechtlicher Vorgaben ist dem Gesetzgeber grundsätzlich ein weiter Beurteilungsspielraum einzuräumen[786]. Insofern wären die grundrechtlichen Positionen im Wege der praktischen Konkordanz in einen angemessenen Ausgleich zu bringen.

---

784 BVerfG v. 14.4.1959 – 1 BvL 23/57, BVerfGE 9 237 (250); BFH v. 18.7.2011 – I R 48/97, BB 2001, 2308, 2310.

785 *Danzer*, Die Steuerumgehung, S. 24; *Heintzen*, FR 2009, 599, 605; *Drüen*, StuW 2008, 154, 157; *Winkelmann*, Steuerumgehung, S. 41; *Albert*, Abwehr von Steuerumgehung, S. 12 m.w.N.

786 Vgl. *Hey*, DStJG 2010, 139, 170 m.w.N; zur Rechtsprechung vgl. etwa BVerfG v. 9.7.1969 – 2 BvL20/65, BVerfGE 26, 302 (310).

Überdies führt § 50d Abs. 3 EStG nicht zu einer in Art. 12 Abs. 1 GG bzw. Art. 14 Abs. 1 GG eingreifenden verfassungswidrigen Erdrosselungssteuer. Eine solche erdrosselnden Wirkung, die dazu führt, dass die Ergebnisse der Erwerbstätigkeit als wirtschaftlich sinnlos erscheinen[787], lässt sich nicht erkennen.

c) *Gleichheitsverstöße*

Der Gleichheitssatz verlangt vom Gesetzgeber wesentlich Gleiches gleich und wesentlich Ungleiches ungleich zu behandeln[788]. Daraus ergibt sich zwar einerseits die Verpflichtung, Missbrauch zu unterbinden, andererseits begrenzt der allgemeine Gleichheitssatz jedoch auch den Gestaltungsspielraum des Gesetzgebers[789]. Die in § 50d Abs. 3 EStG erfolgte Typisierung führt teilweise dazu, auch nichtmissbräuchliche Sachverhalte als missbräuchlich einzustufen. Dies geschieht zum einem durch die allgemeine Vermutungswirkung. Zum anderen wird dies im Wege der durch die Aufteilungsklausel bedingten Umqualifizierung von unschädlichen Erträgen bei Anwendung der gesellschaftsbezogenen Aufteilungsmethode bewirkt. Insbesondere in Fällen, in denen die Zwischengesellschaft schädliche Erträge lediglich aus Drittstaaten erzielt, welche die aus Deutschland zufließenden unschädlichen Erträge infizieren, liegt aus deutscher Sicht insofern kein zu bekämpfender Missbrauch vor. Es erfolgt somit ein Eingriff sowohl in das Leistungsfähigkeits- als auch in das Folgerichtigkeitsprinzip, indem von dem mit der Vorschrift verfolgten Ziel der Missbrauchsverhinderung abgewichen wird[790]. Die überschießende Tendenz des § 50d Abs. 3 EStG muss sich folgerichtig am Missbrauchsverhinderungszweck orientieren und bedarf der Rechtfertigung. Insoweit zeichnet sich hier sehr deutlich das Spannungsfeld der Doppelfunktionalität des allgemeinen Gleichheitssatzes ab. Zum einen lässt sich ihm zwar eine Missbrauchsverhinderungspflicht entnehmen. Zum anderen dient er jedoch auch der Begrenzung der Missbrauchsverhinderung im Rahmen des Verhältnismäßigkeitsgrundsatzes, indem diese wiederum nicht zu einer übermäßigen Ungleichbehandlung führen darf.

2. *Rechtfertigung unter Zugrundelegung der gesellschaftsbezogenen Aufteilungsmethode*

Vorweggenommen sei, dass – wie bereits im Rahmen der Analyse der Aufteilungsklausel angedeutet[791] – es für die Vereinbarkeit mit höherrangigem Recht als wesentlich anzusehen ist, welche Aufteilungsmethode für die Berechnung der schädlichen Einkünfte zugrundegelegt wird. Geprüft wird zunächst, ob die von der Finanzverwaltung

787 Vgl. BVerfG v. 8.4.1997 – BvR 48/92, BVerfGE 95, 267 (300); v. 11.10.1977 – 1 BvR 343/73 u.a., BVerfGE 47, 1 (37 ff.).
788 BVerfG v. 23.10.1951 – 2 BvG 1/51, BVerfGE 1, 14 (52).
789 BVerfG v. 30.9.1998 – 2 BvR 1818/91, BVerfGE 99, 88 (95 ff.).
790 Vgl. *Schnitger/Gebhardt*, ISR 2013, 202, 203.
791 Siehe oben S. 97 ff.

vertretene gesellschaftsbezogene Aufteilungsmethode einer verfassungsrechtlichen Rechtfertigung zugänglich ist.

a) Mögliche in Betracht kommende Rechtfertigungsgründe

(1) Missbrauchsbekämpfungszweck

§ 50d Abs. 3 EStG verfolgt in erster Linien einen Missbrauchsverhinderungszweck. Denn durch seine Anwendung werden rechtliche Gestaltungen zur Erlangung von Richtlinien- und Abkommensvergünstigung nicht anerkannt bzw. die entsprechenden Vergünstigungen ganz oder teilweise versagt.

(2) Vereinfachungszweck

Durch die Typisierung ist der Vorschrift ebenfalls grundsätzlich ein Vereinfachungszweck immanent.

(3) Fiskalzweck: Sicherung des deutschen Steuersubstrats

Ob § 50d Abs. 3 EStG einen eigenständigen Fiskalzweck verfolgt[792], lässt sich den Gesetzesmaterialien nicht eindeutig entnehmen. Aber selbst wenn die Norm einen Fiskalzweck – hier in Form der Sicherung des deutschen Steuersubstrates – besitzt, kann dieser, wie bereits oben dargestellt, grundsätzlich nicht als alleiniger Rechtfertigungsgrund einer Ungleichbehandlung herangezogen werden. Im Zusammenhang mit der Intention der Missbrauchsverhinderung, die dazu dient, eine bestehende Belastungsentscheidung durchzusetzen, verfolgt die Vorschrift jedenfalls auch einen Fiskalzweck.

(4) Lenkungszweck in Wege der Abschreckung

Möglicherweise kann der Norm auch ein Lenkungszweck zugesprochen werden, indem sie dazu führt, dass bereits im Vorfeld Umgehungsstrategien seitens der Steuerpflichtigen unterlassen werden. Der im Wege einer relativ kompliziert ausgestalteten Norm geschaffene Abschreckungseffekt als Lenkungszweck vermag hingegen weniger zu überzeugen. Denn je komplizierter die Norm ausgestaltet ist, desto eher wird der durch die Typisierung verfolgte Vereinfachungszweck konterkariert. Zudem kommt dieser Lenkungszweck auch nicht in den Gesetzesmaterialien zum Ausdruck.

b) Verhältnismäßigkeit

Für eine Rechtfertigung bedarf es daher eines angemessenen Verhältnisses zwischen Ungleichbehandlung und den rechtfertigenden Gründen der Missbrauchsverhinderung und Verwaltungsvereinfachung[793]. Zunächst ist jedoch die Legitimität der

792 In diese Richtung etwa BT-Drucks. 12/5630, S. 2.
793 BVerfG v. 30.5.1990 – 1BvL 2/83; BVerfGE 82, 126 (146).

Regelungsziele sowie die Geeignetheit und Erforderlichkeit der Ungleichbehandlung zu prüfen.

Heranzuziehen sind hier der Vereinfachungszweck und der Missbrauchsverhinderungszweck. Wie oben gezeigt, sind diese grundsätzlich als legitime Ziele anzusehen.

Nach ständiger Rechtsprechung des BVerfG ist ein Gesetz dann geeignet, wenn damit die verfolgten Zwecke gefördert werden können[794]. Dabei kommt dem Gesetzgeber ein weiter Beurteilungs- und Prognosespielraum zu[795]. Dies bedeutet für § 50d Abs. 3 EStG, dass zum einen missbräuchliche Verhaltensweisen tatbestandlich von der Norm erfasst (Missbrauchsverhinderungszweck) und zum anderen der Verwaltungsvollzug erleichtert (Vereinfachungszweck) werden müssen. Voraussetzung ist zunächst, dass überhaupt ein Bedürfnis nach Missbrauchsverhinderung und Verwaltungsvereinfachung besteht[796]. Eine Missbrauchsgefahr besteht tatsächlich in Form der Erschleichung von Abkommens- und Richtlinienvergünstigungen. Zudem erschweren sowohl komplizierte rechtliche Konstruktionen als auch die Ermittlungsproblematik bei grenzüberschreitenden Sachverhalten den Steuervollzug und- zugriff nicht nur unerheblich. Ein Missbrauchsverhinderungs- und Vereinfachungsbedürfnis besteht insoweit. Durch § 50d Abs. 3 EStG und die vorgenommene Typisierung werden die Zwecke somit jedenfalls gefördert.

Im Rahmen der Erforderlichkeit ist der Gesetzgeber dazu angehalten, sowohl auf Tatbestands- als auch auf Rechtsfolgenseite das mildeste unter gleich effektiven Mitteln zu wählen[797]. Ob diesbezüglich tatsächlich mildere und gleich effektive Alternativkonzepte existieren, erscheint äußerst fraglich. Schon die Entstehungsgeschichte des § 50d Abs. 3 EStG zeigt, wie schwierig es ist, eine zielgenaue und verhältnismäßige Vorschrift zu schaffen. Insoweit wird man dem Gesetzgeber einen beträchtlichen Gestaltungsspielraum zugestehen müssen[798]. Zudem wird im Gebot der Zielgenauigkeit eine bereichsspezifische Konkretisierung der Erforderlichkeit gesehen[799]. Im Folgenden ist daher Zielgenauigkeit und Angemessenheit des § 50d Abs. 3 EStG zu prüfen.

---

794 BVerfG v. 16.3.1971 – 1 BvR 52/66, BVerfGE 30, 292 (316); v. 16.3.2004 – 1 BvR 1778/02, BVerfGE 110, 141 (164).

795 BVerfG v. 28.3.2006 – 1 BvR 1054/01, BVerfGE 115, 276 (308); v. 11.7.2006 – 1BvL 4/00, BVerfGE 116, 202 (224).

796 Vgl. *Gabel*, Verfassungsrechtliche Maßstäbe, S. 141.

797 BVerfG v. 16.3.1971 – 1 BvR 52/66, BVerfGE 30, 292 (316); v. 16.3.2004 – 1 BvR 1778/02, BVerfGE 110, 141 (164); v. 12.4.2005 – 2 BvR 1027/02, BVerfGE 113, 29 (53); vgl. auch *Gabel*, Verfassungsrechtliche Maßstäbe, S. 146.

798 Ähnlich argumentierend *Ralf P. Schenke*, in: K/S/M, EStG[236], § 4h, Rn. A 183.

799 Siehe dazu *Gabel*, Verfassungsrechtliche Maßstäbe, S. 146 ff. m.w.N.

(1) Ungleichbehandlung und Typisierung

Einerseits erfolgt durch die überschießende Tendenz des § 50d Abs. 3 EStG ein Ungleichbehandlung. Dadurch wird das Prinzip der Besteuerung nach der wirtschaftlichen Leistungsfähigkeit verletzt. Andererseits dient die Typisierung wegen des Zwecks der Steuerumgehungsbekämpfung und der Vereinfachung gerade der Herstellung der Besteuerung nach der wirtschaftlichen Leistungsfähigkeit. Wie bereits dargestellt, ist der Gesetzgeber sogar aus Art. 3 Abs. 1 GG zur Missbrauchsbekämpfung verpflichtet[800].

Eine aus Typisierung resultierende Ungleichbehandlung kann bei Vorliegen gewichtiger Gründe grundsätzlich gerechtfertigt sein[801]. Voraussetzung ist jedoch, dass der Gesetzgeber keinen atypischen Fall als Leitbild wählt, sondern einen realitätsgerechten Durchschnittsfall zugrunde legt[802]. Insofern muss die Vorschrift möglichst zielgenau am Missbrauchsverhinderungszweck ausgerichtet sein.

Zwar ist es Ziel der Vorschrift, die missbräuchliche Zwischenschaltung von ausländischen Gesellschaften zur Steuerumgehung im Inland zu verhindern. Infolge der gesellschaftsbezogenen Aufteilungsmethode führt die Vorschrift allerdings zu einem quotalen Missbrauch, unabhängig davon, ob aus Deutschland schädliche Erträge zufließen. Insofern wird die Zwischenschaltung der Gesellschaft im Verhältnis zu deutschen Erträgen als missbräuchlich eingestuft, obwohl ein solcher gar nicht vorliegt. Somit wird ein Teil der Erträge pauschal als missbräuchlich bewertet, obwohl die Zwischenschaltung nicht zur Erlangung eines Steuervorteils in Deutschland erfolgt.

Erschwerend kommt hinzu, dass zur Erreichung einer Entlastung sodann die zweite Entlastungsberechtigung herangezogen werden muss, für die wegen der in ihr enthaltenen „oder"-Verknüpfung erhöhte Anforderungen gelten[803]. Für eine Entlastung der ausländische Gesellschaft müssen kumulativ sowohl wirtschaftliche oder sonst beachtliche Gründe für die Zwischenschaltung vorliegen als auch die Teilnahme am allgemeinen Wirtschaftsverkehr mit einem dem Geschäftszweck angemessenen eingerichteten Geschäftsbetrieb gegeben sein. Anders gewendet: Bereits bei Vorliegen eines der Tatbestandsmerkmale ist ein Missbrauch gegeben. Eine weitere Verschärfung tritt durch die restriktive Auslegung der zweiten sachlichen Entlastungsberechtigung durch die Finanzverwaltung hinzu, die in der Regel nur selten eine Entlastung zulässt[804].

Die durch die gesellschaftsbezogene Aufteilungsmethode bedingte starre Missbrauchsklausel bewirkt, dass sich § 50d Abs. 3 EStG nicht mehr auf den

800 S. 114 f.

801 Vgl. nur BVerfG v. 4.12.2002 – 2 BvR 400/98, 1735/00, BVerfGE 107, 27 (48); v. 11.11.1998 – 2 BvL 10/95, BVerfGE 99, 280 (290).

802 BVerfG v. 9.12.2008 – 2 BvL 1/07 u.a.; BVerfGE 122, 210 (233); v. 15.1.2008 – 1 BvL 2/04; BVerfGE 120, 1 (30).

803 Vgl. *Wagner*, in: Blümich, EStG/KStG/GewStG[115], § 50d EStG Rn. 71.

804 Siehe oben S. 91 ff.

realitätsgerechten Durchschnittsfall bezieht. Vielmehr wird eine Vielzahl von nichtmissbräuchlichen Gestaltungen erfasst. Auch der Steuervorteil, der auf eine nichtmissbräuchliche Gestaltung zurückzuführen ist, wird somit zumindest teilweise eliminiert. Regelmäßig kann so – auch bei nichtmissbräuchlichen Gestaltungen – nur eine anteilige Entlastung erreicht werden. Eine zielgenaue Ausrichtung am Missbrauchsverhinderungszweck ist unter diesen Umständen nicht gegeben. Die Verhinderung von typischen Treaty-/Directive-Shopping-Gestaltungen liegt gerade nicht mehr im Fokus der Norm. Es handelt sich insofern um eine über den Missbrauchsverhinderungszweck, das heißt über die Wiederherstellung einer bereits getroffenen Belastungsentscheidung hinausgehende selbständige Belastungsentscheidung.

Weiterhin können so auch die mit der Missbrauchsverhinderung notwendigerweise verbundenen fiskalischen Ziele als Rechtfertigungsgrund in den überwiegenden Anwendungsfällen des § 50d Abs. 3 EStG nicht durchgreifen. Denn wendet man die Vorschrift auf eine Zwischengesellschaft an, die zwar schädliche Erträge aus Drittstaaten bezieht, aus Deutschland jedoch nur unschädliche, so werden die inländischen Erträge durch die Drittstaatenerträge infiziert. In diesen Fällen ergibt sich aus deutscher Sicht jedoch weder eine zu bekämpfende Steuerumgehung noch eine Aushöhlung des deutschen Besteuerungsrechts durch Abfluss von Besteuerungssubstrat.

Auch ein möglicher Vereinfachungszweck vermag einen Eingriff nicht zu rechtfertigen. Insoweit geht die Norm bereits über das zur Missbrauchsverhinderung Erforderliche hinaus, muss jedoch in jedem Fall als unangemessene Ungleichbehandlung angesehen werden. Die Quotelung des Missbrauchs – wie sie durch die gesellschaftsbezogene Aufteilungsmethode hervorgerufen wird – führt dazu, dass es äußerst fraglich erscheint, ob in diesem Fall überhaupt noch von einer Missbrauchsverhinderungsnorm gesprochen werden kann. Verstärkt wird dieser Effekt außerdem bei mehrstöckigen Beteiligungsstrukturen. Wie erörtert[805] ist es notwendig auch die fiktive Entlastungberechtigung mittelbar beteiligter Personen zu prüfen, um eine Umgehung des § 50d Abs. 3 EStG zu verhindern. Aufgrund des Durchgriffs auf noch tiefergestaffelte Beteiligungen wird eine noch weiterreichende Quotelung erzeugt. Die daraus resultierenden und bereits oben dargelegten hochkomplexen Berechnungen kollidieren insofern mit dem durch die Typisierung verfolgten Vereinfachungszweck[806]. Zusammenfassend können daher weder Missbrauchsverhinderungs- noch Vereinfachungszweck zu einer Rechtfertigung führen.

(2) Grundsätze der Bestimmtheit und Normenklarheit

Fraglich ist zudem, inwieweit sich die Vielzahl der in § 50d Abs. 3 EStG enthaltenen Rechtsbegriffe auf die Verhältnismäßigkeit auswirkt. Das Gebot der Bestimmtheit und Normenklarheit steht hier im Spannungsverhältnis zum Vereinfachungszweck,

---

805 Siehe oben S. 88 f.

806 *Hahn-Joecks*, in: K/S/M, EStG[246], § 50d, Rn. E 52.

welcher durch übermäßige Kompliziertheit und daraus resultierender Rechtsunsicherheiten und Vollzugsschwierigkeiten ins Leere liefe.

Diesbezüglich ist zwar einerseits festzustellen, dass die betreffenden Termini in hohem Maße unbestimmt und konkretisierungsbedürftige sind. Andererseits ist die Verwendung unbestimmter Rechtsbegriffe unbedenklich, soweit sie sich durch Auslegung konkretisieren lassen und verbleibende Ungewissheiten nicht so weit gehen, dass die Vorhersehbarkeit und Justitiabilität des Handelns gefährdet wird[807]. Hierzu lässt sich konstatieren, dass die Begrifflichkeiten teilweise bereits seit Einführung der Norm existieren und in Anlehnung an die Rechtsprechung zu § 42 AO übernommen wurden. Es erfolgte insoweit bereits eine jahrelange Konkretisierung durch die Rechtsprechung sowohl zu § 42 AO als auch zur Spezialvorschrift des § 50d EStG[808].

Verfassungsrechtlichen Bedenken gegenüber der Bestimmtheit der Norm hat auch der BFH in seinem *Hilversum I*-Urteil ausdrücklich eine Absage erteilt und eine historische Verfestigung der unbestimmten Rechtsbegriffe durch jahrzehntelange Konkretisierung in Rechtsprechung und Rechtspraxis konstatiert[809].

Das BVerfG hat es zwar auch als einen Eingriff in den Grundsatz der Normenklarheit angesehen, wenn sich die Rechtsfolgen einer Steuernorm allenfalls Experten erschließen können[810]. Zum einen wird man dies bei § 50d Abs. 3 EStG verneinen können, da sich die Norm zwar nicht leicht erschließen lässt, jedoch auch nicht überkomplex in diesem Sinne ausgestaltet ist[811]. Zum anderen wird dieser Grundsatz zu Recht durch die Judikatur des BFH eingeschränkt, die Ausnahmen für diejenigen Fälle vorsieht, in denen der Normadressat typischerweise steuerlich beraten ist[812]. Dies wird man im Fall des § 50d Abs. 3 EStG, der dem grenzüberschreitenden Unternehmenssteuerrecht zuzuordnen ist, bejahen können. Folglich sind die Grundsätze der Bestimmtheit und Normklarheit nicht verletzt.

(3) Widerlegbarkeit der Missbrauchsvermutung

Im Rahmen der Angemessenheit muss ebenfalls berücksichtigt werden, dass § 50d Abs. 3 EStG keine ausdrückliche Gegenbeweismöglichkeit vorsieht. Es besteht lediglich eine faktische Exkulpationsmöglichkeit im Rahmen der Beweislastumkehr des § 50d Abs. 3 S. 4 EStG. Problematisch daran ist jedoch zum einen, dass der Steuerpflichtige das Risiko eines non liquet trägt. Zum anderen erschwert die „oder“-Verknüpfung von § 50d Abs. 3 S. 1 Nr. 1 und Nr. 2 EStG sowie die restriktive

---

807 BVerfG v. 13.6.2007; BvR 1550/03; 1 BvR 603/05; 1 BvR 2357/04; BVerfGE 118, 168 (188).

808 Siehe oben S. 52 ff.

809 BFH v. 20.3.2002 – I R 38/00, BStBl. II 2002, 819, 823.

810 BVerfG v. 3.3.2004 – 1 BvF 3/92, BVerfGE 110, 33 (64).

811 Im Vergleich zur Zinsschranke (§ 4h EStG) etwa gehört § 50d Abs. 3 EStG noch zu den unkomplizierteren Vorschriften des Einkommensteuerrechts.

812 BFH v. 6.9.2006 – XI R 26/04, BStBl. II 2007, 167 (172); zustimmend etwa *Ralf P. Schenke*, in: K/S/M, EStG[236], § 4h Rn. A 195.

Haltung der Finanzverwaltung bezüglich der Bejahung der dort genannten Voraussetzungen eine realistische Exkulpationschance. Gerade bei Auslandssachverhalten wird man – aufgrund der Ermittlungsschwierigkeiten – eine solche rein faktische Gegenbeweismöglichkeit ausreichen lassen können, da die darzulegenden Umstände in der Sphäre des Steuerpflichtigen verhaftet sind. Allerdings wird man in Verbindung mit der oben dargelegten erheblichen Ungleichbehandlung auch diese faktische Exkulpationsmöglichkeit als nicht ausreichend ansehen müssen. Aufgrund der gesellschaftsbezogenen Aufteilungsmethode erfolgt eine relativ grobe Typisierung. Für deren Rechtfertigung wären unter Umständen höhere Anforderungen an die Gegenbeweismöglichkeiten zu stellen.

(4) Möglichkeit von Billigkeitserlassen

Die Möglichkeit von Billigkeitserlassen ist nach alledem schon gar nicht gegeben, da der unbillige Härtefall vorliegend keine Ausnahme, sondern den Regelfall darstellt.

3. Rechtfertigung unter Zugrundelegung der ertragsbezogenen Aufteilungsmethode

a) Reduzierung der überschießenden Tendenz

Möglicherweise lässt sich § 50d Abs. 3 EStG jedoch verfassungskonform auslegen, um eine überschießende Tendenz zu vermeiden. Dazu ist es zunächst notwendig, dass die Norm mehrere Auslegungsalternativen zulässt[813]. Ist dies der Fall, ist jene zu wählen, die zu einem verfassungsgemäßen Ergebnis führt.[814] Für spezialgesetzliche Missbrauchsverhinderungsvorschriften bedeutet dies vor allem, dass sie folgerichtig am Missbrauchsverhinderungszweck auszulegen sind[815].

Die überschießende Tendenz des § 50d Abs. 3 EStG resultiert im Wesentlichen aus der Aufteilungsklausel unter Zugrundelegung der gesellschaftsbezogenen Aufteilungsmethode. Vorliegend kann die Aufteilungsklausel sowohl gesellschaftsbezogen als auch ertragsbezogen verstanden werden. Letztere Interpretationsmöglichkeit führt dazu, dass sich die überschießende Tendenz der Norm deutlich einschränken lässt. Im Wege der separaten Prüfung der jeweiligen Erträge werden auch nur die tatsächlich schädlichen Erträge als missbräuchlich eingestuft. Es erfolgt keine starre Quotelung des Missbrauchs. Die aktiven Erträge werden hierdurch gerade nicht mehr durch passive infiziert, womit auch schädliche Drittstaatenerträge keinen Einfluss mehr auf aus Deutschland zufließende unschädliche Erträge haben. Gegenüber der gesellschaftsbezogenen Aufteilungsmethode stellt die ertragsbezogene daher das mildere und somit auch zielgenauere Mittel dar.

---

813 BVerfG v. 19.9.2007 – 2 BvF 3/02, BVerfGE 119, 247 (274).

814 BVerfG v. 19.9.2007 – 2 BvF 3/02, BVerfGE 119, 247 (274).

815 *Hey*, StuW 2008, 167, 175.

b) *Liberale Auslegung von § 50d Abs. 3 S. 1 Nr. 1 und 2 EStG*

Bezüglich der zweiten Entlastungsberechtigung wird man zudem eine liberalere Auslegung als die der Finanzverwaltung anzulegen haben. Denn diese hat unmittelbaren Einfluss auf die in § 50d Abs. 3 S. 4 EStG enthaltene faktische Gegenbeweismöglichkeit. Bei einer derartigen Anwendung des Gesetzes ist von einer realistischen Exkulpationschance auszugehen. Durch Anwendung der ertragsbezogenen Aufteilungsmethode ist die Gröbe der Typisierung wesentlich geringer, weshalb hier von einer verhältnismäßigen Ausgestaltung der Gegenbeweismöglichkeit ausgegangen werden kann, obwohl eine non liquet-Situation hinsichtlich der Voraussetzungen des § 50d Abs. 3 S. 1 Nr. 1 u. 2 EStG zu Lasten des Steuerpflichtigen geht. Dies gilt auch schon deshalb, weil die darzulegenden Umstände derart in der Sphäre des Steuerpflichtigen verhaftet sind („Zugangsmonopol"), sodass der deutsche Fiskus kaum in der Lage ist, diese selbst zu ermitteln. Denn gerade bei den im Anwendungsbereich des § 50d Abs. 3 EStG vorliegenden Auslandssachverhalten mit teilweise komplexen und verschachtelten Konzernstrukturen ist die Finanzverwaltung auf die Mitwirkung des Steuerpflichtigen angewiesen.

Es verbleibt zwar weiterhin eine Ungleichbehandlung aufgrund der typisierenden Wirkung des Merkmals der eigenen Wirtschaftstätigkeit. Durch die Anwendung der ertragsbezogenen Aufteilungsmethode orientiert sich die Norm allerdings wesentlich zielgenauer am Missbrauchsverhinderungszweck. Ungleichbehandlung und Typisierung stehen somit in angemessenem Verhältnis. Die Norm trifft somit typischerweise den Missbrauchsfall. Eine mögliche Ungleichbehandlung in Einzelfällen ist daher hinzunehmen.

B. Europarechtliche Bewertung

I. Unionsrechtliche Maßstäbe in Bezug auf spezielle Missbrauchsverhinderungsvorschriften

1. *Europäisches Primärrecht*

a) *Steuerrechtliche Vorschriften in den europäischen Verträgen*

Im Folgenden sind zunächst die europarechtlichen Vorgaben zu ermitteln, an denen § 50d Abs. 3 EStG zu messen ist. Relevante primärrechtliche Regelungen zum Steuerrecht finden sich in den Verträgen der Europäischen Union[816] vor allem in Art. 110–113 AEUV sowie in Art. 115 AEUV. Für den Bereich der indirekten Steuern regelt Art. 113 AEUV Maßnahmen zur Harmonisierung der Vorschriften über die Umsatzsteuern, Verbrauchsabgaben und sonstige indirekte Steuern. Für den Bereich der indirekten Steuern besteht somit ein Harmonisierungsauftrag der

816 Rechtsgrundlagen der Europäischen Union sind der EU-Vertrag sowie der Vertrag über die Arbeitsweise der Europäischen Union.

Europäischen Union[817]. Art. 113 AEUV lässt dabei nicht nur Richtlinien, sondern auch Verordnungen sowie alle weiteren in Art. 288 AEUV genannten Handlungsformen als Harmonisierungsmaßnahmen zu. Die Harmonisierung im Bereich der indirekten Steuern ist in vielen Teilbereichen bereits stark vorangeschritten. Insbesondere für die Umsatzsteuer wurde weitestgehend eine Vollharmonisierung realisiert[818]. Ebenso wurden besondere Verbrauchssteuern wie die Steuern auf Tabak, Mineralöl und Alkohol harmonisiert[819].

Für den Bereich der direkten Steuern kann hingegen nur auf die subsidiäre Ermächtigungsnorm des Art. 115 AEUV zurückgegriffen werden. Sie ermächtigt zum Erlass von Richtlinien für die Angleichung der Rechts- und Verwaltungsvorschriften der Mitgliedstaaten, die sich unmittelbar auf die Errichtung oder das Funktionieren des Binnenmarktes auswirken (Binnenmarktprinzip)[820]. Art. 26 Abs. 2 AEUV definiert diesen als einen Raum ohne Binnengrenzen, in dem der freie Verkehr von Waren, Personen, Dienstleistungen und Kapital gewährleistet ist. Insbesondere die Beseitigung der Doppelbesteuerung wird als wesentlich für die Verwirklichung des Binnenmarktes angesehen[821]. Ebenso wie Art. 113 AEUV sieht auch Art. 115 AEUV ein Einstimmigkeitserfordernis im Rat vor. Dieses Erfordernis soll der Ertragshoheit der Mitgliedstaaten Rechnung tragen[822]. Die finanzpolitische Souveränität ist essenziell für die Handlungsfähigkeit der Staaten[823], weshalb die Harmonisierung in diesem Bereich regelmäßig auf den politischen Widerstand der Mitgliedstaaten trifft[824]. Dies zeigt nicht zuletzt auch das Lissabon-Urteil des BVerfG, wonach die Besteuerungsgewalt für die demokratische Selbstgestaltungsfähigkeit als unerlässlich angesehen wird[825]. Überdies bietet das Steuerrecht den Nationalstaaten viele Lenkungsmöglichkeiten sowohl hinsichtlich verschiedenster politischer Ziele als auch in Bezug auf die Beeinflussung der Standortwahl und dem Investitionsgebaren von Wirtschaftsunternehmen[826]. Außerdem bestimmt Art. 115 AEUV im Gegensatz zu

---

817 Vgl. *Rossi*, in: Vedder/Heintschel von Heinegg, AEUV, Art. 113 Rn. 2; *Dürrschmidt*, NJW 2010, 2086, 2087.

818 *Birk/Desens/Tappe*, Steuerrecht, Rn. 1678 ff.; *Haase*, Internationales und Europäisches Steuerrecht, Rn. 759; grundlegend ist hier die 6. RL 77/388/EWG v. 17.5.1997 (ABl. Nr. L 145/1) zu nennen, die inzwischen durch die Mehrwertsteuersystemrichtlinie 2006/112/EG v. 28.2.2006 (ABl. Nr. L 347/1) ersetzt wurde.

819 Vgl. dazu *Haase*, Internationales und Europäisches Steuerrecht, Rn. 765 m.w.N.

820 Näher zum Begriff etwa *Kahn/Eisenhut*, in: Vedder/Heintschel von Heinegg, AEUV, Art. 26 Rn. 5 f.; *Rossi*, in: Vedder/Heintschel von Heinegg, AEUV, Art. 115 Rn. 6.

821 *Ralf P. Schenke*, in: FS Scheuing, S. 149 (152).

822 *Haase*, Internationales und Europäisches Steuerrecht, Rn. 764.

823 Vgl. dazu *Weber-Grellet*, Europäisches Steuerrecht, S. 14; vgl. auch *Wienbracke*, JURA 2008, 929, 930 f.

824 Vgl. dazu *Kellersmann/Treisch/Lampert/Heinemann*, Europäische Unternehmensbesteuerung I, S. 94 f.

825 BVerfG v. 30.6.2009 – 2 BvE 2/08, 2 BvE 5/08, 2 BvR 1010/08, 2 BvR 1022/08, 2 BvR 1259/08, 2 BvR 182/09, BVerfGE 123, 276 (359).

826 Vgl. *Everett*, DStZ 2006, 357.

Art. 113 AEUV, dass nur Richtlinien als Harmonisierungsinstrument zulässig sind. Aufgrund dieser lediglich „weichen" Harmonisierungsmöglichkeit und aufgrund der starken mitgliedstaatlichen Interessen kann im Bereich der direkten Steuern nur von einer punktuellen, weitestgehend auf das Unternehmenssteuerrecht beschränkten Harmonisierung gesprochen werden[827]. Eine Harmonisierung ist unter den genannten Voraussetzungen also grundsätzlich möglich, jedoch im Gegensatz zu den indirekten Steuern noch nicht entscheidend vorangeschritten[828].

Eine steuerrechtliche Missbrauchsverhinderungsvorschrift findet sich in den Verträgen nicht. Die genannten Vorschriften regeln allein die Rechtsetzungskompetenz der Europäischen Union im Bereich des Steuerrechts. Für den Bereich der direkten Steuern besteht kein ausdrücklicher Harmonisierungsauftrag der Union[829]. Um die Frage der steuerrechtlichen Missbrauchsbekämpfung auf europäischer Ebene zu klären, ist daher auf die primärrechtlich geregelten Grundfreiheiten sowie auf das bisher erlassene sekundäre Unionsrecht zurückzugreifen[830]. Wie zu zeigen sein wird, fungiert dabei der EuGH auch auf dem Gebiet der direkten Steuern wieder einmal als „Motor der Integration"[831]. Insbesondere durch seine Rechtsprechung zu den Grundfreiheiten übt er erheblichen Einfluss auf die nationalen Steuerrechtsordnungen aus[832].

b) Der Einfluss der Grundfreiheiten auf das nationale Steuerrecht der Mitgliedstaaten

(1) Allgemeine Lehren

Unter die Grundfreiheiten fallen die Warenverkehrsfreiheit (Art. 34, 35 AEUV), die Arbeitnehmerfreizügigkeit (Art. 45 AEUV), die Dienstleistungsfreiheit (Art. 56 AEUV), die Niederlassungsfreiheit (Art. 49 AEUV) und die Kapitalverkehrsfreiheit (Art. 63 AEUV), die somit direkt der Verwirklichung des Binnenmarktes (Art. 26 AEUV) dienen[833]. Daneben besteht ein allgemeines Diskriminierungsverbot in Art. 18 AEUV. Dieses wird jedoch von den Grundfreiheiten als leges specialis

---

827 *Weber-Grellet*, Europäisches Steuerrecht, S. 140 f.; *Kokott/Ost*, EuZW 2011, 496, 497.

828 Vgl. dazu *Cloer/Lavrelashvili*, Einführung in das Europäische Steuerrecht, S. 59; *Haase*, Internationales und Europäisches Steuerrecht, Rn. 765; *Glöckner*, Übertragung des Familienheimes, S. 209 f.; instruktiv auch *Kellersmann/Treisch/Lampert/Heinemann*, Europäische Unternehmensbesteuerung I, S. 94 ff.

829 Vgl. *Jacobs/Enders/Spengel*, Internationale Unternehmensbesteuerung, S. 98; *Everett*, DStZ 2006, 357.

830 Vgl. *Wernsmann*, in: Schulze/Zuleeg, Europarecht, S. 1366 Rn. 4, 5.

831 *Hey*, StuW 2004, 193, 194; vgl. dazu auch *Musil/Fähling*, DStR 2010, 1501 ff.; instruktiv auch *Kellersmann/Treisch/Lampert/Heinemann*, Europäische Unternehmensbesteuerung I, S. 96 f.; *Glöckner*, Übertragung des Familienheimes, S. 204 f.

832 Vgl. *Schießl*, NJW 2005, 849; *Everett*, DStZ 2006, 357, 358; zum daraus resultierenden Steuerwettbewerb *Ralf P. Schenke*, in: FS Wahl, S. 803 (813 f.).

833 Im Überblick vgl. *Ehlers*, in: Ehlers, Europäische Grundrechte und Grundfreiheiten, S. 210 f.

verdrängt[834]. Ziel der Grundfreiheiten ist es, den Binnenmarkt vor nationalen Regelungen zu schützen, die den grenzüberschreitenden Wirtschaftsverkehr negativ beeinflussen[835]. Im Bereich des Unternehmenssteuerrechts sind regelmäßig die Kapitalverkehrs-, die Niederlassungs- und auch die Dienstleistungsfreiheit von besonderer Bedeutung.

Die Grundfreiheiten sind unmittelbar anwendbar und genießen Anwendungsvorrang[836] gegenüber dem nationalen Recht der Mitgliedstaaten. Nationale Gesetze, die gegen die Grundfreiheiten verstoßen, bleiben zwar gültig, werden jedoch im Anwendungsbereich des Unionsrechts nicht angewendet[837].

i. Die Grundfreiheiten als Diskriminierungsverbote

Bei den Grundfreiheiten handelte es sich ursprünglich um reine Diskriminierungsverbote, welche durch den EuGH sukzessive zu allgemeinen Beschränkungsverboten[838] ausgeweitet wurden. Sie beinhalten somit sowohl eine gleichheitsrechtliche als auch eine freiheitsrechtliche Komponente[839]. Als Diskriminierungsverbote[840] verbieten sie die Schlechterstellung von Staatsangehörigen anderer Mitgliedstaaten gegenüber den eigenen Staatsangehörigen[841]. Diesbezüglich setzen sie vergleichbare Sachverhalte voraus, die ungleich behandelt werden. Die direkte Anknüpfung an die Staatsangehörigkeit wird dabei als offene bzw. unmittelbare Diskriminierung bezeichnet[842]. Darüber hinaus erfassen die Grundfreiheiten nach ständiger Rechtsprechung des EuGH auch sog. versteckte oder mittelbare Diskriminierungen[843]. Diese sind gegeben, wenn Differenzierungskriterien gewählt werden, die nur vordergründig neutral erscheinen, jedoch in gleicher Weise wie die Unterscheidung nach der Staatsangehörigkeit wirken. Dazu zählt beispielsweise das Merkmal der

---

834 Siehe Bauschatz, IStR 2002, 291, 296; *Thömmes*, in: FS Wassermeyer, S. 207 (210).

835 *Oppermann/Classen/Nettesheim*, Europarecht, § 22 Rn. 2; *Rödder*, DStR 2004, 1629; *Weber-Grellet*, DStR 2009, 1229.

836 Erstmals EuGH v. 5.2.1963, Rs. C-26/62 (van Gend & Loos), Slg. 1963, 3; näher zum Anwendungsvorrang unten S. 144.

837 EuGH v. 15.7.1964, Rs. C-6/64 (Costa), Slg. 1964, I-1253; so auch *Wernsmann*, in: Schulze/Zuleeg, Europarecht, S. 1382 Rn. 74; zu den verschiedenen Herleitungsansätzen des Rangverhältnisses siehe *Streinz*, Europarecht, S. 73 ff.

838 Erstmals EuGH v. 20.2.1979 – Rs. C-120/78 (Rewe-Zentral), Slg. 1979, I-649; ausführlich zur Rechtsprechung des EuGH siehe z.B. *Streinz*, Europarecht, Rn. 804 ff.; ebenso *Cordewener*, Europäische Grundfreiheiten und nationales Steuerrecht, S. 104 ff.

839 Dazu *Cordewener*, DStR 2004, 6, 8.

840 Instruktiv *Mühl*, Diskriminierung und Beschränkung, S. 101 ff.; ebenso *Frenz*, Handbuch Europarecht I, Rn. 114 ff.

841 *Fastenraht/Groh*, Europarecht, Rn. 101.

842 *Haase*, Internationales und Europäisches Steuerrecht, Rn. 818.

843 EuGH v. 12.2.1974 – Rs. C-152/73 (Sotgiu), Slg. 1974, S. 153, Rn. 11; v. 8.5.1990 – Rs. C-175/88 (Biehl), Slg. 1990, I-1779, Rn. 13.

Ansässigkeit[844]. Begründet wird dies insbesondere mit dem Sinn und Zweck der Grundfreiheiten, die andernfalls leicht umgangen werden könnten[845].

Wesentliches Element, aber auch zugleich größte Schwierigkeit der Diskriminierungsverbote, ist die Bildung eines Vergleichspaares, denn dazu müssen sich die zu vergleichenden Steuerpflichtigen in objektiv vergleichbaren Situationen befinden[846]. Da die Grundfreiheiten nur auf grenzüberschreitende Sachverhalte Anwendung finden, ist ein Vergleich zwischen dem inländischen und dem ausländischen Sachverhalt notwendig[847]. Aufgrund der beträchtlichen Unterschiedlichkeit von beschränkter und unbeschränkter Steuerpflicht, verneint der EuGH jedoch grundsätzlich eine objektive vergleichbare Situation von Gebietsansässigen und Gebietsfremden[848]. Eine objektive Vergleichbarkeit ist allerdings dann zu bejahen, wenn der Steuerpflichtige in dem Aufnahmestaat einer von den Grundfreiheiten geschützten Tätigkeit nachgeht[849]. Im Wesentlichen kommt es darauf an, ob die Ungleichbehandlung aufgrund von sachlichen Berührungspunkten zum Ausland besteht[850]. Nach der bisherigen Rechtsprechung bestehen jedoch keine allgemeinen Kriterien zur objektiven Vergleichbarkeit, sondern nur einzelfallbezogene Feststellungen[851]. Auf die Besonderheiten hinsichtlich der Dividendenbesteuerung soll zur besseren Übersichtlichkeit erst im Rahmen der unionsrechtlichen Überprüfung des § 50d Abs. 3 EStG eingegangen werden. Bereits hier kann jedoch gesagt werden, dass der EuGH im Grundsatz eine Vergleichbarkeit verneint. Allerdings nähere sich die Situation der gebietsfremden Anteilseigner an die der gebietsansässigen an, wenn eine Mitgliedstaat sowohl gebietsansässige als auch gebietsfremde Anteilseigner hinsichtlich der Dividenden einseitig der Einkommensteuer unterwerfe[852].

---

844 EuGH v. 3.2.1982 – Rs. 62 – 63/81 (Seco), Slg. 1982, I-223, Rn. 8; *Schade*, Die deutsche Anti-Treaty-Shopping-Regelung des § 50d Abs. 3 EStG, S. 119; *Haase*, Internationales und Europäisches Steuerrecht, Rn. 820; *Schnitger*, Einwirkung der Grundfreiheiten auf das Ertragsteuerrecht, S. 181.

845 *Mühl*, Diskriminierung und Beschränkung, S. 104.

846 Siehe dazu *Bauschatz*, IStR 2002, 291, 294 f.; *Fischer*, Primäres Gemeinschaftsrecht und direkte Steuern, S. 316 f.; *Haase*, Internationales und Europäisches Steuerrecht, Rn. 821.

847 *Ehlers*, in: Ehlers, Europäische Grundrechte und Grundfreiheiten, S. 220; vgl. auch *Kokott/Ost*, EuZW 2011, 496, 497 f.

848 EuGH v. 14.2.1995 – Rs. C-279/93 (Schumacker), Slg. 1995, I-225, Rn. 30 f.; v. 15.5.1997 – Rs. C-250/95 (Futura Participations), Slg. 1997, I-2471, Rn. 20 f.; vgl. dazu auch *Thiele*, ZEuS 2006, 41, 64.

849 EuGH v. 14.2.1995 – Rs. C-279/93 (Schumacker), Slg. 1995, I-225, Rn. 36 ff.

850 *Bauschatz*, IStR 2002, 291, 295.

851 *Fischer*, Primäres Gemeinschaftsrecht und direkte Steuern, S. 317.

852 EuGH v. 14.12.2006 – Rs. C-170/05 (Denkavit International und Denkavit France), Slg. 2006, I-11949, Rn. 35; v. 11.6.2009 – Rs. C-521/07 (Kommission/Niederlande), Slg. 2009, I- 4873, Rn. 43 ff.; v. 18.6.2009 – Rs. C-303/07 (Aberdeen Property Fininvest Alpha), Slg. 2009, I-5145, Rn. 43; v. 19.11.2009 – Rs. C-540/07 (Kommission/Italien),

ii. Die Grundfreiheiten als Beschränkungsverbote

Überdies wirken die Grundfreiheiten nicht nur als Diskriminierungsverbote, sondern darüber hinaus auch als Beschränkungsverbote. Nach herrschender Meinung gilt dies grundsätzlich auch für das Steuerrecht[853]. In ihrer Funktion als Beschränkungsverbote gehen sie weit über das Diskriminierungsverbot hinaus und untersagen alle unterschiedslos geltenden nationalen Maßnahmen, die die Ausübung der Grundfreiheiten behindern oder zumindest weniger attraktiv machen[854]. Allerdings ist nach der *Keck*-Rechtsprechung[855] des EuGH zu beachten, dass bloße Marktausgestaltungsregelungen keine Beschränkung darstellen. Von einer Beschränkung ist nur dann auszugehen, wenn eine nationale Maßnahme den Zugang zum nationalen Markt erschwert, sog. Marktzugangsregelung[856]. Bislang haben die Grundfreiheiten als Beschränkungsverbote im Bereich des Steuerrechts jedoch keine rechtspraktische Bedeutung erlangt. Eine Beschränkung im hier dargestellten Sinne wurde in Bezug auf steuerrechtliche Vorschriften vom EuGH bisher nicht festgestellt[857].

(2) Prüfungsstruktur

Der EuGH hat mittlerweile eine allgemein anerkannte, dreistufige Prüfungsstruktur für alle Grundfreiheiten entwickelt, die Parallelen zu der Prüfung der Grundrechte aufweist: So unterteilt sich die Prüfung in Anwendungsbereich, Beschränkung und Rechtfertigung[858]. Zur Eröffnung des Anwendungsbereichs der Grundfreiheiten ist zunächst ein grenzüberschreitender Sachverhalt bzw. eine grenzüberschreitende Tätigkeit notwendig[859]. Darauf folgt die Feststellung, ob eine Beschränkung dieser Tätigkeit gegeben ist. Hier ist also zu prüfen, ob eine Diskriminierung oder

---

Slg. 2009, I-10983, Rn. 52; v. 20.10.2011 – Rs. C-284/09 (Kommission/Deutschland), Slg. 2011, I-9897, Rn. 56.

853 *Haase*, Internationales und Europäisches Steuerrecht, Rn. 825; *Thiele*, ZEuS 2006, 41, 64; *Schießl*, NJW 2005, 849, 850; a.A. *Kokott/Ost*, EuZW 2011, 496, 498, die dies mit einer begrifflichen Unschärfe des EuGH begründen; für die a.A. siehe auch Nachweise bei *Hahn*, DStZ 2005, 433, 441; zweifelnd *Cordewener*, DStR 2004, 6, 8.

854 Siehe für die Warenverkehrsfreiheit EuGH v. 11.7.1974 – Rs. 8/74 (Dassonville), Slg. 1974, I-834; für die Arbeitnehmerfreizügigkeit, EuGH v. 15.12.1995 – Rs. C-415/93 (Bosman), Slg. 1995, I-4921; für die Niederlassungsfreiheit EuGH v. 31.3.1993 – Rs. C-19/93 (Kraus), Slg. 1993, I-1663; für die Kapitalverkehrsfreiheit EuGH v. 4.6.2002 – Rs. C-367/98 (Kommission/Portugal – „Goldene Aktien"), Slg. 2002, I-4731.

855 EuGH v. 24.11.1993 – Rs. C-267/91 (Keck und Mithouard), Slg. 1993, I-6097 Rn. 17.

856 Vgl. *Tiehle*, ZEuS 2006, 41, 64; *Frenz*, Handbuch Europarecht I, Rn. 169 f.

857 Vgl. *Kokott/Ost*, EuZW 2011, 496, 498.

858 Vgl. dazu *Oppermann/Classen/Nettesheim*, Europarecht, § 22 Rn. 9 ff.; vgl. auch *Ettinger*, RIW 2006, 95, 97 f.; ausführlich *Kellersmann/Treisch/Lampert/Heinemann*, Europäische Unternehmensbesteuerung I, S. 98 ff.; *Cloer/Lavrelashvili*, Einführung in das Europäische Steuerrecht, S. 69; *Haase*, Internationales und Europäisches Steuerrecht, Rn. 789.

859 *Thiele*, ZEuS 2006, 41, 63.

Beschränkung im oben dargelegten Sinne vorliegt. Schließlich ist danach zu fragen, ob diese Beschränkung gerechtfertigt ist[860], ob also ein Rechtfertigungsgrund vorliegt und zudem die Regelung verhältnismäßig ist[861]. Das Instrument der Grundfreiheiten zur Realisierung des Binnenmarktes hat der EuGH in ständiger Rechtsprechung bereits seit 1986 mit der Entscheidung *avoir fiscal*[862] auch auf den Bereich der direkten Steuern ausgedehnt, worauf sogleich näher eingegangen wird[863].

Bei den Rechtfertigungsgründen ist zwischen geschriebenen und ungeschriebenen Rechtfertigungsgründen zu unterscheiden. Als geschriebene Rechtfertigungsgründe werden in Art. 36, 45 Abs. 3 und Art. 52 AEUV die öffentliche Sicherheit und Ordnung sowie die Gesundheit genannt. Diese haben für das Steuerrecht jedoch kaum Bedeutung erlangt[864]. Darüber hinaus erkennt der EuGH unter bestimmten Voraussetzungen weitere ungeschriebene Rechtfertigungsgründe an (sog. „rule of reason“)[865], die sowohl mittelbare Diskriminierungen als auch Beschränkungen rechtfertigen können[866]. Den Grundstein dafür legte der EuGH bereits in seiner *Cassis de Dijon* Entscheidung[867]. Danach können nationale Beschränkungen hingenommen werden, wenn zwingende Gründe des Allgemeinwohls vorliegen, die dazu geeignet sind, die Verwirklichung des verfolgten Ziels zu gewährleisten, und nicht über das hinausgehen, was zur Erreichung dieses Ziels erforderlich ist[868]. Die ungeschriebenen Rechtfertigungsgründe sind das Ergebnis richterlicher Rechtsfortbildung des EuGH und dienen dem Ausgleich zwischen der Realisierung des Binnenmarktes und dem Allgemeininteresse und so insbesondere der Berücksichtigung der Ertragsteuerkompetenz der Mitgliedstaaten[869]. Die Entwicklung in diesem Bereich

860 Näher dazu unten S. 52.

861 Vgl. *Weber-Grellet*, DStR 2009, 1229; zur Entwicklung des Verhältnismäßigkeitsgrundsatzes *Cordewener*, Europäische Grundfreiheiten und nationales Steuerrecht, S. 70 ff.; *ders.*, DStR 2004, 6, 7; vgl. auch *Wünsche/Brielmaier*, BB 2012, 2467, 2469.

862 EuGH v. 28.1.1986, Rs. C-270/83, Slg. 1986, I-273.

863 Siehe unten S. 138 f.

864 Vgl. *Frotscher*, Internationales Steuerrecht, S. 44.

865 Teilweise sieht man die „rule of reason“ auch als tatbestandsimmanenten Vorbehalt der Grundfreiheiten an; dazu *Cordewener*, Europäische Grundfreiheiten und nationales Steuerrecht, S. 64 m.w.N.

866 *Schnitger*, Einwirkung der Grundfreiheiten auf das Ertragsteuerrecht, S. 310 ff.; dazu auch *Kube*, in: Kruthoffer-Röwekamp, S. 133 (134); eine Übersicht zu den Rechtfertigungsgründen findet sich in *Cloer/Lavrelashvili*, Einführung in das Europäische Steuerrecht, S. 76.

867 EuGH v. 20.2.1979 – Rs. C-120/78 (Rewe-Zentral), Slg. 1979, 649, Rn. 8.

868 Ständige Rechtsprechung des EuGH, zuletzt EuGH v. 20.10.2011 – Rs. C-284/09 (Kommission/Deutschland), Slg. 2011, I-0, Rn. 74.

869 Ausführlich dazu *Weber-Grellet*, DStR 2009, 122, 1235 f.; *Borgsmidt*, IStR 2007, 802, 805; vgl. auch *Schade*, Die deutsche Anti-Treaty-Shopping-Regelung des § 50d Abs. 3 EStG, S. 119; zur zunehmenden Berücksichtigung mitgliedstaatlicher Interessen *Musil/Fähling*, DStR 2010, 1501, 1505; vgl. auch *Cordewener*, Europäische Grundfreiheiten und nationales Steuerrecht, S. 60 ff.

ist keineswegs abgeschlossen, sondern stets in Bewegung. Die Anerkennung solcher Allgemeininteressen ließ der EuGH jedoch bislang nur in engen Grenzen zu[870]. So hat der Europäische Gerichtshof etwa die fehlende Harmonisierung im Bereich der direkten Steuern[871] oder drohende Steuerausfälle[872] nicht als Rechtfertigungsgründe der Mitgliedstaaten gebilligt.

(3) Anerkannte ungeschriebene Rechtsfertigungsgründe im Steuerrecht

Zur Rechtfertigung einzelstaatlicher Maßnahmen im Bereich des Steuerrechts erkennt der EuGH unter gewissen Voraussetzungen die Kohärenz der nationalen Steuersysteme[873], die Aufteilung der Besteuerungsbefugnisse der Mitgliedstaaten[874], Maßnahmen der Steueraufsicht[875] sowie die Abwehr von Steuerhinterziehung, -missbrauch und -umgehung[876] (sog. wirksame steuerliche Kontrolle[877]) als Rechtfertigungsgründe an. Die zunehmende Berücksichtigung dieser Rechtfertigungsgründe durch den EuGH

---

870 Vgl. dazu *Rödder*, DStR 2004, 1629, 1630 m.w.N.

871 Vgl. nur EuGH v. 28.1.1986 – Rs. C-270/83 (avoir fiscal), Slg. 1986, S. 273, Rn. 24.

872 Vgl. nur EuGH v. 21.9.1999 – Rs. 307/97 (Saint-Gobain), Slg. 1999, I-06161, Rn. 51.

873 EuGH v. 27.11.2008 – Rs. C-418/07 (Papillon), Slg. 2008, I-8947, Rn. 43, 44; v. 22.12.2010 – Rs. C-287/10 (Tankreederei), Slg. 2010, I-14233, Rn. 24; v. 13.12.2005 – Rs. C-446/03 (Marks & Spencer), Slg. 2005, I-10837, Rn. 45, 46 und 51; v. 28.1.1992 – Rs. C-300/90 (Kommission/Belgien), Slg. 1992, I-305, Rn. 21; v. 14.11.1995 – Rs. C-484/93 (Svensson & Gustavsson), Slg. 1995, I-3955, Rn. 16; v. 26.10.1999 – Rs. C-294/97 (Eurowings Luftverkehr), Slg. 1999, I-7447, Rn. 41; v. 12.12.2002 – Rs. C-324/00 (Lankhorst-Hohorst), Slg. 2002, I-11779, Rn. 40; v. 23.10.2008 – Rs. C-157/07 (Krankenheim Ruhesitz am Wannsee), Slg. 2008, I-8061, Rn. 43; v. 1.7.2010 – Rs. C-233/09 (Dijkman und Dijkman-Lavaleije), Slg. 2010, I-6649, Rn. 54, 55; zur Entwicklung dieses Rechtfertigungsgrundes vergleiche den kurzen Überblick in *Musil/Fähling*, DStR 2010, 1501, 1502 f.

874 EuGH v. 18.7.2007 – Rs. C-231/05 (Oy AA), Slg. 2007, I-6373, Rn. 51 f.; v. 15.5.2008 – Rs. C-414/06, (Lidl Belgium), Slg. 2008, I-3601, Rn. 33; v. 21.1.2010 – Rs. C-311/08 (SGI), Slg. 2010, I-487, Rn. 60; v. 25.2.2010 – Rs. C-337/08 (X Holding), Slg. 2010, I-1215, Rn. 33.

875 EuGH v. 20.2.1979 – Rs. C-120/78 (Rewe-Zentral), Slg. 1979, 649, Rn. 8; v. 15.5.1997 – Rs. C-250/95 (Futura Participations), Slg. 1997, I-2471, Rn. 31; v. 13.12.2005 – Rs. C-411/03 (SEVIC), Slg. 2005, I-10825, Rn. 28; v. 1.7.2010 – Rs. C-233/09 (Dijkman), Slg. 2010, I-6649, Rn. 50, 58; v. 30.6.2011 – Rs. C-262/09 (Meilicke), Slg. 2011, I-5669, Rn. 41.

876 Grundsätzlich EuGH v. 14.12.2000 – Rs. C-110/99 (Emsland); für das Steuerrecht EuGH v. 12.9.2006 – Rs. C-196/04 (Cadbury-Schweppes), Slg. 2006, I-8031, Rn. 51; v. 17.1.2008 – Rs. C-105/07 (Lammers & Van Cleef), Slg. 2008, I-173, Rn. 28; v. 21.1.2010 – Rs. C-311/08 (SGI), Slg. 2010, I-487, Rn. 65; v. 22.12.2010 – Rs. C-287/10 (Tankreederei), Slg. 2010, I-14233, Rn. 28.

877 In der Literatur teilweise als ein Rechtfertigungsgrund zusammengefasst *Bauschatz*, IStR 2002, 291, 297; *Lenaerts*, Die direkte Besteuerung in der EU, S. 83; differenzierend *Musil/Fähling*, DStR 2010, 1501, 1503.

wurde in der Vergangenheit wiederholt gefordert, um auf diese Weise einen angemessenen Ausgleich zwischen dem europäischen Interesse an der Verwirklichung des Binnenmarktes und den nationalen Belangen der Mitgliedstaaten zu schaffen[878]. Überdies scheint sich der EuGH in seiner jüngsten Rechtsprechung auch für neue Rechtfertigungsgründe zu öffnen[879].

Wann jedoch genau ein Rechtfertigungsgrund vom EuGH anerkannt wird, lässt sich nicht generell formulieren, sondern hängt vom jeweiligen Einzelfall ab. Die Rechtsprechung ist hier im Fluss. Allerdings ist bereits an dieser Stelle zu erwähnen, dass die Rechtfertigungsgründe nicht losgelöst voneinander stehen, sondern häufig ineinandergreifen und vom EuGH teilweise nur in Kombination miteinander anerkannt werden[880].

Die Wahrung einer ausgewogenen Aufteilung der Besteuerungsbefugnisse zwischen den Mitgliedstaaten erkennt der EuGH etwa dann an, wenn mit einer betroffenen Regelung Verhaltensweisen verhindert werden sollen, die geeignet sind, das Recht eines Mitgliedstaats auf Ausübung seiner Steuerhoheit für die in seinem Hoheitsgebiet durchgeführten Tätigkeiten zu gefährden[881].

Auch die Kohärenz des Steuersystems kann zur Rechtfertigung eines Eingriffs in die Grundfreiheiten herangezogen werden, wenn ein unmittelbarer Zusammenhang zwischen dem betreffenden steuerlichen Vorteil und dessen Ausgleich durch eine bestimmte steuerliche Belastung besteht[882]. Teilweise forderte der EuGH, dass dieser Zusammenhang in Bezug auf denselben Steuerpflichtigen bestehen muss[883]. Nach neuerer Rechtsprechung scheint er jedoch das Erfordernis der Steuersubjektidentität nicht mehr für notwendig zu halten[884].

---

878 Vgl. etwa *Fischer*, FR 2004, 630, 632; *Ahmann*, DStZ 2005, 75 ff.; *Kube*, in: Kruthoffer-Röwekamp, S. 133 (155); vgl. dazu auch *Kokott/Henze*, BB 2007, 913, 918; *Everett*, DStZ 2006, 357, 362.

879 Siehe im Einzelnen *Kube*, in: Kruthoffer-Röwekamp, S. 133 (137 f.).

880 Siehe EuGH v. 21.1.2010 – Rs. C-311/08 (SGI), Slg. 2010, I-487, Rn. 60; v. 18.7.2007 – Rs. C-231/05 (Oy AA), Slg. 2007, I-6373, Rn. 60; v. 13.12.2005 – Rs. C-446/03 (Marks & Spencer), Slg. 2005, I-10837, Rn. 43 ff.; vgl. auch *Musil/Fähling*, DStR 2010, 1501, 1503 f.

881 Siehe nur EuGH v. 10.5.2012 – Rs. C-338/11 u.a. (OGAW), DStR 2012, 1016, Rn. 47; v. 29.3.2007 – Rs. C-347/04 (Rewe Zentralfinanz), Slg. 2007, I-2647, Rn. 42; v. 20.10.2011 – Rs. C-284/09 (Kommission/Deutschland), Slg. 2011, I-0, Rn. 77; von *Musil/Fähling*, DStR 2010, 1501, 1503 f. wird dieser aktuell als zentraler und gewichtigster Rechtfertigungsgrund im Bereich des Steuerrechts angesehen.

882 EuGH v. 28.1.1992 – Rs. C-204/90 (Bachmann), Slg. 1992, I-249, Rn. 21 ff.; EuGH v. 27.11.2008 – Rs. C-418/07 (Papillon), Slg. 1992, I-8947, Rn. 44.

883 EuGH v. 6.6.2000 – Rs. C-35/98 (Verkooijen), Slg. 2000, I-4071, Rn. 57 f.; v. 18.9.2003 – Rs. C-168/01 (Bosal), Slg. 2003, I-9409 Rn. 29 f.

884 EuGH v. 7.9.2004 – Rs. C-319/02 (Manninen), Slg. 2004, I-7477, Rn. 42 ff.; v. 12.12.2006 – Rs. C-446/04 (Test Claimants in the FII Group Litigation), Slg. 2006, I-11753, Rn. 93; vgl. dazu *Kokott/Ost*, EuZW 2011, 496, 501 f.

Ebenso können Vorschriften zur Verhinderungen der Steuerumgehung gerechtfertigt sein, wenn sie sich gegen rein künstliche, jeder wirtschaftlichen Realität bare Gestaltungen richten[885]. In der jüngeren Rechtsprechung des EuGH wird dieser Rechtfertigungsgrund insbesondere mit der Wahrung der Aufteilung der Besteuerungsbefugnisse verknüpft[886].

2. *Europäisches Sekundärrecht im Bereich der direkten Steuern*

Vereinzelt wurden, gestützt auf Art. 115 AEUV, Richtlinien zur Harmonisierung des Steuerrechts auf dem Gebiet der direkten Steuern erlassen. In den folgenden Richtlinien wird auch Bezug auf missbräuchliches Verhalten genommen.

a) Mutter-Tochter-Richtlinie

Die Mutter-Tochter-Richtlinie (MTRL)[887] dient der Verhinderung der Doppelbesteuerung bei Gewinnausschüttungen zwischen verbundenen Unternehmen, indem seitens des Mitgliedstaats der Tochtergesellschaft die Quellenbesteuerung beseitigt wird bzw. seitens des Mitgliedstaats der Muttergesellschaft eine Verpflichtung zur Vermeidung der Doppelbesteuerung besteht (vgl. Art. 4 und 5 MTRL)[888]. Als Muttergesellschaft gilt nur eine Gesellschaft die mindestens 10 % der Anteile der Gesellschaft eines anderen Mitgliedstaates hält (Art. 3 Abs. 1 lit. a MTRL). Insoweit ist die Mutter-Tochter-Richtlinie nicht auf Streubesitzdividenden anwendbar. Die Richtlinie enthält selbst keine Vorschrift zur Verhinderung der Steuerumgehung. Vielmehr findet sich in Art. 1 Abs. 2 MTRL eine „Öffnungsklausel“[889], nach welcher die Richtlinie der Anwendung einzelstaatlicher oder vertraglicher Bestimmungen zur Verhinderung von Steuerhinterziehung und Missbräuchen nicht entgegensteht. Allerdings fehlt es an einer konkreten Definition, wann von einem Missbrauch auszugehen ist.

Nach allgemeiner Ansicht gibt Art. 1 Abs. 2 MTRL den Mitgliedstaaten eine „quasi delegierte Kompetenz“[890] zur Missbrauchsabwehr, indem sie diese ermächtigt,

885 EuGH v. 12.9.2006 – Rs. C-196/04 (Cadbury Schweppes), Slg. 2006, I-7995, Rn. 55; näher zum europäischen Missbrauchsbegriff S. 148 ff.

886 EuGH v. 21.1.2010 – Rs. C-311/08 (SGI), Slg. 2010, I-487, Rn. 66; vgl. dazu *Kokott/Henze*, BB 2007, 913, 915 f.; *Musil/Fähling*, DStR 2010, 1501, 1503 f.

887 Richtlinie 2011/96/EU des Rates vom 30.1.2011 über das gemeinsame Steuersystem der Mutter- und Tochtergesellschaften verschiedener Mitgliedstaaten, ABl. L 345/8 (ursprünglich RL 90/435/EWG des Rates vom 23.7.1990); zur Entwicklung und Umsetzung der Richtlinie vgl. *Cloer/Lavrelashvili*, Einführung in das Europäische Steuerrecht, S. 94 ff.

888 Instruktiv *Kellersmann/Treisch/Lampert/Heinemann*, Europäische Unternehmensbesteuerung II, S. 1 ff.

889 *Schön*, in: FS Wiedemann, S. 1271 (1294); *Frotscher*, in: Frotscher, EStG[159], § 50d Rn. 148.

890 Vgl. *Hahn*, IStR 2010, 638, 640.

ihre hierzu bestimmten nationalen Regelungen anzuwenden[891]. Auf die Frage der Reichweite dieser Kompetenz soll sogleich im Rahmen des europäischen Missbrauchsverständnisses eingegangen werden[892].

b) Zins- und Lizenzgebührenrichtlinie

Die Zins- und Lizenzgebührenrichtlinie (ZLRL)[893] regelt die Verhinderung der Doppelbesteuerung bei verbundenen Unternehmen verschiedener Mitgliedstaaten im Bereich von Zinsen und Lizenzgebühren[894].

Ein Missbrauchsvorbehalt findet sich in Art. 5 ZLRL. Nach Art. 5 Abs. 1 ZLRL steht die Richtlinie der Anwendung einzelstaatlicher oder vertraglicher Bestimmungen zur Verhinderung von Betrug und Missbrauch nicht entgegen. Es handelt sich auch hier um eine Öffnungsklausel, die mit der nahezu wortlautidentischen Regelung des Art. 1 Abs. 2 MTRL vergleichbar ist.

Art. 5 Abs. 2 ZLRL enthält darüber hinaus eine weitere Klausel, nach der die Mitgliedstaaten den Rechtsvorteil der Richtlinie entziehen bzw. deren Anwendung verweigern können, wenn Transaktionen vorliegen, bei denen der hauptsächliche Beweggrund oder einer der hauptsächlichen Beweggründe die Steuerhinterziehung, Steuerumgehung oder der Missbrauch ist. Insoweit lässt sich feststellen, dass der europäische Gesetzgeber durch die Benutzung der verschiedenen Ausdrücke „Betrug", „Missbrauch", „Steuerhinterziehung" und „Steuerumgehung" wohl zwischen verschiedenen Rechtsinstituten differenziert[895]. Eine konkrete Definition der Termini lässt sich der Richtlinie jedoch nicht entnehmen.

c) Fusionsrichtlinie

Die Fusionsrichtlinie (FusRL)[896] dient der erleichterten Durchführung von grenzüberschreitenden Strukturvorgängen – wie etwa Fusionen, Spaltungen, Abspaltungen

---

891 Vgl. *Hey*, StuW 2008, 167, 178 f.

892 Siehe unten S. 152 ff.

893 Richtlinie 2003/49/EG des Rates vom 3.6.2003 über eine gemeinsame Steuerregelung für Zahlungen von Zinsen und Lizenzgebühren zwischen verbundenen Unternehmen verschiedener Mitgliedstaaten, AblEG L 157/49; letztmals geändert durch die Richtlinie 2006/98/EG des Rates vom 20.11.2006; zur Entwicklung und Umsetzung der Richtlinie vgl. *Cloer/Lavrelashvili*, Einführung in das Europäische Steuerrecht, S. 103 ff.

894 Instruktiv *Kellersmann/Treisch/Lampert/Heinemann*, Europäische Unternehmensbesteuerung II, S. 44 ff.

895 Näher dazu unten S. 68.

896 Richtlinie 2009/133/EG des Rates vom 19.10.2009 über das gemeinsame Steuersystem für Fusionen, Spaltungen, Abspaltungen, die Einbringung von Unternehmensanteilen und den Austausch von Anteilen, die Gesellschaften verschiedener Mitgliedstaaten betreffen, sowie für die Verlegung des Sitzes einer Europäischen Gesellschaft oder einer Europäischen Genossenschaft von einem Mitgliedstaat in einen anderen Mitgliedstaat, ABl. L 310/34; zur Entwicklung und Umsetzung der

oder der Austausch von Anteilen – innerhalb der Europäischen Union, indem diese ohne steuerliche Beschränkungen ermöglicht werden sollen[897]. Relevanz kommt hier vor allem der Nichtbesteuerung stiller Reserven zu. Dies bietet Anreiz für Umgehungsstrategien.

Gemäß Art. 15 Abs. 1 lit. a Hs. 1 FusRL können die Mitgliedstaaten die in der Richtlinie geregelten Vergünstigungen ganz oder teilweise versagen bzw. rückgängig machen, wenn zumindest einer der hauptsächlichen Beweggründe für die in Art. 1 FusRL genannten Strukturvorgänge die Steuerhinterziehung oder -umgehung ist. Ein solcher wird nach Art. 15 Abs. 1 lit. a Hs. 2 FusRL vermutet, wenn der Vorgang nicht auf vernünftigen wirtschaftlichen Gründen beruht. Auch hier existiert keine Definition des Missbrauchsbegriffs. Die Vorschrift ist mit Art. 5 Abs. 2 ZLRL vergleichbar. Für den Fall, dass ein wirtschaftlicher Grund fehlt, stellt Art. 15 Abs. 1 lit. a Hs. 2 FusRL jedoch eine Vermutung für eine Steuerumgehung bzw. eine Beweislastumkehr auf. Auch hier wird den Mitgliedstaaten die Möglichkeit eröffnet, eigene Missbrauchsvorbehalte zu schaffen.

d) Amtshilferichtlinie

Bereits die Amtshilferichtlinie (AmtshilfeRL)[898] aus dem Jahre 1977 sollte dazu dienen, die internationale Steuerflucht und Steuerumgehung zu bekämpfen[899]. Diese wurde 2011 ersetzt durch die Richtlinie über die Zusammenarbeit der Verwaltungsbehörden im Bereich der Besteuerung und zur Aufhebung der Richtlinie 77/799/EWG[900]. Bereits nach der ursprünglichen Amtshilferichtlinie sollten die Mitgliedstaaten sich gegenseitig alle Auskünfte erteilen, die für die zutreffende Steuerfestsetzung geeignet sind[901]. Eine Missbrauchsdefinition findet sich in dieser Richtlinie schon deshalb nicht, da sie keine Aussage bezüglich der materiellrechtlichen Zulässigkeit diverser Gestaltungen trifft. Allerdings werden in der ursprünglichen als auch in der heutigen Fassung der Amtshilferichtlinie verschiedene Fälle des Missbrauchs genannt: Die Regelung zu den sog. Spontanauskünften in Art. 9 Abs. 1 AmtshilfeRL

Richtlinie vgl. *Cloer/Lavrelashvili*, Einführung in das Europäische Steuerrecht, S. 114 ff.

897 Instruktiv *Kellersmann/Treisch/Lampert/Heinemann*, Europäische Unternehmensbesteuerung II, S. 173 ff.

898 Richtlinie 77/799/EWG des Rates v. 19.12.1977 über die gegenseitige Amtshilfe zwischen den Mitgliedstaaten im Bereich der direkten Steuern.

899 Erwägungsgründe der Richtlinie 77/799/EWG des Rates v. 19.12.1977 über die gegenseitige Amtshilfe zwischen den Mitgliedstaaten im Bereich der direkten Steuern.

900 Richtlinie 2011/16/EU v. 15.2.2011 über die Zusammenarbeit der Verwaltungsbehörden im Bereich der Besteuerung und zur Aufhebung der Richtlinie 77/799/EWG; zur Entwicklung und Umsetzung der Richtlinie vgl. *Cloer/Lavrelashvili*, Einführung in das Europäische Steuerrecht, S. 120 ff.

901 Erwägungsgründe der Richtlinie 77/799/EWG des Rates v. 19.12.1977 über die gegenseitige Amtshilfe zwischen den Mitgliedstaaten im Bereich der direkten Steuern.

n.F. sieht Auskünfte bei vermuteter Steuerverkürzung (lit. a), bei Umleitung von Geschäftsbeziehungen von Steuerpflichtigen verschiedener Mitgliedstaaten über Drittländer zur Steuerersparnis (lit. c) und bei vermuteter Steuerersparnis durch künstliche Gewinnverlagerung innerhalb eines Konzerns (lit. d) vor. Insofern können die genannten Fälle bei der Herleitung eines europäischen Missbrauchsbegriffs mit herangezogen werden.

3. Nationale Missbrauchsverhinderungsvorschriften im Anwendungsbereich des EU-Rechts

Nationale Missbrauchsverhinderungsvorschriften können auf unterschiedliche Weise mit dem Unionsrecht kollidieren. Ein Konflikt kann sowohl auf Ebene des Primärrechts als auch auf Ebene des Sekundärrechts entstehen.

a) Anwendungsvorrang des Unionsrechts

Durch die Gründung der EG bzw. der EU und der hiermit verbundenen Übertragung von Hoheitsrechten haben die Mitgliedstaaten eine eigenständige Rechtsordnung sui generis geschaffen[902]. Unionsrecht ist insofern supranationales Recht[903].

Aus dieser Eigenständigkeit des Unionsrechts und den in den europäischen Verträgen vorgegebenen Zielen leitete der EuGH bereits 1964 ab, dass die innerstaatlichen Vorschriften dem Recht der Union nicht vorgehen können[904]. Seitdem geht der Gerichtshof in ständiger Rechtsprechung von einem uneingeschränkten Anwendungsvorrang des Unionsrechts aus[905].

Das BVerfG leitet den Anwendungsvorrang des Unionsrechts aus der verfassungsrechtlichen Ermächtigung ab, nämlich aus dem Rechtsanwendungsbefehl des Zustimmungsgesetzes zu den Europäischen Verträgen[906]. Zu Art. 23 Abs. 1 S. 2 GG führt es aus, dass dieser die deutsche Rechtsordnung derart öffne, dass der ausschließliche Herrschaftsanspruch der Bundesrepublik zurückgenommen und der unmittelbaren Geltung und Anwendbarkeit des Unionsrechts Raum gelassen werde[907]. Insofern konstituiere das Unionsrecht eine Rechtstreuepflicht der Mitgliedstaaten[908].

Der Anwendungsvorrang des Unionsrechts führt dazu, dass die Auslegung des EuGH grundsätzlich für die Mitgliedstaaten verbindlich ist und nationale Behörden

---

902 *Fastenrath/Groh*, Europarecht, Rn. 45 f.; *Hakenberg*, Europarecht, Rn. 62.

903 Vgl. *Streinz*, Europarecht, Rn. 129 ff.

904 EuGH v. 15.7.1964 – Rs. C-6/64 (Costa), Slg. 1964, 1253, 1270.

905 Vgl. nur EuGH v. 9.3.1978 – Rs. C-106/77 (Simmenthal), Slg. 1978, I-629, Rn. 17/18 f.; v. 21.5.1987 – Rs. C-249/85 (Albako Margarinefabrik), Slg. 1987, I-2345, Rn. 14; v. 5.3.1998 – Rs. C-347/96 (Sored), Slg. 1998, I-937, Rn. 30.

906 Vgl. zur Entwicklung der Rechtsprechung des BVerfG siehe *Fastenraht/Groh*, Europarecht, Rn. 566 ff.

907 BVerfG v. 29.5.1974 – 2 BvL 52/71, BVerfGE, 37, 271 (280).

908 *Reimer*, in: Lüdicke, Wo steht das deutsche Internationale Steuerrecht?, S. 31 (74).

und Gerichte berechtigt und verpflichtet sind, im Widerspruch zum Unionsrecht stehende Vorschriften nicht anzuwenden[909].

b) Grundfreiheiten

Auch die Grundfreiheiten besitzen unmittelbaren Anwendungsvorrang vor dem nationalen Recht[910]. Dies gilt nach ständiger Rechtsprechung des EuGH auch für das Recht der direkten Steuern[911]. Danach fällt zwar die direkte Besteuerung in die Zuständigkeit der Mitgliedstaaten, diese müssen ihre Befugnisse jedoch unter Beachtung des Unionsrechts ausüben (sog. Umrahmungsprinzip[912])[913]. Nationale Missbrauchsverhinderungsvorschriften sind regelmäßig dazu geeignet, mit den Grundfreiheiten in Konflikt zu geraten. Dies ist darin begründet, weil die Mitgliedstaaten bei der Schaffung nationaler Missbrauchsverhinderungsvorschriften mit der Intention handeln den Abfluss von Steuersubstrat ins Ausland zu vermeiden. Diese Vorschriften sind jedenfalls im Ansatz allein auf grenzüberschreitende Gestaltungen ausgerichtet. Daraus resultiert regelmäßig die Gefahr einer Ungleichbehandlung im Sinne der Grundfreiheiten.

c) Richtlinien

(1) Wirkung

Richtlinien wirken grundsätzlich nicht unmittelbar. Sie sind lediglich hinsichtlich des zu erreichenden Ziels für die Mitgliedstaaten verbindlich, überlassen jedoch den innerstaatlichen Stellen die Wahl der Form und der Mittel (Art. 288 Abs. 3 AEUV). Richtlinien müssen somit zunächst grundsätzlich in nationales Recht umgesetzt werden („weiche Harmonisierung"). Sie tragen somit dem Erfordernis eines einheitlichen Unionsrechts Rechnung und stellen zugleich ein Zugeständnis an die Erhaltung nationaler Eigenarten dar.

---

909 Vgl. dazu *Streinz*, Europarecht, Rn. 259.

910 Bzgl. des Anwendungsvorrangs vgl. zur Warenverkehrsfreiheit EuGH v. 3.7.1974 – Rs. C-192/73 (Van Zuylen), Slg. 1974, I-73 (744); zur Arbeitnehmerfreizügigkeit EuGH v. 4.12.1974 – Rs. C-41/74 (van Duyn), Slg. 1974, I-1337 (1347); zur Niederlassungsfreiheit EuGH v. 21.06.1974 – Rs. C-2/74 (Reyners), Slg. 1974, S. 631 (652 f.); v. 29.4.1999 – Rs. C-311/97, Slg. 1999, I-2651, Rn. 22; zur Dienstleistungsfreiheit EuGH v. 3.12.1974 – Rs. C-33/74 (van Binsbergen), Slg. 1974, S. 1299 (1311); zur Unmittelbarkeit siehe EuGH v. 5.2.1963, Rs. C-26/62 (van Gend & Loos), Slg. 1963, 3.

911 Vgl. nur EuGH v. 11.3.2004 – Rs. C-9/02 (De Lasteyrie du Saillant), Slg. 2004, I-2409; v. 26.6.2008 – Rs. C-284/06 (Burda), Slg. 2008, I-4571.

912 Vgl. *Lenaerts*, EuR 2009, 728, 729; *ders.*, Die direkte Besteuerung in der EU, S. 24.

913 EuGH v. 14.2.1995 – Rs. C-279/93 (Schumacker), Slg. 1995, I-225, Rn. 21; v. 11.8.1995 – Rs. C-80/94 (Wielockx), Slg. 1995, I-2493, Rn. 16; v. 27.6.1996 – Rs. C-107/94 (Asscher), Slg. 1996, I-3089, Rn. 36; v. 15.5.1997 – Rs. C-250/95 (Futura Participations und Singer), Slg. 1997, I-2471, Rn. 19; v. 20.10.2011 – Rs. C-284/09 (Kommission/Deutschland), Slg. 2011, I-0, Rn. 44; allgemein zum Einfluss des Unionsrechts auf das deutsche Steuerrecht, *Schenke/Mohr*, DStZ 2009, 439 ff.

Auch die unmittelbare Anwendbarkeit von Richtlinien ist unter bestimmten Voraussetzungen heute allgemein anerkannt. Um die Effektivität und die Wirksamkeit des Unionsrechts zu gewährleisten, können Vorschriften der Richtlinien unmittelbar – also ohne Umsetzungsakt – in die nationale Rechtsordnung hineinwirken, wenn sie (1) nicht fristgerecht oder nur unzulänglich umgesetzt werden, (2) inhaltlich unbedingt und hinreichend bestimmt sind sowie (3) Rechte der Unionsbürger begründen (begünstigende Regelungen)[914]. Die Richtlinie entfaltet auch unmittelbare Wirkung, wenn sie gesetzgeberisch zwar zutreffend umgesetzt ist, von der Verwaltung jedoch unzutreffend oder nicht in Übereinstimmung mit ihren Zielen angewendet wird. Dies ist dadurch begründet, dass das Richtlinienziel für den Mitgliedstaat nach Art. 288 Abs. 3 AEUV verbindlich ist[915]. Dieser Grundsatz gilt auch im Steuerrecht: Der Steuerpflichtige kann sich bei richtlinienwidrigen Vorschriften unmittelbar auf die Richtlinie berufen[916]. Konsequenter Weise muss dies auch dann gelten, wenn nationale Vorschriften die Grenzen der Missbrauchsabwehr überschreiten.

(2) Öffnungsklauseln und ihre Reichweite als Ermächtigungsnormen

Die Öffnungsklauseln der Richtlinien erlauben den Mitgliedstaaten, im Anwendungsbereich der Richtlinie ihre Missbrauchsverhinderungsvorschriften anzuwenden bzw. solche zu schaffen. Folglich ermächtigen sie zum „Ob“ des legislativen Tätigwerdens.

Fraglich ist, ob durch die Öffnungsklauseln den Mitgliedstaaten auch die Definitionskompetenz für den steuerlichen Gestaltungsmissbrauch – also die Befugnis bezüglich des „Wie“ des legislativen Tätigwerdens – übertragen wird.

Teile der Literatur bejahen eine solche Definitionskompetenz. *Ramackers* spricht sich für ein rein nationales Missbrauchsverständnis aus, da die Harmonisierung des Rechts der direkten Steuern bisher kaum existiert[917]. Ebenso argumentiert auch *Gosch* explizit zu § 50d Abs. 3 EStG, den er überdies als eine Regelung der reinen Einkünftezurechnung sowie Einkünfteerzielung einordnet und daher als nicht von der Missbrauchsregelung des Art 1 Abs. 2 MTRL erfasst ansieht[918].

Mit der heute wohl herrschenden Meinung[919] ist jedoch richtigerweise davon auszugehen, dass die Missbrauchsvorschriften autonom unionsrechtlich auszulegen sind.

---

914 Grundlegend EuGH v. 4.12.1974 – Rs. C-41/74 (van Dyen), Slg. 1974, 1337.

915 EuGH v. 13.12.2005 – Rs. C-446/03 (Marks & Spencer), Slg. 2005, I-10837, Rn. 27 f.

916 Vgl. erstmals EuGH v. 19.1.1982 – Rs. C-8/81 (Becker), Slg. 1982, S. 53, Rn. 21 ff.; vgl. hierzu auch *Ralf P. Schenke*, in: FS Scheuing, S. 149 (154 f.).

917 *Ramackers*, in: Littmann/Bitz/Pust, EStG[59], § 50d Rn. 127.

918 *Gosch*, in: Kirchhof, EStG[11], § 50d Rn. 26.

919 *Drüen*, DStZ 2006, 538, 540; *Bron*, DB 2007, 1273, 1273 ff.; *Schön*, in: FS Wiedemann, S. 1271 (1295); *Schön*, IStR 1996, Beihefter zu Heft 2, S. 6 f.; *ders.*, in: FS Reiß, S. 571 (574); *Nieland*, in: Lademann, EStG[156], R 50d Rn. 284; *Frotscher*, in: Frotscher, EStG[171], § 50d Rn. 133; *Günkel/Lieber*, DB 2006, 2197, 2199; vgl. auch *Führich*, Ubg 2009, 30, 33; *Hey*, in: Lüdicke, Wo steht das deutsche Internationale Steuerrecht?, S. 137 (159); *Knobbe-Keuk*, EuZW 1992, 336, 339 f.; *Bergmann*, StuW 2010, 246 ff.; *Böing*, Gestaltungsmissbrauch in Europa, S. 240 f.; *Schade*, Die deutsche

Gegen ein rein nationales Verständnis des Missbrauchs spricht, dass andernfalls eine unterschiedliche Auslegung der Richtlinien in den verschiedenen Mitgliedstaaten droht[920]. Dies liefe dem Sinn und Zweck der Richtlinien zuwider, die dazu beitragen sollen, binnenmarktähnliche Verhältnisse zu schaffen[921]. Dies entspricht auch der ständigen Rechtsprechung des EuGH, der durch eine rein nationale Auslegung die einheitliche Anwendung des Unionsrechts gefährdet sieht[922]. Für eine autonom europarechtliche Auslegung spricht nach *Schön* schon der Wortlaut der Richtlinie in der englischen und französischen Sprachfassung, nach welcher die Mitgliedstaaten Vorschriften einsetzen können die „required" bzw. „nécessaire" – also erforderlich bzw. notwendig – zur Verhinderung von Missbrauch sind[923]. In diesem Zusammenhang ist zu erwähnen, dass die unterschiedlichen Sprachfassungen grundsätzlich gleichermaßen verbindlich sind[924]. Die Definitionskompetenz ist danach durch das Prinzip der Erforderlichkeit begrenzt. Im Übrigen entspricht dies auch dem oben aufgezeigten Gebot richtlinienkonformer Auslegung. Die steuerrechtlichen Richtlinien dienen gerade der Realisierung der Grundfreiheiten[925]. Die Öffnungsklausel ist daher im Lichte der Grundfreiheiten auszulegen. Dies muss auch schon mit Blick auf den hierarchischen Vorrang des Primärrechts gelten. Für die Auslegung der Missbrauchsvorschriften der Unternehmenssteuerrichtlinien ist daher der gleiche Maßstab wie auch bei den Grundfreiheiten anzulegen[926]. Dies lässt sich im Übrigen auch aus der Judikatur des EuGH zur Mutter-Tochter-Richtlinie in der Rechtssache *Denkavit* entnehmen[927].

Durch die Aufnahme der oben aufgeführten Termini in die Richtlinien sind diese nach überwiegender Auffassung zu Rechtsbegriffen des Unionsrechts geworden und somit europarechtlich bzw. richtlinienkonform auszulegen[928]. Auch der EuGH geht in der Rechtssache *Bosal* davon aus, dass die Richtlinien im Lichte des AEUV auszulegen sind[929]. Im Ergebnis steht den mitgliedstaatlichen Gesetzgebern danach

---

Anti-Treaty-Shopping-Regelung des § 50d Abs. 3 EStG, S. 171 f.; *Musil*, Deutsches Treaty Overriding, S. 164.

920 So auch *Schön*, IStR 1996, Beihefter zu Heft 2, S. 6; *Bergmann*, StuW 2010, 246, 247.

921 *Bron*, DB 2007, 1273, 1274; *Bergmann*, StuW 2010, 246, 255.

922 Vgl. nur EuGH. v. 9.7.1987 – Rs. C-281/85 (Deutschland u.a./Kommission), Slg. 1987, 3203, Rn. 28. Vgl. auch *Musil*, RIW 2006, 287, 292.

923 *Schön*, IStR 1996, Beihefter zu Heft 2, S. 6.

924 EuGH v. 20.11.2003 – Rs. C-152/01 (Kyocera), Slg. 2003, I-13821, Rn. 32.

925 *Schön*, IStR 1996, Beihefter zu Heft 2, S. 11; *Rudolf*, Treaty Shopping und Gestaltungsmissbrauch, S. 447.

926 *Bron*, DB 2007, 1273, 1274; *Schön*, in: FS Wiedemann, S. 1271 (1295); *Bergmann*, StuW 2010, 246, 257; *Schade*, Die deutsche Anti-Treaty-Shopping-Regelung des § 50d Abs. 3 EStG, S. 174 f.; *Strobl-Haarmann*, in: FS Raupach, S. 613 (623).

927 EuGH v. 17.10.1996 – Rs. C-283/94, C-291/94, C-292/94 (Denkavit, VITIC, Vormeer), Slg. 1996, I-5063.

928 *Thömmes*, in: FS Wassermeyer, S. 207 (223); *Bron*, DB 2007, 1273, 1274; *Schön*, in: FS Wiedemann, S. 1271 (1295); vgl. auch EuGH v. 12.7.1988 – Rs. C-138/86 und C-139/86 (Direkt Cosmetics II/Laughton Photographs), Slg. 1988, I-3937, Rn. 20.

929 EuGH v. 18.9.2003 – Rs. C-168/91 (Bosal), Slg. 2003, I-9409.

zwar ein gewisser Spielraum beim Erlass von Missbrauchsvorschriften zu, das Unionsrecht begrenzt diesen jedoch auf ein maximal zulässiges Maß.

4. *Zur Frage der Existenz und Reichweite eines europäischen Missbrauchsbegriffs*

Eine solche Begrenzung nationaler Missbrauchsbestimmungen lässt sich indes nur aus der Existenz bzw. der Reichweite eines europäischen Missbrauchsbegriffs bzw. -verständnisses ableiten. Nach den obigen Ausführungen zeigt sich, dass sich im Sekundärrecht keine einheitliche Missbrauchsterminologie findet. Die uneinheitliche Verwendung in den Richtlinien wie auch die häufig wechselnde Verwendung der Begrifflichkeiten in der Rechtsprechung des EuGH deuten darauf hin, dass die Termini „Missbrauch", „Steuerumgehung" und „Steuerflucht" synonym verstanden werden können[930]. Gerade die Abfassung in unterschiedlichen Sprachen führt zu einer uneinheitlichen Wortwahl, weshalb diese nicht zentral für die Auslegung sein kann[931]. Vielmehr ist maßgeblich auf Sinn und Zweck der jeweiligen Richtlinie abzustellen, welcher sich insbesondere aus ihren Erwägungsgründen ergibt[932].

Allerdings muss auch hier – wie im nationalen Recht – die Steuerumgehung von der Steuerhinterziehung bzw. dem Steuerbetrug, also dem Vortäuschen falscher steuerlich relevanter Tatsachen, abgegrenzt werden[933]. Zudem lässt sich aus den in Art. 5 Abs. 2 ZLRL und Art. 15 Abs. 1 lit. a Hs. 1 FusRL genannten „Beweggründen" möglicherweise ein subjektives Element herauslesen.

a) Sekundärrecht bietet keinen unmittelbaren Missbrauchsmaßstab

Der steuerliche Missbrauch wird zwar an keiner Stelle explizit definiert. Dennoch zeigt die Aufnahme der Begrifflichkeiten in das Sekundärrecht, dass der Missbrauch von Gestaltungsmöglichkeiten im Unionsrecht grundsätzlich existiert und dessen Verhinderung grundsätzlich europarechtlich anerkannt wird[934]. Allerdings findet sich keine einheitliche Regelungstechnik. Insbesondere die Öffnungsklauseln nach Art. 1 Abs. 2 MTRL oder Art. 5 Abs. 2 ZLRL enthalten keine materiellen Vorgaben. In Art. 15 Abs. 1 FusRL finden sich zwar teilweise Anhaltspunkte zur Bestimmung eines Missbrauchsbegriffs. Insbesondere für die hier relevanten Öffnungsklauseln der MTRL und ZLRL ergibt sich hieraus, dass dies keine unmittelbaren Missbrauchsmaßstäbe enthalten. Da den Mitgliedstaaten jedoch ein gewisser Gestaltungsspielraum

---

930 So auch *Bergmann*, StuW 2010, 246, 248; vgl. auch *Hahn*, IStR 2007, 323.

931 *Thömmes*, in: FS Wassermeyer, S. 207 (223 f.); zum Problem der Mehrsprachigkeit auch *Ralf P. Schenke*, Die Rechtsfindung im Steuerrecht, S. 439 f., 455.

932 EuGH v. 8.6.200 – Rs. C-375/98, Slg. 2000, I-4245, Rn. 24; *Bergmann*, StuW 2010, 246, 249; *Ralf P. Schenke*, Die Rechtsfindung im Steuerrecht, S. 441 m.w.N.

933 Vgl. EuGH v. 12.7.1988 – Rs. C-138/86 (Direct Cosmetics und Laughtons Photographs), Slg. 1988, I-3937, 3978, Rn. 21.

934 Vgl. *Drüen*, StuW 2008, 154, 165.

verbleibt, bedürfen diese Normen der unionsrechtlich einheitlichen Auslegung im Lichte der Grundfreiheiten[935]. Überdies können Regelungsgegenstand und der Telos der Richtlinien mittelbar zur Auslegung herangezogen werden[936].

Der normative Missbrauchsmaßstab muss daher aus den Grundfreiheiten abgeleitet werden. Aufgrund dieses abgeleiteten Maßstabs aus dem Primärrecht, können dann nationale Missbrauchsverhinderungsvorschriften mit dem europäischen Sekundärrecht kollidieren. Insoweit ist von einem einheitlichen europäischen Missbrauchsverständnis auszugehen[937], welches sich normativ aus den Grundfreiheiten ableitet.

b) Grundfreiheitliches Begriffsverständnis des EuGH im Bereich der direkten Steuern

Maßgeblich ist daher das Begriffsverständnis des EuGH. Dieser hat in einer umfassenden Judikatur ein europäisches Missbrauchsverständnis entwickelt[938]. Eine eindeutige und exakte Herausbildung des steuerlichen Missbrauchsbegriffs durch den Gerichtshof existiert auf Unionsebene bislang zwar nicht[939]. Aus der Rechtsprechung des EuGH lässt sich jedoch zumindest die Silhouette eines europäischen Missbrauchsverständnisses ableiten[940], welche den maximal zulässigen Rahmen für die mitgliedstaatlichen Missbrauchsverhinderungsvorschriften vorgibt. Der Gerichtshof[941] wie auch die überwiegende Ansicht in der Literatur[942] gehen zunächst davon aus, dass die bloße Ausübung der Grundfreiheiten mit dem Ziel der Steuerersparnis nicht per se als missbräuchlich einzustufen ist (sog. „gesunder Steuerwettbewerb“[943]).

Die Auslegung der EuGH-Rechtsprechung ist darauf ausgerichtet, die Wirksamkeit und die gleichmäßige Anwendung des EU-Rechts zu gewährleisten (*effet utile*[944]), um so die Realisierung des Binnenmarktes sicherzustellen[945]. Zentrales Kriterium bei der Bestimmung missbräuchlicher Strategien ist das Element der Künstlichkeit einer rechtlichen Gestaltung[946].

---

935 *Rudolf*, Treaty Shopping und Gestaltungsmissbrauch, S. 202.
936 *Rudolf*, Treaty Shopping und Gestaltungsmissbrauch, S. 446.
937 *Thiele*, IStR 2011, 452, 457.
938 *Böing*, EWS 2007, 55 ff.
939 Vgl. *Musil*, RIW 2006, 287, 292; *Hey*, in: Lüdicke, Wo steht das deutsche Internationale Steuerrecht?, S. 137 (164).
940 Vgl. dazu *Thömmes*, in: FS Wassermeyer, S. 207 (208 ff.).
941 Vgl. nur EuGH v. 12.9.2006 – Rs. C-196/04 (Cadbury Schweppes), Slg. 2006, I-7995, Rn. 36, 49.
942 Etwa *Schön*, in: FS Reiß, S. 571 (580 ff.).
943 *Schön*, in: FS Reiß, S. 571 (583).
944 EuGH v. 4.12.1974 – Rs. C-71/74 (van Duyn), Slg. 1974, 1337, Rn. 12; vgl. zum Begriff auch *Hakenberg*, Europarecht, Rn. 184.
945 Vgl. dazu *Schön*, in: FS Reiß, S. 571 (578).
946 Siehe dazu unten S. 156.

(1) Rechtsprechungskompetenz des EuGH im Bereich der direkten Steuern

Die Besteuerungskompetenz, insbesondere auf dem Gebiet der Ertragsteuern, gilt als einer der sensibelsten und wichtigsten Bereiche staatlicher Souveränität[947]. Die Verträge formulieren daher auch keinen Harmonisierungsauftrag hinsichtlich der direkten Steuern. Indem der EuGH nationale Steuergesetze für nicht vereinbar mit den Grundfreiheiten und somit für unanwendbar erklärt, greift er in die Souveränität der Mitgliedstaaten, explizit in deren steuergesetzgeberischen Gestaltungsspielraum, ein[948] (sog. negative Integration[949]).

Das Vorgehen des EuGH im Bereich der direkten Steuern sieht sich aufgrund des fehlenden Harmonisierungsauftrags auf diesem Gebiet teilweise deutlicher Kritik ausgesetzt: So wird darin ein Verstoß gegen das Prinzip der begrenzten Einzelermächtigung (Art. 5 Abs. 1, Abs. 2 EUV) gesehen[950]. Weiterhin sei das Subsidiaritätsprinzip (Art. 5 Abs. 3 AEUV) verletzt, welches besagt, dass in den Bereichen, in denen nicht ausschließliche Kompetenzen der EU bestehen, diese nur tätig werden darf, sofern und soweit die Ziele der in Betracht gezogenen Maßnahmen von den Mitgliedstaaten weder auf zentraler noch auf regionaler oder lokaler Ebene ausreichend verwirklicht werden können[951]. Der Eingriff des EuGH führe zu erheblichen steuersystematischen Problemen in den Mitgliedstaaten[952]. Diese Verletzungen folgten insbesondere daraus, dass die Judikatur des EuGH die nationalen Interessen auf Ebene der Rechtfertigungsgründe, insbesondere der Kohärenz der nationalen Steuersysteme, nur zurückhaltend anerkenne und im Verhältnis zu den Grundfreiheiten nur unverhältnismäßig berücksichtige[953].

Den oben genannten Ausführungen ist entgegenzuhalten, dass es sich um keine Kompetenzüberschreitung des EuGH handelt, da die Beeinflussung der nationalen Steuerrechtsordnungen lediglich aus dem Anwendungsvorrang des Unionsrechts

---

947 Vgl. *Oppermann/Classen/Nettesheim*, Europarecht, § 35, Rn. 1 f.; *Terra/Wattel*, European Tax Law, S. 5; *Everett*, DStZ 2006, 357; *Dürrschmidt*, NJW 2010, 2086, 2087.

948 *Mitschke*, FR 2008, 165, 165; vgl. auch *Beiser/Pülzl*, SWI 2004, 596, 608 m.w.N.

949 Zum Begriff vgl. *Reimer*, in: Lüdicke, Wo steht das deutsche Internationale Steuerrecht?, S. 31 (57); *Terra/Wattel*, European Tax Law, S. 24 f.; vgl. auch *Lenaerts*, Die direkte Besteuerung in der EU, S. 27.

950 *Mitschke*, FR 2008, 165, 166; *Wieland*, in: FS Zuleeg, S. 492 (500); vgl. dazu auch *Fastenrath/Groh*, Europarecht, Rn. 52 f.; differenzierend *Reimer*, in: Lüdicke, Wo steht das deutsche Internationale Steuerrecht?, S. 31 (58 ff.); kritisch auch *Gosch*, DStR 2007, 1895, 1897; näher zum Begriff der begrenzten Einzelermächtigung *Kellersmann/Treisch/Lampert/Heinemann*, Europäische Unternehmensbesteuerung I, S. 26; allgemein zum Grundsatz der begrenzten Einzelermächtigung *Streinz*, Europarecht, Rn. 539 f.

951 *Mitschke*, FR 2008, 175, 168; näher zum Begriff der Subsidiarität *Kellersmann/Treisch/Lampert/Heinemann*, Europäische Unternehmensbesteuerung I, S. 27.

952 *Wieland*, in: FS Zuleeg, S. 492 (501 f.).

953 *Wieland*, in: FS Zuleeg, S. 492 (502 f.); vgl. auch *Ahmann*, DStZ 2005, 75, 79; *Fischer*, FR 2004, 630, 632.

resultiert[954]. Die Grundfreiheiten legen generell Grenzen für nationale Maßnahmen fest und statuieren gerade keine Bereichsausnahme für den Bereich der direkten Steuern. Die Rechtsprechung des EuGH ist in dieser Hinsicht auch durch Art. 23, 24 GG verfassungsrechtlich abgesichert[955]. Der EuGH orientiert sich insofern nur am Ziel der Grundfreiheiten, einen gemeinsamen Binnenmarkt zu realisieren, und legt diese folglich nur konsequent aus[956]. Die Zuständigkeit der Mitgliedstaaten auf dem Gebiet der direkten Steuern wird somit gerade nicht in Frage gestellt.

Allerdings ist zu fordern, dass die mitgliedstaatlichen Interessen, wie etwa die Kohärenz der Steuersysteme oder die Bekämpfung der Steuerumgehung, im Rahmen der Rechtfertigungsgründe in angemessener Weise zu berücksichtigen sind[957]. Der jüngeren Rechtsprechung des EuGH lässt sich indes entnehmen, dass dieser von seiner restriktiven Anwendung der Rechtfertigungsgründe abgerückt ist und nationalen Interessen zunehmend mehr Bedeutung beimisst[958].

Mit der Anwendung der Grundfreiheiten im Bereich der direkten Steuern überschreitet der EuGH daher seine Kompetenz nicht[959]. Denn der fehlende Harmonisierungsauftrag der Union entbindet die Mitgliedstaaten nicht von der Beachtung der Grundfreiheiten[960]. Die Grundfreiheiten sind daher von den Mitgliedstaaten auch bei der Ausübung ihrer Ertragsteuerkompetenz zu beachten, um einen wettbewerbsneutralen Markt zu gewährleisten[961].

(2) Rechtsdogmatische Verortung des Missbrauchsbegriffs

Wie zu zeigen sein wird, kennt der EuGH zwei Anknüpfungspunkte hinsichtlich des Missbrauchs. Wie bereits dargelegt, sieht er zum einen die Verhinderung des Steuermissbrauchs als anerkannten Rechtfertigungsgrund für eine Beschränkung

954 Vgl. *Borgsmidt*, IStR 2007, 802, 803; vgl. auch *Ahmann*, DStZ 2005, 75, 78 f.; *Vogel*, StuW 2005, 373, 374.

955 Vgl. *Frotscher*, Internationales Steuerrecht, S. 32; *Fischer, M.*, JZ 2007, 1024, 1026 f.; *Reimer*, in: Lüdicke, Wo steht das deutsche Internationale Steuerrecht?, S. 31 (32, 36 ff.); vgl. zur europäischen Integration auch *Schmahl*, BayVBl 2012, 1 ff.

956 *Tiedtke/Mohr*, EuZW 2008, 424, 426; *Lenaerts*, Die direkte Besteuerung in der EU, S. 26 f.; *Kokott/Ost*, EuZW 2011, 496, 503; im Ergebnis auch *Cordewener*, DStR 2004, 6, 9; *Lenaerts*, Die direkte Besteuerung in der EU, S. 26.

957 So auch *Wieland*, in: FS Zuleeg, S. 492 (504.); *Englisch*, StuW 2009, 3, 17; *Tiedtke/Mohr*, EuZW 2008, 424, 426 f.

958 Vgl. z.B. EuGH v. 13.12.2005 – Rs. C-446/03 (Marks & Spencer), Slg. 2005, I-10837; v. 21.1.2010 – Rs. C-311/08 (SGI), Slg. 2010, I-487; vgl. dazu auch *Weber-Grellet*, DStR 2009, 1229 ff., 1236; *Musil/Fähling*, DStR 2010, 1501, 1505; *Kube*, in: Kruthoffer-Röwekamp, S. 133 (143).

959 *Fischer, M.*, JZ 2007, 1024 ff., 1028; *Beiser*, IStR 2009, 236, 237; a.A. *Wieland*, in: FS Zuleeg, S. 492 (503).

960 *Bauschatz*, IStR 2002, 291, 294.

961 *Beiser/Kühbacher*, in: Roth/Hilpold, Der EuGH und die Souveränität der Mitgliedstaaten, S. 108 ff.

der Grundfreiheiten an[962]. In diesen Fällen ist zwar der Anwendungsbereich der Grundfreiheiten eröffnet, deren Ausübung wird jedoch seitens der Mitgliedstaaten zum Zwecke der Missbrauchsverhinderung in gerechtfertigter Weise eingeschränkt.

Zum anderen erachtet er aber auch ein missbräuchliches oder betrügerisches Berufen auf Unionsvorschriften zur Umgehung nationaler Vorschriften seitens des Steuerpflichtigen als unzulässig[963]. Im Ergebnis wird es hier zwar auch darum gehen, steuerrechtliche Vorteile zu erlangen. Im Vordergrund steht jedoch die missbräuchliche Inanspruchnahme der Grundfreiheit selbst, nicht die missbräuchliche Umgehung des nationalen Gesetzes.

Fraglich ist, auf welcher Ebene der europäische Missbrauchsvorbehalt rechtsdogmatisch zu verorten ist. Einerseits könnte er auf tatbestandlicher Ebene – als Begrenzung der Reichweite der Grundfreiheiten – zu positionieren sein. Andererseits könnte er auf Rechtfertigungsebene anzusiedeln sein, also im Einzelfall als Rechtfertigungsgrund hinsichtlich einer Beschränkung der Grundfreiheiten durch nationale Missbrauchsverhinderungsvorschriften herangezogen werden. Zu einer Prüfung auf Rechtfertigungsebene kann man jedoch nur gelangen, wenn man nicht bereits auf Tatbestandsebene einen Missbrauch bejaht hat[964].

i. Tatbestandsebene: Unzulässigkeit missbräuchlichen Berufens auf die Unionsvorschriften

Zur Anknüpfung auf Tatbestandsebene lässt sich vor allem die allgemeine Missbrauchsrechtsprechung des EuGH außerhalb des Steuerrechts heranziehen. Das allgemeine Verbot des Rechtsmissbrauchs findet seine Wurzeln in der Rechtssache *van Binsbergen*, seit welcher der EuGH in ständiger Rechtsprechung feststellt, dass ein missbräuchliches und betrügerisches Berufen auf das Unionsrecht unzulässig ist[965].

Beispielhaft für eine Anknüpfung auf Tatbestandsebene stehen insbesondere auch die sog. „U-Turn"-Transaktionen[966]. Hierbei handelt es sich um Fälle, in denen eine grenzüberschreitende Geschäftstätigkeit aufgenommen wird, welche jedoch nicht dauerhaft ausgeübt werden soll, sondern nach ihrer Aufnahme wieder beendet wird und nur dazu dient, in den Genuss von Vergünstigungen zu gelangen[967]. Die Umgehungswirkung wird demnach durch die erschlichene Anwendung der

962 EuGH v. 16.7.1998 – Rs. C-264/96 (ICI), Slg. 1998, I-4695; v. 12.12.2002 – Rs. C-324/00, Slg. 2002, I-11779; v. 11.3.2004 – Rs. C-9/02, Slg. 2004, I-2409.

963 EuGH v. 15.9.2005 – Rs. 464/02 (Kommission/Dänemark), Slg. 2005, I-7929, Rn. 66; vgl. auch Behrens, IPrax 1999, 323, 326.

964 Vgl. dazu *Böing*, EWS 2007, 55, 59.

965 EuGH v. 3.12.1974 – Rs. C-33/74 (van Binsbergen), Slg. 1974, I-1299, Rn. 13; v. 23.3.2000 – Rs. C-373/97 (Diamantis), Slg. 2000, I-1705, Rn. 33; v. 9.3.1999 – Rs. C-212/97 (Centros), Slg. 1999, I-1459, Rn. 24; v. 12.5.1998 – Rs. 367/96 (Kefalas u.a.), Slg. 1998, I-2843, Rn. 20.

966 Vgl. dazu *Schön*, in: FS Reiß, S. 571 (585 f.); *ders.*, in FS Wiedemann, S. 1271 (1274).

967 Vgl. *Böing*, EWS 2007, 55, 61.

Grundfreiheiten erreicht. Nach Ansicht des EuGH sind Geschäfte, die nur zu dem Zweck getätigt werden, missbräuchlich in den Genuss von im Unionsrecht vorgesehenen Vorteilen zu gelangen, nicht mehr vom Unionsrecht gedeckt[968]. Es fehlt hiernach an einem wirklichen grenzüberschreitenden Sachverhalt. Solche U-Turn-Konstruktionen fallen schon nicht in den Schutzbereich der Grundfreiheiten, weil sie nicht den Zielen des Binnenmarktes – der wirtschaftlichen Integration – entsprechen, welcher durch die Grundfreiheiten realisiert werden soll. Insoweit könnte man von einer teleologischen Reduktion der Grundfreiheiten sprechen[969]. Soweit danach die Grundfreiheiten bereits tatbestandlich nicht erfüllt sind[970], kann es auch nicht zu Kollisionen mit nationalen Normen kommen.

ii. Rechtfertigungsebene: Bekämpfung der Steuerumgehung als Rechtfertigungsgrund

Im Bereich des Steuerrechts hingegen ist es regelmäßig der Fall, dass Konstruktionen nicht primär durch die Inanspruchnahme der Grundfreiheiten ihre Umgehungswirkung entfalten, sondern etwa durch die (dauerhafte) Zwischenschaltung von Gesellschaften[971]. Die Umgehungswirkung wird also nicht durch ein Erschleichen des Anwendungsbereichs der Grundfreiheiten erwirkt, da die Anforderungen an eine wirtschaftliche Integration erfüllt sind. Die betreffende Konstruktion genügt also den Anforderungen für die Inanspruchnahme der Grundfreiheiten. Die oben genannte Tatbestandslösung ist dann nicht möglich. Die diesbezüglich getroffenen Abwehrmaßnahmen der Mitgliedstaaten gegen die Umgehung sind erst auf Rechtfertigungsebene der Grundfreiheiten daraufhin zu untersuchen, ob sie dem europäischen Missbrauchsverständnis entsprechen. Die Bekämpfung der Steuerumgehung resultiert aus dem Streben der Mitgliedstaaten zur Herstellung der Lastengleichheit und Steuergerechtigkeit[972].

Daraus ergibt sich nach Teilen der Literatur ein zweistufiger Prüfungsmaßstab[973]. Im Zusammenhang mit der soeben dargestellten Tatbestandslösung birgt diese Formulierung jedoch die Gefahr von Missverständnissen[974]. Klarstellend soll an dieser Stelle deshalb explizit darauf hingewiesen werden, dass es damit nicht eine

---

968 EuGH v. 15.9.2005 – Rs. 464/02 (Kommission/Dänemark), Slg. 2005, I-7929, Rn. 66; v. 21.2.2006 – Rs. C-255/02 (Halifax), Slg. 2006, I-1609, Rn. 69.

969 Vgl. dazu auch *Englisch*, StuW 2009, 3, 6.

970 Auch als institutioneller Rechtsmissbrauch bezeichnet in *Englisch*, StuW 2009, 3, 5 ff.

971 Vgl. auch *Englisch*, StuW 2009, 3, 16.

972 Vgl. dazu oben S. 43 ff.

973 Vgl. dazu im Folgenden *Böing*, EWS 2007, 55, 62; *Schön*, in: FS Wiedemann, S. 1271 (1281 f.).

974 Denn die Begrifflichkeit der zweistufigen Prüfung wird auch im Zusammenhang mit der Problematik verwendet, ob der EuGH zwischen verscheiden Missbrauchsbegriffen differenziert. Dazu sogleich S. 163 f.

Stufenteilung in Tatbestands- und Rechtfertigungsebene gemeint ist. Die Überprüfung der nationalen Missbrauchsverhinderungsvorschiften auf ihre Vereinbarkeit mit Unionsrecht erfolgt ausschließlich auf Rechtfertigungsebene. Deshalb sollte besser von einer zweigeteilten Vorgehensweise gesprochen werden. In einem ersten Schritt haben die Mitgliedstaaten bei grenzüberschreitenden Gestaltungen durch nationale Maßnahmen Missbrauch festzustellen und zu bekämpfen. Da diese aber ihre Kompetenz unter Wahrung des Unionsrechts ausüben müssen, ist in einem zweiten Schritt zu prüfen, ob sich der im nationalen Recht konkretisierte Missbrauchsvorbehalt mit dem unionsrechtlichen Missbrauchsverständnis deckt. Insofern kommt es zur Kollision der betroffenen nationalen Vorschrift mit dem Unionsrecht, die auf Rechtfertigungsebene zu einem sachgerechten Ausgleich geführt werden kann[975].

iii. Zuordnung des europäischen Missbrauchsverständnisses zu den Rechtsfiguren des institutionellen Rechtsmissbrauchs bzw. der Steuerumgehung

Hinsichtlich Tatbestands- und Rechtfertigungslösung besteht nun die Wahl zwischen den Möglichkeiten, nur einem der beiden Ansätze zu folgen, von einer einheitlichen Missbrauchsprüfung unter Berücksichtigung beider Ansätze auszugehen oder zwischen verschiedenen Missbrauchsbegriffen zu differenzieren.

Im Zusammenhang mit letzterer Möglichkeit stellt sich die Frage, ob die oben dargestellten Anknüpfungspunkte einer der Rechtsfiguren des institutionellen Rechtsmissbrauchs oder der Steuerumgehung zugeordnet werden können. Im Gegensatz zur bereits oben dargestellten Steuerumgehung, welche die Erschleichung von Vergünstigungen bezweckt, wird beim institutionellen Rechtsmissbrauch ein bestehendes Recht zweckwidrig ausgeübt. In der Literatur wird teilweise von einem einheitlichen (abstrakten) Missbrauchsverständnis des EuGH ausgegangen[976], teilweise wird versucht, die beiden Lösungsansätze verschiedenen aus dem nationalen Recht bekannten Rechtsfiguren, dem institutionellen Rechtsmissbrauch einerseits (Tatbestandsebene) und der Steuerumgehung andererseits (Rechtfertigungsebene), zuzuordnen[977].

Böing etwa geht von einer zweistufigen Prüfung eines einheitlichen Missbrauchsbegriffs aus und zieht diese Erkenntnis aus dem Urteil des EuGH in der Rechtssache *Cadbury Schweppes*[978,979]. Dort schließt der EuGH grundsätzlich ein missbräuchliches Berufen auf die Grundfreiheiten aus, bejaht aber auf Tatbestandsebene keinen Missbrauch und gelangt daher zu einer Prüfung auf Rechtfertigungsebene. *Böing* sieht darin die Prüfung zunächst negativer Missbrauchskriterien („Grobfilter“) auf

975 Dafür plädierend *Kube*, in: Kruthoffer-Röwekamp, S. 133 (152).

976 Vgl. dazu *Böing*, EWS 2007, 55, 59, der zwischen auf Tatbestandsebene negativen und auf Rechtfertigungsebene positiven Missbrauchskriterien unterscheidet; vgl. auch *Bergmann*, StuW 2010, 246, 248 ff.

977 *Englisch*, StuW 2009, 3, 5 ff.; *Schön*, in: FS Wiedemann, S. 1271 (1279).

978 EuGH v. 12.9.2006 – Rs. C-196/04 (Cadbury Schweppes), Slg. 2006, I-7995.

979 Vgl. im Folgenden *Böing*, EWS 2007, 55, 59.

Tatbestandsebene und darauf folgend konkreter positiver Missbrauchsvoraussetzungen auf Rechtfertigungsebene.

Geht man von einem einheitlichen Missbrauchsverständnis aus, erscheint es allerdings widersprüchlich und dogmatisch zweifelhaft, auf Tatbestandsebene eine künstliche Konstruktion zu verneinen, auf Rechtfertigungsebene hingegen zu prüfen, ob sich eine nationale Vorschrift gerade gegen künstliche Konstruktionen wendet[980]. Es bedürfte hier einer weiteren Differenzierung hinsichtlich der Künstlichkeit.

Ebenso ist einer reinen Lösung auf Tatbestandsebene nicht zu folgen. Anderenfalls wären die Mitgliedstaaten – im Falle der Verneinung der Anwendbarkeit der Grundfreiheit – bei der Gestaltung der Missbrauchsvorschriften frei von den Vorgaben des Unionsrechts. Dies würde jedoch im Widerspruch zur Verwirklichung des Binnenmarktes stehen. Im Fall der Bejahung des Anwendungsbereichs der Grundfreiheit würde den einzelstaatlichen Interessen hingegen nicht genügend Rechnung getragen werden können. Nur im Rahmen der Verhältnismäßigkeit auf Rechtfertigungsebene kann ein angemessener Ausgleich zwischen den unionsrechtlichen und mitgliedstaatlichen Interessen stattfinden[981]. Für eine Prüfung auf Rechtfertigungsebene spricht schon der vielfach vom EuGH postulierte Grundsatz, dass die Umgehungsabwehr auf dem Gebiet des Ertragsteuerrechts Angelegenheit der Mitgliedstaaten ist[982]. Dies entspricht auch der oben genannten zweigeteilten Vorgehensweise im Rahmen der Steuerumgehung[983]. Auf Tatbestandsebene prüft der EuGH lediglich, ob ein Missbrauch von Grundfreiheiten vorliegt, genauer, ob es sich überhaupt um einen grenzüberschreitenden Sachverhalt im Sinne der Grundfreiheiten (wirtschaftliche Integration) handelt[984].

Insofern bleibt als letzte Möglichkeit, zwischen verschiedenen Missbrauchsbegriffen zu differenzieren. Die dogmatische Zuordnung des europäischen Missbrauchsverständnisses zu einer der genannten Rechtsfiguren weist Unschärfen auf und erscheint fragwürdig[985]. Zu berücksichtigen ist, dass sich die Rechtsprechung des EuGH auf keine einheitliche dogmatische Basis zurückführen lässt. Unabhängig von der dogmatischen Einordnung zu den Instituten erscheint es jedenfalls überzeugend, zwischen verschiedenen Varianten des Missbrauchs zu differenzieren. Denn betrachtet man die oben genannten Lösungsmöglichkeiten, wird ersichtlich, dass der EuGH durchaus unterschiedliche Anforderungen stellt[986].

---

980 *Hahn*, IStR 2006, 667, 669; siehe auch *Böing*, EWS 2007, 55, 59, der trotz dogmatischer Zweifel auch von einem einheitlichen Missbrauchsbegriff ausgeht.

981 So auch *Schade*, Die deutsche Anti-Treaty-Shopping-Regelung des § 50d Abs. 3 EStG, S. 112 f.; vgl. auch *Schulz/Musil*, DStR 2013, 2205, 2211.

982 Z.B. EuGH v. 9.3.1999 – Rs. C-212/97 (Centros), Slg. 1999, I-1459, Rn. 38.

983 Siehe oben S. 154.

984 *Schön*, in: FS Wiedemann, S. 1271 (1290).

985 Vgl. dazu *Rudolf*, Treaty Shopping und Gestaltungsmissbrauch, S. 163 ff.

986 So auch *Englisch*, StuW 2009, 3, 5.

iv. Mehrstufige Prüfung nach Art des Missbrauchs

Überzeugender ist es daher mit dem wohl überwiegenden Teil der Literatur[987], zwar von einer zwei- oder mehrstufigen, aber voneinander unabhängigen Prüfung auszugehen, welche nach Art des Missbrauchs differenziert[988]. Auf erster Stufe könnte danach zu prüfen sein, ob die rechtliche Konstruktion die Minimalanforderungen für die Anwendbarkeit der Grundfreiheiten erfüllt. Es geht also um die Frage, ob sich der Steuerpflichtige überhaupt auf die Grundfreiheiten berufen kann. Bei einem missbräuchlichen Berufen auf die Grundfreiheiten wäre deren Anwendungsbereich schon gar nicht eröffnet.

Auf zweiter Stufe, welche unmittelbar die Mitgliedstaaten betrifft, ist die nationale Maßnahme zur Umgehungsbekämpfung anhand der rechtfertigungsbegründenden Vorgaben zu prüfen. Hier besteht im Rahmen der Verhältnismäßigkeit die Möglichkeit einer umfassenden Würdigung aller Umstände. Diese zweite Stufe ist für die an nationale Missbrauchsverhinderungsvorschriften zu stellenden Anforderungen und damit auch für die vorliegende Untersuchung des § 50d Abs. 3 EStG relevant.

(3) Anforderungen an nationale Missbrauchsverhinderungsvorschriften

i. Element der Künstlichkeit

Zentrales Element für die Annahme eines Missbrauchs ist nach mittlerweile gefestigter Rechtsprechung des EuGH das Vorliegen einer „rein künstlichen Gestaltung“[989].

In der Rechtssache *ICI* entschied der EuGH, dass einzelstaatliche Maßnahmen zur Verhinderung der Steuerumgehung, welche die Grundfreiheiten beschränken, gerechtfertigt sein können, wenn sie speziell bezwecken, rein künstliche Konstruktionen, die auf eine Umgehung des nationalen Steuerrechts gerichtet sind, von einem Steuervorteil auszuschließen[990]. Wann eine solche Konstruktion vorliegt, erläuterte der EuGH zunächst nicht, da im Fall *ICI* die infrage stehende britische Vorschrift nicht spezieller Natur war, sondern generell jede Situation erfasste, in der die Mehrzahl der Tochtergesellschaften eines Konzerns ihren Sitz, unabhängig von den Gründen, außerhalb des Vereinigten Königreichs hatte. Insofern sah er die streitgegenständliche Regelung aufgrund unzulässiger Typisierung als nicht mit den Grundfreiheiten vereinbar an.

---

987 Etwa *Englisch*, StuW 2009, 3, 15 f.; *Schön*, in: FS Wiedemann, S. 1271 (1290); kritisch *Hahn*, IStR 2006, 667, 669.

988 Im Sinne einer nach Fallgruppen differenzierenden Ansicht ähnlich *Englisch*, StuW 2009, 3, 5 ff.

989 Siehe nur EuGH v. 16.7.1998 – Rs. C-264/96 (ICI), Slg. 1998, I-4695; v. 12.12.2002 – Rs. C-324/00 (Lankhorst-Hohorst), Slg. 2002, I-11779; v. 11.3.2004 – Rs. C-9/02 (de Lasteyrie du Saillant), Slg. 2004, I-2409; v. 12.9.2006 – Rs. C-196/04 (Cadbury Schweppes), Slg. 2006, I-7995.

990 EuGH v. 16.7.1998 – Rs. C-264/96 (ICI), Slg. 1998, I-4695.

In seinem Urteil zur Rechtssache *Cadbury Schweppes*[991] konkretisierte der Gerichtshof erstmals das Merkmal der rein künstlichen Konstruktion näher, indem er es mit „rein künstliche, jeder wirtschaftlichen Realität bare Gestaltungen" näher beschrieb[992]. Danach sei für das Vorliegen einer wirtschaftlichen Realität insbesondere das mit der Niederlassung verfolgte Ziel zu beachten, den Staatsangehörigen der Gemeinschaft zu ermöglichen, in stabiler und kontinuierlicher Weise am Wirtschaftsleben eines anderen Mitgliedstaats als desjenigen ihrer Herkunft teilzunehmen[993]. Es geht dabei also um die wirtschaftliche Integration in den betroffenen Mitgliedstaat. Dies wiederum impliziert die tatsächliche Ausübung einer wirtschaftlichen Tätigkeit (sog. wirkliche wirtschaftliche Tätigkeit)[994]. Fehlt eine wirkliche wirtschaftliche Tätigkeit, ist folglich von einer rein künstlichen Gestaltung auszugehen.

In der Rechtssache *Test Claimants in the Thin Cap Group Litigation* als auch in dem jüngst ergangen Urteil in der Rechtssache *SGI* geht der EuGH noch einen Schritt weiter und ermittelt die Künstlichkeit anhand eines Fremdvergleichs, indem er auf die Bedingungen des freien Wettbewerbs abstellt, über die sich Gesellschaften einigen, die nicht derselben Unternehmensgruppe angehören[995].

Zur Feststellung, ob ein geschäftlicher Vorgang eine rein künstliche Konstruktion zu steuerlichen Zwecken darstellt, muss eine nationale Regelung die Prüfung objektiver und nachprüfbarer Umstände vorsehen[996].

Die bislang dargestellten Voraussetzungen beziehen sich lediglich auf die objektiven Merkmale des Missbrauchs auf Tatbestandsseite der nationalen Missbrauchsvorschrift. In der Rechtssache *SGI* trifft der EuGH überdies eine Aussage über die Anforderungen hinsichtlich der Rechtsfolgenseite nationaler Missbrauchsvorschriften. Bei Vorliegen einer künstlichen Konstruktion muss sich danach die steuerliche Korrektur auf den missbräuchlichen Teil des geschäftlichen Vorgangs beschränken[997]. Die Rechtsfolge der mitgliedstaatlichen Norm darf demnach nur den künstlichen Teil der Konstruktion erfassen und nicht darüber hinausgehen. Diese entspricht der Art nach einem Verhältnismäßigkeitsmaßstab.

---

991 EuGH v. 12.9.2006 – Rs. C-196/04 (Cadbury Schweppes), Slg. 2006, I-7995.

992 EuGH v. 12.9.2006 – Rs. C-196/04 (Cadbury Schweppes), Slg. 2006, I-7995, Rn. 55.

993 EuGH v. 12.9.2006 – Rs. C-196/04 (Cadbury Schweppes), Slg. 2006, I-7995, Rn. 53.

994 EuGH v. 12.9.2006 – Rs. C-196/04 (Cadbury Schweppes), Slg. 2006, I-7995, Rn. 54.

995 EuGH v. 13.3.2007 – Rs. C-524/04 (Test Claimants in the Thin Cap Group Litigation), Slg. 2007, I- 2107, Rn. 80; v. 21.1.2010 – Rs. C-311/08 (SGI), Slg. 2010, I-487, Rn. 71; jüngst bestätigt durch EuGH v. 3.10.2013 – Rs. C-282/12 (Itelcar) = IStR 2013, 871, Rn. 38; zum Fremdvergleich vgl. auch *Schönfeld*, IStR 2007, 249, 260; *Musil/Fähling*, DStR 2010, 1501, 1503.

996 EuGH v. 13.3.2007 – Rs. C-524/04 (Test Claimants in the Thin Cap Group Litigation), Slg. 2007, I- 2107, Rn. 92; v. 21.1.2010 – Rs. C-311/08 (SGI), Slg. 2010, I-487, Rn. 71.

997 EuGH v. 21.1.2010 – Rs. C-311/08 (SGI), Slg. 2010, I-487, Rn. 72.

ii. Subjektives Element

Wie bereits oben dargestellt, enthalten die ZLRL und FusRL subjektive Kriterien: Wenn zumindest einer der hauptsächlichen Beweggründe etwa die Steuerumgehung ist, können Richtlinienvorteile versagt werden.

Auch der EuGH nennt ein subjektives Element, welches ausweislich der Rechtssache *Cadbury Schweppes* in dem Streben nach einem Steuervorteil besteht[998]. Er stellt insofern auf die Motive des Steuerpflichtigen ab.

Fraglich ist indes, ob dieses subjektive Element gleichsam als ein subjektiver Tatbestand neben den objektiven Voraussetzungen zu prüfen ist, also zwingend vorliegen muss[999], oder dem Steuerpflichtigen im Falle des Vorliegens der objektiven Voraussetzungen – quasi als Korrektiv zum objektiven Tatbestand – lediglich die Möglichkeit des Gegenbeweises ermöglichen soll[1000].

In der Rechtssache *Cadbury Schweppes* scheinen subjektives und objektives Element als gleichermaßen notwendige Voraussetzungen nebeneinanderzustehen[1001]. Nach Aussage des EUGH begründe jedenfalls allein das Streben nach Steuererleichterung für sich genommen noch keine künstliche Konstruktion[1002].

In den Rechtssachen *Test Claiments in the Thin Cap Group* und *SGI* fordert der EuGH, dass eine künstliche Konstruktion zu ausschließlich steuerlichen Zwecken vorliegen müsse[1003]. Ob eine künstliche Konstruktion zu steuerlichen Zwecken vorliege, sei jedoch anhand objektiver und nachprüfbarer Kriterien zu ermitteln. Der Rechtsprechung des EuGH lässt sich somit nicht entnehmen, dass die Missbrauchsabsicht als subjektiver Tatbestand zwingend neben den objektiven Voraussetzungen vorzuliegen hat. Daraus ergibt sich, dass bei Vorliegen einer wirklichen wirtschaftlichen Tätigkeit das subjektive Element für die Bejahung eines missbräuchlichen Verhaltens keine Rolle mehr spielen dürfte[1004]. Überzeugender erscheint es, in dem subjektiven Element lediglich die Möglichkeit zum Gegenbeweis für das Vorliegen außersteuerlicher Gründe zu sehen. Dafür sprechen auch rein praktische Argumente: In praxi wird das Motiv des Steuerpflichtigen in der Regel nur schwer zu ermitteln sein. Überdies wird man bei Vorliegen der objektiven Voraussetzungen wohl regelmäßig auch von einer Umgehungsabsicht ausgehen können[1005]. Zudem erscheint es widersprüchlich, dass die Steuerpflichtigen einerseits mit dem Ziel, Steuern zu sparen, grenzüberschreitend tätig werden dürfen, andererseits diese Absicht aber als Element des Missbrauchs zu bewerten sein soll.

---

998 EuGH v. 12.9.2006 – Rs. C-196/04 (Cadbury Schweppes), Slg. 2006, I-7995, Rn. 64; vgl. auch EuGH v. 21.2.2006 – Rs. C-255/02 (Halifax u.a.), Slg. 2006, I-1609.

999 Kritisch *Englisch*, StuW 2009, 3, 5.

1000 So *Böing*, EWS 2007, 55, 61; vgl. auch *Hahn*, IStR 2006, 667, 669.

1001 EuGH v. 12.9.2006 – Rs. C-196/04 (Cadbury Schweppes), Slg. 2006, I-7995, Rn. 64.

1002 EuGH v. 12.9.2006 – Rs. C-196/04 (Cadbury Schweppes), Slg. 2006, I-7995, Rn. 63.

1003 EuGH v. 13.3.2007 – Rs. C-524/04 (Test Claimants in the Thin Cap Group Litigation), Slg. 2007, I- 2107, Rn. 92; v. 21.1.2010 – Rs. C-311/08 (SGI), Slg. 2010, I-487, Rn. 71.

1004 Im Ergebnis auch *Böing*, EWS 2007, 55, 61.

1005 *Böing*, EWS 2007, 55, 61.

iii. Anforderungen an typisierende Missbrauchsverhinderungsvorschriften der Mitgliedstaaten

Typisierende und pauschalierende Missbrauchsverhinderungsvorschriften befand der EuGH in seiner früheren Rechtsprechung ausnahmslos für europarechtswidrig. In der Rechtssache *Leur-Bloem* sah er eine niederländische Regelung als unverhältnismäßig an, weil sie den Steuerpflichtigen unabhängig vom Vorliegen einer tatsächlichen Steuerhinterziehung bzw. -umgehung vom Steuervorteil ausschloss und somit über das zur Missbrauchsverhinderung Erforderliche hinausging[1006]. Die Mitgliedstaaten seien verpflichtet, in jedem Einzelfall zu prüfen, ob ein missbräuchliches Verhalten des Steuerpflichtigen gegeben ist[1007].

Mittlerweile erkennt der EuGH jedoch grundsätzlich auch typisierende Missbrauchsverhinderungsvorschriften als europarechtskonform an, soweit diese verhältnismäßig sind. Dazu darf die nationale Vorschrift nicht über das hinausgehen, was zu Erreichung des Ziels, Steuerumgehungen zu verhindern, erforderlich ist. Die Einhaltung dieser Erforderlichkeit verlangt erstens, dass dem Steuerpflichtigen, ohne ihn übermäßigen Verwaltungszwängen zu unterwerfen, die Möglichkeit eingeräumt wird, Beweise für etwaige wirtschaftliche Gründe für die Konstruktion beizubringen, und zweitens, dass sich die steuerliche Korrektur auf den missbräuchlichen Teil des geschäftlichen Vorgangs beschränkt[1008]. Die gesetzliche Vermutung muss demnach zum einen widerlegbar sein. Zum anderen darf sich die Rechtsfolge nur auf den missbräuchlichen Teil beschränken. Insoweit ähnelt letztere Voraussetzung dem Erfordernis der verfassungsrechtlich geforderten Zielgenauigkeit von Missbrauchsverhinderungsvorschriften[1009].

Mit der Formulierung, dass der Steuerpflichtige die Beweise für außersteuerliche Zwecke erbringen kann, wird man davon ausgehen können, dass der EuGH eine Beweislastumkehr zu Lasten des Steuerpflichtigen als zulässig erachtet[1010]. Der EuGH sieht die im Ausland ansässige Gesellschaft am ehesten dazu in der Lage, die tatsächlichen Umstände darzulegen[1011].

1006 EuGH v. 17.7.1997 – Rs. C-28/95 (Leur-Bloem), Slg. 1997, I- 4161, Rn. 48.
1007 EuGH v. 17.7.1997 – Rs. C-28/95 (Leur-Bloem), Slg. 1997, I- 4161, Rn. 41.
1008 EuGH v. 21.1.2010 – Rs. C-311/08 (SGI), Slg. 2010, I-487, Rn. 71 f.
1009 Sie dazu oben S. 119 f.
1010 So auch *Hey*, in: Lüdicke, Wo steht das deutsche Internationale Steuerrecht?, S. 137 (167).
1011 EuGH v. 12.9.2006 – Rs. C-196/04 (Cadbury Schweppes), Slg. 2006, I-7995, Rn. 70.

c) *Verknüpfung mit dem Rechtfertigungsgrund der Wahrung der Aufteilung der Besteuerungsbefugnisse*

Zunehmende Bedeutung in der jüngeren Rechtsprechung des EuGH[1012] erlangt der Rechtfertigungsgrund der Wahrung der Aufteilung der Besteuerungsbefugnisse[1013]. Dieser wird dann anerkannt, wenn mit der betreffenden Regelung Verhaltensweisen verhindert werden sollen, die geeignet sind, das Recht eines Mitgliedstaats auf Ausübung seiner Steuerhoheit für die in seinem Hoheitsgebiet durchgeführten Tätigkeiten zu gefährden[1014]. Insoweit geht es dem EuGH im Kern um die Anerkennung der mitgliedstaatlichen Besteuerungskompetenz[1015].

Wie zu zeigen sein wird, hat sich der Gerichtshof seit der Rechtssache *Marks & Spencer*[1016] verstärkt mit diesem Rechtfertigungsgrund, insbesondere auch im Zusammenhang mit der Missbrauchsverhinderung befasst. Der Fall betraf britische Vorschriften zur Verlustnutzung in Konzernen (Income and Corporation Tax Impact 1988). Die Gesellschaft Marks & Spencer wollte die Verluste ihrer Tochtergesellschaften in Belgien, Deutschland und Frankreich in England geltend machen. Der Antrag wurde mit der Begründung abgelehnt, dass ein Abzug nur aufgrund von Verlusten im Vereinigten Königreich zulässig sei. Streitig war, ob die betreffenden britischen Regelungen eine grenzüberschreitende Verlustverrechnung zwischen verbundenen Unternehmen verbieten dürfen. Im Rahmen der Rechtfertigungsprüfung forderte der EuGH das Vorliegen dreier ineinandergreifender Rechtfertigungsgründe: Herangezogen wurden die ausgewogene Aufteilung der Besteuerungsbefugnis zwischen den Mitgliedstaaten, die Gefahr der doppelten Verlustberücksichtigung und letztlich die Steuerfluchtgefahr[1017]. Aus diesen drei Rechtfertigungsgründen ergebe sich „insgesamt", dass die Regelung den zwingenden Interessen des Allgemeinwohls entspreche[1018].

Dieses Erfordernis lockerte der EuGH jedoch bereits in den Rechtssachen *Oy AA* und *Lidl Belgium*, indem er lediglich zwei der drei Rechtfertigungsgründe für eine Rechtfertigung als notwendig erachtete. In seinem Urteil zu *Lidl Belgium* forderte er nur die Wahrung der Aufteilung der Besteuerungsbefugnisse und die Gefahr der doppelten Verlustberücksichtigung, während er das kumulative Vorliegen der drei

---

1012 Dazu *Musil/Fähling*, DStR 2010, 1501, 1503 f.; *Kube/Straßburger*, IStR 2010, 301, 305 f.; dazu auch *Schulz/Musil*, DStR 2013, 2205, 2210.

1013 Grundlegend EuGH v. 12.5.1998 – Rs. C-336/96, (Gilly), Slg. 1998, I-2823; ausführlich zu diesem Rechtfertigungsgrund *Kube*, in: Kruthoffer-Röwekamp, S. 133 (144).

1014 EuGH v. 12.12.2013 – Rs. C-303/12 (Beker), BFH/NV 2014, 287 (Leitsätze); v. 21.1.2010 – Rs. C-311/08 (SGI), Slg. 2010, I-487; v. 29.3.2007 – Rs. C-347/04 (Rewe Zentralfinanz), Slg. 2007, I-2647, Rn. 42; v. 18.7.2007 – Rs. C-231/05 (Oy AA), Slg. 2007, I-6373, Rn. 54.

1015 *Kube*, in: Kruthoffer-Röwekamp, S. 133 (144).

1016 EuGH v. 13.12.2005 – Rs. C-446/03 (Marks & Spencer), Slg. 2005, I-10837; zu den ökonomischen Folgen siehe *Maiterth*, DStR 2009, 915.

1017 EuGH v. 13.12.2005 – Rs. C-446/03 (Marks & Spencer), Slg. 2005, I-10837, Rn. 43 f.

1018 EuGH v. 13.12.2005 – Rs. C-446/03 (Marks & Spencer), Slg. 2005, I-10837, Rn. 51.

Rechtfertigungsgründe ausdrücklich verneinte[1019]. In der Rechtssache *Oy AA* ließ er das Vorliegen der Wahrung der Aufteilung der Besteuerungsbefugnis „zusammen“ mit der Verhinderung der Steuerumgehung zur Rechtfertigung der in Streit stehenden Normen genügen[1020]. Bemerkenswert ist die Aussage des EuGH, dass aufgrund der Gesamtbetrachtung der rechtfertigenden Gründe die Anforderungen an die Verhältnismäßigkeit gewahrt sind, selbst wenn die streitige Missbrauchsregelung nicht speziell bezweckt, rein künstliche Gestaltungen zu bekämpfen[1021].

Auch in der Rechtssache *SGI* beschränkte der EuGH sich auf eine Gesamtbetrachtung der beiden letztgenannten Rechtfertigungsgründe[1022]. In dem zugrunde liegenden Fall hatte eine Gesellschaft belgischen Rechts einer ausländischen Tochtergesellschaft ein unverzinsliches Darlehen gewährt. Nach der in Streit stehenden belgischen Regelung wurde der durch die Unverzinslichkeit gewährte außergewöhnliche und unentgeltliche Vorteil für die Tochtergesellschaft zum Gewinn der Mutter hinzugerechnet. Bedeutung hat das Urteil wiederum für den Rechtsfertigungsgrund der Missbrauchsverhinderung, indem der EuGH die gelockerten Anforderungen an das Element der Künstlichkeit im Rahmen der Steuerumgehung bestätigte. Verbaliter führte er aus:

> *In diesem Kontext kann eine nationale Regelung, die nicht speziell bezweckt, rein künstliche, jeder wirtschaftlichen Realität bare Gestaltungen, die zu dem Zweck errichtet wurden, die Steuer zu umgehen, die normalerweise für Gewinne aus inländischen Tätigkeiten geschuldet wird, von dem in dieser Regelung vorgesehenen Steuervorteil auszuschließen, gleichwohl durch das Ziel der Verhütung von Steuerumgehungen bei einer Gesamtbetrachtung mit dem Ziel der Wahrung der ausgewogenen Aufteilung der Besteuerungsbefugnis zwischen den Mitgliedstaaten gerechtfertigt sein*[1023].

Verfolgt eine nationale Missbrauchsregelung demnach auch das Ziel der Wahrung der Aufteilung der Besteuerungsbefugnisse, ist der Maßstab hinsichtlich der Künstlichkeit der Gestaltung gelockert. Allerdings sieht der Gerichtshof es im Rahmen der Verhältnismäßigkeit auch weiterhin als für Missbrauchsverhinderungsvorschriften erforderlich an, dass eine Gegenbeweismöglichkeit besteht und sich die steuerliche Korrektur auf den missbräuchlichen Teil beschränkt[1024].

In der Rechtssache *X Holding* hat der Gerichtshof sogar ausschließlich die Wahrung der Aufteilung der Besteuerungsbefugnisse als Rechtfertigungsgrund für ausreichend gehalten und ging auf weitere Rechtfertigungsgründe erst gar nicht ein[1025]. Die in den Niederlanden ansässige X Holding beantragte, mit ihrer belgischen

1019 So ausdrücklich EuGH v. 15.5.2008 – Rs. C-414/06, (Lidl Belgium), Slg. 2008, I-3601, Rn. 38 f.
1020 EuGH v. 18.7.2007 – Rs. C-231/05 (Oy AA), Slg. 2007, I-6373, Rn. 60.
1021 EuGH v. 18.7.2007 – Rs. C-231/05 (Oy AA), Slg. 2007, I-6373, Rn. 63.
1022 EuGH v. 21.1.2010 – Rs. C-311/08 (SGI), Slg. 2010, I-487, Rn. 69.
1023 EuGH v. 21.1.2010 – Rs. C-311/08 (SGI), Slg. 2010, I-487, Rn. 66.
1024 EuGH v. 21.1.2010 – Rs. C-311/08 (SGI), Slg. 2010, I-487, Rn. 71 f.
1025 EuGH v. 25.2.2010 – Rs. C-337/08 (X Holding), Slg. 2010, I-1215, Rn. 33.

Tochtergesellschaft als steuerliche Einheit i.S.d. niederländischen Körperschaftsteuergesetzes anerkannt zu werden. Der Antrag wurde jedoch abgelehnt, weil die Tochtergesellschaft nicht in den Niederlanden ansässig war. Auch in weiteren Entscheidungen befasste sich der EuGH lediglich mit der Aufteilung der Besteuerungsbefugnisse[1026]. Dies spricht dafür, dass der EuGH diesem Rechtfertigungsgrund eine zentrale Bedeutung und einen weiten Anwendungsbereich beimisst. Dennoch wird man bei typisierenden Missbrauchsvorschriften den oben dargestellten grundsätzlich strengeren Maßstab im Rahmen der Verhältnismäßigkeit weiterhin anwenden müssen[1027].

d) Exkurs: Initiativen der Kommission

Auch die Europäische Kommission hat sich insbesondere im Jahr 2012 mit der Missbrauchsbekämpfung beschäftigt und versucht sich mit eigenen Definitionen des Missbrauchs. Mit ihrem Aktionsplan zur Verstärkung der Bekämpfung von Steuerbetrug und Steuerhinterziehung[1028] sowie mit den dazugehörigen Empfehlungen[1029] hat sie die Mitgliedstaaten zur Verhinderung der aggressiven Steuerplanung und der daraus resultierenden doppelten Nichtbesteuerung aufgefordert[1030]. Zu diesem Zweck schlägt sie den Mitgliedstaaten unter anderem die Einführung einer allgemeinen Missbrauchsverhinderungsvorschrift mit folgendem Inhalt vor:

> *Eine künstliche Vorkehrung oder eine künstliche Reihe von Vorkehrungen, die mit dem wesentlichen Zweck eingeführt wurde, eine Besteuerung zu vermeiden und die zu einem steuerlichen Vorteil führt, bleibt außer Acht. Die nationalen Behörden behandeln solche Vorkehrungen für steuerliche Zwecke entsprechend ihrer wirtschaftlichen Substanz.*

Insoweit greift die Kommission das Missbrauchsverständnis des EuGH hinsichtlich des Elements der Künstlichkeit teilweise auf. Allerdings ist die vorgeschlagene Klausel relativ unkonkret und bleibt hinter dem von der EuGH-Rechtsprechung geprägten Missbrauchsbegriff zurück. Zudem kommt den Empfehlungen keinerlei rechtliche Verbindlichkeit zu. Es ist insoweit auch zu erwarten, dass der EuGH sich von den Empfehlungen kaum dazu veranlasst sehen wird, von seiner bisherigen Judikatur abzuweichen[1031].

1026 Zur Nichtberücksichtigung von Steuervergünstigungen bei gemeinsamer Veranlagung EuGH v. 12.12.2013 – Rs. C-303/12 (Kommission/Belgien), BFH/NV 2014, 287; zur höheren Besteuerung von Dividenden an gebietsfremde Gesellschaften EuGH v. 20.10.2011 – Rs. C-284/09 (Kommission/Deutschland), Slg. 2011, I-9897.

1027 Im Ergebnis auch *Kube*, in: Kruthoffer-Röwekamp, S. 133 (152).

1028 Mitteilung der Kommission v. 6.12.2012, KOM (2012) 722 endg.

1029 Empfehlung der Kommission v. 6.12.2012, KOM (2012) 8805 endg.; 6.12.2012, KOM (2012) 8806 endg.; kritisch dazu *Lang*, IStR 2013, 365 ff.

1030 Vgl. Empfehlung der Kommission v. 6.12.20012, KOM (2012) 8806, S. 2.

1031 *Lang*, IStR 2013, 365, 367.

e) Zwischenergebnis

Insgesamt lässt sich konstatieren, dass der Begriff des Missbrauchs, insbesondere auch der der Steuerumgehung, im Unionsrecht grundsätzlich existent ist. Zur Gewährleistung einer einheitlichen Anwendung ist der Missbrauchsbegriff unionsrechtlich einheitlich auszulegen. Da sich die Richtlinien an den Zielen des Binnenmarktes orientieren, sind sekundärrechtliche Missbrauchsvorbehalte in Übereinstimmung mit dem grundfreiheitlichen Missbrauchsverständnis des EuGH auszulegen.

Für die Anforderungen, die an nationale typisierende Missbrauchsverhinderungsvorschriften im Anwendungsbereich des Unionsrechts zu stellen sind, ergibt sich nach alledem Folgendes:

In Ermangelung einer entsprechenden Harmonisierung, d.h. wenn keine spezielle Missbrauchsverhinderungsvorschrift im europäischen Sekundärrecht existiert, obliegt die Missbrauchsbekämpfung den Mitgliedstaaten, welche – wie bereits oben dargelegt – ihre Befugnisse unter Wahrung des Unionsrechts auszuüben haben. Daraus ergibt sich eine zweigeteilte Vorgehensweise[1032]. Einerseits haben die Mitgliedstaaten bei grenzüberschreitenden Gestaltungen durch nationale Maßnahmen den Missbrauch festzustellen und zu bekämpfen. Andererseits ist zu prüfen, ob sich der durch die Mitgliedstaaten konkretisierte Missbrauchsvorbehalt mit dem unionsrechtlichen Missbrauchsverständnis deckt.

Eine genaue Definition missbräuchlichen Verhaltens existiert zwar nicht, durch die Judikatur des EuGH wurde dem Missbrauchsbegriff jedoch eine gewisse Kontur verliehen. Insoweit gibt der Gerichtshof einen Rahmen für die mitgliedstaatlichen Missbrauchsverhinderungsvorschriften vor, da nur solche Regelungen einen Eingriff in die Grundfreiheiten rechtfertigen, welche sich speziell gegen solche Gestaltungen richten, die die von ihm herausgearbeiteten Elemente aufweisen. Der Tatbestand muss folglich auf Fälle der Missbrauchsbekämpfung beschränkt sein. Zudem müssen diese Regelungen verhältnismäßig sein, d.h. insbesondere nicht über das hinausgehen, was zur Missbrauchsverhinderung erforderlich ist.

Zusammenfassend lässt sich anhand der vom EuGH in der Rechtssache *Test Claimants in the Thin Cap Group Litigation* getroffenen Aussage feststellen, dass mitgliedstaatliche typisierende Missbrauchsverhinderungsvorschriften dem Unionsrecht dann nicht entgegenstehen,

> *„wenn sie eine Prüfung objektiver und nachprüfbarer Umstände vorsehen, die die Feststellung erlaubt, ob eine rein künstliche Konstruktion zu ausschließlich steuerlichen Zwecken vorliegt, und dabei dem Steuerpflichtigen die Möglichkeit bieten – ohne ihn übermäßigen Verwaltungszwängen zu unterwerfen –, gegebenenfalls Beweise für die wirtschaftlichen Gründe für das Geschäft beizubringen* [Tatbestandsseite], *und wenn die genannten Rechtsvorschriften im Fall des Nachweises einer solchen Konstruktion diese Zinsen nur*

1032 Vgl. dazu im Folgenden *Böing*, EWS 2007, 55, 62; *Schön*, in: FS Wiedemann, S. 1271 (1281).

insoweit als ausgeschüttete Gewinne behandeln, als sie den Betrag übersteigen, der unter Bedingungen des freien Wettbewerbs vereinbart worden wäre [Rechtsfolgenseite]"[1033].

Folgt man diesem Ansatz, so wird erkennbar, dass das europäische Missbrauchsverständnis nationale Missbrauchsverhinderungsvorschriften sowohl hinsichtlich der Reichweite des Tatbestandes als auch hinsichtlich der maximal zulässigen Rechtsfolge begrenzt. Einerseits muss sich also der Tatbestand der betreffenden Norm auf Missbrauchsfälle beschränken. Andererseits darf die Rechtsfolge der betreffenden Norm nicht über das zur Bekämpfung der Steuerumgehung Erforderliche hinausgehen, muss sich also auf den missbräuchlichen Teil beschränken[1034]. Auf Tatbestandsseite wird das Element der Künstlichkeit dabei mittlerweile in zweierlei Hinsicht weiter gefasst bzw. konkretisiert. Zum einen wird dies durch den Fremdvergleichsgrundsatz realisiert, der als objektiv nachprüfbares Kriterium zur Feststellung des Vorliegens einer rein künstlichen Konstruktion dient. Zum anderen muss sich die Missbrauchsnorm nicht auf rein künstliche Konstruktionen beschränken, wenn sie zugleich auch der Wahrung der ausgewogenen Aufteilung der Besteuerungsbefugnis dient.

Im Falle einer Typisierung muss dem Steuerpflichtigen zudem die Möglichkeit gegeben werden, nachzuweisen, dass die Konstruktion zu außersteuerlichen Zwecken erfolgte. Ist diese Möglichkeit gegeben, kann die Beweislast zu Lasten des Steuerpflichtigen umgekehrt werden.

Insofern gibt der EuGH einen relativ genau abgesteckten Rahmen bezüglich der Zulässigkeitsanforderungen an typisierende Missbrauchsvorschriften vor. Das Urteil *Test Claimants in the Thin Cap Group Litigation* könnte somit dazu einladen, als abschließende Definition des EuGH in Bezug auf die Missbrauchsverhinderung angesehen zu werden. Allerdings bleibt zu berücksichtigen, dass trotz einer sich verfestigenden Tendenz die Judikatur des EuGH regelmäßig stark am Einzelfall orientiert ist und weniger einer strikten juristischen Systematik folgt[1035]. Es entstehen so immer wieder nur schwer nachvollziehbare Abweichungen. Als durchgehende Konstante in der Judikatur ist jedoch der Grundsatz der Verhältnismäßigkeit und dort das Merkmal der Erforderlichkeit zu nennen. Dieser ist aufgrund der doch relativ unklaren Reichweite der ungeschriebenen Rechtfertigungsgründe wohl als entscheidender Prüfungsmaßstab anzusehen[1036].

Dieses Verständnis schlägt auch auf das europäische Sekundärrecht durch. Es ist als normativer Maßstab bei der Auslegung der Richtlinien heranzuziehen.

1033 EuGH v. 13.3.2007 – Rs. C-524/04 (Test Claimants in the Thin Cap Group Litigation), Slg. 2007, I- 2107, Rn. 92; vgl. auch EuGH v. 21.1.2010 – Rs. C-311/08 (SGI), Slg. 2010, I-487, Rn. 71, 72.

1034 A.A. wohl *Wiese*, GmbHR 2012, 376, 380.

1035 *Musil*, FR 2012, 149, 153; *Schulz/Musil*, DStR 2013, 2205, 2209 ff.

1036 So auch *Schulz/Musil*, DStR 2013, 2205, 2210; *Musil*, RIW 2006, 287, 293.

II. Europarechtskonforme Auslegungsmöglichkeit des § 50d Abs. 3 EStG

Das nationale Recht ist europarechtskonform auszulegen. Diese Verpflichtung trifft die Mitgliedstaaten und ihre Organe[1037]. Abgeleitet wird dies aus Art. 4 Abs. 3 EUV, wonach im Anwendungsbereich des Unionsrechts alle geeigneten Maßnahmen zur Erfüllung der sich aus den Verträgen oder den Handlungen der Organe der EU ergebenden Verpflichtungen zu treffen sind. Zu den bedeutendsten Anwendungsfällen gehört die richtlinienkonforme Auslegung[1038], welche insbesondere dann relevant wird, wenn Richtlinien nicht oder nicht richtig umgesetzt wurden. Nach ständiger Rechtsprechung des EuGH[1039] und der deutschen Finanzgerichtsbarkeit[1040] ist das nationale Recht im Lichte des Wortlauts und Zwecks der Richtlinie auszulegen[1041]. Danach müsse es Aufgabe der Auslegung sein, das mit der Richtlinie verfolgte Ziel zu erreichen.

1. Verhältnis von Primärrecht zu Sekundärrecht

Insofern ist zu untersuchen, ob zumindest eines der oben zu § 50d Abs. 3 EStG gefundenen Auslegungsergebnisse mit den europarechtlichen Vorgaben in Einklang steht. Zur Untersuchung der Vereinbarkeit des § 50d Abs. 3 EStG mit dem Recht der Europäischen Union kommen im Folgenden zunächst zweierlei Bezugspunkte in Betracht. Zum einen könnte auf sekundärrechtlicher Ebene ein Verstoß gegen die Regelungen der Mutter-Tochter-Richtlinie bzw. die Zins- und Lizenzrichtlinie vorliegen (Directive Shopping). Durch § 50d Abs. 3 EStG werden die Steuerentlastungsansprüche aus § 43b EStG und § 50g EStG unter Vorbehalt gestellt und folglich die Wirkungen der Mutter-Tochter-Richtlinie bzw. die Zins- und Lizenzrichtlinie eingeschränkt. Berührt werden die Öffnungsklauseln nach Art. 1 Abs. 2 MTRL und Art. 5 Abs. 1 ZLRL. Werden deren Grenzen überdehnt, führt dies zu einer unmittelbaren Anwendung der Richtlinien.

Zum anderen ist auf Primärrechtsebene ein Verstoß gegen die Grundfreiheiten zu prüfen. Fällt der Sachverhalt nicht in den Anwendungsbereich einer Richtlinie, kann die Vorschrift ohnehin nur an den Grundfreiheiten gemessen werden. Da § 50d

---

1037 EuGH v. 8.10.1987 – Rs. C-80/86 (Kolpinghuis Nijmegen), Slg. 1987, I-3969.

1038 Vgl. dazu *Ralf P. Schenke*, Die Rechtsfindung im Steuerrecht, S. 446; instruktiv *Kellersmann/Treisch/Lampert/Heinemannn*, Europäische Unternehmensbesteuerung I, S. 54.

1039 Vgl. EuGH v. 10.4.1984 – Rs. C-14/83 (von Colson), Slg. 1984, 1891, 1909, Rn. 26; v. 10.4.1984 – Rs. C-79/83 (Harz), Slg. 1984, 1921, 1942, Rn. 26; v. 13.1.1990 – Rs. C-106/89 (Marleasing), Slg. 1990, 4135; v. 5.10.2004 – Rs. C-397/01 (Pfeiffer u.a.), Slg. 2004, I-8835; v. 25.10.2005 – Rs. C-350/03 (Schulte), Slg. 2005, I-9215.

1040 BFH v. 12.11.1980 – II R 1/76, BStBl. II 1981, 279 (280); v. 27.4.2006 – V R 53/04, BStBl. II 2007, 16 (18).

1041 Kritisch *Gosch*, DStR 2007, 1895, 1896 f.

Abs. 3 EStG jedoch offensichtlich mit den Regelungen der MTRL und Der ZLRL in Konflikt gerät, könnte es fraglich sein, ob nach einem festgestellten Verstoß gegen das Sekundärrecht eine weitere Prüfung der Grundfreiheiten erforderlich ist. Dies ist nicht nur zu bejahen, vielmehr ist nach hier vertretener Auffassung sogar bei den Grundfreiheiten anzusetzen, da aus ihnen der Maßstab für die Öffnungsklauseln der Richtlinien zu entwickeln ist. Denn die steuerrechtlichen Richtlinien dienen gerade der Realisierung der Grundfreiheiten. Da die Richtlinien also autonom unionsrechtlich auszulegen sind, gilt für die Öffnungsklauseln (Art. 1 Abs. 2 MTRL und Art. 5 Abs. 1 ZLRL) und somit für die auf ihrer Grundlage erlassenen Missbrauchsvorschriften ebenfalls nur der normative Maßstab der Grundfreiheiten[1042]. Bezugspunkt für eine Kollision mit den Öffnungsklauseln sind die Grundfreiheiten. Liegt daher ein nicht zu rechtfertigender Eingriff in die Grundfreiheiten vor, verstößt § 50d Abs. 3 EStG gleichfalls gegen die Vorgaben der Richtlinie.

Systematisch müsste daher zwar mit der Prüfung des spezielleren Sekundärrechts begonnen werden. Zur besseren Übersicht und aus dem soeben genannten Gründen wird die Überprüfung anhand der Grundfreiheiten jedoch vorangestellt und erst in einem zweiten Schritt auf die Richtlinien eingegangen. Maßgeblich ist § 50d Abs. 3 EStG daher anhand der Vorgaben der europäischen Grundfreiheiten zu prüfen.

2. *Anwendbare Grundfreiheiten in Bezug auf § 50d Abs. 3 EStG*

In sachlicher Hinsicht betrifft die Regelung des § 50d Abs. 3 EStG im Allgemeinen das Halten bzw. den Erwerb von Anteilen an einer Tochtergesellschaft und im Besonderen die Erträge aus den daraus zufließenden Dividendenzahlungen. Von den im AEUV garantierten Grundfreiheiten kommen daher für die vorliegende Untersuchung offenkundig sowohl die Niederlassungs- wie auch die Kapitalverkehrsfreiheit in Betracht[1043]. Im Folgenden sollen zunächst die Anwendungsbereiche dieser Grundfreiheiten dargestellt und sodann voneinander abgegrenzt werden. Wie zu zeigen sein wird, überschneiden sich ihre Anwendungsbereiche. Eine Abgrenzung ist gerade deshalb von Bedeutung, weil die Kapitalverkehrsfreiheit als einzige der Grundfreiheiten nicht nur gegenüber EU- bzw. EWR-Staaten wirkt, sondern auch gegenüber Drittstaaten gilt (vgl. Art. 63 Abs. 1 Alt. 2, Abs. 2 Alt. 2 AEUV).

a) Niederlassungsfreiheit

Die Niederlassungsfreiheit (Art. 49 AEUV) schützt das Recht natürlicher und juristischer Personen, sich in einem Mitgliedstaat niederzulassen, um dort eine selbstständige Tätigkeit auszuüben (primäre Niederlassungsfreiheit). Überdies verbürgt sie das Recht, durch die Gründung von Agenturen, Zweigniederlassungen oder

1042 So schon *Rudolf*, Treaty Shopping und Gestaltungsmissbrauch, S. 444 ff.
1043 So auch *Musil*, RIW 2006, 287, 292.

Tochtergesellschaften in einem anderen als dem Mitgliedstaat, in dem sie ansässig sind, tätig zu werden (sekundäre Niederlassungsfreiheit)[1044].

Um sich aufgrund einer Beteiligung an einer Gesellschaft auf die Niederlassungsfreiheit berufen zu können, bedarf es eines Leitungserfordernisses. Für die Leitung einer Gesellschaft ist es nach Ansicht des EuGH erforderlich, dass die Beteiligung dem Anteilseigner einen sicheren Einfluss auf die Entscheidungen der Gesellschaft gewährt und es ihm möglich ist, die Tätigkeiten dieser zu bestimmen[1045].

Überdies ist es für das Merkmal der Gesellschaft erforderlich, dass diese einen Erwerbszeck verfolgt (Art. 54 S. 2 AEUV). Eine ausdrückliche Stellungnahme zu diesem Begriff fehlt bislang in der Judikatur des EUGH. In der Rechtssache *ICI* entschied er allerdings, dass eine reine Holdinggesellschaft vom Anwendungsbereich des Art. 49 AEUV erfasst wird[1046]. Insoweit ist anzunehmen, dass der EuGH von einer weiten Auslegung dieses Begriffs ausgeht.

b) Kapitalverkehrsfreiheit

Nach Art. 63 Abs. 1 AEUV sind Beschränkungen des grenzüberschreitenden Kapitalverkehrs verboten. Der Begriff des Kapitalverkehrs ist im AEUV nicht definiert. Zur Auslegung greift der EuGH unter anderem auf die in Anhang I der Kapitalverkehrsrichtlinie[1047] genannten Kapitalverkehrsvorgänge zurück[1048]. Allgemein beschreibt der EuGH den Kapitalverkehr als „Transfer von Vermögenswerten“[1049]. Die überwiegende Ansicht in der Literatur versteht darunter die einseitige dauerhafte grenzüberschreitende Übertragung von Sach- oder Geldkapital, wie etwa auch den Erwerb von Aktien, den Dividendenbezug oder die Aufnahme und Vergabe von Darlehen[1050].

Als einzige der Grundfreiheiten findet die Kapitalverkehrsfreiheit auch gegenüber Angehörigen von Drittstaaten Anwendung. Nach der sog. Stand-Still-Klausel[1051] gem. Art. 64 Abs. 1 AEUV ist der Anwendungsbereich gegenüber Drittstaatenangehörigen jedoch eingeschränkt. Danach sind Beschränkungen des Kapitalverkehrs, die

---

1044 Zu den Begrifflichkeiten siehe z.B. *Haase*, Internationales und Europäisches Steuerrecht, Rn. 802; *Campos Nave*, BB 2008, 1410, 1411.

1045 EuGH v. 13.4.2000 – Rs. C-251/98 (Baars), Slg, 2000, I-2787, Rn. 20; v. 12.9.2006 – Rs. C-196/04 (Cadbury Schweppes), Slg. 2006, I-7995, Rn. 31; v. 21.11.2002 – Rs. C-436/00 (X und Y), Slg. 2002, I-10829.

1046 EuGH v. 16.7.1998 – Rs. C-264/96 (ICI), Slg. 1998, I-4695, Rn. 20 ff.

1047 Richtlinie 88/361/EWG des Rates vom 24.6.1988 zur Durchführung von Art. 67 des Vertrages, ABl. L 178/5.

1048 Vgl. EuGH v. 12.12.2006 – Rs. C-446/04 (Test Claimants in the FII Group Litigation), Slg 2006, I-11753; v. 24.5.2007 – Rs. C-157/05 (Holböck), Slg. 2007, I-4051, Rn. 34 ff.

1049 EuGH v. 23.2.1995 – Rs. C-358/93, C-416/93 (Bordessa), Slg. 1995, I-361, Rn. 13.

1050 *Haase*, Internationales und Europäisches Steuerrecht, Rn. 808; *Hahn*, DStZ 2005, 469, 479.

1051 Zur Regelung siehe *Ress/Ukrow*, in: Grabitz/Hilf/Nettesheim[50], Art. 64 AEUV Rn. 10 ff.; vgl. auch *Duttiné/Stumm*, BB 2012, 867, 872.

bereits zum 31.12.1993 bestanden haben, weiterhin zulässig. Von dieser Ausnahme sind nach Auslegung des EuGH auch später erlassene Vorschriften erfasst, wenn sie im Wesentlichen mit der früheren Regelung übereinstimmen und soweit die neue Regelung nicht auf einem anderen Grundgedanken beruht und kein neues Verfahren einführt[1052].

c) *Verhältnis von Niederlassungs- und Kapitalverkehrsfreiheit*

Insbesondere im Bereich der Direktinvestitionen[1053] überschneiden sich die Anwendungsbereiche von Niederlassungs- und Kapitalverkehrsfreiheit. Fraglich ist, wie das Verhältnis von Niederlassungsfreiheit zur Kapitalverkehrsfreiheit zu bestimmen ist. Dabei ist in Teilen der Literatur bereits umstritten, ob die Grundfreiheiten generell parallel anwendbar sind oder zwischen ihnen ein Verhältnis der Exklusivität besteht[1054]. Insbesondere das Verhältnis von Niederlassungs- und Kapitalverkehrsfreiheit scheint bis heute durch den EuGH nicht abschließend geklärt zu sein[1055]. Relevant ist dies vor allem aufgrund des bereits oben erwähnten Drittstaatenbezuges, aber besonders auch für den Fall, dass der Anwendungsbereich mehrerer Grundfreiheiten eröffnet ist, bei dem sich die Frage stellt, wie zu verfahren ist, wenn nach der einen Grundfreiheit eine gerechtfertigte, nach der anderen jedoch ein unzulässige Beschränkung vorliegt. Die heute wohl herrschende Meinung geht davon aus, dass die Grundfreiheiten grundsätzlich nebeneinander anwendbar sind[1056]. Dieser Auffassung ist generell zuzustimmen, die Aussage bleibt jedoch zu pauschal und bedarf der Differenzierung, worauf im Folgenden eingegangen wird.

Insbesondere die wechselseitigen Vorbehalte in Art. 65 Abs. 2 AEUV („[...] berührt nicht die Anwendbarkeit von Beschränkungen des Niederlassungsrechts [...]") und Art. 49 Abs. 2 AEUV („Vorbehaltlich des Kapitels über den Kapitalverkehr [...]") führen nach allgemeiner Meinung nicht dazu, dass ein Verhalten nur nach einer dieser beiden Grundfreiheiten geschützt sein kann[1057]. Die Regelung des Art. 49 Abs. 2 AEUV wird nur als besonderer Hinweis angesehen, auch den Schutzbereich der Kapitalverkehrsfreiheit zu berücksichtigen[1058].

Im Ergebnis ist bezüglich des Verhältnisses von der Niederlassungs- zur Kapitalverkehrsfreiheit weder eine rein parallele noch eine rein exklusive Anwendung der

---

1052 EuGH v. 24.5.2007 – Rs. C-157/05 (Holböck), Slg. 2007, I-4051, Rn. 41; v. 12.12.2006 – Rs. C-446/04 (Test Claimants in the FII Group Litigation), Slg. 2006, I-11753, Rn. 192.

1053 Vgl. *Haslehner*, IStR 2008, 565, 567.

1054 Für ein Exklusivverhältnis *Fischer*, ZeuS 2000, 391, 400; für ein Parallelverhältnis *Wilmowsky*, in: Ehlers, Europäische Grundrechte und Grundfreiheiten, S. 405; *Haslehner*, IStR 2008, 565, 566; vgl. auch *Germelmann*, EuZW 2008, 569 ff.

1055 Vgl. dazu *Schulz/Musil*, DStR 2013, 2205, 2210.

1056 Vgl. dazu die folgenden Nachweise.

1057 *Ress/Ukrow*, in: Grabitz/Hilf/Nettesheim[50], Art. 64 AEUV Rn. 222; *Haslehner*, IStR 2008, 565, 569; *Musil*, RIW 2006, 287, 292.

1058 *Frenz*, Handbuch Europarecht I, Rn. 2146.

Grundfreiheiten überzeugend[1059]. Im Anschluss an die Rechtsprechung des EuGH ist vielmehr eine differenzierende Ansicht anzulegen[1060]. Um dies nachvollziehen zu können, wird im Folgenden die Judikatur zum Verhältnis der Niederlassungsfreiheit zur Kapitalverkehrsfreiheit skizziert werden.

Ausgehend von der Rechtssache *Bachmann*[1061] hielt der EuGH die Grundfreiheiten zunächst wohl für grundsätzlich parallel anwendbar[1062]. Dort nahm er einen Eingriff sowohl in die Arbeitnehmerfreizügigkeit als auch in die Dienstleistungsfreiheit an[1063], den er jedoch in beiden Fällen als gerechtfertigt ansah[1064]. In der Rechtssache *Konle*, in der es um den Erwerb von Grundeigentum durch Ausländer ging, hielt der EuGH sowohl die Kapital- als auch die Niederlassungsfreiheit für anwendbar, sah jedoch nach der Feststellung eines Verstoßes gegen die erstgenannte Grundfreiheit eine Überprüfung von letzterer nicht mehr als notwendig an[1065]. In ähnlicher Art und Weise sah er auch in weiteren Folgeurteilen die parallele Anwendbarkeit der Grundfreiheiten als gegeben an[1066].

Eine neuere Entwicklung in der Judikatur des EuGH zeichnete sich jedoch seit dem Urteil in der Rechtssache *Cadbury Schweppes* ab. Dieses deutete in Richtung eines Exklusivverhältnisses[1067]. In dem vorliegenden Fall standen die Anwendbarkeit von Niederlassungs-, Dienstleistungs- und Kapitalverkehrsfreiheit in Rede. Dabei ging es um die Frage, ob nationale Steuervorschriften mit Unionsrecht vereinbar sind, die vorsehen, dass eine Muttergesellschaft bezüglich Gewinnen besteuert wird, welche eine von ihr beherrschte ausländische Gesellschaft erzielt hat. Insoweit waren Beteiligungen betroffen, die einen beherrschenden Einfluss zuließen. Der EuGH folgerte in seinem Urteil, dass im Falle von beschränkenden Vorschriften über beherrschte ausländische Gesellschaften nur die Niederlassungsfreiheit anwendbar sei. Die beschränkende Auswirkung dieser Vorschriften auf die Dienstleistungs- und Kapitalverkehrsfreiheit sei „die unvermeidliche Konsequenz einer eventuellen Beschränkung der Niederlassungsfreiheit" und daher eine eigenständige Prüfung der Art. 56, 63 AEUV nicht zu rechtfertigen[1068]. In ähnlicher Weise entschied er daraufhin in Drittstaatensachverhalten: In seinem Urteil zu *Fidium Finanz* ließ er den Aspekt der Kapitalverkehrsfreiheit zurücktreten, weil die streitige Regelung „vorwiegend

1059 *Haslehner*, IStR 2008, 565, 574.

1060 Siehe hierzu *Ress/Ukrow*, in: Grabitz/Hilf/Nettesheim[50], Art. 64 AEUV Rn. 233.

1061 EuGH v. 28.1.1992 – Rs. C-204/90 (Bachmann), Slg. 1992, I-249.

1062 Zur detaillierten Rechtsprechungsübersicht siehe *Haslehner*, IStR 2008, 565, 569 ff.

1063 EuGH v. 28.1.1992 – Rs. C-204/90 (Bachmann), Slg. 1992, I-249, Rn. 13, 31.

1064 EuGH v. 28.1.1992 – Rs. C-204/90 (Bachmann), Slg. 1992, I-249, Rn. 28, 32.

1065 EuGH v. 1.6.1999 – Rs. C-302/97 (Konle), Slg. 1999, I-2099 Rn. 22.

1066 EuGH v. 18.11.1999 – Rs. C-200/98 (X und Y), Slg. 1999, I-8261, Rn. 30; v. 11.12.2003 – Rs. C-364/01 (Barbier), Slg. 2003, I-15013, Rn. 40 ff., 75; v. 8.3.2001 – Rs. C-397/98 (Metallgesellschaft u.a.), Slg. 2001, I-1727, Rn. 75.

1067 Vgl. dazu *Haslehner*, IStR 2008, 565, 571.

1068 EuGH v. 12.9.2006 – Rs. C-196/04 (Cadbury Schweppes), Slg. 2006, I-7795, Rn. 33, mit Verweis auf EuGH v. 14.10.2004 – Rs. C-36/02 (Omega), Slg. 2004, I-9609, Rn. 27.

den freien Dienstleistungsverkehr" berühre und die Kapitalverkehrsfreiheit „nur eine zwangsläufige Folge der für die Erbringung von Dienstleistungen auferlegte Beschränkung" sei[1069]. Mit Verweis auf das eben dargestellte Urteil entschied der EuGH ebenso in den Rechtssachen *Lasertec*[1070], *A und B*[1071] und *Stahlwerk Ergste Westig*[1072].

In dem Urteil *Glaxo Wellcome* hingegen gab der EuGH der Kapitalverkehrsfreiheit gegenüber der Niederlassungsfreiheit den Vorzug. Vorliegend kam es nicht auf die Höhe der Beteiligung – also nicht auf einen beherrschenden Einfluss – an. Nach Ansicht des EuGH bezweckte die streitgegenständliche Norm, gebietsfremde Anteilseigner daran zu hindern, einen ungerechtfertigten Steuervorteil zu erlangen, der „unmittelbar" durch die Anteilsveräußerungen entsteht, die gerade der Erlangung dieses Vorteils dienen sollen[1073]. In diesem Fall seien Auswirkungen auf die Niederlassungsfreiheit nur die unvermeidliche Folge einer „Beschränkung des Kapitalverkehrs und rechtfertigten keine eigenständige Prüfung" des Art. 49 AEUV[1074].

In den Rechtssachen *Test Claimants in the FII Group Litigation* und *Holböck* hielt der EuGH allerding die Niederlassungs- und Kapitalverkehrsfreiheit für parallel anwendbar. In erstgenannter Entscheidung ging es um britische Steuerregelungen, die inländische Kapitalerträge von der Steuer befreiten, ausländische Erträge hingegen einem nachteiligeren Anrechnungssystem unterwarfen. Ein ähnlicher Fall lag auch dem Urteil *Holböck* zugrunde, bei dem es sich zudem um einen Drittstaatensachverhalt handelte. Wörtlich führte der EuGH aus:

> *Eine nationale Regelung, die den Bezug von Dividenden einer Steuer unterwirft, [...] ohne dass dabei der Umfang der Beteiligung des Anteilseigners an der ausschüttenden Gesellschaft berücksichtigt wird, kann sowohl unter Art. 43 EG [Art. 49 AEUV] über die Niederlassungsfreiheit als auch unter Art. 56 EG [Art. 63 AEUV] über den freien Kapitalverkehr fallen*[1075].

Anders als etwa in der Rechtssache *Cadbury Schweppes* waren die streitigen Normen also unterschiedslos auf beherrschende und nicht beherrschende Beteiligungen anwendbar[1076]. Unter Verweis auf seine bisherige Rechtsprechung stellte der EuGH zudem ausdrücklich fest, dass für die Anwendbarkeit einer Grundfreiheit auf den Gegenstand der betreffenden nationalen Regelung abzustellen ist[1077].

1069 EuGH v. 3.10.2006 – Rs. C-452/04 (Fidium Finanz), Slg. 2006, I- 9521, Rn. 49.
1070 EuGH v. 10.5.2007 – Rs. C-492/04 (Lasertec), Slg. 2007, I-3775, Rn. 25.
1071 EuGH v. 10.5.2007 – Rs. C-102/05 (A und B), Slg. 2007, I-38871, Rn. 27.
1072 EuGH v. 6.11.2007 – Rs- C-415/06 (Stahlwerk Ergste Westig), Slg. 2007, I-151, Rn. 16.
1073 EuGH v. 17.9.2009 – Rs. C-182/08 (Glaxo Wellcome), Slg. 2009, I-8591, Rn. 50.
1074 EuGH v. 17.9.2009 – Rs. C-182/08 (Glaxo Wellcome), Slg. 2009, I-8591, Rn. 51.
1075 EuGH v. 12.12.2006 – Rs. C-446/04 (Test Claimants in the FII Group Litigation), Slg. 2006, I-11753, Rn. 80; EuGH v. 24.5.2007 – R. C-157/05 (Holböck), Slg. 2007, I-4051, Rn. 24.
1076 EuGH v. 24.5.2007 – Rs. C-157/05 (Holböck), Slg. 2007, I-4051, Rn. 23.
1077 EuGH v. 24.5.2007 – Rs. C-157/05 (Holböck), Slg. 2007, I-4051, Rn. 22; aus der neueren Rechtsprechung EuGH v. 13.11.2012 – Rs. C-35/11, ABl. 2013, Nr. C 9 (Leitsätze).

Insofern scheint der EuGH einer normbezogenen Betrachtungsweise zu folgen[1078]. Teilweise wird in der Literatur jedoch eine sachverhaltsbezogene Betrachtungsweise befürwortet, nach der also nicht auf die Norm, sondern darauf abgestellt wird, ob im konkreten Sachverhalt eine beherrschende Beteiligung vorliegt[1079]. Zweifel an der normbezogenen Betrachtungsweise sind aufgrund des EuGH-Urteils in der Rechtssache *Burda* aufgekommen[1080]. Dort war die streitentscheidende Norm nicht ausschließlich auf Beherrschungsfälle zugeschnitten. Vielmehr lag nur in tatsächlicher Hinsicht eine Beherrschungssituation vor. Der EuGH entschied sich abweichend zur oben dargestellten Rechtsprechung für eine exklusive Anwendbarkeit der Niederlassungsfreiheit[1081]. Teilweise wird in der Literatur vermutet, dass es sich bei dieser Aussage des EuGH um einen Irrtum handelt[1082], teilweise wird aber auch eine Rechtsprechungsänderung angenommen[1083]. Dem ist in dieser Form nicht zuzustimmen. Denn in der Rechtssache *Burda* traf der EuGH noch weitere Aussagen. Daher ist vielmehr davon auszugehen, dass der EuGH seine Rechtsprechung um weitere Abgrenzungsmerkmale erweiterte: Er stellte zum einen heraus, dass „nationale Rechtsvorschriften, die nur die Beziehungen innerhalb einer Unternehmensgruppe regeln", nur im Hinblick auf die Niederlassungsfreiheit zu prüfen seien[1084]. Zum anderen stellte er nicht nur auf den Tatbestand, sondern auch auf die tatsächlichen Auswirkungen der streitgegenständlichen Norm ab[1085]. Der EuGH folgte somit nach hier vertretener Auffassung auch weiterhin der normbezogenen Betrachtungsweise. Würde man zudem nur eine reine Sachverhaltsbetrachtung vornehmen, käme es immer nur auf die konkrete Beteiligungshöhe an, ob die Niederlassungsfreiheit anzuwenden sei oder nicht[1086]. Ein Drittstaatenangehöriger würde dann den durch die Kapitalverkehrsfreiheit gewährten Schutz verlieren, wenn er die Schwelle zur Kontrollbeteiligung überschreiten würde.

Gegen die normbezogene Betrachtungsweise spricht auch nicht das jüngst in der Rechtssache *Itelcar* ergangene Urteil des Europäischen Gerichtshofs. Dort bestätigte

---

1078 So auch *Haslehner*, IStR 2008, 565, 573.

1079 *Zorn*, IStR 2010, 190, 193.

1080 EuGH v. 26.6.2008 – Rs. C-284/06 (Burda), Slg. 2008, I-4571; vgl. dazu *Meiisel/Bokeloh*, DB 2008, 2160, 2162 ff.; *Haslehner*, IStR 2008, 565, 574 f.

1081 EuGH v. 26.6.2008 – Rs. C-284/06 (Burda), Slg. 2008, I-4571, Rn. 70 f.

1082 *Meiisel/Bokeloh*, DB 2008, 2160, 2163.

1083 *Rehm/Nagler*, IStR 2008, 511, 512.

1084 EuGH v. 26.6.2008 – Rs. C-284/06 (Burda), Slg. 2008, I-4571, Rn. 68.

1085 EuGH v. 26.6.2008 – Rs. C-284/06 (Burda), Slg. 2008, I-4571, Rn. 72; im Ergebnis auch *Schade*, Die deutsche Anti-Treaty-Shopping-Regelung des § 50d Abs. 3 EStG, S. 110.

1086 *Schade*, Die deutsche Anti-Treaty-Shopping-Regelung des § 50d Abs. 3 EStG, S. 110; vgl. *Rudolf*, Treaty Shopping und Gestaltungsmissbrauch, S. 452; im Ergebnis auch *Haslehner*, IStR 2008, 565, 568.

er noch einmal ausdrücklich seine zuvor gefestigte Judikatur[1087]. Ebenso führte er aus, dass die Prüfung des Gegenstandes der Rechtsvorschriften „ausreicht"[1088]. Zudem stellte er fest, dass eine nationale Regelung über die steuerliche Behandlung von Dividenden aus einem Drittstaat, die nicht ausschließlich für Situationen gilt, in denen die Muttergesellschaft entscheidenden Einfluss auf die Gesellschaft ausübt, die die Dividenden ausschüttet, nach der Kapitalverkehrsfreiheit zu beurteilen ist[1089].

Aus der dargestellten Rechtsprechung des EuGH ergibt sich somit nach hier vertretener Auffassung eine normbezogene Betrachtungsweise[1090]: Eine Grundfreiheit ist einzelfallabhängig dann vorrangig anzuwenden, wenn sich aus dem Gegenstand der streitigen Norm ergibt, dass eine andere Grundfreiheit zwangsläufig als zweitrangig anzusehen ist[1091]. Dabei kann nicht nur auf den Tatbestand, sondern auch auf ihre tatsächlichen Auswirkungen[1092] und ihren Normzweck abgestellt werden[1093]. Stellt die streitgegenständliche Norm speziell auf Kontrollbeteiligungen oder auf Beziehungen innerhalb einer Unternehmensgruppe ab, kann nur die Niederlassungsfreiheit einschlägig sein. Regelt die streitgegenständliche Norm hingegen spezifisch den Kapitalverkehr, erfolgt nur eine Überprüfung hinsichtlich der Vereinbarkeit mit der Kapitalverkehrsfreiheit. In allen anderen Fällen werden die Niederlassungs- und die Kapitalverkehrsfreiheit parallel angewendet.

d) Konkret anwendbare Grundfreiheit und Grundfreiheitenberechtigte

Fraglich ist nun, ob im Rahmen des § 50d Abs. 3 EStG die Niederlassungsfreiheit oder die Kapitalverkehrsfreiheit oder beide Verkehrsfreiheiten Anwendung finden. Dazu ist festzustellen, welche der Grundfreiheiten von § 50d Abs. 3 EStG in erster Linie eingeschränkt werde. In diesem Zusammenhang wird auch erörtert, wer überhaupt berechtigt ist, sich auf die Grundfreiheiten zu berufen. In Betracht kommen sowohl die zwischengeschaltete Gesellschaft als auch deren Anteilseigener. Auswirkungen hat dies insbesondere, wenn die Anteilseigner in einem Drittstaat ansässig sind, in Bezug auf § 50d Abs. 3 EStG aber nur die Niederlassungsfreiheit Anwendung finden würde. Zudem wirkt sich dies darauf aus, wer zur Vergleichspaarbildung im Rahmen des Eingriffs heranzuziehen ist. Maßgeblich kommt es darauf an, ob die Intention des § 50d Abs. 3 EStG gegen die Anteilseigner oder die Zwischengesellschaft gerichtet ist.

1087 EuGH v. 3.10.2013 – Rs. C-282/12 (Itelcar) = IStR 2013, 871; kritisch aber *Sydow/Franke*, DB 2013, 2642 ff.

1088 EuGH v. 3.10.2013 – Rs. C-282/12 (Itelcar) = IStR 2013, 871, Rn. 16.

1089 EuGH v. 3.10.2013 – Rs. C-282/12 (Itelcar) = IStR 2013, 871, Rn. 18.

1090 *Köhler/Tippelhofer*, IStR 2007, 645, 646; a.A. einer sachverhaltsbezogenen Betrachtungsweise folgend *Zorn*, IStR 2010, 190, 193.

1091 Vgl. *Haslehner*, IStR 2008, 565, 574; vgl. dazu bereits *Lenaerts*, Die direkte Besteuerung in der EU, S. 61.

1092 Im Ergebnis auch *Rudolf*, Treaty Shopping und Gestaltungsmissbrauch, S. 447 ff.

1093 *Köhler/Tippelhofer*, IStR 2007, 645, 647.

Teilweise wird in der Literatur auf die Zwischengesellschaft[1094], teilweise allein auf die Anteilseigner abgestellt[1095]. Andere Stimmen halten sowohl die Anteilseigener als auch die zwischengeschaltete Gesellschaft für grundfreiheitenberechtigt[1096].

Hinter der Auffassung, nur die Anteilseigner als berechtigt anzuerkennen, steht der Gedanke, dass gerade diese für die Treaty Shopping-Gestaltung verantwortlich sind[1097]. Dem ist jedoch nicht zuzustimmen. Ebenso wenig ist allein auf die Zwischengesellschaft abzustellen. § 50d Abs. 3 EStG benachteiligt zwar im Ergebnis die Anteilseigner, nimmt jedoch eine Gesamtbetrachtung der Gestaltung innerhalb der Unternehmensgruppe vor. Konkret geht es um den Entlastungsanspruch der Zwischengesellschaft, wobei in persönlicher Hinsicht auf die Entlastungsberechtigung der dahinterstehenden, beteiligten Personen abgestellt wird. Es kommt nicht nur auf die Beziehung der Anteilseigener zur Zwischengesellschaft an, sondern auch auf die Beziehung der Zwischengesellschaft zur inländischen Kapitalgesellschaft. Insoweit sind sowohl die zwischengeschaltete Gesellschaft wie auch die an ihr beteiligten Personen grundsätzlich als Berechtigte der Grundfreiheiten anzusehen.

Die verschiedenen Beziehungen, die von § 50d Abs. 3 EStG betroffen sind, geben möglicherweise auch Aufschluss darüber, welche der Grundfreiheiten anwendbar ist. Insbesondere ist der Einfluss der Anteilseigner auf die Zwischengesellschaft zu berücksichtigen. Um in den Genuss der Entlastung zu kommen, wird in den Fällen des § 50d Abs. 3 EStG die Gesellschaft typischerweise so eingeschaltet werden, dass der Anteilseigner entscheidenden Einfluss auf die Zwischengesellschaft hat[1098]. Dies spricht zunächst für den Anwendungsbereich der Niederlassungsfreiheit. Andererseits könnte man jedoch vertreten, dass es bei der Beziehung zwischen ausländischer Zwischengesellschaft und inländischer Tochtergesellschaft nicht auf die Beteiligungshöhe ankommt und daher auch die Kapitalverkehrsfreiheit Anwendung findet. In diesem Zusammenhang könnte man sodann auch auf die Versagung der Kapitalertragsteuerentlastung als maßgebliche Regelungsintention abstellen, was ebenfalls für die Anwendbarkeit der Kapitalverkehrsfreiheit spräche. Im Wege der Gesamtbetrachtung ist allerdings zu berücksichtigen, dass § 50d Abs. 3 EStG die Beziehung innerhalb einer Unternehmensgruppe regelt, was ausweislich der Rs. *Burda*[1099] als Ausschließungsmerkmal für die Kapitalverkehrsfreiheit dient und zu einer Bejahung der Anwendbarkeit der Niederlassungsfreiheit führt. Insoweit

1094 *Schenke/Mohr*, DStZ 2009, 439, 444; *Kessler/Eicke*, 577, 580; *Schade*, Die deutsche Anti-Treaty-Shopping-Regelung des § 50d Abs. 3 EStG, S. 117.

1095 *Musil*, Deutsches Treaty Overriding, S. 206.

1096 *Renger*, Treaty Shopping, S. 32 f.; *Rudolf*, Treaty Shopping und Gestaltungsmissbrauch, S. 452.

1097 *Musil*, Deutsche Treaty Overriding, S. 206.

1098 *Renger*, Treaty Shopping, S. 33 f.; *Rudolf*, Treaty Shopping und Gestaltungsmissbrauch, S. 451.

1099 EuGH v. 26.6.2008 – Rs. C-284/06 (Burda), Slg. 2008, I-4571, Rn. 68. Siehe dazu bereits oben S. 181.

ist es nicht relevant, dass die Vorschrift nicht ausdrücklich eine Kontrollbeteiligung vorschreibt.

§ 50d Abs. 3 EStG betrifft somit in erster Linie die Niederlassungsfreiheit[1100]. Auswirkungen auf die Kapitalverkehrsfreiheit als unvermeidliche Folge der Beschränkung der Niederlassungsfreiheit sind daher nicht zu prüfen. Diese Schlussfolgerung führt dazu, dass sich in Drittstaaten ansässige Anteilseigner beim Stand der aktuellen Rechtsprechung des EuGH nicht selbst auf die Grundfreiheiten berufen können[1101]. Für rein unionsinterne Sachverhalte können jedoch sowohl die Anteilseigner als auch die Zwischengesellschaft Bezugspunkt für einen Eingriff in die Niederlassungsfreiheit sein.

3. *Eingriff in die Niederlassungsfreiheit durch mittelbare Diskriminierung*

Weitere Voraussetzung ist ein Eingriff in die Niederlassungsfreiheit. Teilweise besteht in der Literatur keine Einigkeit darüber, ob es sich bei § 50d Abs. 3 EStG um eine Diskriminierung oder eine Beschränkung handelt[1102].

Für eine Diskriminierung ist zu prüfen, ob vergleichbare Sachverhalte unmittelbar oder mittelbar aufgrund des Gesellschaftssitzes unterschiedlich behandelt werden. Dazu bedarf es zunächst der Bildung eines Vergleichspaares, wobei sich die zu vergleichenden Steuerpflichtigen in objektiv vergleichbaren Situationen befinden müssen[1103]. Zur Bildung eines Vergleichspaares kommen verschiedene Möglichkeiten in Betracht. Zum einen kann die steuerliche Behandlung der ausländischen Zwischengesellschaft mit der einer inländischen Gesellschaft, die Dividenden von einer anderen inländischen Gesellschaft bezieht, verglichen werden[1104].

Der EuGH ist zwar grundsätzlich der Meinung, dass sich gebietsansässige und gebietsfremde Anteilseigner, die Dividenden von einer gebietsansässigen Gesellschaft beziehen, grundsätzlich nicht in einer objektiv vergleichbaren Situation befinden[1105].

1100 So auch *Schenke/Mohr*, DStZ 2009, 439, 444; *Wagner*, in: Blümich, EStG/KStG/GewStG[115], § 50d EStG Rn. 70; *Zettler*, Treaty Shopping nach Inkrafttreten des § 50d Ia EStG, S. 155; a.A. *Schade*, Die deutsche Anti-Treaty-Shopping-Regelung des § 50d Abs. 3 EStG, S. 111 ff.; *Micker*, FR 2009, 409, 411.

1101 Vgl. zu dieser Problematik *Germelmann*, EuZW 2008, 596, 598 f.

1102 Für eine Diskriminierung *Frotscher*, in: Frotscher, EStG[159], § 50d Rn. 135 f.; *Rudolf*, Treaty Shopping und Gestaltungsmissbrauch, S. 456 f., 495; *Schade*, Die deutsche Anti-Treaty-Shopping-Regelung des § 50d Abs. 3 EStG, S. 115; *Kessler/Eicke*, IStR 2006, 877, 881. Für eine Beschränkung *Wagner*, in: Blümich, EStG/KStG/GewStG[115], § 50d EStG Rn. 70; *Renger*, Treaty Shopping, S. 31; wohl auch *Micker*, FR 2009, 409, 411. Ohne Differenzierung *Schenke/Mohr*, DStZ 2009, 439, 444.

1103 Siehe bereits oben S. 135 f.

1104 *Kessler/Eicke*, IStR 2006, 877, 880 f., die verschiedene Vergleichspaare bilden.

1105 EuGH v. 12.12.2006 – Rs. C-374/04 (Test Claimants in Class IV of the ACT Group Litigation), Slg. 2006, I-11673, Rn. 57; v. 14.12.2006 – Rs. C-170/05 (Denkavit

Denn der Mitgliedstaat, in dem die ausschüttende Gesellschaft ansässig ist, befinde sich in Bezug auf die Vermeidung oder Abschwächung der mehrfachen Belastung und der wirtschaftlichen Doppelbesteuerung nicht in der gleichen Lage wie der Mitgliedstaat, in dem der die Dividenden beziehende Anteilseigner ansässig ist[1106]. Allerdings nähere sich die Situation der gebietsfremden Anteilseigner an die der gebietsansässigen an, wenn ein Mitgliedstaat sowohl gebietsansässige als auch gebietsfremde Anteilseigner hinsichtlich der Dividenden einseitig der Einkommensteuer unterwerfe[1107]. Folglich darf der Ansässigkeitsstaat der ausschüttenden Gesellschaft keine Quellensteuer zu Lasten ausländischer Kapitalgesellschaften erheben, wenn er vergleichbare inländische Dividendenempfänger nicht entsprechend belastet[1108].

Diesbezüglich wird teilweise eine Diskriminierung mit der Begründung verneint, dass § 50d Abs. 3 EStG lediglich einen Anspruch beschränke, der ohnehin nur gebietsfremden Anteilseignern zustehe[1109]. Insoweit bestünde schon keine vergleichbare Situation, da der inländischen Gesellschaft kein Anspruch auf Steuerentlastung gem. § 43b EStG oder 50g EStG zustehe. Diese Argumentation zielt auf unterschiedliche Verfahrensarten bei der Quellensteuerentlastung von in- und ausländischen Gesellschaftern ab. Während Dividendeneinkünfte von Kapitalgesellschaften[1110] im Inland gem. § 8 Abs. 1 KStG steuerfrei sind, können ausländische Gesellschaften nur einen Entlastungsanspruch nach Maßgabe von § 50d Abs. 1 bzw. 2 EStG geltend machen.

In diesem Zusammenhang ist zu beachten, dass die Rechtsprechung des EuGH sich zumeist auf Fälle mit Streubesitzdividenden bezog, also nicht in den Bereich der Mutter-Tochter-Richtlinie fiel[1111]. Nach der früheren Rechtslage vor dem Inkrafttreten des sog. EuGH-Dividendenumsetzungsgesetzes[1112] wurden Dividendeneinkünfte von Kapitalgesellschaften im Inland unabhängig von ihrer Beteiligungshöhe steuerfrei gestellt, § 8b Abs. 1 KStG a.F., während dies für ausländische Dividendenempfänger nicht galt. Bezüglich der Streubesitzdividenden war auch kein Erstattungsverfahren

---

Internationaal und Denkavit France), Slg. 2006, I-11949, Rn. 34; v. 8.11.2007 – Rs. C-379/05 (Amurta), Slg. 2007, I-9569, Rn. 37.

1106 EuGH v. 12.12.2006 – Rs. C-374/04 (Test Claimants in Class IV of the ACT Group Litigation), Slg. 2006, I-11673, Rn. 58.

1107 EuGH v. 14.12.2006 – Rs. C-170/05 (Denkavit Internationaal und Denkavit France), Slg. 2006, I-11949, Rn. 35; v. 11.6.2009 – Rs. C-521/07 (Kommission/Niederlande), Slg. 2009, I- 4873, Rn. 43 ff.; v. 18.6.2009 – Rs. C-303/07 (Aberdeen Property Fininvest Alpha), Slg. 2009, I-5145, Rn. 43; v. 19.11.2009 – Rs. C-540/07 (Kommission/Italien), Slg. 2009, I-10983, Rn. 52; v. 20.10.2011 – Rs. C-284/09 (Kommission/Deutschland), Slg. 2011, I-9897, Rn. 56.

1108 *Schön*, IStR 2009, 551, 555.

1109 *Renger*, Treaty Shopping, S. 30.

1110 Bei einer Mindestbeteiligung von 10 %.

1111 *Rudolf*, Treaty Shopping und Gestaltungsmissbrauch, S. 458.

1112 Gesetz zur Umsetzung des EuGH-Urteils vom 20. Oktober 2011 in der Rechtssache C-284/09 v. 21.3.1023, BGBl. 2013, S. 516.

vorgesehen. Hierin wurde teilweise eine Diskriminierung gesehen[1113]. Nunmehr unterliegen gem. § 8b Abs. 4 KStG Steuerinländer und Steuerausländer gleichermaßen einem Steuerabzug[1114]. In Bezug auf die Streubesitzdividenden ist diese Argumentation für eine Diskriminierung zwar nicht mehr haltbar. Im Anwendungsbereich der Richtlinien gilt sie jedoch umso mehr[1115].

Der oben dargestellten Argumentation bezüglich der unterschiedlichen Verfahrensarten muss entgegengehalten werden, dass es trotz der divergierenden Verfahren im Kern um die Ertragsteuerentlastung geht. Trotz der formellen Trennung in unterschiedliche Verfahren liegt daher eine vergleichbare Situation vor[1116]. Zu Recht argumentiert *Frotscher* daher, dass inländische Kapitalgesellschaften durch Berücksichtigung der Erträge bei Steuervorauszahlungen die Möglichkeit haben, diese zeitnah zu neutralisieren[1117]. Daher liege bereits im Abzugsverfahren, zumindest aber im Erstattungsverfahren, eine Diskriminierung vor[1118]. Selbst wenn man keine Diskriminierung im Abzugsverfahren sieht, weil unter Umständen eine wirtschaftlich gleiche Steuerbelastung entsteht. So liegt nach hier vertretener Ansicht eine mittelbare Diskriminierung jedenfalls in § 50d Abs. 3 EStG als Bestandteil des Erstattungsverfahrens. Denn dieser sieht für inländische funktionsschwache Gesellschaften gerade keine Versagung der Entlastung vor, sondern stellt ausdrücklich auf die ausländische Gesellschaft, also auf deren Ansässigkeit, ab. Die ausländische Zwischengesellschaft wird daher schlechter gestellt und somit mittelbar diskriminiert[1119].

4. Rechtfertigung

Im Folgenden ist zu prüfen, ob § 50d Abs. 3 EStG den unionsrechtlichen Maßstäben genügt. Dazu muss die Vorschrift den anerkannten Rechtfertigungsgründen entsprechen und verhältnismäßig ausgestaltet sein.

1113 Vgl. *Schade*, Die deutsche Anti-Treaty-Shopping-Regelung des § 50d Abs. 3 EStG, S. 115 f. In EuGH v. 20.10.2011 – Rs. C-284/09 (Kommission/Deutschland), Slg. 2011, I-9897 wurde § 8b Abs. 1 KStG a.F. für europarechtswidrig erklärt.

1114 Der Gesetzgeber hat auf das Diskriminierungsverbot mit einer Schlechterstellung der Inländer reagiert *Linn*, IStR 2013, 235, 236. Vgl. zur Neufassung auch *Benz/Jetter*, DStR 2013, 489; *Schönfeld*, DStR 2013, 937.

1115 So im Ergebnis auch *Rudolf*, Treaty Shopping und Gestaltungsmissbrauch, S. 458 f.

1116 *Rudolf*, Treaty Shopping und Gestaltungsmissbrauch, S. 459; so auch *Schade*, Die deutsche Anti-Treaty-Shopping-Regelung des § 50d Abs. 3 EStG, S. 115, der auf die „tatsächlichen wirtschaftlichen Gegebenheiten" abstellt.

1117 *Frotscher*, in: Frotscher, EStG[159], § 50d Rn. 136.

1118 *Frotscher*, in: Frotscher, EStG[159], § 50d Rn. 137.

1119 So auch *Lenaerts*, Die direkte Besteuerung in der EU, S. 62, nach dem die Mechanismen des Steuerabzuges nicht in ungleicher Weise wirken dürfen. Im Ergebnis auch *Schnitger/Gebhardt*, IStR 2013, 202, 207. Zum Begriff der mittelbaren Diskriminierung siehe bereits oben S. 135 ff. Von einer Beschränkung ausgehend etwa *Musil*, FR 2012, 149, 152.

a) Die Missbrauchsbekämpfung als Rechtfertigungsgrund

Um dem Rechtfertigungsgrund der Missbrauchsverhinderung zu entsprechen, ist zunächst zu prüfen, ob sich § 50d Abs. 3 EStG am Erfordernis der Künstlichkeit orientiert. Insofern muss die Vorschrift objektive und nachprüfbare Merkmale enthalten, welche die Feststellung erlauben, dass eine rein künstliche Gestaltung zu steuerlichen Zwecken vorliegt. Zur Prüfung werden zunächst die einzelnen Tatbestandsmerkmale im Hinblick auf die Orientierung am Element der Künstlichkeit untersucht. Im Rahmen der Erforderlichkeit sind sodann die konkreten Wirkungen der Vorschrift in ihrer Gesamtheit zu prüfen.

(1) Persönliche Entlastungsvoraussetzungen

Die Prüfung der fiktiven Entlastungsberechtigung der beteiligten Personen als solche ist in dieser Hinsicht als unbedenklich einzustufen. Die mangelnde Entlastungsberechtigung der Anteilseigner ist gerade die Ursache bzw. der Anlass für eine missbräuchliche Zwischenschaltung von Gesellschaften. Diese ist auch grundsätzlich objektiv feststellbar. In Verbindung mit weiteren sachlichen Voraussetzungen kann das Merkmal daher grundsätzlich zur Feststellung einer rein künstlichen Gestaltung dienen[1120].

(2) Eigene Wirtschaftstätigkeit

i. Generelle Eignung zur Feststellung der Künstlichkeit

Das Merkmal der eigenen Wirtschaftstätigkeit wird man zunächst grundsätzlich als objektiv nachprüfbares Merkmal, das der Feststellung der Künstlichkeit dient, ansehen können. Die eigene Wirtschaftstätigkeit ist Ausdruck der vom EuGH ausdrücklich geforderten „Ausübung einer wirklichen wirtschaftlichen Tätigkeit" als Element der wirtschaftlichen Integration in den betroffenen Mitgliedstaat[1121]. Die eigene Wirtschaftstätigkeit stellt daher gerade das Gegenteil einer künstlichen Gestaltung dar. Auch die Finanzverwaltung folgt grundsätzlich dieser Rechtsprechungslinie[1122]. Insofern ergeben sich diesbezüglich keine Auslegungsprobleme.

ii. Der Ausschluss der eigenen Wirtschaftstätigkeit nach dem Wortlaut des § 50d Abs. 3 S. 3 EStG

Problematisch hingegen erscheint die Auslegung der in erster Linie die Holdinggesellschaften betreffenden Regelung des § 50d Abs. 3 S. 3 EStG. Sowohl die Verwaltung von Wirtschaftsgütern als auch die Übertragung wesentlicher Wirtschaftstätigkeiten werden nach dem Wortlaut nicht als eigene Wirtschaftstätigkeit angesehen. Es erfolgt insofern keine Unterscheidung zwischen aktiver und passiver

---

1120 So ebenfalls *Rudolf*, Treaty Shopping und Gestaltungsmissbrauch, S. 462.

1121 EuGH v. 12.9.2006 – Rs. C-196/04 (Cadbury Schweppes), Slg. 2006, I-7995, Rn. 54.

1122 BMF v. 24.1.2012, BStBl. I 2012, 171 (173), Tz. 5.1.

Beteiligungsverwaltung. Die völlige Nichtanerkennung der vermögensverwaltenden Tätigkeit ist – wie oben bereits erläutert – schon in wirtschaftlicher Hinsicht nicht ganz einsichtig[1123]. Zudem wird es für die wirkliche Wirtschaftstätigkeit vor allem auf die Teilnahme am Wirtschaftsverkehr ankommen. Ein pauschaler Ausschluss im Sinne einer weiten Auslegung des § 50d Abs. 3 S. 3 EStG orientiert sich somit nicht mehr am Element der Künstlichkeit. Die Anwendung auch auf aktive Beteiligungsgesellschaften ist daher als unionsrechtswidrig anzusehen. Sie widerspricht insbesondere dem weiten Verständnis des EuGH vom Begriff des Erwerbszwecks[1124].

iii. Enge Auslegung des § 50d Abs. 3 S. 3 EStG als unionsrechtskonforme Auslegungsalternative

Daher ist eine restriktive Auslegung des § 50d Abs. 3 S. 3 EStG angezeigt, die zwischen aktiver und passiver Beteiligungsverwaltung differenziert[1125]. In unionsrechtskonformer Auslegung dürfen unter § 50d Abs. 3 S. 3 EStG nur passive Gesellschaften gefasst werden, die über keinerlei Einflussmöglichkeiten und über keine wesentliche Kerntätigkeit verfügen. Aktive Erträge sind hingegen als Bruttoerträge aus eigener Wirtschaftstätigkeit anzusehen. Ob hingegen nur konzerninterne Dienstleistungen[1126] erbracht werden oder nur eine einzige Beteiligung gehalten wird, darf für die Qualifizierung der Erträge nicht von Belang sein. Notwendig ist lediglich, dass Beteiligungen von einigem Gewicht erworben wurden, die es ermöglichen, eine geschäftsleitende Funktion auszuüben. Ebenso dürfen Tätigkeiten ausgelagert werden, die Kerntätigkeit jedoch muss bei der Gesellschaft verbleiben[1127]. Eine solche Auslegung eignet sich zur Feststellung der Künstlichkeit und deckt sich insoweit mit dem Begriff des für die Niederlassungsfreiheit geforderten Erwerbszwecks.

(3) Für den Geschäftszweck angemessener Geschäftsbetrieb

Auch bei dem Merkmal des für den Geschäftszweck angemessenen Geschäftsbetriebs geht es um die vom EuGH geforderte wirtschaftliche Integration in den Mitgliedstaat. Notwendig ist nach § 50d Abs. 3 S. 1 Nr. 2 EStG eine ausreichende wirtschaftliche Substanz. Insoweit stellt dieses Merkmal einen objektiv nachprüfbaren Umstand zur Feststellung der Künstlichkeit dar[1128]. Dies folgt auch den Vorgaben des EuGH im Sinne der Auffassung des EuGH, wonach ein greifbares Vorhandensein etwa in Form von Geschäftsräumen, Personal und Ausrüstungsgegenständen vorhanden sein muss[1129]. Durch die Bindung an das Verhältnis zum Geschäftszweck

---

1123 Siehe oben S. 88 f.
1124 Siehe oben zur Niederlassungsfreiheit S. 168.
1125 A.A. *Rudolf*, Treaty Shopping und Gestaltungsmissbrauch, S. 464.
1126 Unter Beachtung des Fremdvergleichsgrundsatzes.
1127 Das ergibt sich schon aus dem Wortlaut des § 50d Abs. 3 S. 3 EStG.
1128 A.A. *Schade*, Die deutsche Anti-Treaty-Shopping-Regelung des § 50d Abs. 3 EStG, S. 153.
1129 EuGH v. 12.9.2006 – Rs. C-196/04 (Cadbury Schweppes), Slg. 2006, I-7995, Rn. 67.

werden die Substanzerfordernisse zudem weiter konkretisiert. Somit sind auch Fälle denkbar, in denen eine relativ geringe Substanz ausreicht.

(4) Wirtschaftliche oder sonst beachtliche Gründe

i. Generelle Eignung zur Feststellung der Künstlichkeit

Aufgrund der Unbestimmtheit des Merkmals der wirtschaftlichen Gründe und der Vielzahl von Möglichkeiten ist es schwierig, eine Bewertung hinsichtlich der Künstlichkeit vorzunehmen. Vorzugsweise wird hier eine eher enge Auslegung anzulegen sein. Allerdings ist auch festzustellen, dass den wirtschaftlichen Gründen vielmehr Relevanz in Bezug auf das subjektive Element zukommt. Denn auch im Sinne der EuGH-Rechtsprechung bilden sie gerade die Alternativvoraussetzung zur eigenen Wirtschaftstätigkeit[1130]. Liegt diese nicht vor, hat der Steuerpflichtige dadurch die Möglichkeit, wirtschaftliche Gründe für seine Konstruktion beizubringen. Da insoweit die Beweislastregelung des § 50d Abs. 3 EStG betroffen ist, soll auf diese Problematik im Rahmen der Erforderlichkeit näher eingegangen werden.

Zu konstatieren bleibt allerdings Folgendes: Fehlt es an einer eigenen Wirtschaftstätigkeit und kann der Steuerpflichtige wirtschaftliche oder sonstig beachtliche Gründe nicht vorbringen, so eignet sich auch dieses Merkmal grundsätzlich zur Feststellung der Künstlichkeit.

ii. Konzernklausel des § 50d Abs. 3 S. 2 EStG

In diesem Zusammenhang muss die Konzernklausel des § 50d Abs. 3 S. 2 EStG, nach deren Wortlaut eine Konzerngesamtbetrachtung ausgeschlossen ist, thematisiert werden. Die bereits nach nationalem Recht gebotene Auslegung, die Motive der Anteilseigner zu berücksichtigen, gilt umso mehr in unionsrechtlicher Hinsicht. Denn nur so kann man über das Merkmal der wirtschaftlichen Gründe überhaupt dazu kommen, eine Gegenbeweismöglichkeit zu bejahen. Sofern etwa Kostenersparnisse erzielt oder Haftungsrisiken abgesichert werden sollen, wird man nicht von einer künstlichen Gestaltung sprechen können[1131]. Wirtschaftliche Gründe, die sich aus dem Konzernverbund ergeben, sind somit grundsätzlich anzuerkennen. Das Verbot der Merkmalsübertragung erscheint hingegen unproblematisch mit unionsrechtlichen Vorgaben vereinbar[1132].

1130 EuGH v. 13.3.2007 – Rs. C-524/04 (Test Claimants in the Thin Cap Group Litigation), Slg. 2007, I- 2107, Rn. 92.

1131 *Frotscher*, in: Frotscher, EStG[171], § 50d Rn. 140.

1132 A.A. *Frotscher*, in: Frotscher, EStG[171], § 50d Rn. 144.

b) Erforderlichkeit

(1) Aufteilungsklausel

i. Auslegung unter Zugrundelegung der gesellschaftsbezogene Aufteilungsmethode

Das Merkmal der eigenen Wirtschaftstätigkeit stellt sich zunächst als objektiv nachprüfbares Merkmal zur Feststellung der Künstlichkeit dar. Allerdings ist konkret zu prüfen, welche der Auslegungsalternativen der Aufteilungsklausel sich gegen rein künstliche Gestaltungen wendet.

Infolge der gesellschaftsbezogenen Aufteilungsmethode führt die Vorschrift zu einem quotalen Missbrauch, unabhängig davon, ob aus Deutschland schädliche Erträge i.S.v. § 50d Abs. 3 EStG zufließen. Insofern wird die Zwischenschaltung der Gesellschaft im Verhältnis zu deutschen Erträgen als missbräuchlich eingestuft, obwohl ein Missbrauch gar nicht vorliegt[1133]. Somit wird ein Teil der Erträge pauschal als missbräuchlich bewertet, obwohl die Zwischenschaltung nicht zur Erlangung eines Steuervorteils in Deutschland erfolgt. Aus deutscher Sicht gesehen wendet sich die Vorschrift daher häufig nicht gegen rein künstliche Gestaltungen.

ii. Die Wahrung der Aufteilung der Besteuerungsbefugnis

Möglicherweise ließe sich hier das Erfordernis der Künstlichkeit durch den Rechtfertigungsgrund der Wahrung der Aufteilung der Besteuerungsbefugnis kompensieren. Dann müssten mit der betreffenden Regelung Verhaltensweisen verhindert werden, die geeignet sind, das Recht eines Mitgliedstaats auf Ausübung seiner Steuerhoheit für die in seinem Hoheitsgebiet durchgeführten Tätigkeiten zu gefährden. Allerdings kann dieser Rechtfertigungsgrund hier nicht überzeugen, weil in vielen Fällen gar kein Besteuerungsanspruch besteht. Auch wenn das Element der Künstlichkeit durch den Rechtfertigungsgrund der Wahrung der Aufteilung der Besteuerungsbefugnis teilweise kompensiert werden kann, muss im Rahmen der Verhältnismäßigkeit auch weiterhin eine Gegenbeweismöglichkeit bestehen und sich die steuerliche Korrektur auf den missbräuchlichen Teil beschränken. Wie gezeigt, beschränkt sich die steuerliche Korrektur unter Zugrundelegung der gesellschaftsbezogenen Aufteilungsmethode hingegen nicht auf den missbräuchlichen Teil. Mit der gesellschaftsbezogenen Aufteilungsmethode scheint es nahezu unmöglich eine volle Entlastung von der deutschen Quellensteuer zu erreichen. Selbst wenn man also den Rechtfertigungsgrund der Wahrung der Aufteilung der Besteuerungsbefugnis vorliegend anerkennen würde, würde die Vorschrift über das zu Bekämpfung der Steuerumgehung Erforderliche hinausgehen.

1133 Vgl. dazu auch *Hahn-Joecks*, in: K/S/M, EStG[246], § 50d, Rn. E 12.

iii. Auslegung unter Zugrundelegung der ertragsbezogene Aufteilungsmethode

Im Wege der ertragsbezogenen Aufteilungsmethode, wonach eine separate Prüfung der jeweiligen Erträge durchgeführt wird, werden hingegen nur die schädlichen Erträge als missbräuchlich eingestuft. Hierdurch werden die aktiven Erträge nicht mehr durch passive infiziert, womit auch schädliche Drittstaatenerträge keinen Einfluss mehr auf aus Deutschland zufließende unschädliche Erträge haben. Es wird somit nur das korrigiert werden, was durch eine missbräuchliche Gestaltung in Verbindung mit einer deutschen Gesellschaft umgangen wurde. Nach dieser Auslegung hält sich die Vorschrift im Rahmen der Erforderlichkeit. Mit den europarechtlichen Vorgaben vereinbar erscheint daher nur die ertragsbezogene Aufteilungsmethode[1134].

(2) Beweislastregelung

Für die Erforderlichkeit einer typisierenden Missbrauchsvorschrift muss dem Steuerpflichtigen, ohne ihn übermäßigen Verwaltungszwängen zu unterwerfen, die Möglichkeit eingeräumt werden, Beweise für etwaige wirtschaftliche oder sonst beachtliche Gründe für die Konstruktion beizubringen.

Die Kommission beanstandete, gerade im Hinblick auf die frühere 10 %-Klausel, dass sie nicht nur aufgrund der „Entweder-oder-Wirkung" unverhältnismäßig gewesen sei, sondern diesbezüglich auch keine Gegenbeweismöglichkeit bestand[1135]. Im Gegensatz zur Vorgängerregelung steht das Merkmal der eigenen Wirtschaftstätigkeit nicht mehr im Kumulativverhältnis zu den anderen sachlichen Entlastungsvoraussetzungen, sondern ist nun als eigenständige und zentrale Voraussetzung zu prüfen. Wie gezeigt, ist das Merkmal der eigenen Wirtschaftstätigkeit unter Zugrundelegung der ertragsbezogenen Aufteilungsmethode auch grundsätzlich verhältnismäßig ausgestaltet. Fraglich ist hingegen, ob diesbezüglich eine unionsrechtskonforme Gegenbeweismöglichkeit existiert. Kann dies bejaht werden, wäre sogar eine Beweislastumkehr zu Lasten des Steuerpflichtigen zulässig[1136]. Wiederholt festzustellen bleibt, dass ein non liquet hinsichtlich der eigenen Wirtschaftstätigkeit zu Lasten der Finanzverwaltung geht, hinsichtlich der Voraussetzungen des § 50d Abs. 3 S. 1 Nr. 1 u. 2 EStG zu Lasten des Steuerpflichtigen.

Durch die Darlegung der Voraussetzungen des § 50d Abs. 3 S. 1 Nr. 1 u. 2 EStG seitens des Steuerpflichtigen besteht somit trotz Fehlens einer eigenen Wirtschaftstätigkeit die Möglichkeit, das Vorliegen einer künstlichen Konstruktion erfolgreich zu bestreiten. Dabei ist eine liberale Auslegung der zweiten sachlichen Entlastungsvoraussetzung anzulegen. Selbst wenn also aufgrund des Fehlens der

---

1134 *Wiese*, GmbHR 2012, 376, 384. Ebenfalls in dies Richtung tendierend *Kellersmann/Treisch/Lampert/Heinemann*, Europäische Unternehmensbesteuerung II, S. 43; so wohl auch *Stark/Jasper*, IstR 2013, 169, 172; im Ergebnis wohl auch *Hahn-Joecks*, in: K/S/M, EStG[246], § 50d, Rn. E 12.

1135 *EU-Kommission*, Mitteilung v. 18.3.2010, IP/10/298, Az. 2007/4435.

1136 Siehe oben S. 158 ff.

eigenen wirtschaftlichen Tätigkeit zunächst ein Missbrauch vermutet wird, kann durch Darlegung der in § 50d Abs. 3 S. 1 Nr. 1 u 2 EStG vorgeschriebenen Voraussetzungen diese Vermutung widerlegt werden[1137]. Mithin ist von einer ausreichenden Gegenbeweismöglichkeit auszugehen. Insofern ist es auch möglich, die Beweislast auf den Steuerpflichtigen zu übertragen.

5. Verstoß gegen Sekundärrecht

Wie bereits vorstehend dargestellt sind Missbrauchsvorbehalte, insbesondere soweit es sich um Öffnungsklauseln handelt, in Übereinstimmung mit dem grundfreiheitlichen Missbrauchsverständnis auszulegen, da jedenfalls für den Bereich der direkten Steuern von einem einheitlichen europäischen Grundverständnis des Missbrauchs ausgegangen werden kann[1138].

Die Missbrauchsvorbehalte in Art. 1 Abs. 2 MTRL bzw. Art. 5 Abs. 1 ZLRL enthalten keine weitergehenden Konkretisierungen des Missbrauchs, sondern bleiben weitestgehend unbestimmt. In Übereinstimmung mit den oben dargelegten Grundsätzen verstößt § 50d Abs. 3 EStG gegen die Mutter-Tochter-Richtlinie bzw. gegen die Zins- und Lizengebührenrichtlinie, soweit man bei der Auslegung der Aufteilungsklausel die gesellschaftsbezogene Aufteilungsmethode zugrunde legt. Die durch die Öffnungsklauseln quasi delegierte Kompetenz zur Missbrauchsverhinderung wird überdehnt.

Da die Richtlinien inhaltlich unbedingt sowie hinreichend bestimmt sind und dem Steuerpflichtigen Steuervergünstigungen gewähren, entfalten diese gem. der Rechtsprechung des EuGH unmittelbare Wirkung und besitzen folglich Anwendungsvorrang vor § 50d Abs. 3 EStG[1139]. Bei Zugrundelegung der gesellschaftsbezogenen Aufteilungsmethode dürfte sich der Steuerpflichtige mithin unmittelbar auf die Richtlinien berufen können.

Umgekehrt steht § 50d Abs. 3 EStG bei Zugrundelegung der ertragsbezogenen Aufteilungsmethode folglich im Einklang mit den Richtlinien, da dies mit dem grundfreiheitlichen Missbrauchsverständnis übereinstimmt und daher die Grenzen der Öffnungsklausel nicht überdehnt werden.

1137 *Musil*, FR 2012, 149, 152; konsequenterweise wohl auch *Gosch*, in: Kirchhof, EStG[11], § 50d Rn. 29g; a.A. *Rudolf*, Treaty Shopping und Gestaltungsmissbrauch, S. 495. Von einer teleologischen Reduktion ausgehend *Behrens*, AG 2011, 863, 867.

1138 Siehe oben S. 156 ff.; EuGH v. 17.10.1996 – Rs. C-283/94, C-291/94, C-292/94 (Denkavit, VITIC, Vormeer), Slg. 1996, I-5063; vgl. auch *Thiele*, IStR 2011, 452, 457.

1139 Siehe oben S. 153.

6. Zusammenfassung

Nach der hier vertretenen Auffassung kann § 50d Abs. 3 EStG unionsrechtskonform ausgelegt werden[1140]. Als wesentliches Problem ist wiederum die Auslegung der Aufteilungsklausel auszumachen[1141]. Im Übrigen sind die Regelungen hinsichtlich der Vermögensverwaltung und der Konzernbetrachtung entsprechend der Rechtsprechungslinien des EuGH liberal auszulegen. Resultierend aus dem einheitlichen europäischen Grundverständnis des Missbrauchs würde bei Anwendung der gesellschaftsbezogenen Aufteilungsmethode § 50d Abs. 3 EStG bereits gegen Sekundärrecht verstoßen und müsste folglich unangewendet bleiben.

C. Völkerrechtliche Bewertung

I. Bestimmung völkerrechtlicher Maßstäbe der Missbrauchsverhinderung

Um zu untersuchen, ob § 50d Abs. 3 EStG einer völkerrechtskonformen Auslegung zugänglich ist, sind zunächst die völkerrechtlichen Vorgaben sowie das Verhältnis von nationalem Recht zum Völkerrecht zu erörtern. In Betracht kommt, dass § 50d Abs. 3 EStG als sog. Treaty Override gegen Völkervertragsrecht verstößt.

1. Doppelbesteuerungsabkommen als völkerrechtliche Verträge

Zu beachten ist, dass innerstaatliches Recht und Völkerrecht grundsätzlich zwei voneinander getrennte und unabhängige Regelungskreise bilden[1142]. Nationale Missbrauchsbekämpfungsvorschriften sind in die Methodik des deutschen Rechts eingebunden. Es fragt sich daher, ob und wie nationale Missbrauchsverhinderungsvorschriften auch im Anwendungsbereich von Doppelbesteuerungsabkommen wirken.

1140 Im Ergebnis auch *Frotscher*, in: Frotscher, EStG[171], § 50d Rn. 148. A.A. *Behrens*, AG 2011, 863, 867; *Engers/Dyckmanns*, Ubg 2011, 929, 934. In beiden Aufsätzen wird insbesondere die Notwendigkeit des kumulativen Vorliegens von § 50d Abs. 3 S. 1 Nr. 1 u. 2 EStG kritisch gesehen. A.A. auch *Rudolf*, Treaty Shopping und Gestaltungsmissbrauch, S. 495, der aber nicht auf die Möglichkeit der ertragsbezogenen Aufteilungsmethode eingeht.

1141 Ebenso *Wiese*, GmbHR 2012, 376, 384; so wohl auch *Gosch*, in: Kirchhof, EStG[11], § 50d Rn. 29l, der das von der Finanzverwaltung entwickelte Ergebnis kritisiert.

1142 BFH 15.1.1971 – III R 125/69, BStBl. II 1971, 379; v. 6.10.1971 I R 207/66, BStBl. II 1972, 88; v. 21.8.1985 – I R 63/80, BStBl. II 1986, 4; *Wassermeyer*, in: Wassermeyer/Debatin, Art. 1 OECD-MA Rn. 48; *Fahrholz*, in: Gaddum/Hofman, S. 54.

a) *Ableitung eines Rangverhältnisses aus dem Grundgesetz*

DBA sind völkerrechtliche Verträge und wirken als solche in deutsche Rechtsordnung hinein[1143]. Das Verhältnis von Völkerrecht und nationalem Recht wird grundsätzlich durch Art. 25 GG geregelt. Danach sind die allgemeinen Regeln des Völkerrechts Bestandteil des Bundesrechts und gehen den Gesetzen vor. Unter allgemeinen Regeln versteht man Rechtssätze, die von zumindest der überwiegenden Mehrheit der Völkerrechtssubjekte anerkannt werden[1144]. Sie besitzen einen Zwischenrang zwischen einfachem Bundesrecht und Verfassungsrecht. Völkerrechtliche Verträge sind von Art. 25 GG nicht erfasst. Vielmehr erlangen völkerrechtliche Verträge gem. Art. 59 Abs. 2 GG durch Zustimmungsgesetz innerstaatliche Geltung[1145]. Art. 59 Abs. 2 GG geht als speziellere Norm Art. 25 GG vor[1146]. Nach mittlerweile herrschender Lehre erfährt Völkervertragsrecht durch Vollzugbefehl und nicht durch Transformation innerstaatliche Geltung[1147]. Unabhängig davon, ob von einer Transformation oder einem Vollzugsbefehl auszugehen ist, besitzen völkerrechtliche Verträge nach Auffassung des Bundesverfassungsgerichts[1148] den Rang des Zustimmungsgesetzes, also in der Regel den Rang von einfachen Bundesgesetzen[1149]. Ein späteres Bundesgesetz hat daher nach dem lex posterior Grundsatz Vorrang, soweit das früherer nicht spezieller ist[1150].

b) *Regelungsgehalt des § 2 AO*

Nach dem Wortlaut des § 2 Abs. 1 AO gehen völkerrechtliche Verträge den innerstaatlichen Steuergesetzen vor. Als einfaches Bundesrecht kann die Norm jedoch grundsätzlich das Rangverhältnis nicht suspendieren[1151]. Den Doppelbesteuerungsabkommen kommt als völkerrechtlichen Verträgen mithin kein allgemeiner Vorrang vor den nationalen Steuergesetzen zu.

1143 *Birk/Desens/Tappe*, Steuerrecht, Rn. 1455.

1144 *Streinz*, in: *Sachs*, GG, Art. 25 Rn. 29; vgl. *Schmahl*, JuS 2013, 961, 962 f.

1145 *Drüen*, in: *Tipke/Kruse*, AO, § 2 Rn. 5.

1146 *Streinz*, in: *Sachs*, GG, Art. 25 Rn. 29.

1147 So *Drüen*, in Tipke/Kruse, AO § 42 Rn. 28, instruktiv zu Vollzugs- und Transformationslehre *Schmahl*, in: Sodan, GG, Art. 59 Rn. 22; *Rojahn*, in: *v. Münch/Kunig*, GG, Art. 59 Rn. 35 f.; vgl. vgl. *Schmahl*, JuS 2013, 961, 964 (spezieller Rechtsanwendungsbefehl).

1148 BVerfG v. 26.3.1987 – 2 BvR 589/79, BVerfGE 74, 358 (370); vgl. auch *Haase*, Internationales und Europäisches Steuerrecht, Rn. 571.

1149 *Schaumburg*, Internationales Steuerrecht, Rn. 3.24; *Musil*, RIW 2006, 287, 289; vgl. auch *Nettesheim*, in: Maunz/Dürig, GG, Art 59 (Januar 2009) Rn. 183; *Schmahl*, in: Sodan, GG, Art. 59 Rn. 23; *dies.*, JuS 2013, 961, 965.

1150 Vgl. *Rojahn*, in: *v. Münch/Kunig*, GG, Art. 59 Rn. 44; *Streinz*, in: *Sachs*, GG, Art. 59 Rn. 63.

1151 *Schwarz*, in: *Schwarz*, AO § 2 Rn. 6; *Schaumburg*, Internationales Steuerrecht, Rn. 3.25; *Kempf/Bandl*, DB 2007, 1377, 1379; *Seer*, IStR 1997, 481, 484; *Rust/Reimer*, IstR 2005, 843, 844.

Eine Normenkollision ist deshalb nach den allgemeinen Regeln aufzulösen[1152]. In Betracht kommt insoweit nur ein Rangverhältnis nach dem lex posterior und bzw. oder dem lex specialis Grundsatz. Eine speziellere DBA-Regelung setzt sich dabei auch gegen eine jüngere, aber allgemeinere innerstaatliche Vorschrift durch[1153].

In diesem Zusammenhang kann § 2 Abs. 1 AO jedoch als Auslegungsregel herangezogen werden, nämlich dann, wenn keine eindeutige Spezialität festgestellt werden kann. Die Vorschrift besitzt einen Vermutungscharakter[1154], der auf den sich aus Art. 25 GG ergebenden Grundsatz der völkerrechtsfreundlichen Auslegung hinweist[1155] und in Fällen, in denen keine eindeutige Spezialität der DBA-Norm bzw. des später erlassenen nationalen Steuergesetzes festgestellt werden kann, den lex posterior Grundsatz (*lex generalis posterior non derogat legi speciali priori*) zugunsten des Abkommens einschränkt[1156]. Das Vertragsrecht geht in diesen Fällen dem neueren Gesetz vor[1157], soweit dieses Gesetz nicht ausdrücklich („...ungeachtet eines Abkommens...“) etwas anderes bestimmt[1158].

2. *Begriff des Treaty Override*

Bei einem Treaty Override – also dem Überschreiben eines DBA[1159] – trifft ein Vertragsstaat einseitig durch eine einfachgesetzliche Steuervorschrift eine abweichende Besteuerungsfolge als sie in der betreffenden DBA-Norm vorgesehen ist[1160]. Es wird nachträglich von dem DBA abgewichen. Nach Ansicht des BFH und weiten Teilen der Literatur muss in der Norm ausdrücklich der Wille des Gesetzgebers geäußert werden, das DBA außer Kraft zu setzen[1161]. Auch die Abgrenzung des *OECD Committe on Fiscal Affairs* folgt dieser Ansicht. Es knüpft das Vorliegen eines Treaty

1152 *Drüen*, in: *Tipke/Kruse*, AO, § 2 Rn. 38; *Kempf/Bandl*, DB 2007, 1377, 1379; *Schmahl*, JuS 2013, 961, 965.

1153 *Rust/Reimer*, IStR 2005, 843, 845.

1154 *Hey*, in: Lüdicke, Wo steht das deutsche Internationale Steuerrecht?, S. 137 (145).

1155 BVerfG v. 26.3.1957 – 2 BvG 1/55, BVerfGE 6, 309 (3636); v. 14.10.2004 – BvR 1481/04, BVerfGE 111, 307 (317); vgl. *Lüdicke*, IStR 2012, 148, 149.

1156 *Drüen*, in: *Tipke/Kruse*, AO, § 2 Rn. 38; *Schwarz*, in: *Schwarz*, AO § 2 Rn. 7; *Schaumburg*, Internationales Steuerrecht, Rn. 3.25; vgl. *Musil*, IStR 2014, 192, 193, der zwischen offenen und verdeckten Treaty Overrides differenziert.

1157 *Schwarz*, in: *Schwarz*, AO § 2 Rn. 7.

1158 *Drüen*, in: *Tipke/Kruse*, AO, § 2 Rn. 2; vgl. auch *Vogel*, in: *Vogel/Lehner*, DBA^5, Einl. Rn. 194 ff.; *Rust/Reimer*, IstR 2005, 843, 845.

1159 Ausführlich zum Begriff *Lüdicke*, Überlegungen zur deutschen DBA-Politik, S. 33 ff.; vgl. auch *Zettler*, Treaty Shopping nach Inkrafttreten des § 50d Ia EStG, S. 26.

1160 Siehe etwa *Haase*, Internationales und Europäisches Steuerrecht, Rn. 571; *Kempf/Bandl*, DB 2007, 1377, 1377; *Musil*, FR 2012, 149, 150.

1161 BFH v. 13.7.1994 – I R 120/93, BStBI. II 1995, S. 129; v. 23.3.2002 – I R 38/00, BStBl. II 2002, S. 819, 822; *Zettler*, Treaty Shopping nach Inkrafttreten des § 50 Ia EStG, S. 34 f.; Musil, IStR 2014, 192, 193.

Override einerseits an die Bedingung, dass die Intention des nationalen Gesetzgebers im klaren Widerspruch zu den völkervertragsrechtlichen Verpflichtungen steht[1162]. Andererseits verneint das *OECD Committe on Fiscal Affairs* ein Treaty Override, wenn der Gesetzgebungsakt lediglich der Vertragsauslegung dient[1163]. Voraussetzung für ein Treaty Override ist daher eine Normkollision[1164]. Eine Kollision ist jedoch dann nicht gegeben, wenn die betreffende Norm bereits im Vorfeld der Anwendbarkeit von Doppelbesteuerungsabkommen eingreift. Dies kann bei nationalen Vorschriften der Fall sein, die bereits bei der Einkünftezurechnung ansetzen und damit den Doppelbesteuerungsabkommen logisch vorgelagert sind[1165].

II. Qualifikation des § 50d Abs. 3 EStG als Treaty Override

In völkerrechtlicher Hinsicht ist § 50d Abs. 3 EStG insbesondere zauf wei Aspekte hin zu untersuchen. Zunächst stellt sich die Frage, ob die Vorschrift grundsätzlich ein Treaty Override darstellt. Bejahendenfalls ist fraglich, welche Reichweite ein solches Treaty Override hat. Dabei geht es darum, das Verhältnis des § 50d Abs. 3 EStG zu etwaigen abkommensrechtlichen Missbrauchsverhinderungsvorschriften zu erörtern.

1. § 50d Abs. 3 EStG als Treaty Override? – Notwendigkeit einer differenzierenden Sichtweise

Vereinzelt wird ein Treaty Override mit der Begründung verneint, dass § 50d Abs. 3 EStG bereits auf Ebene der Einkünftezurechnung, welche nicht Gegenstand von DBA sei, greife[1166]. Diese Ansicht kann deshalb schon nicht überzeugen, da auch das Konzept des Nutzungsberechtigten, welches als Einkünftezurechnungsnorm anzusehen ist, abkommensrechtlich geregelt ist. Insofern ist die Einkünftezurechnung durchaus als Gegenstand von DBA anzusehen. § 50d Abs. 3 EStG setzt zudem rechtsmethodisch schon gar nicht an der Einkünftezurechnung an. Vielmehr wird die ausländische Gesellschaft als solche grundsätzlich steuerrechtlich anerkannt, ihr wird jedoch lediglich der Anspruch nach § 50d Abs. 1 bzw. 2 EStG versagt. In seinem Urteil vom 19.12.2007 stellte der BFH auch ausdrücklich fest, dass sich der

---

1162 OECD Committe on Fiscal Affairs, Report on Tax Treaty Overrides, Tax Notes International 1990, 25.

1163 OECD Committe on Fiscal Affairs, Report on Tax Treaty, Tax Notes International 1990, 25.

1164 *Musil*, RIW 2006, 287,288.

1165 *Musil*, RIW 2006, 287,288.

1166 Siehe dazu die Nachweise bei *Schade*, Die deutsche Anti-Treaty-Shopping-Regelung des § 50d Abs. 3 EStG, S. 179.

Gesetzgeber „nicht der Technik einer von den tatsächlichen Gegebenheiten abweichend steuerlichen Zurechnung bedient hat“[1167].

Nach überwiegender Ansicht ist in § 50d Abs. 3 EStG ein Treaty Override zu sehen[1168]. Teile der Literatur sehen diesbezüglich den Ausgangspunkt der Abkommenssuspendierung in § 50d Abs. 1 EStG, nach dessen Wortlaut „die Vorschriften über die Einbehaltung, Abführung und Anmeldung der Steuer ungeachtet [...] des Abkommens anzuwenden“ sind[1169]. Diese Ansicht verkennt jedoch, dass § 50d Abs. 1 und 2 EStG lediglich eine bestimmte Methode des Erstattungsverfahrens vorsehen und grundsätzlich mit dem jeweiligen Abkommen übereinstimmen. Die DBA-Vergünstigung wird dadurch jedoch nicht definitiv versagt. Eine endgültige Suspendierung des durch das Abkommen gewährten Steuervorteils erfolgt erst durch § 50d Abs. 3 EStG[1170]. Insoweit könnte die Vorschrift ein eigenständiges Treaty Override darstellen. Der Gesetzgeber geht aber wohl ausweislich seiner Gesetzesbegründung davon aus, dass § 50d Abs. 3 EStG lediglich eine Konkretisierung des abkommensrechtlichen Missbrauchsvorbehaltes bildet[1171]. Ein explizites Bekenntnis zum Treaty Override fehlt insoweit. Nach *Gosch* ist ein explizites Bekenntnis jedoch gar nicht nötig. Mit Verweis auf die Absätze 1 und 2 werde in hinreichender Weise deutlich, dass es sich um einen Treaty Override handele[1172]. Auch der BFH sieht in ständiger Rechtsprechung darin die gesetzgeberische Intention, dass § 50d Abs. 3 EStG grundsätzlich der Entlastungsregelung des DBA vorgehe[1173].

In der Literatur herrscht diesbezüglich Uneinigkeit, wann genau von einem Vorrang des § 50d Abs. 3 EStG vor DBA-Regelungen auszugehen ist[1174]. Aus dem Umstand, dass der Gesetzgeber nicht explizit zum Ausdruck bringt, eine DBA-Norm verdrängen zu wollen, resultiere, dass sich eine Treaty Override-Wirkung auch nicht pauschal feststellen lasse[1175]. Wie im Folgenden zu zeigen sein wird, muss vielmehr

---

1167 BFH v. 19.12.2007 – I R 21/07, BStBl. II 2008, 619 (620 f.); ebenso *Klein/Hagena*, in: Hermann/Heuer/Raupach, EStG/KStG[259], § 50d EStG Rn. 52.

1168 *Gosch*, in: Kirchhof, EStG[11], § 50d Rn. 25; *Schönfeld*, in: Flick/Wassermeyer/Baumhoff/Schönfeld, Außensteuerrecht, § 50d Abs. 3 EStG Rn. 31; *Schaumburg*, Internationales Steuerrecht, Rn. 16.162; *Rudolf*, Treaty Shopping und Gestaltungsmissbrauch, S. 435 f.; im Ergebnis wohl auch *Frotscher*, in: Frotscher, EStG[171], § 50d Rn. 131; *Leisner-Egensperger*, DStZ 2013, 744, 747.

1169 *Gosch*, IStR 2008, 413, 415; Albert, Abwehr von Steuerumgehungen, S. 42 f.; vgl. dazu auch *Rust/Reimer*, IstR 2005, 843, 846.

1170 Ebenso *Menhorn*, IStR 2005, 325, 326; vgl. *Frotscher*, in: FS Schaumburg, S. 687 (688 f.).

1171 BT-Drucks. 12/5630, S. 65.

1172 *Gosch*, in: Kirchhof, EStG[11], § 50d Rn. 25.

1173 Zu § 50 d Abs. 1a EStG a.F. BFH v. 28.11.2001 – I B 169/00, BFH/NV 2002, 744 ff.; v. 20.3.2002 – I R 38/00, BStBl. 2002, 819 (822). Zu § 50d Abs. 3 EStG a.F. im Ergebnis auch BFH v. 19.12.2007 – I R 21/07, BStBl. II 2008, 619 (620).

1174 Siehe hierzu im Überblick *Lehner*, IStR 2012, 389, 391.

1175 *Frotscher*, in: FS Schaumburg, S. 687 (689); zustimmend *Lehner*, IStR 2012, 389, 392; *Jansen/Weidmann* IStR 2010, 596, 598; *Kraft/Gebhardt*, DB 2012, 80, 82.

auf das jeweilige Abkommen abgestellt und danach differenziert werden, welche DBA-Vorschriften zur Abkommensumgehung dort jeweils bestehen.

2. *Missbrauchsvorbehalte in DBA*

Es kommt maßgeblich darauf an, welche Missbrauchsvorbehalte in DBA bestehen. Grundsätzlich bestehen drei Möglichkeiten, inwieweit eine nationale Missbrauchsverhinderungsvorschrift mit völker- bzw. völkervertragsrechtlichen Missbrauchsvorbehalten in Berührung kommen kann. Zum einen könnte bereits ein allgemeiner Missbrauchsvorbehalt als Derivat der allgemeinen Regeln des Völkerrechts bzw. einer Abkommensauslegung existieren. Zum anderen können sich in DBA spezielle Missbrauchsregeln oder Öffnungsklauseln für nationale Vorschriften befinden.

a) Doppelbesteuerungsabkommen ohne geschriebene Missbrauchsvorbehalte

(1) Existenz eines ungeschriebenen, allgemeinen Missbrauchsvorbehalts aus den allgemeinen Regeln des Völkerrechts

Insbesondere *Vogel* geht von einem aus den allgemeinen Regeln des Völkerrechts abgeleiteten allgemeinen, ungeschriebenen Missbrauchsvorbehalt aus[1176]. Dieser sei aus dem völkerrechtlichen Gebot von Treu und Glauben abzuleiten, welches entweder aus Art. 26 Wiener Übereinkunft[1177] oder den allgemeinen Rechtsgrundsätzen im Sinne von Art. 38 Abs. 1 c) des Statuts des Internationalen Gerichtshofs entnommen wird[1178]. Letztere ergäben sich daraus, dass das Steuerrecht der Mehrheit der Staaten Missbrauchsklauseln kenne[1179]. Ein ungeschriebener Missbrauchsvorbehalt bestehe nach diesem Ansatz unmittelbar zwischen den Vertragsstaaten: Der Vertrag verbiete somit eine treuwidrige Gestaltung des innerstaatlichen Rechts[1180]. Die Bindung an Treu und Glauben wirke sich auch auf das Verhältnis gegenüber dem Steuerpflichtigen aus: Im Falle eines Missbrauchs treffe die Vertragsstaaten die Pflicht, das betreffende Doppelbesteuerungsabkommen bzw. die sich daraus ergebende Vergünstigung nicht anzuwenden[1181].

Problematisch erscheint jedoch der auf der Unbestimmtheit einer solchen ungeschriebenen Regel basierende Mangel an Rechts- und Planungssicherheit für den

1176 Siehe etwa *Vogel*, in: FS Höhn, S. 461 (467 ff.); *Vogel*, StuW 1985, 369, 375 f.; ähnlich *Mössner*, RIW 1986, 208, 211 ff.; kritisch dazu *Fischer-Zernin*, RIW 1987, 362, 363 f.

1177 *Vogel*, StuW 1985, 369, 372.

1178 Vgl. *Vogel*, StuW 1985, 369, 375 f.; vgl. *Zettler*, Treaty Shopping nach Inkrafttreten des § 50d Ia EStG, S. 70 f.

1179 Vgl. *Fischer-Zernin*, RIW 1987, 362, 363.

1180 Vgl. auch *Piltz*, Doppelbesteuerungsabkommen und Steuerumgehung, S. 11.

1181 *Vogel*, in: FS Höhn, S. 461 (469).

Steuerpflichtigen[1182]. Ein Maßstab für das Vorliegen eines Missbrauchs lässt sich einem solchen Vorbehalt nicht entnehmen[1183]. Dies scheint schon aufgrund des verfassungsrechtlich gebotenen Bestimmtheitsgebotes bedenklich[1184]. Auch der BFH urteilte, dass sich die Frage des Missbrauchs nach nationalem Recht richte, wenn das Abkommen diesbezüglich keine Aussage treffe[1185]. Aus der Abwesenheit einer Regel einen ungeschriebenen Missbrauchsvorbehalt abzuleiten, erscheint somit zumindest zweifelhaft[1186]. Auch ist nicht zu erkennen, dass die verschiedenen Staaten ein einheitliches Missbrauchsverständnis zugrunde legen. Die Missbrauchsverhinderung wird man zwar als weitverbreitetes Rechtsinstitut ansehen können, die einzelnen Konzepte der Staaten hierzu unterscheiden sich jedoch[1187].

(2) Ableitung eines allgemeinen abkommensrechtlichen Missbrauchsvorbehalts im Wege der Abkommensauslegung

Ein Missbrauchsmaßstab kann daher nicht aus den allgemeinen Regeln des Völkerrechts abgeleitet werden, sondern muss dem Völkervertragsrecht entnommen werden. Bevor auf allgemeine oder spezielle Abkommensregelungen zur Verhinderung des Treaty Shopping einzugehen ist, kommt – wie auch bei nationalen Vorschriften – zunächst eine Auslegung nach dem Sinn und Zweck der Abkommensnorm in Betracht. Auch hier liegt die Steuer- bzw. Abkommensumgehung im Spannungsverhältnis von Wortlaut und Zweck der Vorschrift. Die Auslegung hat nach völkerrechtlichen Regeln zu erfolgen[1188]. Ausgangspunkt der Auslegung ist der Wortlaut[1189]. Außerdem stellen DBA als völkerrechtliche Verträge eine gemeinsame Aussage der vertragsschließenden Staaten dar. Insofern ist bei der Gesetzesinterpretation auch deren Wille zu berücksichtigen[1190]. Überdies kann auch das OECD-Musterabkommen und der zugehörige Kommentar zur Auslegung herangezogen werden. Allerdings fehlt es dem Mustervertrag an rechtlicher Verbindlichkeit. Das

---

1182 *Fahrholz*, in: Gaddum/Hofman, S. 53; so auch *Piltz*, Doppelbesteuerungsabkommen und Steuerumgehung, S. 13 f.; kritisch *Kraft*, Die mißbräuchliche Inanspruchnahme von Doppelbesteuerungsabkommen, S. 19 f.

1183 So auch *Rudolf*, Treaty Shopping und Gestaltungsmissbrauch, S. 203; *Schade*, Die deutsche Anti-Treaty-Shopping-Regelung des § 50d Abs. 3 EStG, S. 186; *Zettler*, Treaty Shopping nach Inkrafttreten des § 50d Ia EStG, S. 71.

1184 *Piltz*, Doppelbesteuerungsabkommen und Steuerumgehung, S. 13 f.

1185 BFH v. 21.1.1976 – I R 234/73; BStBl. II 1976, S. 513.

1186 So auch *Fischer-Zernin*, RIW 1987, 362, 365.

1187 Vgl. *Zettler*, Treaty Shopping nach Inkrafttreten des § 50d Ia EStG, S. 74; *Böing*, Gestaltungsmissbrauch in Europa, S. 186 ff.

1188 BVerfG v. 4.5.1955 – 1 BvF 1/55, BVerfGE 4, 157 (168); siehe dazu auch *Kraft*, Die mißbräuchliche Inanspruchnahme von Doppelbesteuerungsabkommen, S. 47 ff.

1189 *Drüen*, in: *Tipke/Kruse*, AO, § 2 Rn. 41.

1190 *Drüen*, in: *Tipke/Kruse*, AO, § 2 Rn. 42; zur sog. Entscheidungsharmonie vgl. *Hahn*, in: FS Wassermeyer, S. 631 ff.

Musterabkommen stellt daher keine verbindlichen Auslegungsregeln zur Verfügung, sondern kann lediglich als Auslegungshilfe dienen[1191].

Teilweise wird vertreten, dass die Problematik des Abkommensmissbrauchs durch Auslegung zu lösen sei. Dies ergebe sich aus einem allgemeinen abkommensrechtlichen Missbrauchsvorbehalt: Wenn beide Vertragsstaaten innerstaatliche Missbrauchsgrundsätze kennen, sei anzunehmen, dass sie sich gegenseitige die Anwendung dieser Grundsätze auch im Rahmen des Abkommens gestatten wollten[1192]. Problematisch daran ist jedoch, dass die Staaten jeweils sehr unterschiedlich hohe Anforderungen an missbräuchliche Gestaltungen stellen[1193] und deshalb je nach Abkommen stark voneinander abweichende Maßstäbe anzulegen wären[1194]. Dies würde unausweichlich zu Auslegungskonflikten führen. Weiterhin ist kaum anzunehmen, dass sich die Vertragsstaaten derart über den Wortlaut hinaus binden wollen, wenn sie in dem betreffenden DBA gerade keinen Missbrauchsvorbehalt geregelt haben[1195]. Dies gilt umso mehr als Abkommen existieren, in welche ausdrücklich Missbrauchsklauseln aufgenommen wurden[1196]. Bei DBA, die hingegen keine Missbrauchsklauseln enthalten, wird man einen solch weitgehenden Bindungswillen der Staaten über den Vertrag hinaus verneinen müssen[1197]. Sieht man daher den Zeitpunkt des Vertragsschlusses als maßgebend für dessen Auslegung (sog. statische Auslegung) an[1198], müsste man insofern immer auf die in diesem Zeitpunkt geltenden Missbrauchsbestimmungen zurückgreifen[1199].

Vereinzelt wird zudem vertreten, dass Ziel der Auslegung eines DBA sowohl die Vermeidung der Doppelbesteuerung als auch die Vermeidung der doppelten Nichtbesteuerung sei[1200]. Diese Sichtweise könnte man möglicherweise für Fälle fruchtbar machen, in denen die Steuerumgehung zu einer doppelten Nichtbesteuerung führt. Jedoch ist auch hier wiederum der Wille der Vertragsstaaten zu berücksichtigen. Teilen sich die Vertragsstaaten ihre Besteuerungsrechte in gewisser Weise zu, so müssen sie diese auch in der zugewiesenen Weise ausüben, auch wenn dies zu

1191 *Drüen*, in: *Tipke/Kruse*, AO, § 2 Rn. 42.

1192 *Fahrholz*, in: Gaddum/Hofman, S. 55.

1193 Zettler, Treaty Shopping nach Inkrafttreten des § 50d Ia EStG, S. 74; vgl. für die Mitgliedstaaten der Union *Böing*, Gestaltungsmissbrauch in Europa, S. 186 ff.

1194 *Vogel*, in: FS Höhn, S. 461 (471 ff.).

1195 So auch *Oellerich*, IWB 2013, 33, 39.

1196 So auch Zettler, Treaty Shopping nach Inkrafttreten des § 50d Ia EStG, S. 74.

1197 So im Ergebnis auch *Rudolf*, Treaty Shopping und Gestaltungsmissbrauch, S. 204. Selbst wenn ein ungeschriebener Missbrauchsvorbehalt existiere, gelte dieser nur subsidiär gegenüber dem Völkervertragsrecht, *Fischer-Zernin*, RIW 1987, 362, 363.

1198 Zur statischen und dynamische Auslegung von Doppelbesteuerungsabkommen siehe *Lantpert*, IStR 2012, 513 ff.

1199 *Menhorn*, IStR 2005, 325, 327.

1200 *Zorn*, SWI 2001, 456, 459.

einer doppelten Nichtbesteuerung führen kann[1201]. Insoweit ist auch keine andere Grundlage ersichtlich, ein solches Auslegungsziel anzunehmen.

Im Ergebnis kann nach hier vertretener Auffassung daher weder aus den allgemeinen Regeln des Völkerrechts noch aus der Auslegung von Doppelbesteuerungsabkommen ein ungeschriebener allgemeiner Missbrauchsvorbehalt abgeleitet werden. Für das Verhältnis des § 50d Abs. 3 EStG zu DBA ist daher maßgeblich, auf die in den DBA ausdrücklich geregelten Missbrauchsvorschriften abzustellen.

b) Öffnungsklauseln in DBA für nationale Vorschriften

Einige Doppelbesteuerungsabkommen enthalten sog. Öffnungsklauseln. Diese können unter anderem der Verhinderung des Treaty Shopping dienen. Sie öffnen die Ebene der Doppelbesteuerungsabkommen für bestimmte nationale Missbrauchsverhinderungsvorschriften[1202]. Als aktuelles Beispiel kann hier das neue DBA Niederlande (DBA-NL) vom 12.4.2012 herangezogen werden[1203]. Nach Art. 23 DBA-NL sind die Vertragsstaaten nicht daran gehindert, „ihre innerstaatlichen Rechtsvorschriften zur Verhinderung der Steuerumgehung oder Steuerhinterziehung anzuwenden". In Punkt XV Abs. 1 des Abkommensprotokolls wird sogar explizit auf die Anwendbarkeit von § 42 AO sowie § 50d Abs. 3 EStG hingewiesen. Hierzu ist anzumerken, dass in Punkt XV Abs. 4 des Protokolls für die Feststellung der Quellensteuerentlastung eine konsolidierte Konzernbetrachtung zugelassen ist, während § 50d Abs. 3 S. 2 EStG ein solche Betrachtung ausschließt und ausschließlich auf die ausländische Gesellschaft abstellt. Insoweit wird § 50d Abs. 3 EStG durch die Abkommensvorschrift wohl teilweise überlagert und eingeschränkt[1204].

c) Spezielle Missbrauchsvorbehalte in DBA

(1) Limitation-on-Benefits-Klausel

Die ursprünglich in den USA entwickelten Limitation-on-benefits-Klauseln richten sich explizit gegen die zweckwidrige Inanspruchnahme von Doppelbesteuerungsabkommen, indem sie spezielle Voraussetzungen für die in den Vertragsstaaten ansässigen Personen aufstellen[1205]. Nur wer diese Voraussetzungen erfüllt, ist als „berechtigte Person" i.S.d. des Abkommens anzusehen und kann die Abkommensvergünstigungen

---

1201 *M. Lang*, IStR 2002, 609, 611 f.; *ders.*, IStR 2013, 365, 367.

1202 Vgl. *Lüdicke*, Überlegungen zur deutschen DBA-Politik, S. 44; dazu auch *Linn*, IStR 2010, 542, 546.

1203 Siehe dazu BR-Drucks. 479/12.

1204 Da die Abkommensvorschrift somit klar vorrangig anzuwenden ist, lässt sich bereits an dieser Stelle konstatieren, dass § 50d Abs. 3 EStG zumindest in Bezug auf das DBA Niederlande kein Treaty Override darstellt; so *Gebhardt/Moser*, IStR 2012, 607.

1205 *Lüdicke*, Überlegungen zur deutschen DBA-Politik, S. 43 f.; *Goebel/Glaser/Wangle, DStZ 2009, 197, 198.*

in Anspruch nehmen[1206]. Durch sog. „tests“ wird geprüft, ob die Person ausreichend mit den beiden Vertragsstaaten verbunden ist[1207]. Prominentes Beispiel ist Art. 28 DBA-USA. Es handelt sich um eine sehr detailliert ausgestaltete Bestimmung, die einen subsumierbaren Tatbestand und eine konkrete Rechtsfolge aufweist. Sind die inhaltlichen Maßgaben nicht erfüllt, wird der Anspruch versagt.

(2) Konzept der Nutzungsberechtigten (concept of beneficial ownership)

Das Konzept der Nutzungsberechtigten schränkt tatbestandlich die gänzliche oder teilweise Nichterhebung von Quellensteuern ein. Um in den Genuss der Abkommensvergünstigung zu gelangen, ist es notwendig, dass die betroffene Person auch Nutzungsberechtigter, sog. beneficial owner, der jeweiligen Einkünfte ist[1208]. Hiernach sollen etwa Treuhänder oder Strohmänner von den Vorteilen des Abkommens ausgeschlossen werden[1209]. Solche Klauseln schließen also nicht per se die Abkommensberechtigung aus, sondern stellen darauf ab, ob der Empfänger tatsächlich Nutzungsberechtigter der Zinsen, Dividenden oder Lizenzen ist (Art. 10 bis 12 OECD-MA). Die damit verbundenen Vorteile müssen dem Inhaber der Rechte endgültig zustehen[1210]. Sie dienen somit zwar auch der Verhinderung des Treaty Shopping, da sie unter anderem verhindern sollen, dass sich nichtberechtigte Personen durch Mittelspersonen die Vorteile eines DBA verschaffen[1211]. Allerdings wird auch vertreten, dass es sich systematisch wohl mehr um Einkünftezurechnungsnormen handelt[1212].

3. Verhältnis des § 50d Abs. 3 EStG zu Missbrauchsvorbehalten in DBA

a) Doppelbesteuerungsabkommen mit speziellen Missbrauchsklauseln

Fraglich ist, wie das Verhältnis von § 50d Abs. 3 EStG zu speziellen DBA-Vorschriften zu bestimmen ist. Einige Stimmen der Literatur gehen unabhängig davon, ob das DBA tatbestandlich weitergefasst ist als § 50d Abs. 3 EStG oder dahinter zurückbleibt, von einem generellen Vorrang abkommensrechtlicher Missbrauchsvorschriften aus[1213].

1206 Vgl. etwa Art 28 DBA-USA i.d.F.v. 4.6.2008, BStBl. II 2008, 851.

1207 *Goebel/Glaser/Wangle*, DStZ 2009, 197, 198; *Vogel*, in: *Vogel/Lehner*, DBA[5], Einl. Rn. 266a.

1208 *Lüdicke*, Überlegungen zur deutschen DBA-Politik, S. 42.

1209 Vgl. *Lutz*, Massnahmen gegen die missbräuchliche Inanspruchnahme von Doppelbesteuerungsabkommen, S. 33 f.

1210 *Kraft*, Die mißbräuchliche Inanspruchnahme von Doppelbesteuerungsabkommen, S. 21.

1211 *Vogel*, in: *Vogel/Lehner*, DBA[5], Vor Art. 10–12 Rn. 12.

1212 So *Oellerich*, IWB 2013, 33, 39.

1213 *Gosch*, in: Kirchhof, EStG[11], § 50d Rn. 25a; *Klein/Hagena*, in: Hermann/Heuer/Raupach, EStG/KStG[259], § 50d EStG Rn. 52.

Nach überwiegender Auffassung ist eine abkommensrechtliche Missbrauchsverhinderungsvorschrift nur dann spezieller, wenn in ihr eine „abschließende" Regelung zu sehen ist[1214]. Dieser Ansicht folgt auch die Finanzverwaltung[1215]. Insoweit beruft sie sich auf ein Urteil des BFH[1216], demzufolge § 50d Abs. 3 EStG von der spezielleren Abkommensregelung verdrängt werde. Fraglich bleibt insoweit, wann ein DBA-Norm als abschließend bzw. spezieller einzustufen ist.

Schade geht davon aus, dass eine in einem DBA vereinbarte spezielle Missbrauchsklausel grundsätzlich abschließend sei, da andernfalls die Aufnahme spezieller Missbrauchsverhinderungsvorschriften sinnlos würde[1217]. Insofern würde auch eine erst nach Inkrafttreten des jeweiligen DBA erfolgte Verschärfung des § 50d Abs. 3 EStG daran nichts ändern, wenn die vertragschließenden Staaten Abschluss des Abkommens die DBA-Norm als abschließend angesehen haben (lex generalis posterior non derogat legi speciali priori).

Eine solche Sichtweise wird man jedenfalls in Bezug auf die detailliert ausgestalteten Limitation-on-Benefits-Klauseln anlegen können. Sie regeln genau und konkret für das jeweilige DBA, wann eine DBA-Vergünstigung zu gewähren bzw. zu versagen ist. Auch aus rechtssystematischer Sicht sind diese Klauseln schon vorrangig, da bei Nichtvorliegen einer „berechtigten Person" bereits der Entlastungsanspruch aus § 50d Abs. 1 bzw. 2 EStG gar nicht entsteht und es somit einer nachträglichen Versagung durch § 50d Abs. 3 EStG nicht bedarf[1218]. Sie stellen insofern abschließende Regelungen dar. Gleiches wird man auch für das Konzept der Nutzungsberechtigung gelten lassen müssen. Diese Klauseln sollen gerade verhindern, dass sich DBA-Vorteile durch Mittelspersonen verschafft werden[1219]. Auch hier wird bereits im Vorhinein festgestellt, ob der Empfänger von Zinsen, Dividenden oder Lizenzen Nutzungsberechtigter derselben ist. Insofern kommt § 50d Abs. 3 EStG in Bezug auf die speziellen DBA-Regelungen schon gar nicht zur Anwendung und stellt folglich auch kein Treaty Override dar.

b) Doppelbesteuerungsabkommen mit Öffnungsklauseln

Wird die Anwendbarkeit nationaler Missbrauchsverhinderungsvorschriften durch Regelungen des DBA für zulässig erklärt, besteht insoweit auch kein Treaty Override[1220].

1214 *Prokisch*, in: *Vogel/Lehner*, DBA[5], Art. 1 Rn. 113; *Schaumburg*, Internationales Steuerrecht, Rn. 16.135; im Ergebnis wohl auch *Frotscher*, in: Frotscher, EStG[171], § 50d Rn. 3 ff.; *Hey*, in Lüdicke, Wo steht das Internationale Steuerrecht?, S. 137 (146).

1215 BMF v. 24.1.2012, BStBl. I 2012, 171 (174), Tz. 10.

1216 BFH v. 19.12.2007 – I R 21/07, BStBl. II 2008, 619 (621).

1217 *Schade*, Die deutsche Anti-Treaty-Shopping-Regelung des § 50d Abs. 3 EStG, S. 181 f.

1218 *Rudolf*, Treaty Shopping und Gestaltungsmissbrauch, S. 440.

1219 *Vogel*, in: *Vogel/Lehner*, DBA[5], Vor Art. 10–12 Rn. 12.

1220 Zum DBA-Niederlande vgl. *Gebhardt/Moser*, IStR 2012, 607, 608; ebenso *Schade*, Die deutsche Anti-Treaty-Shopping-Regelung des § 50d Abs. 3 EStG, S. 182.

Fraglich ist indes, ob sich diese Öffnungsklauseln nur auf bereits zum Zeitpunkt des Inkrafttretens des DBA bestehende Missbrauchsverhinderungsvorschriften beziehen oder auch für solche Normen gelten, die nach Inkrafttreten des DBA neu geschaffen bzw. geändert werden. Genauer gesagt stellt sich demnach die Frage, ob es sich bei den jeweiligen Öffnungsklauseln um dynamische oder statische Verweise handelt.

Nach *Schade* sind Öffnungsklauseln als statische Verweise einzuordnen, da andernfalls nationale Vorschriften in nicht zu akzeptierender Weise für den anderen Vertragspartner verändert bzw. verschärft werden könnten[1221]. Nach dem Wortlaut des neuen Art. 23 DBA-NL ist das Abkommen nicht so auszulegen, „als hindere es die Vertragsstaaten, ihre innerstaatlichen Rechtsvorschriften zur Verhinderung der Steuerumgehung oder Steuerhinterziehung anzuwenden". Diese Formulierung könnte für einen dynamischen Verweis sprechen, da nicht ausdrücklich auf bereits bestehende Missbrauchsverhinderungsklauseln Bezug genommen wird. Darüber hinaus bezieht sich der Normtext gerade auf Missbrauchsvorbehalte zur Verhinderung der Steuerumgehung oder Steuerhinterziehung und gibt den Vertragsstaaten nur eine beschränkte Möglichkeit, Missbrauchsvorbehalte zu schaffen. Außerdem wird nur so gewährleistet, dass die Vertragsstaaten auch auf zukünftige Gestaltungsmodelle entsprechend zügig reagieren können[1222]. Es besteht zudem die Möglichkeit – wie dies auch im Fall des DBA-NL geschehen ist – im Rahmen eines Zusatzprotokolls konkretisierte Vorgaben für nationale Missbrauchsklauseln zu regeln. Überdies enthalten Öffnungsklauseln insoweit auch keine abschließenden Regelungen. Nach hier vertretener Ansicht stellen Öffnungsklauseln daher dynamische Verweise dar. Soweit sich § 50d Abs. 3 EStG demnach im Rahmen der jeweiligen Öffnungsklausel hält, stellt er kein Treaty Override dar und kann die DBA-Vergünstigung in völkervertragsrechtlich zulässigerweise versagen[1223].

c) Doppelbesteuerungsabkommen ohne geschriebenen Missbrauchsvorbehalt

Man wird § 50d Abs. 3 EStG jedoch als Treaty Override ansehen müssen, soweit DBA weder einen entsprechenden Missbrauchsvorbehalt noch eine Öffnungsklausel enthalten[1224]. Da nach hier vertretener Auffassung kein allgemeiner ungeschriebener Missbrauchsvorbehalt existiert und somit kein Bezug auf nationale Missbrauchsvorschriften besteht, wird das Abkommen einseitig durch § 50d Abs. 3 EStG überschrieben. Insoweit ist es unschädlich, dass die Norm nicht ausdrücklich eine Treaty Override-Wirkung anordnet. Es besteht weder eine Öffnungsklausel noch ein abschließender Missbrauchsvorbehalt. Die Entlastungsansprüche aus § 50d Abs. 1

1221 *Schade*, Die deutsche Anti-Treaty-Shopping-Regelung des § 50d Abs. 3 EStG, S. 183 f.

1222 In diesem Sinne wohl auch *Linn*, IStR 2010, 542, 546.

1223 So im Ergebnis auch *Hahn-Joecks*, in: K/S/M, EStG[246], § 50d, Rn. E 5.

1224 So auch *Schade*, Die deutsche Anti-Treaty-Shopping-Regelung des § 50d Abs. 3 EStG, S. 188; so wohl auch *Hey*, in Lüdicke, Wo steht das Internationale Steuerrecht?, S. 137 (147); vgl. DBA Großbritannien, BGBl. II 2010, S. 1333.

bzw. 2 EStG werden einseitig und definitiv versagt, sodass ein Verstoß gegen Völkervertragsrecht gegeben ist. Hierfür spricht auch, dass DBA mit ausdrücklichen Öffnungsklauseln existieren. Im Umkehrschluss hieraus lässt sich folgern, dass in Fällen ohne einen solchen Missbrauchsvorbehalt ein Treaty Override vorliegen muss[1225].

4. *Rechtsfolgen des Treaty Override*

a) *Abkommensverletzung*

Aus dem Umstand, dass DBA den Rang des Transformationsgesetzes haben und folglich der Spezialitätsgrundsatz gilt, wurde in der Vergangenheit gefolgert, dass das Treaty Override (verfassungs- und europarechtlich) zulässig ist[1226]. Auf Ebene der Doppelbesteuerungsabkommen sei hier nur der völkergewohnheitsrechtlich anerkannte und in Art. 26 WÜRV niedergelegte Grundsatzes *pacta sunt servanda* betroffen[1227]. Dies führte nach bisher herrschender Meinung lediglich zur Verletzung von Völkervertragsrecht im Außenverhältnis zum jeweiligen Vertragspartner, welcher zwar als rechtspolitisch „unschön", aber auf nationaler Ebene – also im Innerverhältnis – als verfassungsrechtlich nicht relevant angesehen wurde[1228]. Eine solche Verletzung bleibt danach abgesehen von etwaigen Vergeltungsmaßnahmen des anderen Vertragsstaates folgenlos[1229]. Beispielsweise könnte der völkerrechtliche Vertrag dann gem. Art. 60 WÜRV beendet oder suspendiert werden[1230]. Im Innenverhältnis hingegen entfalte das Treaty Override keine Wirkung, sodass auch der Steuerpflichtige keine subjektiven Rechte daraus ableiten könne[1231].

b) *Verstoß gegen Verfassungsrecht*

Wie gezeigt haben völkerrechtliche Verträge den Rang einfacher Bundesgesetze. Fraglich ist jedoch, ob das Treaty Override wegen seiner Völkerrechtswidrigkeit auch verfassungswidrig sein kann.

1225 Im Ergebnis auch *Schade*, Die deutsche Anti-Treaty-Shopping-Regelung des § 50d Abs. 3 EStG, S. 188.

1226 *Bron*, IStR 2007, 413, 414 ff.; *Brombach-Krüger*, Ubg 2008, 324, 328 ff.; zweifelnd *Gosch*, IStR 2008, 413, 414 ff.

1227 *Jansen/Weidmann*, IStR 2010, 596, 597; *Rust/Reimer*, IStR 2005, 843, 844 f.

1228 BVerfG v. 9.6.197 – 2 BvR 225/69, BVerfGE 31, 145; v. 26.3.1957 – 2 BvG 1/55, BVerfGE 6, 309 (363); BFH v. 10.1.2012 – I R 66/09, BFHE 236, 304; *Vogel*, in: FS Höhn, S. 461 (437); vgl. *Ribbrock* BB 2012, 1902, 1907.

1229 Vgl. *Vogel*, in: *Vogel/Lehner*, DBA[5], Einl. Rn. 199; *Hey*, in Lüdicke, Wo steht das Internationale Steuerrecht?, S. 137 (151).

1230 Siehe dazu *Lehner*, IStR 2012, 389, 398 m.w.N.

1231 *Frotscher*, Internationales Steuerrecht, S. 23.

Die verfassungsrechtliche Zulässigkeit des Treaty Override wird zunehmend bezweifelt[1232]. Nach einer in der Literatur im Vordringen befindlichen Ansicht soll ein Treaty Override gegen das Rechtsstaatsprinzip – teilweise in Verbindung mit dem Grundsatz der Völkerrechtsfreundlichkeit – verstoßen. Während der BFH zunächst eine Treaty Override für verfassungsrechtlich zulässig erachtete hatte[1233], bezweifelte er jüngst seine bisherige Spruchpraxis[1234]. Dies ergibt sich aus seinen Vorlagebeschlüssen vom 10.1.2012[1235] (Entscheidung über § 50d Abs. 8 S. 1 EStG i.d.F. des Steueränderungsgesetzes 2003) sowie vom 11.12.2013[1236] (Entscheidung über § 50d Abs. 10 S. 1 EStG i.d.F. des JStG 2009), in welchen er jeweil im Wege der konkreten Normenkontrolle nach Art. 100 Abs. 1 GG die Entscheidung des Bundesverfassungsgerichts darüber einholte, ob ein von ihm jeweils festgestelltes Treaty Override verfassungsrechtlichen Vorgaben entspricht.

In seinem ersten Normenkontrollantrag möchte der BFH wissen, ob § 50d Abs. 8 S. 1 EStG a.F. gegen Art. 2 Abs. 1 GG i.V.m. Art 20 Abs. 3 und Art. 25 GG verstößt, wenn bei Einkünften eines unbeschränkt Steuerpflichtigen aus nicht selbstständiger Arbeit die völkervertragsrechtlich nach Art. 23 Abs. 1 lit. a S. 1 i.V.m. Art. 15 Abs. 1 DBA-Türkei 1985[1237] in Verbindung mit dem dazu ergangenen Zustimmungsgesetz vom 27.11.1989 vereinbarte Freistellungen dieser Einkünfte bei der Veranlagung ungeachtet dieses Abkommens nur gewährt wird, soweit der Steuerpflichtige nachweist, dass der Staat, dem nach dem Abkommen das Besteuerungsrecht zusteht, auf dieses Besteuerungsrecht verzichtet hat oder dass die in diesem Staat auf die Einkünfte festgesetzten Steuern entrichtet wurden. Art. 23 Abs. 1 DBA-Türkei 1985 regelt, dass Einkünfte aus der Türkei von in Deutschland ansässigen Personen zur Vermeidung der Doppelbesteuerung von der Bemessungsgrundlage der deutschen Steuer ausgenommen werden. § 50d Abs. 8 S. 1 EStG bestimmt hingegen, dass die Freistellung nur gewährt wird, wenn der Steuerpflichtige nachweist, dass der Staat, dem nach dem Abkommen das Besteuerungsrecht zusteht, auf dieses Besteuerungsrecht verzichtet hat oder dass die dort festgesetzten Steuern entrichtet wurden. Nach Ansicht des Senats würde durch die Verletzung des Gesetzesvorbehalts gegen das subjektive Grundrecht auf Einhaltung der verfassungsmäßigen Ordnung verstoßen. Deutschland hätte sich durch Abschluss des Abkommens seines Besteuerungsrechts begeben. Der BFH stützt sich diesbezüglich vor allem auf den

1232 *Gosch*, IStR 2008, 413, 413 ff.; vgl. auch *Vogel*, in: *Vogel/Lehner*, DBA^5, Einl. Rn. 204 f.; a.A. *Musil*, RIW 2006, 287, 289.

1233 Vgl. zuletzt BFH v. 13.7.1994 – I R 120/93, BStBl. II 1995, 129.

1234 BFH v. 10.1.2012 – I R 66/09, BFHE 236, 304; v. 11.12.2013 – I R 4/13 = DStR 2014, 306.

1235 BFH v. 10.1.2012 – I R 66/09, BFHE 236, 304; vgl. dazu *Ribbrock*, BB 2012, 1902 ff.; *Heger*, jurisPR-SteuerR 25/2012 Anm. 4; ablehnend *Musil*, IstR 2014, 193 ff.

1236 BFH v. 11.12.2013 – I R 4/13 = DStR 2014, 306; kritisch *Lehner*, IstR 2014, 189 ff.

1237 Neugefasst BStBl. I 2013, 373.

sog. *Görgülü*-Beschluss[1238] und den sog. *Alteigentümer*-Beschluss[1239] des BVerfG. Der Gesetzgeber sei durch das Rechtsstaatsgebot gem. Art. 20 Abs. 3 GG in die Pflicht genommen, Völkervertragsrecht einzuhalten. Zudem liege auch ein Verstoß gegen das Gleichheitsgebot nach Art. 3 Abs. 1 GG vor, der damit begründet wird, dass ein Steuerpflichtiger, der den geforderten Nachweis erbringt, anders behandelt wird als ein Steuerpflichtiger mit entsprechenden Einkünften, dem ein solcher Nachweis nicht gelingt.

In seiner jüngsten Vorlage vom 11.12.2013 argumentiert der BFH in gleicher Weise unter Bezugnahme auf die eben genannte Rechtsprechung des Bundesverfassungsgerichts.

Folgt man dieser neueren Ansicht, könnte eine betroffene Norm demnach vom Bundesverfassungsgericht für verfassungswidrig erklärt werden. Aufgrund des daraus resultierenden Geltungsrisikos[1240] hätte dies gravierende Folgen für das deutsche Steuerrecht.

Das BVerfG hat nun zur Vorlage des BFH vom 10.1.2012 Stellung genommen und mit Beschluss vom 15.12.2015 das betreffende Treaty Override für verfassungskonform erklärt[1241]. Der Streit scheint somit für die Praxis zunächst entschieden[1242].

(1) Verstoß gegen Art. 25 GG

Nach Art. 25 S. 1 und 2 GG sind die allgemeinen Regeln des Völkerrechts Bestandteil des Bundesrechts und gehen den Gesetzen vor. Unter den allgemeinen Regeln des Völkerrechts in diesem Sinne sind jedoch nur das allgemeine Völkergewohnheitsrecht sowie die allgemein anerkannten Rechtsgrundsätze zu verstehen[1243]. Art. 25 GG umfasst somit nicht Völkervertragsrecht und kann daher keinen Maßstab für die Beurteilung der Zulässigkeit eines Treaty Override darstellen[1244]. Auch aus dem zum Völkergewohnheitsrecht zählenden Grundsatz *pacta sunt servanda* kann sich nichts anderes ergeben, da die sich daraus ergebende Pflichten nur die vertragsschließenden Staaten untereinander binden[1245]. Der Grundsatz beschreibt zwar eine besondere

1238 BVerfG v. 14.10.2004 – 2 BvR 1481/04, BVerfGE 111, 307; dazu sogleich näher.

1239 BVerfG v. 26.10.2004 – 2 BvR 955/00, 1038/01, BVerfGE 112, 1.

1240 Siehe dazu *Jansen/Weidmann*, IStR 2010, 596, 597.

1241 BVerfG v. 15.12.2015 – 2 BvL 1/12, vgl. DStR 2016, 359 mit Anmerkung *Mitschke*.

1242 Es gibt jedoch bereits gegenläufige Stimmen innerhalb des BVerfG. Dies zeigt das sich an den Beschluss des BVerfG anschließende Sondervotum der Richterin *König*, die das Treaty Override für unvereinbar mit dem Grundgesetz hält und einen Mentalitätenwechsel für notwendig erachtet.

1243 *Rojahn*, in: *v. Münch/Kunig*, GG, Art. 25 Rn. 6 ff.

1244 *Brombach-Krüger*, Ubg 1998, 324, 329; *Jansen/Weidmann*, IStR 2010, 596, 599; *Seer*, IStR 1997, 481, 483.

1245 BVerfG v. 26.3.1957 – 2 BvG 1/55, BVerfGE 6, 309, 362; BFH v. 10.1.2012 – I R 66/09, BFHE 236, 304; *Frotscher*, in: FS Schaumburg, S. 687 (697 f.); *Seer*, IStR 1997, 481, 483.

völkerrechtliche Pflichtenstellung des Staates gegenüber dem Vertragspartner, sagt jedoch nichts über die innerstaatliche Geltung völkerrechtlicher Verträge aus[1246].

(2) Verstoß gegen Art. 59 Abs. 2 GG

Vereinzelt wird versucht die Verfassungswidrigkeit eines Treaty Override aus Art. 59 Abs. 2 GG herzuleiten[1247]. Aus Art. 59 Abs. 2 GG ergebe sich, der völkerrechtliche Vertrag und das Zustimmungsgesetz untrennbar miteinander verbunden seien und daher das Zustimmungsgesetz – abgesehen von einer vollständigen Aufhebung – gegen inhaltliche Änderungen geschützt sei.

Eine Sperrwirkung kann Art. 59 Abs. 2 GG alledings nicht entnommen werden[1248]. Da völkerrechtliche Verträge den Rang einfachen Bundesrechts haben, gilt der Grundsatz lex posterior derogat legi priori. Eine solche Bindungswirkung würde dem Demokratieprinzip und dem Grundsatz der Diskontinuität widersprechen[1249]. Denn gesetzgeberische Entscheidungen der Vergangenheit könnten sonst nicht korrigiert werden. Ein Verstoß gegen Art. 59 Abs. 2 GG ist mithin nicht gegeben.

(3) Verstoß gegen Art. 20 Abs. 3 GG i.V.m. dem Grundsatz der Völkerrechtsfreundlichkeit

Etwas Anderes kann auch nicht dem Rechtsstaatsprinzip in Verbindung mit dem Grundsatz der Völkerrechtfreundlichkeit entnommen werden. Da der Staat an Gesetz und Recht gebunden ist (Art. 20 Abs. 3 GG), wird teilweise in der Vertragsverletzung ein Verstoß gegen das Rechtsstaatsprinzip in Verbindung mit dem Grundsatz der Völkerrechtsfreundlichkeit gesehen[1250]. Danach seien die Staaten im Rahmen von Art. 20 Abs. 3 GG an völkerrechtliche Verträge gebunden. Abgeleitet wird diese Verpflichtung insbesondere auch aus dem *Görgülü*-Beschluss[1251] des BVerfG[1252]. Dabei nahm das BVerfG auf die Auswirkungen der EMRK bzw. auf die Bindungswirkung von EGMR-Entscheidungen bei der Auslegung nationalen Rechts Bezug. Hintergrund des Beschlusses war eine negative Sorge- bzw. Umgangsrechtentscheidung des OLG Naumburg. Das BVerfG sah in dieser Entscheidung einen Verstoß gegen Art. 6 GG in Verbindung mit dem Rechtsstaatsprinzip[1253]. Zur Begründung führte es an, dass das OLG Naumburg einen vom EGMR festgestellten und andauernden

1246 BVerfG v. 15.12.2015 – 2 BvL 1/12, DStR 2016, 359, 364.
1247 *Wohlschlegel*, FR 1993, 48, 49.
1248 *Brombach-Krüger*, Ubg 1998, 324, 328 f.
1249 BVerfG v. 15.12.2015 – 2 BvL 1/12, DStR 2016, 359, 364.
1250 *Daragan*, DB 2011, 2681, 1682 f.; *Gosch*, IStR 2008, 413, 419; *Vogel*, in: *Vogel/Lehner*, DBA[5], Einl. Rn. 205; *ders.*, IStR 2005, 29, 30; a.A. *Brombach-Krüger*, Ubg 2008, 324, 329 f.; *Jansen/Weidmann*, IStR 2010, 596, 599 f.; *Rust/Reimer*, IStR 2005, 843, 847.
1251 BVerfG v. 14.10.2004 – 2 BvR 1481/04, BVerfGE 111, 307.
1252 Vgl. *Gosch*, IStR 2008, 413, 418 f.
1253 BVerfG v. 14.10.2004 – 2 BvR 1481/04, BVerfGE 111, 307 (330).

Verstoß gegen Art. 8 EMRK nicht ausreichend beachtet hätte[1254]; die Gewährleistungen der Konvention und die Rechtsprechung des EMGR seien bei der Auslegung von Grundrechten und rechtsstaatlichen Gewährleistungen aber zu berücksichtigen.

Nach Ansicht des BVerfG verstoße es nicht gegen den Grundsatz der Völkerrechtsfreundlichkeit, wenn der Gesetzgeber ausnahmsweise Völkerrecht nicht beachtet, sofern nur auf diese Weise ein Verstoß gegen Grundsätze der Verfassung abzuwenden sei[1255]. Daraus zieht *Vogel* den Umkehrschluss, dass der Gesetzgeber aufgrund des Rechtsstaatsgebots dazu angehalten sei, Völkervertragsrecht zu beachten und Ausnahmen einer Rechtfertigung bedürfen[1256]. Ähnlich geht auch *Lüdicke* davon aus, dass Treaty Overrides nur ausnahmsweise als ultima ratio zulässig sind[1257]. Nach *Gosch* sind als solche Ausnahmen nur „echte Missbrauchsfälle" anzusehen[1258]. Der BFH sieht darin die Anwendung des Erforderlichkeitsgrundsatzes auf das Treaty Override[1259].

Ob der von *Vogel* angenommene Umkehrschluss zutreffend ist, erscheint aus folgenden Gründen zweifelhaft. So beinhaltet die Aussage des BVerfG zunächst nur, dass Völkervertragsrecht mit dem materiellen Verfassungsrecht in Einklang stehen muss[1260]. Die EMRK besitzt demnach gerade keine uneingeschränkte Geltung. Die unmittelbare Verletzung der EMRK kann daher auch nicht vor dem BVerfG geltend gemacht werden[1261]. Würde man dem von *Vogel* begründeten Ansatz folgen, würde dies zudem zu einer beträchtlichen Erschwernis führen, Völkervertragsrecht zu ändern, wodurch dieses eine Rangerhöhung innerhalb der Normhierarchie erfahren würde[1262]. Insoweit würde das Parlament über seine Rechtsetzungskompetenz verfügen[1263]. Eine solche Wirkung wird man dem Grundsatz des völkerrechtsfreundlichen Verhaltens nicht entnehmen können. Dem souveränen Staat muss die Möglichkeit gegeben sein, seine vertraglich eingegangenen Verpflichtungen einseitig aufzuheben[1264]. Eine Vertragsverletzung kann dann auch nur im Außenverhältnis Wirkung entfalten und begründet für den Steuerpflichtigen keine nationalen Rechtsansprüche[1265]. Aus dem Görgülü-Beschluss ergibt sich weiterhin, dass der Grundsatz der Völkerrechtsfreundlichkeit lediglich als Auslegungshilfe oder zur

---

1254 BVerfG v. 14.10.2004 – 2 BvR 1481/04, BVerfGE 111, 307 (330 f.).

1255 BVerfG v. 14.10.2004 – 2 BvR 1481/04, BVerfGE 111, 307 (319).

1256 *Vogel/Lehner*, DBA[5], Einl. Rn. 205; dem folgend *Weigell*, IStR 2009, 636, 639; vgl. auch *Gosch*, IStR 2008, 413, 419.

1257 *Lüdicke*, Überlegungen zur deutschen DBA-Politik, S. 37.

1258 *Gosch*, IStR 2008, 413, 419.

1259 BFH v. 10.1.2012 – I R 66/09, BFHE 236, 304.

1260 Ebenfalls von *Frotscher*, in: FS Schaumburg, S. 687 (704 f.).

1261 BVerfG v. 14.10.2004 – 2 BvR 1481/04, BVerfGE 111, 307 (317).

1262 *Musil*, RIW 2006, 287, 289; *ders.*, IStR 2014, 192, 195; *Lehner*, IStR 2012, 389, 401.

1263 Vgl. *Lehner*, IStR 2014, 189 ff.

1264 *Lüdicke*, IStR 2011, 863, 869; BVerfG v. 15.12.2015 – 2 BvL 1/12, DStR 2016, 359, 366.

1265 *Renger*, Treaty Shopping, S. 53.

Abwägung auf Verhältnismäßigkeitsebene heranzuziehen ist[1266]. Der Grundsatz der Völkerrechtsfreundlichkeit ist also nur eine unter mehreren Grundrechtspositionen. Der Grundsatz der Völkerrechtsfreundlichkeit kann daher Auslegungshilfe sein, nicht aber als Verpflichtung zur uneingeschränkten Befolgung völkerrechtlicher Verträge verstanden werden[1267]. Außerdem dient die Missbrauchsverhinderung auch der Verwirklichung des Allgemeinen Gleichheitssatzes und somit dem Schutz des Grundgesetzes[1268]. Die pauschale Annahme eines Verfassungsverstoßes bei Vorliegen eines Treaty Override überzeugt daher nicht. Zudem erscheint eine Übertragbarkeit der Görgülü-Rechtsprechung auf DBA fragwürdig, da die verfassungsrechtliche Bewertung der Beachtung der EMRK um ein Wesentliches höher einzustufen ist[1269]. Die EMRK als multilateraler Vertrag dient der internationalen Gewährleistung von Menschenrechten und übt insoweit besonderen Einfluss auf die Auslegung des Grundgesetzes aus[1270]. Wenn aber wie im Görgülü-Beschluss festgestellt wurde, nicht einmal die EMRK uneingeschränkte Geltung besitzt, muss dies erst recht für bilaterale DBA gelten[1271]. Auch das BVerfG hat jüngst klargestellt, dass die Unvereinbarkeit eines Gesetzes mit einem völkerrechtlichen Vertrag nicht regelmäßig zu dessen Verfassungswidrigkeit führe; vielmehr betreffe der Görgülü-Beschluss ausschließlich die Rechtsfolgen einer unzureichenden Beachtung von Völkerrecht durch die Fachgerichte[1272].

Diese Sichtweise entspricht auch dem ausdifferenzierten Regelungskonzept des Grundgesetzes über den innerstaatlichen Rang völkerrechtlicher Regeln. Dieses sieht unterschiedliche Bindungswirkungen für verschiedene Quellen des Völkerrechts vor[1273]. Für völkerrechtliche Verträge gilt, dass sie „nur" den Rang einfachen Bundesrechts genießen. Für sie gilt nicht der Zwischenrang nach Art. 25 GG. Im Umkehrschluss hieraus muss gefolgert werden, dass ein späteres widersprechendes Gesetz grundsätzlich nicht zu einer Verletzung von Verfassungsrecht führt. Diesen Grundsätzen folgend, führt das Treaty Override insoweit auch nicht zu einem Verstoß gegen das Rechtsstaatsgebot. Es ist diesbezüglich auch nicht die Widerspruchsfreiheit der Rechtsordnung betroffen, da es bei der Abkommensüberschreibung um die Kollision zweier gleichrangiger Normen desselben Gesetzgebers geht. Es kann insoweit nur der lex posterior-Grundsatz greifen.

1266 *Jansen/Weidmann*, IStR 2010, 596, 599.
1267 BVerfG v. 15.12.2015 – 2 BvL 1/12, DStR 2016, 359, 366.
1268 Dazu bereits oben S. 109 ff.
1269 *Hey*, in Lüdicke, Wo steht das Internationale Steuerrecht?, S. 137 (152); *Rudolf*, Treaty Shopping und Gestaltungsmissbrauch, S. 246 f.
1270 So schon BVerfG v. 26.3.1987 – 2BvR 589/79 u.a.; BVerfGE 74, 358 (370).
1271 *Rudolf*, Treaty Shopping und Gestaltungsmissbrauch, S. 247; mit dieser Tendenz wohl auch *Musil*, RIW 2006, 287, 289; a.A. *Vogel*, IStR 2005, 29, 30.
1272 BVerfG v. 15.12.2015 – 2 BvL 1/12, DStR 2016, 359, 365.
1273 BVerfG v. 15.12.2015 – 2 BvL 1/12, DStR 2016, 359, 367.

Nach hier vertretener Ansicht ist daher grundsätzlich von einer verfassungsrechtlichen Zulässigkeit eines Treaty Override in Bezug auf DBA auszugehen[1274]. Dies entspricht insoweit auch der bislang noch h.M. Selbst wenn man es teilweise als geboten ansehen würde, Verstöße gegen Völkervertragsrecht als subjektive Rechte geltend machen zu können[1275], so wird vertreten, dass jedenfalls die Möglichkeit besteht, solche Verstöße aus Gründen der Steuergerechtigkeit in diversen Ausnahmefällen, an die jedoch strenge Anforderungen zu stellen sind, zu rechtfertigen[1276]. Als rechtfertigendes Ziel ist in diesem Zusammenhang auch die Missbrauchsbekämpfung anzusehen, soweit den Anforderungen des verfassungsrechtlichen Verhältnismäßigkeitsgrundsatzes entsprochen wird[1277].

c) Europarechtliche Zulässigkeit des Treaty Override

Fraglich ist zudem, wie die Zulässigkeit eines Treaty Override aus europarechtlicher Perspektive zu beurteilen ist. Nach Ansicht des EuGH[1278] und der überwiegenden Auffassung im Schrifttum[1279] ist ein Treaty Override grundsätzlich nicht als unionsrechtswidrig anzusehen.

Aus dem früheren Art. 293 2. Spiegelstrich EGV (i.d.F. des Vertrags von Nizza) ließ sich das europarechtlich verbindliche Ziel ableiten, eine Doppelbesteuerung zu vermeiden. Hieraus hätte man möglicherweise ein subjektives Recht für den Steuerpflichtigen (teilweise in Verbindung mit Art. 10 EGV) herauslesen können[1280]. Ein solches Recht hat der Europäische Gerichtshof jedoch ausdrücklich verneint, da es sich nur um ein Ziel des Vertrages handele und Art. 293 EGV keine unmittelbare Wirkung entfalte[1281]. Zudem ist dieser Gedanke mittlerweile ohnehin obsolet geworden, da Art. 293 2. Spiegelstrich EGV nicht in den AEUV übernommen wurde.

In Betracht kommt allerdings eine Unvereinbarkeit des Treaty Override mit den Grundfreiheiten[1282]. Mit seiner Entscheidung in der Rechtssache *Columbus*

1274 A.A. *Schade*, Die deutsche Anti-Treaty-Shopping-Regelung des § 50d Abs. 3 EStG, S. 198 ff.

1275 BVerfG v. 26.10.2004 – 2 BvR 955/00, 1038/01, BVerfGE 112, (122).

1276 BFH v. 10.1.2012 – I R 66/09, BFHE 236, 304 = BB 2012, 1902 Rn. 6, 18, 24.

1277 Vgl. *Ribbrock*, BB 2012, 1907, 1908; *Jansen/Weidmann*, IStR 2010, 596, 601 f.; *Weigell*, IStR 2009, 636, 640.

1278 Zum früheren Art. 293 EGV siehe EuGH v. 12.5.1998 – Rs. C-336/96 (Gilly), Slg. 1998, I-2793, Rn. 16. Zu den Grundfreiheiten siehe EuGH v. 6.12.2007 – Rs. C-298/05 (Columbus Container), Slg. 2007, I-10451 Rn. 45 f.

1279 *Musil*, FR 2012, 149, 152; *Bron*, IStR 2007, 431, 434 f.; *Frotscher*, in FS Schaumburg, S. 687 (700); *Brombach-Krüger*, BB 2009, 924 f.; a.A. *Forsthoff*, IStR 2006, 509, 511 f., wenn das Treaty Override zu einer Doppelbesteuerung führt, welche durch eine DBA-Vorschrift vermieden wird; *Seer*, IStR 1997, 520, 523.

1280 Vgl. zu diesem Ansatz *Forsthoff*, IStR 2006, 509 f.; *Bron*, IStR 2007, 431, 434; *Brombach-Krüger*, Ubg 2008, 324 f.

1281 EuGH v. 12.5.1998 – Rs. C-336/96 (Gilly), Slg. 1998, I-2793, Rn. 16.

1282 So etwa *Seer*, IStR 1997, 520, 523 f.

Container[1283] scheint der EUGH jedoch eindeutig klargestellt zu haben, dass ein Treaty Override grundsätzlich keinen Verstoß gegen die Grundfreiheiten darstellt[1284]. In dem diesem Urteil zugrunde liegenden Fall prüfte der EuGH, ob § 20 AStG i.d.F. des StMBG vom 21.12.1993, nach welchem eine Befreiung von der Doppelbesteuerung entgegen dem jeweiligen DBA nicht durch Freistellung der Einkünfte, sondern unter Anrechnung der auf die Einkünfte erhobenen ausländischen Ertragsteuer erfolgte, gegen die Grundfreiheiten verstößt. Er stellte dazu fest, dass der Gerichtshof das Verhältnis zwischen einer nationalen Maßnahme und einem Doppelbesteuerungsabkommen nicht prüfen dürfe, da diese Frage nicht zur Auslegung des Gemeinschaftsrechts gehöre[1285]. Insofern lässt sich konstatieren, dass ein Treaty Override nicht grundsätzlich gegen die Grundfreiheiten verstößt[1286].

Allerdings kommt dem Treaty Override zumindest mittelbare Relevanz auf Rechtfertigungsebene, namentlich für den Rechtfertigungsgrund der Wahrung der Aufteilung der Besteuerungsbefugnisse, zu. Wenn nämlich in die durch das DBA erzeugte ausgewogene Aufteilung der Besteuerungsbefugnisse einseitig durch einen Mitgliedstaat im Wege eines Treaty Override eingegriffen wird, erscheint ein gleichzeitiges Berufen auf diesen Rechtfertigungsgrund zumindest äußerst zweifelhaft[1287]. Mit anderen Worten kann sich ein Mitgliedstaat nur auf einen Rechtfertigungsgrund berufen, wenn er versucht, diesen auch konsequent umzusetzen. Dem Treaty Override käme dann zumindest eine starke Indizwirkung insoweit zu, als dass das Ziel der Wahrung der Aufteilung der Besteuerungsbefugnisse nicht konsequent verfolgt wird[1288]. Indes spielt dieser Aspekt für die vorliegende Untersuchung jedoch nur eine untergeordnete Rolle, da dieser Rechtfertigungsgrund nach hier vertretener Ansicht ohnehin nicht greift[1289]. Im Ergebnis kann somit zwar ein Verstoß gegen die Grundfreiheiten vorliegen, dieser hängt jedoch nicht zwingend von einem durch Treaty Override hervorgerufenen Völkervertragsrechtsverstoß ab.

d) Zwischenfazit

Die Feststellung eines Treaty Override führt zwar zur Völkerrechtswidrigkeit, ändert jedoch grundsätzlich nichts an der innerstaatlichen Wirksamkeit des § 50d Abs. 3 EStG. Denn nach hier vertretener Auffassung ergeben sich aus dem Vorliegen eines Treaty Override keine verfassungsrechtlichen bzw. unionsrechtlichen Verstöße.

1283 EuGH v. 6.12.2007 – Rs. C-298/05 (Columbus Container), Slg. 2007, I-10451.

1284 So zumindest *Brombach-Krüger*, BB 2009, 924, 925; *Musil*, IStR 2014, 192, 195.

1285 EuGH v. 6.12.2007 – Rs. C-298/05 (Columbus Container), Slg. 2007, I-10451, Rn. 47.

1286 So *Brombach-Krüger*, BB 2009, 924, 925; *ders.*, Ubg 2008, 324 f.; *Gosch*, IStR 2008, 413, 420 f.

1287 *Gosch*, IStR 2008, 413, 420 (Zerstörung der Ausgeglichenheitsvermutung); *Forsthoff*, IStR 2006, 509, 511 f.; im Ergebnis wohl auch *Hey*, in Lüdicke, Wo steht das Internationale Steuerrecht?, S. 137 (155 f.).

1288 Im Ergebnis auch *Rudolf*, Treaty Shopping und Gestaltungsmissbrauch, S. 261 f.

1289 Siehe oben S. 183 f.

Selbst wenn man von einer grundsätzlichen Verfassungswidrigkeit des Treaty Override ausginge, führt dies vorliegend nicht zu einem Verfassungsverstoß. Denn aus Gründen der Missbrauchsverhinderung kann ein solcher Eingriff gerechtfertigt sein. § 50d Abs. 3 EStG dient insoweit gerade der Verhinderung der Steuerumgehung. Im Rahmen der verfassungsrechtlichen Bewertung wurde bereits gezeigt, dass § 50d Abs. 3 EStG einer verfassungskonformen Auslegung zugänglich ist. Legt man eine solche Auslegung zugrunde, ergeben sich daher auch hinsichtlich eines Treaty Overrides keine verfassungsrechtlichen Bedenken. Auch aus europarechtlicher Perspektive kommt einem Treaty Override allenfalls Indizwirkung auf Ebene der Rechtfertigungsgründe zu, auf die es im vorliegenden Fall aber nicht ankommt. Unter Zugrundelegung der ertragsbezogenen Aufteilungsmethode gilt das zur verfassungs- und europarechtskonformen Auslegung Gesagte.

§ 7 Rechtsmethodische Konsequenzen bei Unvereinbarkeit mit höherrangigem Recht

A. Bestehen verfassungs- und unionsrechtskonformer Auslegungsalternativen

Nach dem oben Dargestellten bestehen in Bezug auf § 50d Abs. 3 EStG sowohl verfassungskonforme als auch unionsrechtskonforme Auslegungsalternativen. Insoweit ist die Vorschrift nicht zu beanstanden. Die europarechtliche und verfassungsrechtliche Zulässigkeit eines Treaty Override ist in diesem Zusammenhang ebenfalls bejaht worden. Als zentraler Bezugspunkt der Auslegung ist die Interpretation der Aufteilungsklausel anzusehen. Denn für die Vereinbarkeit mit höherrangigem Recht kommt es maßgeblich darauf an, dass die ertragsbezogene Aufteilungsmethode gewählt wird. Nur auf diese Weise kann der Verhältnismäßigkeitsgrundsatz gewahrt werden. Andernfalls führt der Anwendungsvorrgang des Unionsrechts bereits auf sekundärrechtlicher Ebene dazu, dass der Anwendung des § 50d Abs. 3 EStG die Grundlage entzogen ist, soweit die europarechtlichen Grenzen der Missbrauchsabwehr im Wege der gesellschaftsbezogenen Aufteilungsmethode überschritten sind. Die insgesamt extensive Auslegung der Finanzverwaltung vermag in Bezug auf das höherrangige Recht nicht überzeugen. Vielmehr ist im Hinblick auf § 50d Abs. 3 S. 3 und auf die zweite sachliche Entlastungsberechtigung eine liberalere Sichtweise anzulegen. Hier muss zwangsweise ein Umdenken der Exekutive stattfinden oder ein konformes Verhalten durch die Finanzgerichtsbarkeit „erzwungen" werden. Die Beweisvorsorge- und Beweisbeschaffungspflichten in § 90 Abs. 2 AO bzw. in § 50d Abs. 3 S. 4 EStG sind sodann als ausreichende faktische Gegenbeweismöglichkeit anzusehen.

B. Kollision mit Völkervertragsrecht

Aus völkervertragsrechtlicher Perspektive kann § 50d Abs. 3 EStG mit DBA kollidieren. In den Fällen, in denen das einschlägige DBA weder einen Missbrauchsvorbehalt noch eine Öffnungsklausel beinhaltet, stellt § 50d Abs. 3 EStG regelmäßig ein Treaty Override dar. Es existiert insoweit keine Auslegungsalternative, um die Norm völkervertragsrechtskonform auszulegen. Auch bei restriktiver Auslegung der Vorschrift bleibt es dennoch bei der definitiven Versagung der DBA-Vergünstigungen. Eine Kollision lässt sich im Wege der Auslegung der Vorschrift nicht vermeiden. Insoweit könnte man zu der Ansicht gelangen, den Anwendungsbereich des § 50d Abs. 3 EStG in den Fällen, in denen ein DBA weder einen speziellen Missbrauchsvorbehalt noch eine Öffnungsklausel enthält, teleologisch zu reduzieren. Die Norm würde dann nicht zur Anwendung kommen. Wie jedoch bereits im verfassungsrechtlichen Zusammenhang erläutert, würden dem Gesetzgeber so Teile seiner

Rechtsetzungskompetenz entzogen. Dem souveränen Staat muss jedoch die Möglichkeit gegeben sein, völkervertragsrechtliche Verpflichtungen wieder aufzuheben. Das Treaty Override führt in diesen Fällen daher nicht zur Unanwendbarkeit des § 50d Abs. 3 EStG. Es sind lediglich Vergeltungsmaßnahmen des Abkommenspartners denkbar. Viel wahrscheinlicher ist in diesem Fall jedoch, an eine Anpassung des jeweiligen DBA zu denken, sofern darin überhaupt ein Bedarf seitens der Vertragsstaaten gesehen wird.

Einer Rechtsfortbildung im Wege einer teleologischen Reduktion bedarf es nach hier vertretener Auffassung daher nicht.

§ 8 Schlussbetrachtung: Gedanken zu alternativen Lösungsansätzen

A. Denkbare Unsicherheiten des Ergebnisses

Trotz des hier gefundenen Ergebnisses ist zu bedenken, dass es sich bei den in dieser Arbeit dargestellten verfassungs- und europarechtlichen Vorgaben in großen Teilen um durch Richterrecht konkretisierte Wertungen und Grundsätze handelt. Zumal die Rechtsprechung des EuGH in diesem Bereich stets im Fluss ist. Insbesondere die für das Steuerrecht relevanten ungeschriebenen Rechtfertigungsgründe sind das Ergebnis richterlicher Rechtsfortbildung des EuGH. Sollte der EuGH – was bei gegenwärtiger Rechtsprechung zwar nicht unmittelbar zu erwarten[1290], aber nicht gänzlich auszuschließen ist – zukünftig doch zu einem engeren Missbrauchsverständnis tendieren, könnte § 50d Abs. 3 EStG etwaigen neuen Vorgaben möglicherweise nicht mehr entsprechen. Ähnliches gilt auch in hinsichtliche der verfassungsrechtlichen Perspektive. Das BVerfG hat zwar in seinen jüngsten Entscheidungen die Verfassungsmäßigkeit eines Treaty Override bejaht. Ob die dort getroffenen Aussagen als absolut verallgemeinerungsfähig anzusehen sind, kann nicht mit Sicherheit vorausgesagt werden. Es besteht die Möglichkeit, dass das BVerfG im Einzelfall zu einer anderen Ansicht gelangt. Dies könnte unter Umständen direkte Auswirkungen auf die verfassungsrechtliche Zulässigkeit des § 50d Abs. 3 EStG, aber auch erhebliche Folgen für eine Vielzahl weiterer steuerrechtlicher Vorschriften haben. Die Legislative wäre dann zu einem großen Anpassungsaufwand gezwungen.

Eine weitere Problematik liegt darin, dass sich der Gesetzgeber immer wieder gezwungen sieht, auf neue Gestaltungsmodelle des Steuerpflichtigen im Wege von Gesetzesanpassungen zu reagieren. Es ist insoweit nicht fernliegend, dass der relativ unflexible § 50d Abs. 3 EStG auch in Zukunft wiederholt Änderungen bzw. Neuerungen unterworfen sein wird. Insofern wird dann erneut die Vereinbarkeit mit höherrangigem Recht zu beachten und zu prüfen sein.

Es erscheint daher konsequent, über mögliche Lösungsalternativen nachzudenken, welche eine flexiblere und weniger anfällige Regelung bieten könnten. Im Folgenden wird dabei keine völlig neue Idee entwickelt. Vielmehr wird auf bereits bekannte und diskutierte Denkansätze zurückgegriffen. Es ist somit im Folgenden auch nicht beabsichtigt, methodische Grundlagen zu erörtern und zu bewerten. Ziel dieser resümierenden Schlussbetrachtung ist es, die in dieser Arbeit in Verbindung mit spezialgesetzlichen Missbrauchsverhinderungsvorschriften gezeigten Problemkreise den Vorteilen alternativer Lösungsansätze gegenüberzustellen. Denn § 50d Abs. 3 EStG steht hier nur als ein Beispiel unter vielen für eine „Normenflut"[1291]

1290 Vgl. *Leisner-Egensperger*, DStZ 2013, 744, 748.
1291 Kritisch dazu bereits *Musset*, ZG 1985, 60 ff.

im Steuerrecht, welche zur Komplizierung und teilweisen „Chaotisierung“ der Steuerrechtsordnung führt[1292]. Auch der Sachverständigenrat zur Begutachtung der gesamtwirtschaftlichen Entwicklung rät in seinem Jahresgutachten 2014/2015 von einer allgemeinen Überregulierung ab, weil die geschätzten Steuermindereinnahmen aufgrund von Gewinnverlagerungen ins Ausland bei weitem niedriger ausfielen als häufig behauptet[1293]. Für die Bundesrepublik als Wirtschaftsstandort ist solch eine Überregulierung ebenfalls schädlich, da es die Wettbewerbsfähigkeit in Deutschland ansässiger Unternehmen erheblich einschränkt. Insofern stellt sich nicht nur für § 50d Abs. 3 EStG, sondern für die Missbrauchsverhinderung ganz allgemein die Frage, wie das ständige „Hase-Igel-Spiel“ zwischen Steuerpflichtigen und Gesetzgeber (besser) aufgelöst werden kann.

B. Alternativen zur aktuellen Rechtslage

In der Literatur werden verschiedene Lösungsansätze einerseits im Besonderen zu § 50d Abs. 3 EStG, andererseits im Allgemeinen zu den Missbrauchsverhinderungsvorschriften und darüber hinaus grundsätzlich zur Methodik im Rahmen der Steuerumgehung und des Steuerrechts vertreten.

I. Keine Problemlösung durch bloße Änderung des § 50d Abs. 3 EStG

Eine erste Überlegung besteht darin, § 50d Abs. 3 EStG liberaler, d.h. offener und weniger konkret, auszugestalten, um auf diese Weise flexibler auf neue Gestaltungsstrategien reagieren zu können, ohne die Norm ständig legislativ anpassen zu müssen.

Fraglich ist jedoch, ob dies wirklich sinnvoll ist. Zwar sind hier verschiedenste Stufen der Konkretisierung denkbar. § 50d Abs. 3 EStG stellt jedoch ohnehin in großen Teilen bereits eine Kodifikation der in Teilbereichen zu § 42 AO ergangenen Rechtsprechung dar. Eine Verallgemeinerung würde insoweit wieder zu einer Angleichung mit § 42 AO führen und so die Grenze zwischen Generalnorm und § 50d Abs. 3 EStG verwischen bzw. möglicherweise sogar ganz aufheben. In diesem Fall würde sich dann die berechtigte Frage stellen, ob überhaupt eine Notwendigkeit für § 50d Abs. 3 EStG neben § 42 AO besteht, was wohl zu verneinen sein dürfte. Bereits *Lüdicke* ging nach der Revidierung des Monaco-Urteils und der damit verbundenen Feststellung der Anwendbarkeit des § 42 AO auch auf beschränkt Steuerpflichtige davon aus, dass keine Notwendigkeit mehr für § 50d Abs. 3 EStG bestehe[1294]. Eine

1292 Zur Chaotisierung des Steuerrechts siehe auch *Helsper*, BB 1995, 17 ff.

1293 *Sachverständigenrat*, Mehr Vertrauen in Marktprozesse – Jahresgutachten 2014/2015, S. 358 ff.

1294 *Lüdicke*, IStR 2012, 81, 85 f.; so auch *Strobl-Haarmann*, in: FS Raupach, S. 613 (617). vgl. dazu auch *Schade*, Die deutsche Anti-Treaty-Shopping-Regelung des § 50d Abs. 3 EStG, S. 221 ff.

bloße Verallgemeinerung des Tatbestandes erscheint daher nicht sinnvoll und soll im Folgenden auch nicht weiter verfolgt werden.

Eine Problemlösung in entgegengesetzter Richtung im Wege einer stärkeren Konkretisierung des § 50d Abs. 3 EStG erscheint ebenso wenig erfolgsversprechend. Zum einen würde die Norm hierdurch tatbestandlich noch enger und unflexibler werden, wodurch Raum für neue und nicht von der Norm erfasste Gestaltungen entsteht. Zum anderen bestünde wie bereits oben aufgezeigt – insbesondere vor dem Hintergrund einer im Fluss befindlichen Rechtsprechung – die Gefahr, dass eine etwaige neue Ausgestaltung der Norm eine weit überschießende Tendenz sowohl auf Tatbestands- als auch auf Rechtsfolgenseite aufweist. Eine zu konkrete Norm führt außerdem dazu, dass um den konkretisierten Bereich herum viele Möglichkeiten der Steuerumgehung nicht berührt werden. Denn ein sehr enger Tatbestand eröffnet die Möglichkeit für andere Steuerumgehungsstrategien.

Die beiden Lösungsansätze führen zu keiner Verbesserung der Lage, sondern bilden vielmehr den bereits bestehenden Missstand ab. Die Problematik des „sniper-/shotgun-approach" tritt hier insoweit offen zu tage: Der Gesetzgeber wird immer wieder vor dem Problem stehen, eine Norm zu schaffen, die einerseits dazu geeignet ist, Steuerumgehung effektiv zu verhindern, andererseits aber auch den Grundsätzen der Verhältnismäßigkeit entspricht. Auf lange Sicht gesehen stellt sich somit insgesamt eine Lösung innerhalb der Spezialvorschrift als wenig zielführend dar.

II. Problemlösung durch Rückführung auf eine Generalklausel

1. Tatbestandliche Anwendung des § 42 AO

Bevorzugt man eine Lösung durch Spezialvorschriften, bleibt es weiterhin bei einer Vielzahl von komplexen Einzelnormen. Überzeugender erscheint es daher, eine Lösung außerhalb der speziellen Missbrauchsvorbehalte oder vielmehr ohne diese zu finden. Vielfach wird in der Literatur für eine Streichung diverser spezieller Missbrauchsvorschriften und eine Rückführung auf § 42 AO plädiert[1295]. Die Verortung in einer allgemeinen Missbrauchsverhinderungsvorschrift in der Abgabenordnung wäre dazu zumindest notwendige Voraussetzung, um eine vollumfänglichen Anwendungsbereich im Steuerrecht zu gewährleisten. Insofern wäre § 42 AO entsprechend anzupassen.

Ein solcher Lösungsansatz bietet mehrere Vorteile. Zunächst wäre es wohl eine legislativ sehr einfach umzusetzende Möglichkeit: Indem man die Spezialvorschriften streichen würde, käme automatisch die Generalnorm § 42 AO zur Anwendung[1296].

1295 *Schade*, Die deutsche Anti-Treaty-Shopping-Regelung des § 50d Abs. 3 EStG, S. 251; *Stark/Jasper*, IstR 2013, 169, 173; in diese Richtung bereits tendierend *Fischer*, DB 1996, 644, 645; *Lüdicke*, IStR 2012, 81, 85 f., der davon ausgeht, dass nach Revidierung des Monaco-Urteils und der damit verbundenen Anwendbarkeit des § 42 AO auf beschränkt Steuerpflichtige keine Notwendigkeit mehr für § 50d Abs. 3 EStG besteht.

1296 *Stark/Jasper*, IstR 2013, 169, 173.

§ 42 AO ist zwar wesentlich abstrakter und unbestimmter. Die vorstehende Analyse hat jedoch gezeigt, dass Spezialvorschriften wie § 50d Abs. 3 EStG ebenfalls in hohem Maße auslegungsbedürftig sind – warum sollte man also nicht gleich auf die Generalnorm zurückgreifen? Durch die pauschalierende Regelungstechnik typisierender Spezialvorschriften wird eine rechtliche Gestaltung regelmäßig nicht bis ins Detail analysiert, was im Einzelfall zu nicht gerechtfertigten Ergebnissen führen kann[1297]. Aufgrund der Offenheit und Allgemeinheit des § 42 AO könnte wesentlich flexibler auf neue Gestaltungsmodelle in verschiedensten Bereichen reagiert werden. Der Begrenztheit der tatbestandlich sehr konkret und abschließend ausgestalteten speziellen Missbrauchsverhinderungsvorschriften könnte man so entgegentreten. Denn je exakter eine Norm ein missbräuchliches Verhalten definiert, desto eher besteht auch die Möglichkeit für den Steuerpflichtigen, diese Missbrauchsverhinderungsvorschrift wiederum zu umgehen[1298]. Einer abstrakten Generalnorm stehen auch nicht zwingend Vertrauensschutz- bzw. Rechtssicherheitserwägungen entgegen. Vielmehr wird es dadurch notwendig, den konkreten Einzelfall im Zusammenspiel mit der jeweils umgangenen Steuernorm zu prüfen. Als Orientierungshilfe könnten zudem gesetzliche Regelbeispiele von bereits als missbräuchlich eingestuften Gestaltungen eingeführt werden[1299]. Damit würde der Vorschlag auch nicht notwendigerweise zu einem Verlust von Rechtssicherheit und -klarheit für den Steuerpflichtigen führen.

2. *Chancen eines einheitlichen europäischen Missbrauchskonzepts*

Vor allem in europarechtlicher Hinsicht bestünden so große Chancen – eine europarechtskonforme Ausgestaltung der Vorschrift vorausgesetzt – einen Schritt zur Etablierung eines einheitlichen europäischen Missbrauchskonzepts bzw. Missbrauchsbegriffs seitens der Mitgliedstaaten zu gehen. Den Anregungen der Europäischen Kommission folgend, welche die Einführung einheitlich ausgestalteter allgemeiner Missbrauchsverhinderungsvorschriften empfiehlt, könnte die Bundesrepublik insoweit auch als Beispiel für andere Mitgliedstaaten vorangehen[1300]. Die Kommission fordert die Mitgliedstaaten in ihrer Empfehlung dazu auf, die Vorschrift wie folgt zu formulieren:

1297 *Schade*, Die deutsche Anti-Treaty-Shopping-Regelung des § 50d Abs. 3 EStG, S. 250.

1298 Vgl. zur Ausschaltung des § 50d Abs. 3 EStG durch Verlagerung von Managementfunktionen *Kudert/Kaczarepa* PIStB 2010, 303 ff.

1299 *Stark/Jasper*, IstR 2013, 169, 173; *Wendt*, DStJG 33 (2010), S. 117, 138; ebenso zum Umwandlungssteuergesetz *Drüen*, DStZ 2006, 539, 547. Dem ist allerdings auch entgegenzuhalten, dass die Gefahr besteht, § 42 AO mit Beispielen zu überfrachten und so äußerst unübersichtlich zu machen.

1300 Siehe dazu bereits oben Empfehlung der Kommission v. 6.12.2012, KOM (2012) 8806 endg.

Eine künstliche Vorkehrung oder eine künstliche Reihe von Vorkehrungen, die mit dem wesentlichen Zweck eingeführt wurde, eine Besteuerung zu vermeiden und die zu einem steuerlichen Vorteil führt, bleibt außer Acht. Die nationalen Behörden behandeln solche Vorkehrungen für steuerliche Zwecke entsprechend ihrer wirtschaftlichen Substanz.

Zugleich formuliert sie Definitionen und Konkretisierungen zu den genannten unbestimmten Begriffen der Künstlichkeit und den Zwecken der Steuervermeidung. Durch die Umsetzung einer solchen einheitlichen Generalklausel würde daher ein einheitlicher Auslegungsstandard geschaffen. Da sich der EuGH nicht selten an den Positionen der Kommission orientiert, würde dies zu einer verbesserten Kongruenz zwischen nationalen Vorschriften und EuGH-Rechtsprechung führen.

3. *Hinwendung zu einem innentheoretischen Verständnis*

Die soeben genannten Überlegungen gehen zunächst nur von einer weitestgehend tatbestandlichen – wenn auch immer auf das jeweils umgangene Steuergesetz bezogenen – Anwendung des § 42 AO als Missbrauchsverhinderungsvorschrift im Sinne eines außentheoretischen Verständnisses aus. Insoweit orientieren sich diese Ausführungen an der in Deutschland vorherrschenden Meinung und Rechtspraxis. Hiernach ist also vorrangig eine Auslegung des möglicherweise umgangenen Steuergesetzes bis zur Grenze des möglichen Wortsinns vorzunehmen. Erst im Anschluss kommt die Anwendung einer Missbrauchsverhinderungsvorschrift in Betracht.

Mit einer Rückführung auf eine Generalklausel bietet sich überdies jedoch zugleich die Chance, einen Paradigmenwechsel hin zu einem innentheoretischen Verständnis zu vollziehen. Insofern würde 42 AO als deklaratorische Missbrauchsklausel – möglicherweise angereichert um diverse Regelungsbeispiele – zur Klarstellung verbleiben. Zur Verhinderung der Steuerumgehung würde man sich demnach nur der Instrumente der Auslegung und Rechtsfortbildung bedienen.

In diesem Zusammenhang sei ein weiterer interessanter Gedanke erwähnt: So könnte man noch einen Schritt weitergehen, indem man eine Vorschrift als zentrale Methodennorm[1301] für das Steuerrecht einführen und etablieren würde. Diese um ein Vielfaches weitergehende Idee würde allerdings den Umfang und den Anspruch dieses Kapitels weit übersteigen und soll hier nur angedeutet werden. In der neueren Literatur beschäftigt sich insbesondere *Schenke* mit der Methodengesetzgebung im Steuerrecht[1302].

1301 Zur Entwicklung einer Methodennorm im Steuerrecht siehe *Ralf P. Schenke*, Rechtsfindung im Steuerrecht, S. 95 ff.; zur Problematik und Überwindung des Methodenpluralismus im Steuerrecht *Ralf P. Schenke*, Rechtsfindung im Steuerrecht, S. 252 ff.

1302 *Ralf P. Schenke*, Rechtsfindung im Steuerrecht; *ders.*, StuW 2008, 206, 213 ff.; kritisch *Weber-Grellet*, DStR 1991, 438 ff.; wohl eher ablehnend *Schön*, DStJG 33 (2010), S. 29, 63. Vgl. zum Thema auch die grundlegenden Schriften zur Methodik im Steuerrecht von *Hensel*, in: Festgabe für Zitelmann, S. 217 ff. und *Becker*, StuW 1924, Spl. 146.

Dem innentheoretischen Konzept folgend wäre die Steuerumgehung im Wege der Auslegung des betroffenen Gesetzes und durch Rechtsfortbildung zu verhindern, deren Art und Reichweite durch eine allgemeine Missbrauchsverhinderungsvorschrift oder gegebenenfalls durch eine allgemeine Methodennorm geregelt werden könnten. Dazu müsste man sich zunächst von der Auffassung eines allgemeinen steuerbegründenden bzw. steuerverschärfenden Analogieverbots im Steuerrecht lösen[1303]. Notwendig ist also die Möglichkeit, einer Analogie auch zu Lasten des Steuerpflichtigen. Dass eine Analogie als solche grundsätzlich möglich ist, zeigt nicht zuletzt das vom BFH geschaffene Rechtsinstitut der Auslegung gegen den Wortlaut. Denn dies unterscheidet sich im Ergebnis nicht von der Rechtsfortbildung[1304]. Für eine Gesetzesinterpretation über den Wortlaut hinaus spricht bereits, dass ein verfassungsrechtlich angeordnetes Analogieverbot, wie es für das Strafrecht nach dem in Art. 103 Abs. 2 GG normierten Grundsatz *nulla poena sine lege* besteht, im Steuerrecht fehlt[1305]. Danach darf eine Bestrafung über den Wortlaut der Strafnorm hinaus nicht erfolgen.

Problematisch könnte der innentheoretische Ansatz im Hinblick auf das Demokratieprinzip oder die Bindung an Gesetz und Recht zu werten sein[1306]. Zunächst ist dem entgegenzuhalten, dass eine Rechtsfortbildung *praeter legem* nicht per se ein Verstoß gegen das geltende Recht darstellen muss. In bestimmten Fällen kann dies zulässig sein. Denn zum geltenden Recht werden nicht nur das Gesetzesrecht, sondern auch der Gesetzeszweck, allgemeine Rechtsgrundsätze sowie höherrangige Verfassungsprinzipien gezählt, welche im einfachen Recht Lücken auszufüllen und dieses sogar zu durchbrechen vermögen[1307]. Durch die Einräumung weiter Kompetenzen hinsichtlich Auslegung und Rechtsfortbildung erhöht sich zwar der Einfluss der Exekutive als auch der Judikative im Rahmen der Rechtsanwendung. Insoweit könnte man zu der Ansicht gelangen, dass dem demokratisch legitimierten Gesetzgeber Einfluss verloren ginge. Dieser Einwand verfängt jedoch deshalb nicht, weil dem gerade mittels einer Methodennorm entgegengewirkt werden könnte, welche die Auslegung und Rechtsfortbildung im Steuerrecht regelt[1308]. Auf diese Weise stünde das positive Recht auch nicht zur Disposition der Rechtsanwender, insbesondere der die Gesetze interpretierenden Gerichtsbarkeit und Verwaltung[1309]. Im Ergebnis würde somit weniger eine Typisierung durch Gesetz erfolgen, sondern vielmehr eine Typisierung

---

1303 *Danzer*, Steuerumgehung, S. 75. So bereits BFH v. 20.10.1983 – IV R 175/79, BStBl. II 1984, 221 (224); zur Struktur des Analogieschlusses *Ralf P. Schenke*, Rechtsfindung im Steuerrecht, S. 175 ff.

1304 Dazu ausführlich *Ralf P. Schenke*, DStR 2011, Beihefter, 54 ff.

1305 Vgl. dazu auch *Wienbracke*, DB 2008, 664.

1306 Für einen Verstoß gegen Art. 20 Abs. 3 GG *Danzer*, Steuerumgehung, S. 75 ff. m.w.N.

1307 *Ralf P. Schenke*, Rechtsfindung im Steuerrecht, S. 23.

1308 Deren Inhalt würde sich nach *Neumann*, DStJG 33 (2010), S. 73, 83 u.a. darauf richten, eine Rechtsgrundlage für eine Analogie zu Lasten des Steuerpflichtigen zu bieten.

1309 *Ralf P. Schenke*, StuW 2008, 206, 213 f.

durch die Finanzverwaltung und Finanzgerichtsbarkeit[1310], wodurch eine flexiblere Handhabung ohne schwerfällige Gesetzesänderungen ermöglicht würde[1311]. Finanzverwaltung und Finanzgerichtsbarkeit wären mithin in der Lage, Ordnungs- und Systematisierungsleistung effektiv auszuüben. Zum einen gäbe so der Gesetzgeber den Rahmen für die Gesetzesanwendung im Steuerrecht vor, zum anderen bestünde in Gestalt der Finanzgerichtsbarkeit auch eine hinreichende Kontrollinstitution gegenüber der Finanzverwaltung. Insofern kann die Rechtsprechung, indem sie typische Fallgruppen als missbräuchlich typisiert, dogmatische Obersätze für die Steuerrechtsanwendung formulieren[1312]. Die Gerichtsbarkeit ist so in der Lage, gefestigte Rechtsprechungslinien zu entwickeln und durch gegenseitige Befruchtung mit der Steuerrechtswissenschaft einen effektiven Beitrag zur Systematik und Dogmatik des Steuerrechts zu leisten. Zudem könnte der Gesetzgeber auch hier immer noch korrigierend eingreifen, indem er behutsam an den Stellschrauben der als umgehungsanfällig ausgemachten Gesetze dreht.

Im Zusammenhang mit der Analogiefähigkeit des Steuerrechts ist auch nicht einsichtig, warum eine Rechtsfortbildung zu Lasten des Steuerpflichtigen zwangsläufig zu einem Verstoß gegen den allgemeinen Gleichheitssatz führen sollte[1313]. Durch die Steuerumgehung wird die durch den Gesetzgeber getroffene Belastungsentscheidung aufgehoben. Durch eine etwaig notwendige Rechtsfortbildung würde diese Entscheidung wiederhergestellt und somit die Lastengleichheit gewahrt[1314]. Eine Analogie bzw. teleologische Reduktion zu Lasten des Steuerpflichtigen kann daher durch die Missbrauchsverhinderungspflicht des Steuerstaates legitimiert werden.

Auch führt die Möglichkeit einer Analogie nicht zwingend zu einem Verstoß gegen den Bestimmtheitsgrundsatz. Zur Gewährleistung von Rechts- und Planungssicherheit für den Steuerpflichtigen ist wie bereits erwähnt die Einführung von gesetzlichen Regelbeispielen, die typische Fälle der Unangemessenheit und der Umgehung des Gesetzeszwecks nennen, denkbar. Weiterhin besteht seitens der Finanzverwaltung die Möglichkeit, unbillige Ergebnisse durch Billigkeitserlasse zu korrigieren, sofern den Steuerpflichtigen die analoge Anwendung einer Steuernorm unvorhersehbar trifft[1315]. Insbesondere bei aggressiver Steuerplanung wird dies jedoch regelmäßig nicht der Fall sein, sofern diese auf eine Steuerumgehung abzielt.

Im Gegensatz zu Spezialvorschriften liegt ein weiterer Vorteil der Auslegung in der strikten Rückbindung an die umgangene Norm als solche. Es besteht mithin

---

1310 Zur Typisierung durch die drei Gewalten siehe *Isensee*, StuW 1994, 3, 9 ff.; zur Rechtsprechungstypisierung *Crezelius*, StuW 1995, 313, 318.

1311 Zum Zielkonflikt von Erklärungswert und Flexibilität siehe *Ralf P. Schenke*, Rechtsfindung im Steuerrecht, S. 76 f.

1312 *Crezelius*, StuW 1995, 313, 318.

1313 So aber *Danzer*, Steuerumgehung, S. 77; a.A. *Tanzer*, StuW 1981, 201, 209 f.

1314 Vgl. dazu *Ralf P. Schenke*, Rechtsfindung im Steuerrecht, S. 176.

1315 *Ralf P. Schenke*, StuW 2008, 206, 215, wobei regelmäßig eine Voraussehbarkeit durch „untergesetzlich Planungsgrundlagen wie insbesondere Richtlinien, Erlasse und finanzgerichtliche Urteile“ besteht.

nicht die Gefahr, dass die spezielle Missbrauchsverhinderungsvorschrift sich zu einer Norm mit eigener Belastungsentscheidung wandelt. Die zentrale Aussage des § 42 AO, dass „das Steuergesetz nicht umgangen werden“ kann, steht mithin im Fokus[1316]. Da eine Bekämpfung der Steuerumgehung im Wege der Auslegung und Rechtsfortbildung sich immer an der betroffenen Norm und deren Zweck orientiert, würde insoweit die bei Spezialvorschriften insbesondere auf Rechtsfolgenseite bestehende Gefahr einer überschießenden Tendenz vermieden. Denn insofern könnte immer nur die Rechtsfolge der umgangenen Norm – soweit umgangen – wiederhergestellt werden. Die große Wertungsoffenheit, die sich aus dieser Lösungsalternative ergibt, schafft die Möglichkeit, einzelne Umgehungskonstruktionen wesentlich flexibler und einzelfallbezogener zu beurteilen. Aus einer solchen Wertungsperspektive ließen sich wohl auch die Wertungen des höherrangigen Rechts wesentlich einfacher berücksichtigen und in das einfache Gesetzesrecht integrieren.

In der Zusammenschau dieser Argumente lässt sich somit auch eine Rechtsfortbildung zu Lasten des Steuerpflichtigen rechtfertigen[1317]. Zur Verhinderung der Steuerumgehung muss sich dazu die Auslegung und Rechtsfortbildung notwendigerweise an Sinn und Zweck des umgangenen Steuergesetzes orientieren. Insoweit sind zwar allgemeine Grundsätze zu entwickeln, die Feststellung einer Steuerumgehung hat jedoch immer anhand der Teleologie der Einzelnorm im Gefüge der Steuerart zu erfolgen.

Als ein rein praktisches Argument lässt sich zudem heranziehen, dass auch der EuGH im Kern wohl der innentheoretischen Idee folgt[1318]. Eine allgemeine unionsrechtliche Missbrauchsverhinderungsklausel existiert nicht. Der EuGH deckt Steuermissbrauch bzw. -umgehung vielmehr im Wege der Auslegung[1319] der jeweiligen Norm auf, indem er Normzweck und Steuervorteil gegenüberstellt. Sich dem anschließend könnte man mit § 42 AO als allgemeine Missbrauchsvorschrift bzw. möglicherweise darüber hinaus mit einer zentralen Methodennorm einen Schritt hin zu einer einheitlichen unionsweiten und von einem innentheoretischen Gedanken geprägten Missbrauchsverständnis gehen.

Allerdings muss hier als ein wesentlicher Kritikpunkt am vorstehenden Konzept insbesondere die Zurückdrängung des Vereinfachungszwecks genannt werden. Mit der Auflösung der Spezialvorschriften geht zwangsläufig auch eine Aufhebung der durch sie vorgenommenen Pauschalierungen und bereichsspezifischen Typisierungen des Missbrauchs einher. Die Auslegung des jeweiligen Steuergesetzes im konkreten Einzelfall müsste im durch Massenverwaltung geprägten Steuerrecht zwangsläufig zu Vollzugsproblemen führen.

1316 Vgl. dazu schon *Fischer*, DB 1996, 644, 648; vgl. *Schade*, Die deutsche Anti-Treaty-Shopping-Regelung des § 50d Abs. 3 EStG, S. 207.

1317 So auch *Ralf P. Schenke*, Rechtsfindung im Steuerrecht, S. 423 f.

1318 *Böing* EWS 2007, 55, 57.

1319 Zu beachten ist hier die eigene Methodik des Europarechts. Dazu bereits oben S. 49.

4. *Zusammenschau und Ausblick*

Wie bereits eingangs erwähnt[1320] sprechen die dogmatisch überzeugenderen Gründe für einen innentheoretischen Ansatz. Diese Überlegung wird sowohl durch die in dieser Arbeit dargestellten rechtlichen und praktischen Probleme, die sich bei der Anwendung der spezialgesetzlichen Missbrauchsvorschriften ergeben, als auch durch die soeben dargelegten Vorteile der alternativen Lösungsmöglichkeiten bekräftigt. Aufgrund der unzähligen Facetten der Steuerumgehung führt ein auf spezialgesetzlichen Missbrauchsvorschriften fußendes Konzept zu einer schier unüberschaubaren Vielzahl komplexer und aufgrund tatbestandlicher Begrenztheit unflexibler Normen. Das teilweise mit den Spezialvorschriften propagierte Ziel der Rechtssicherheit und Rechtsklarheit wird aufgrund der Komplexität der Normen regelmäßig nicht erreicht bzw. neutralisiert. Die Kompliziertheit der Missbrauchsnormen und die daraus resultierenden Schwierigkeiten bei ihrer Anwendung führen zudem nicht selten dazu, dass der mit der Typisierung verfolgte Vereinfachungszweck konterkariert wird. Exekutive und Legislative sind – auch und vor allem im Zusammenspiel – wesentlich besser dazu in der Lage, rasch und flexibel pragmatische Lösungen zu finden, die der wirtschaftlichen Realität entsprechen[1321]. Diese wurde auch schon früh in der Rechtsprechung des Bundesverfassungsgerichts erkannt. Bereits in einer Entscheidung aus dem Jahre 1953 befand es, dass die rechtsfindende „Lückenfüllung im modernen Rechtsstaat mehr und mehr zur echten richterlichen Aufgabe geworden“ sei[1322]. Das BVerfG konstatierte weiter, dass die Verwendung von Spezialnormen zwar einerseits zu einer höheren Berechenbarkeit führen könnte, andererseits sei es unmöglich, „mit Spezialnormen der Vielfalt der Lebensverhältnisse Herr zu werden und zugleich einen Weg zur rechtlichen Differenzierung zu öffnen, die im Einzelfall eine gerechte Einzelfallentscheidung oft erst ermöglicht“[1323]. Das von großer Dynamik geprägte Steuerrecht bedarf notwendigerweise einer gewissen Entwicklungsoffenheit vor allem im Bereich der Verhinderung von Steuerumgehungen. Dies gilt umso mehr, als dass die Steuerpflichtigen immer wieder neue Umgehungsstrategien entwickeln werden.

Ob allerdings ein rigoroses Umdenken im Sinne des hier dargestellten Alternativvorschlages erfolgen wird, erscheint aus jetziger Perspektive zumindest zweifelhaft. Die hier nur am Rande angerissene Alternative einer umfassenden allgemeinen Methodengesetzgebung im Steuerrecht ist mit vielen Problemen behaftet und dürfte momentan kaum durchzusetzen sein[1324]. Eine Rückführung auf die

---

1320 Siehe oben S. 22 ff.

1321 „Gesetzesauslegung durch Gesetzesanwendung geht unmittelbar darauf aus, Wirklichkeit zu schaffen, zu ändern, zu bestätigen“, *Isensee*, StuW 1994, 3, 14.

1322 BVerfG v. 18.12.1953 – 1 BvL 106/53, BVerfGE 3, 224 (242).

1323 BVerfG v. 18.12.1953 – 1 BvL 106/53, BVerfGE 3, 224 (243).

1324 Siehe dazu zusammenfassend *Ralf P. Schenke*, Rechtsfindung im Steuerrecht, S. 487 f.: Vor allem weil es an einem „rechtsmethodischen Grundkonsens“ im Steuerrecht fehlt.

Generalklausel des § 42 AO und darüber hinaus ein Paradigmenwechsel für den Bereich der Steuerumgehung von einem außentheoretischen zu einem mehr innentheoretischen Verständnis erscheint hingegen noch eher möglich. Die allgemeine „Missbrauchsphobie" des Gesetzgebers wird dem allerdings entgegenstehen. Dieser will sich insbesondere vor missliebigen Urteilen der Finanzgerichtsbarkeit schützen, indem er ein detailliertes spezialgesetzliches Regelungskonzept schafft. Zudem droht durch die Streichung der speziellen Missbrauchsverhinderungsnormen in weiten Teilen der für die Vollziehbarkeit des Steuerrechts notwendige Vereinfachungseffekt verloren zu gehen. Die oben dargestellte Lösungsalternative muss sich daher insoweit kritisch hinterfragen lassen, ob sie in praxi auch tatsächlich die effektivere ist. Die weitere Entwicklung in diesem Bereich bleibt somit abzuwarten. Unabhängig davon wäre es jedoch nach hier vertretener Auffassung zumindest wünschenswert, wenn sich der Gesetzgeber hinsichtlich des Erlasses von speziellen Missbrauchsverhinderungsvorschriften mehr in Zurückhaltung üben und den gesetzesanwendenden Gewalten mehr Raum für Systematisierung lassen würde.

§ 9 Zusammenfassung in Thesen

A. Einführung

(1) Mit der zuletzt durch das BeitrRLUmsG vom 7.11.2011 modifizierten speziellen Missbrauchsverhinderungsvorschrift § 50d Abs. 3 EStG tritt der Gesetzgeber dem Treaty- bzw. Directive-Shopping entgegen. Die Norm sieht sich insbesondere aufgrund ihrer typisierenden Wirkung verfassungs-, europa- und völkerrechtlichen Bedenken ausgesetzt.

B. Steuersystematische Einordnung spezieller Missbrauchsverhinderungsvorschriften

(2) Das Treaty-/Directive-Shopping ist dem Bereich der Steuerumgehung als Unterfall der Gesetzesumgehung (fraus legis) zuzuordnen. Es handelt sich um die Ausnutzung planwidriger Regelungslücken, welche sich daraus ergeben, dass der vom Gesetzgeber verfolgte Zweck mit der betreffenden Norm tatbestandlich nicht gänzlich erfasst wurde.

(3) § 42 AO ist die Generalnorm zur Verhinderung der Steuerumgehung im nationalen Recht durch welche die Ausnutzung der Diskrepanz zwischen Telos und Wortlaut eines Steuergesetzes verhindert werden soll. Es handelt sich nicht um einen selbstständigen Besteuerungstatbestand, denn der Maßstab des Missbrauchs ergibt sich nicht selbst aus der Generalnorm, sondern immer nur in Bezug auf das jeweilige umgangene Steuergesetz. Insoweit ordnet § 42 AO auch keine eigene Rechtsfolge an, sondern stellt nur die Rechtsfolge des betroffenen Gesetzes, soweit diese durch Umgehung des Tatbestandes nicht eingetreten ist, wieder her.

(4) Der Generalnorm des § 42 AO und den speziellen Missbrauchsvorbehalten liegt ein identisches Missbrauchsverständnis zugrunde.

(5) Spezielle Missbrauchsverhinderungsvorschriften bilden eine sondergesetzliche Konkretisierung des abgabenrechtlichen Missbrauchsbegriffs des § 42 AO und typisieren dessen Missbrauchstatbestand normspezifisch. Sie sind leges speciales zur Generalsnormund gehen dieser vor.

(6) Auch wenn der Anwendungsbereich eines speziellen Missbrauchsvorbehalts eröffnet ist, sein Tatbestand jedoch nicht voll erfüllt ist, bleibt ein Rückgriff auf § 42 AO ausgeschlossen. Die durch die Spezialvorschrift konkretisierte Angemessenheitsgrenze darf durch einen Rückgriff nicht verschoben werden, um Wertungswidersprüche zu vermeiden. Das Risiko einer zu eng gefassten Spezialnorm muss deshalb der Gesetzgeber tragen. Eine andere Sichtweise ergibt sich auch nicht aus dem Wortlaut des § 42 Abs. 1 S. 3 AO. Ein Rückgriff

auf § 42 AO kommt nur in Betracht, soweit die Missbrauchsverhinderungsvorschrift ihrerseits selbst missbräuchlich umgangen wird[1325].

(7) Spezielle Missbrauchsverhinderungsvorschriften sind aufgrund ihres Missbrauchsverhinderungszwecks als unselbständige Fiskalzwecknormen zu qualifizieren, die eine bereits bestehende Belastungsentscheidung durchsetzen bzw. deren Umgehung verhindern sollen.

(8) Spezialgesetzliche Missbrauchsverhinderungsvorschriften lassen sich als Sozialzweck- und Lenkungszwecknormen einordnen, da sie Steuerpflichtige zu einem bestimmten gesellschaftspolitischen Verhalten bewegen sollen. Soweit sie eine Typisierung enthalten dienen spezielle Missbrauchsverhinderungsvorschriften regelmäßig einem Vereinfachungszweck und der Vollzugsfähigkeit der Steuergesetze.

C. Methodische Probleme bei der Auslegung spezieller Missbrauchsverhinderungsvorschriften

(9) Bei der Auslegung steuerrechtlicher Missbrauchsverhinderungsvorschriften und bei der Überprüfung auf ihrer Vereinbarkeit mit höherrangigem Recht besteht die Problematik, dass auf den verschiedenen Stufen der Rechtsordnung unterschiedliche Wertungen sowie unterschiedliche Missbrauchsverständnisse existieren. Die Frage nach der methodischen Vorgehensweise ist abhängig davon zu beantworten, auf welche Weise der Einfluss des höherrangigen Rechts bei der Rechtsfindung zu berücksichtigen ist.

(10) Anlehnend an die Arbeit von *Höpfner*[1326] ist zur methodenehrlichen Ermittlung der Vereinbarkeit nationaler Missbrauchsverhinderungsvorschriften mit höherrangigem Recht die Rechtsfindung in einem Dreischritt vorzunehmen. Hierdurch lässt sich verhindern, dass die verfassungs-, europarechts- oder völkerrechtskonforme Auslegung zur Verschleierung richterlicher Normsetzung unter dem Gewand der Auslegung verwendet wird und Normen, die höherrangigem Recht widersprechen, mit einem von der ursprünglichen Regelungsabsicht völlig abweichenden Inhalt formal weitergelten.

(11) Im ersten Schritt sind die Missbrauchsverhinderungsvorschriften unter Rückgriff auf den klassischen Auslegungskanon „systematisch" auszulegen. Hierbei können aufgrund unterschiedlicher Auslegungsargumente verschiedene Auslegungsergebnisse erzielt werden. Grenze der Auslegung ist der mögliche Wortsinn der Norm.

(12) Im zweiten Schritt werden im Wege einer „systemkonformen Auslegung" diejenigen Auslegungsergebnisse herausselektiert, die mit höherrangigem Recht

1325 *Englisch*, in: *Tipke/Lang*, Steuerrecht, § 5 Rn. 124; *Drüen*, in: *Tipke/Kruse*, AO, § 2 Rn. 20b; zu verschiedenen Gestaltungen zur „Aushebelung" des Abs. 3 siehe *Frotscher*, in: Frotscher, EStG[171], § 50d Rn. 149 ff.

1326 *Höpfner*, Die systemkonforme Auslegung.

in Einklang stehen. Dies setzt voraus, dass eine der gefundenen Auslegungsalternativen mit den höherrangigen Vorgaben zu vereinbaren ist. Im Kern dient die systemkonforme Auslegung der Normerhaltung und der Vermeidung von Verstößen gegen höherrangiges Recht.

(13) Bestehen nach Schritt zwei nur Auslegungsergebnisse, nach der die Norm nicht mit höherrangigem Recht vereinbar ist, führt dies nicht zwangsläufig zur ihrer endgültigen Unanwendbarkeit. Dann ist zunächst in einem dritten Schritt zu prüfen, ob die Norm im Wege einer systemkonformen Rechtsfortbildung an die Vorgaben des höherrangigen Rechts angepasst werden kann.

D. Geschichtliche Entwicklung der Verhinderung des Treaty Shopping in Deutschland

(14) Die geschichtliche Entwicklung des Treaty Shopping findet ihren Ausgangspunkt in der zu § 42 AO bzw. § 6 StAnpG ergangenen Rechtsprechung des BFH. Bei der Schaffung der ersten Anti-Treaty/Directive-Shopping-Vorschrift wurden die zur Generalklausel erfolgten Konkretisierungen des BFH überwiegend kodifiziert.

(15) Die Anti-Treaty/Directive-Shopping-Vorschrift war seit ihrer Einführung durch das StMGB vom 21.12.1993 Gegenstand kontroverser Diskussion und wurde mehrfach geändert.

(16) Die historische Entwicklung des Treaty Shopping spiegelt bereichsspezifisch das im Steuerrecht allgemein existierende Spannungsverhältnis zwischen Steuerpflichtigen, Finanzverwaltung und Rechtsprechung wider: Steuerpflichtige erproben immer wieder neue Strategien zur Steueroptimierung. Der Gesetzgeber reagiert mit immer neuen oder modifizierten Spezialgesetzen auf die Steuerumgehungsstrategien der Steuerpflichtigen. Oft stellt der Erlass solcher Missbrauchsverhinderungsvorschriften auch eine Reaktion auf die zurückhaltende Anwendung des § 42 AO durch die Rechtsprechung dar. Die Missbrauchsgesetzgebung und die damit verbundene Schaffung von „safe havens“ führen im Ergebnis jedoch zu einer Verstärkung der Steuerumgehungstätigkeit als zu ihrer Einschränkung.

(17) Das Spannungsverhältnis zwischen Steuerpflichtigen, Finanzverwaltung und Rechtsprechung lässt sich auch anhand der Theorie der Pfadabhängigkeit erklären: Die Missbrauchsgesetzgebung stellt einen vom Gesetzgeber eingeschlagenen Pfad dar. Durch das Wechselspiel mit den Steuerpflichtigen findet eine Selbstverstärkung dieses Pfades statt. Eine Abweichung von diesem Pfad ist unwahrscheinlich, da ein wesentlich vorteilhafterer Pfad, als der bisher beschrittene Entwicklungspfad nicht in Sicht ist. Aufgrund der Furcht vor Abwanderung von Besteuerungssubstrat ins Ausland werden Gesetzgeber und Finanzverwaltung versuchen, dieser Bedrohung auch in Zukunft durch eine Vielzahl von konstitutiven Missbrauchsverhinderungsnormen zu begegnen.

E. „Systematische Auslegung“ – Analyse und Auslegungsmöglichkeiten des § 50d Abs. 3 EStG

I. Konzeption und Wirkungsweise des § 50d Abs. 3 EStG

(18) § 50d EStG umfasst Regelungen für alle Einkünfte, welche dem Steuerabzug (§ 50a EStG) vom Kapitalertrag bzw. von Zinsen und Lizenzeinkünften unterliegen, die jedoch aufgrund einer nach DBA, nach § 43b EStG (Umsetzung der Mutter-Tochter-Richtlinie[1327]) oder aber nach § 50g EStG (Umsetzung der Zins- und Lizenzrichtlinie) gewährten Vergünstigung nicht oder nur nach einem reduzierten Steuersatz besteuert werden.

(19) § 50d Abs. 3 EStG schränkt den Entlastungsanspruch einer ausländischen Gesellschaft nach §§ 43b, 50g EStG oder nach einem Doppelbesteuerungsabkommen auf Befreiung bzw. Ermäßigung von Kapitalertrag- oder Abzugssteuern nach § 50a EStG ganz oder teilweise ein.

(20) Ratio legis des § 50d Abs. 3 EStG ist formal die Missbrauchsbekämpfung, speziell die Verhinderung des Treaty bzw. Directive Shopping.

(21) Die Voraussetzungen für die Verwirklichung des Tatbestandes des § 50d Abs. 3 EStG sind das Fehlen der persönlichen Entlastungsberechtigung und das Vorliegen von Erträgen, die nicht aus eigener Wirtschaftstätigkeit stammen (erste sachliche Entlastungsberechtigung), sowie das Fehlen beachtlicher Gründe für die Einschaltung der Gesellschaft oder das Nichtvorliegen eines angemessenen Geschäftsbetriebs (zweite sachliche Entlastungsberechtigung).

II. Persönliche Entlastungsberechtigung

(22) Adressat der Norm ist die ausländische (zwischengeschaltete) Gesellschaft, welche im Grundsatz einen Anspruch auf völlige oder teilweise Entlastung nach § 50d Abs. 1 oder Abs. 2 EStG hat. Der Terminus der Gesellschaft ist in der Norm nicht definiert. Durch den Verweis in § 50d Abs. 3 S. 1 Hs. 1 EStG auf § 50d Abs. 1 und 2 EStG bestimmt sich der Begriff der Gesellschaft systematisch nach dem jeweils einschlägigen DBA oder den Katalogen der Mutter-Tochter-Richtlinie (§ 43b Abs. 2 EStG i.V.m. Anlage 2) bzw. der Zins- und Lizenzrichtlinie (§ 50g Abs. 3 Nr. 5 lit. a) aa) EStG i.V.m. Anlage 3 Nr. 1). Der Wortlaut „ausländisch“ intendiert, dass eine Gesellschaft jedenfalls dann ausländisch ist, wenn sie weder Sitz noch Geschäftsleitung im Inland hat. Bei sog. Doppelansässigkeit richtet sich die Ansässigkeit nach dem Ort der tatsächlichen Geschäftsführung, welcher im jeweiligen Einzelfall festzustellen ist.

(23) Die persönliche Entlastungsberechtigung ist fiktiv zu prüfen: An der Zwischengesellschaft müssen Personen beteiligt sein, „denen die Erstattung oder die Freistellung nicht zustände, wenn sie die Einkünfte unmittelbar erzielten. Der Begriff „Person“ enthält keine Differenzierung und erfasst sowohl natürliche

---

1327 Vgl. *Inteman*, in: Hermann/Heuer/Raupach, EStG/KStG[249], § 43b EStG Rn. 1.

als auch juristische sowie unmittelbar und mittelbar beteiligte Personen. Der Missbrauchsverhinderungszweck der Vorschrift gebietet eine Ausdehnung auch auf mittelbar beteiligte Personen, da die Vorschrift andernfalls leicht umgangen werden kann.

(24) § 50d Abs. 3 EStG ist dahingehend auszulegen, dass die Norm keine Anwendung findet, wenn Anteilseigner von Zwischengesellschaften im Inland ansässig sind – sog. „Mäander-Strukturen".

III. Sachliche Entlastungsberechtigung

(25) Sind Personen, denen die persönliche Entlastungsberechtigung fehlt, an der ausländischen Zwischengesellschaft beteiligt, muss diese im betreffenden Wirtschaftsjahr Bruttoerträge erzielt haben, die aus einer eigenen Wirtschaftstätigkeit stammen, damit eine Entlastung gewährt werden kann (erste sachliche Entlastungsberechtigung). Es handelt sich um eine Aufteilungsklausel, die zwischen Erträgen aus eigener und aus nicht eigener Wirtschaftstätigkeit quotenmäßig differenziert.

(26) Der Begriff der eigenen Wirtschaftstätigkeit stellt im Gegensatz zu § 50d Abs. 3 EStG a.F. einen eigenständigen Entlastungsgrund dar und ist zum zentralen Tatbestandsmerkmal des § 50d Abs. 3 EStG n.F. geworden. In ihm konkretisiert sich die gesetzgeberische Wertung, inwieweit eine Zwischenschaltung als missbräuchlich einzustufen ist.

(27) Durch die Aufteilungsklausel wird eine aufteilende Betrachtung angeordnet. Für die Berechnung der Entlastungsberechtigung kommen entweder eine ertragsbezogene oder eine gesellschaftsbezogene Aufteilungsmethode in Betracht.

(28) Nach der ertragsbezogenen Aufteilungsmethode ist die sachliche Entlastungsberechtigung separat für die jeweiligen der ausländischen Gesellschaft zugeflossenen abzugssteuerpflichtigen Erträge zu prüfen. Es besteht nur für unschädliche Erträge ein Entlastungsanspruch, für schädliche hingegen nicht.

(29) Nach der gesellschaftsbezogenen Aufteilungsmethode sind die von der Gesellschaft insgesamt erzielten Bruttoerträge zu prüfen. Aus allen Erträgen wird eine fixe prozentuale Entlastungsquote errechnet, die auf alle der Gesellschaft zugeflossenen Erträge angewandt wird. Die Entlastungsquote ergibt sich aus dem Verhältnis der unschädlichen Erträge zu den Gesamtbruttoerträgen der Gesellschaft. Diese Entlastungsquote wird auch auf die unschädlichen Erträge angewendet.

(30) Beide Aufteilungsmethoden sind mit dem Wortlaut des § 50d Abs. 3 EStG vereinbar. Losgelöst von etwaigen Vorgaben höherrangigen Rechts ist daher keiner der Auslegungsalternativen zwingend den Vorzug zu geben.

(31) Soweit Bruttoerträge vorliegen, die nicht aus eigener Wirtschaftstätigkeit stammen, wird die Entlastungsberechtigung nur dann gewährt, wenn wirtschaftliche oder sonst beachtliche Gründe für die Zwischenschaltung vorliegen *und* ein für den Geschäftszweck angemessen eingerichteter Geschäftsbetrieb existiert, der

am allgemeinen Wirtschaftsverkehr teilnimmt (zweite sachliche Entlastungsberechtigung).

(32) Nach dem Wortlaut „für die Einschaltung der ausländischen Gesellschaft“ ist Anknüpfungspunkt für einen wirtschaftlichen oder sonst beachtlichen Grund nicht die Frage, warum die ausländische Gesellschaft errichtet worden ist, sondern warum sie eingeschaltet wurde.

(33) Die wirtschaftlichen oder sonst beachtlichen Gründe sind im Gesetz nicht definiert. Es kommt insoweit auf eine Gesamtabwägung aller Umstände im konkreten Einzelfall an.

(34) Für das Vorliegen eines angemessenen Geschäftsbetriebs ist grundsätzlich ein „greifbares Vorhandensein“ nachzuweisen, welches sich durch qualifiziertes Personal, Geschäftsräume und technische Kommunikationsmittel auszeichnet. Auch hier sind alle Umstände des Einzelfalls zu berücksichtigen.

(35) Unter der Teilnahme am allgemeinen wirtschaftlichen Verkehr ist generell ein Güter- und Leistungsaustausch unter Inanspruchnahme des allgemeinen Marktes zu verstehen. Dabei genügt es, wenn Leistungen lediglich gegenüber einem Auftraggeber erbracht werden.

IV. Komplexität und Verwaltungswirklichkeit

(36) In praxi werden meist sehr verschachtelte und relativ tief gestaffelte Konzernstrukturen vorzufinden sein. Dies führt aufgrund der Aufteilungsklausel zu immensen Schwierigkeiten bei der Berechnung der Entlastungsberechtigung und macht einen hohen Aufklärungs- und Verwaltungsaufwand notwendig.

(37) Da die Entlastungsberechtigung für das jeweils betroffene Wirtschaftsjahr zu ermitteln ist, führen temporäre Veränderungen im Anteilseignerbestand zu erheblichen Vollzugsproblemen. Eine Neuberechnung wird jedoch regelmäßig notwendig sein, da in der Praxis abhängig von der Wirtschaftslage von volatilen Ertragsstrukturen auszugehen ist.

(38) Zur Abmilderung des durch Neuberechnungen verbundenen Verwaltungsaufwandes für Unternehmen und Finanzverwaltung sieht das BMF-Schreiben vom 24.01.2012 eine De-minimis-Regelung vor. Danach entfällt die Mitteilungspflicht in den Fällen, in denen sich entweder „das bei Erteilung der Freistellungsbescheinigung zugrunde gelegte Verhältnis der Bruttoerträge aus eigenwirtschaftlicher Tätigkeit zu den gesamten Bruttoerträgen um weniger als 30 %-Punkte verringert oder sich ein Gesellschafteranteil (bei unmittelbarer oder mittelbarer Beteiligung) um weniger als 20 %-Punkte ändert“. Entfällt hiernach die Mitteilungspflicht kann auch die damit verbundene Neuberechnung unterbleiben.

(39) Die de-minimis-Regelung entbehrt jeglicher Rechtsgrundlage und offenbart, wie der Gesetzgeber Normen schafft, die in der Verwaltungswirklichkeit kaum vollzugsfähig sind.

V. Prüfungsreihenfolge

(40) Bei der Reihenfolge der Prüfung der Tatbestandsvoraussetzungen des § 50d Abs. 3 EStG ist zunächst das Eingreifen der Ausnahmen i.S.v. Absatz 3 Satz 5 zu untersuchen. Nach der Verneinung von Ausnahmen ist mit der Prüfung der sachlichen Entlastungsberechtigung zu beginnen. Soweit die sachliche Entlastungsberechtigung der Zwischengesellschaft gegeben ist, steht dieser der Anspruch auf die Steuervergünstigung zu, ohne dass auf eine Prüfung der dahinterstehenden unmittelbar bzw. mittelbar beteiligten Gesellschafter eingegangen werden muss.

VI. Beweislast

(41) § 50d Abs. 3 S. 4 EStG verdrängt als lex specialis die allgemeine Regelung des § 90 Abs. 2 AO. Durch § 50d Abs. 3 Satz 4 wird eine Beweislastumkehr bezüglich der zweiten Entlastungsberechtigung angeordnet, sodass diesbezüglich Fälle der Unaufklärbarkeit zu Lasten der antragstellenden Gesellschaft gehen.

(42) Für die übrigen Tatbestandsmerkmale gilt die Beweislastumkehr des§ 50d Abs. 3 S. 4 EStG nicht. Non liquet-Situationen hinsichtlich der persönlichen und der ersten sachlichen Entlastungsberechtigung müssen zu Lasten der Finanzverwaltung gehen. Es gilt insoweit die allgemeine Regelung des § 90 Abs. 2 AO.

VII. Verhältnis des § 50d Abs. 3 EStG zu § 42 AO

(43) § 50d Abs. 3 EStG ist als spezialgesetzlicher Missbrauchsvorbehalt zu qualifizieren. Die Vorschrift konkretisiert bereichspezifisch den allgemeinen Missbrauchsbegriff auf Tatbestands- und Rechtsfolgenseite.

(44) Soweit der Anwendungsbereich des § 50d Abs. 3 EStG eröffnet ist und eine Prüfung ergibt, dass kein Missbrauch vorliegt, ist der Rückgriff auf § 42 AO gesperrt, um Wertungswidersprüche zu vermeiden. Die Anwendung des § 42 AO kommt nur bei einer Umgehung des § 50d Abs. 3 EStG selbst in Betracht.

F. „Systemkonforme Auslegung" – Vereinbarkeit des § 50d Abs. 3 EStG mit höherrangigem Recht

I. Verfassungsrechtliche Bewertung

(45) Bei der verfassungsrechtlichen Bewertung ist zu berücksichtigen, inwieweit durch § 50d Abs. 3 EStG und die durch ihn vorgenommene Typisierung in die freiheits- sowie gleichheitsrechtlichen Positionen des Steuerpflichtigen eingegriffen wird bzw. grundlegende steuerrechtliche Prinzipien verletzt werden und ob sich die Norm dabei noch im Rahmen des Verhältnismäßigkeitsgrundsatzes bewegt.

(46) Der Missbrauchsverhinderungszweck wird grundsätzlich als rechtfertigendes Element vom BVerfG anerkannt. Prägend für die verfassungsrechtliche Kontrolle ist vor allem, dass sich Missbrauchsbekämpfungsnormen am sog. „Gebot der Zielgenauigkeit“ als besondere Ausformung des Verhältnismäßigkeitsgrundsatzes orientieren müssen: Das gesetzliche Leitbild der Typisierung muss sich am realitätsgerecht abgebildeten Durchschnittsfall orientieren. Die Rechtsfolge der Steuerumgehung muss zwar beseitigt werden, allerdings darf die Rechtsfolge der Missbrauchsvorschrift nicht weitergehen, als diejenige, die eine angemessene Gestaltung auslösen würde.

(47) § 50d Abs. 3 EStG ist der verfassungskonformen Auslegung zugänglich. Die Norm stellt zwar grundsätzlich einen Eingriff in verfassungsrechtlich geschützte Grundrechtspositionen dar. Bei Anwendung der ertragsbezogenen Aufteilungsmethode ist der durch die Norm erfolgte verfassungsrechtliche Eingriff gerechtfertigt. Durch die Anwendung der ertragsbezogenen Aufteilungsmethode orientiert sich die Norm relativ zielgenau am Missbrauchsverhinderungszweck. Ungleichbehandlung und Typisierung stehen in einem angemessenen Verhältnis.

(48) Die gesellschaftsbezogene Aufteilungsmethode bedingt hingegen eine weit überschießende Tendenz und bewirkt, dass sich § 50d Abs. 3 EStG nicht mehr auf den realitätsgerechten Durchschnittsfall bezieht. Der Eingriff ist insoweit unangemessen und nicht mehr zu rechtfertigen.

II. Europarechtliche Bewertung

(49) Die Prüfung der Vereinbarkeit des § 50d Abs. 3 EStG mit dem Recht der Europäischen Union ist sowohl auf sekundärrechtlicher Ebene als auch auf primärrechtlicher Ebene durchzuführen.

(50) Zum einen werden durch § 50d Abs. 3 EStG die Steuerentlastungsansprüche aus § 43b EStG und § 50g EStG unter Vorbehalt gestellt und somit die Öffnungsklauseln nach Art. 1 Abs. 2 MTRL und Art. 5 Abs. 1 ZLRL berührt. Werden deren Grenzen überdehnt, führt dies zu einer unmittelbaren Anwendung der Richtlinien. Zum anderen kann § 50d Abs. 3 EStG zu einer Ungleichbehandlung im Sinn der Grundfreiheiten führen.

(51) Dem Europäischen Primär- und Sekundärrecht liegt ein einheitliches europäisches Missbrauchsverständnis zugrunde. Bezugspunkt für die Feststellung einer Kollision mit dem Sekundärrecht sind die Grundfreiheiten. Da die Richtlinien autonom unionsrechtlich auszulegen sind, gilt für deren Öffnungsklauseln (Art. 1 Abs. 2 MTRL und Art. 5 Abs. 1 ZLRL) und somit für die auf ihrer Grundlage erlassenen Missbrauchsvorschriften ebenfalls nur der normative Maßstab der Grundfreiheiten. Liegt ein nicht zu rechtfertigender Eingriff in die Grundfreiheiten vor, verstößt § 50d Abs. 3 EStG bereits gegen die Vorgaben der Richtlinie.

(52) Eine genaue Definition missbräuchlichen Verhaltens existiert zwar nicht, durch die Judikatur des EuGH wurde dem Missbrauchsbegriff jedoch eine

gewisse Kontur verliehen. Maßgeblich für die Bestimmung einer missbräuchlichen Gestaltung ist das Element der Künstlichkeit. Nationale Missbrauchsvorbehalte müssen einer Verhältnismäßigkeitsprüfung standhalten. Das europäische Missbrauchsverständnis begrenzt insoweit nationale Missbrauchsverhinderungsvorschriften hinsichtlich der Reichweite des Tatbestandes und der maximal zulässigen Rechtsfolge. Einerseits muss sich der Tatbestand der betreffenden Norm auf Missbrauchsfälle beschränken. Andererseits darf die Rechtsfolge nicht über das zur Bekämpfung der Steuerumgehung Erforderliche hinausgehen, muss sich also auf den missbräuchlichen Teil beschränken.

(53) Vor diesem Hintergrund kann § 50d Abs. 3 EStG europarechtskonform ausgelegt werden. Unter Zugrundelegung der ertragsbezogenen Aufteilungsmethode steht die Norm im Einklang mit den Öffnungsklauseln der MTRL und ZLRL, die auf dem grundfreiheitlichen Missbrauchsverständnis basieren. Bei Anwendung der gesellschaftsbezogenen Aufteilungsmethode kollidiert § 50d Abs. 3 EStG bereits mit dem europäischen Sekundärrecht, sodass der Anwendungsvorrgang des Unionsrechts gilt und sich der Steuerpflichtige direkt auf die Unionsrichtlinien berufen kann.

III. Völkerrechtliche Bewertung

(54) Nationale Missbrauchsverhinderungsvorschriften können mit Regelungen der Doppelbesteuerungsabkommen in Konflikt geraten. DBA sind völkerrechtliche Verträge und wirken als solche in deutsche Rechtsordnung hinein. Sie haben regelmäßig den Rang einfacher Bundesgesetze. Eine Normenkollision ist nach den allgemeinen Regeln – nach dem lex posterior und bzw. oder dem lex specialis Grundsatz – aufzulösen[1328].

(55) Inwieweit eine Kollision mit den Missbrauchsmaßstäben des Völkervertragsrechts besteht, ist den konkreten Regelungen der DBA zu entnehmen. Ein allgemeiner ungeschriebener Missbrauchsvorbehalt, abgeleitet aus den allgemeinen Regeln des Völkerrechts oder aus der Abkommensauslegung, ist nicht existent.

(56) Bei einem Treaty Override handelt es sich um eine Normenkollision, bei der ein Vertragsstaat einseitig durch eine einfachgesetzliche Steuervorschrift eine abweichende Besteuerungsfolge trifft als sie in der betreffenden DBA-Norm vorgesehen ist.

(57) § 50d Abs. 3 EStG ist als Treaty Override zu qualifizieren, soweit DBA weder eine allgemeine Öffnungsklausel noch einen entsprechenden speziellen Missbrauchsvorbehalt enthalten.

1328 *Drüen*, in: *Tipke/Kruse*, AO, § 2 Rn. 38; *Kempf/Bandl*, DB 2007, 1377, 1379; *Schmahl*, JuS 2013, 961, 965.

(58) Ein Treaty Override führt zur Völkerrechtswidrigkeit der Norm. Dies ist rechtspolitisch „unschön", berührt jedoch grundsätzlich nicht ihre innerstaatliche Wirksamkeit.

(59) Grundsätzlich führt ein Treaty Override weder zur Verfassungs- noch zur Europarechtswidrigkeit der betreffenden Norm. Zumindest bei Zugrundelegung der ertragsbezogenen Aufteilungsmethode ist das in § 50d Abs. 3 EStG enthaltene Treaty Override als verfassungs- und unionsrechtskonform anzusehen.

G. Rechtsmethodische Konsequenzen bei Unvereinbarkeit mit höherrangigem Recht

(60) Legt man die ertragsbezogene Aufteilungsmethode zugrunde, kollidiert § 50d Abs. 3 EStG weder mit Verfassungs- noch Unionsrecht. Es bedarf insoweit keiner Rechtsfortbildung.

(61) In den Fällen, in denen das einschlägige DBA weder einen Missbrauchsvorbehalt noch eine Öffnungsklausel beinhaltet, stellt § 50d Abs. 3 EStG regelmäßig ein Treaty Override dar. Es existiert insoweit keine Auslegungsalternative, um die Norm völkervertragsrechtskonform auszulegen. Die Norm kollidiert insofern mit Völkervertragsrecht.

(62) Eine teleologische Reduktion des Anwendungsbereichs des § 50d Abs. 3 EStG scheidet aus. Die Nichtanwendung der Norm hätte zur Konsequenz, dass dem Gesetzgeber Teile seiner Rechtsetzungskompetenz entzogen würden. Dem souveränen Staat muss jedoch die Möglichkeit gegeben sein, völkervertragsrechtliche Verpflichtungen wieder aufzuheben.

H. Schlussbetrachtung

(63) Die nochmalige Modifizierung des § 50d Abs. 3 EStG ist zur Lösung der Problematik kaum geeignet. Einerseits birgt eine Verallgemeinerung der Norm die Gefahr der Angleichung mit § 42 AO und der Verwischung bzw. Aufhebung der Grenze zwischen Generalnorm und § 50d Abs. 3 EStG. Andererseits führt eine weitere Konkretisierung der Norm zu einem noch engeren und unflexibleren Anwendungsbereich mit der Folge, dass eine überschießende Tendenz sowohl auf Tatbestands- als auch auf Rechtsfolgenseite droht. Zugleich eröffnet sich aufgrund des zu engen Tatbestandes ein weiter Raum für neue Steuerumgehungsstrategien.

(64) Vorzugswürdig ist die Rückkehr zur ausschließlichen Anwendung der Generalklausel des § 42 AO. Aufgrund der Offenheit und Allgemeinheit des § 42 AO kann wesentlich flexibler auf neue Gestaltungsmodelle in verschiedensten Bereichen reagiert werden. Mit Blick auf die unionsrechtliche Ebene besteht die Chance, einen Schritt zur Etablierung eines einheitlichen europäischen Missbrauchskonzepts bzw. Missbrauchsbegriffs seitens der Mitgliedstaaten zu gehen.

(65) Durch die Rückführung auf eine Generalklausel wird die Möglichkeit eröffnet, einen Paradigmenwechsel hin zu einem innentheoretischen Verständnis zu vollziehen. Dazu ist es notwendig, sich von der Auffassung eines allgemeinen steuerbegründenden bzw. steuerverschärfenden Analogieverbots im Steuerrecht zu lösen. Im Ergebnis führt dies dazu, dass eine Typisierung weniger durch Gesetz, sondern vielmehr durch die Finanzverwaltung und Finanzgerichtsbarkeit erfolgt, wodurch eine flexiblere Handhabung ohne schwerfällige Gesetzesänderungen ermöglicht wird.

(66) Aufgrund der unzähligen Facetten der Steuerumgehung führt ein auf spezialgesetzlichen Missbrauchsvorschriften fußendes Konzept zu einer schier unüberschaubaren Vielzahl komplexer und aufgrund tatbestandlicher Begrenztheit unflexibler Normen. Das teilweise mit den Spezialvorschriften propagierte Ziel der Rechtssicherheit und Rechtsklarheit wird aufgrund der Komplexität der Normen regelmäßig nicht erreicht bzw. neutralisiert. Das von großer Dynamik geprägte Steuerrecht bedarf notwendigerweise einer gewissen Entwicklungsoffenheit vor allem im Bereich der Verhinderung von Steuerumgehungen.

Literaturverzeichnis

Ackermann, Rolf, Pfadabhängigkeit, Institutionen und Regelformen, Tübingen 2001 (zitiert: *Ackermann,* Pfadabhängigkeit, S. ...).

Ahmann, Karin-Renate, Das Ertragssteuerrecht unter dem Diktat des Europäischen Gerichtshofs? Können wir uns wehren?, DStZ 2005, S. 75–80.

Albert, Markus, Zur Abwehr von Steuerumgehungen aus deutscher und europäischer Sicht, IFSt-Schrift Nr. 455, Bonn 2009 (zitiert: Albert, Abwehr von Steuerumgehungen, S. ...).

Alexy, Robert, Theorie der Grundrechte, Baden-Baden 1994.

Altrichter-Herzberg, Torsten, Die Neuregelung des § 50d Abs. 3 EStG im Rahmen des Jahressteuergesetzes 2007 (Kapitalertragsteuer bei Zwischenschaltung einer Auslands-Holding), AG 2007, S. 443–446.

Altrichter-Herzberg, Torsten, Gefährdung der Entlastung von der Kapitalertragsteuer bei Zwischenschaltung einer Ausland-Holding, Anwendungsfragen zu § 50d Abs. 3 EStG i.d.F. des Jahressteuergesetzes 2007 und unter Berücksichtigung des BMF-Schr. v. 3.4.2007, GmbHR 2007, S. 579–583.

Anissimov, Wjatscheslav/Stöber, Michael, Die Erstattung europarechtswidrig abgezogener Kapitalertragsteuer auf Dividenden nach dem neuen § 32 Abs. 5 KStG, DStZ 2013, S. 379–389.

Auer, Marietta, Neues zu Umfang und Grenzen der richtlinienkonformen Auslegung, NJW 2007, S. 1106–1109.

Barth, Rainer, Richterliche Rechtsfortbildung im Steuerrecht, Berlin 1996.

Bauschatz, Peter, Steuerlicher Gestaltungsmissbrauch und Europarecht (Teil I), IStR 2002, S. 291–298.

Becker, Helmut, Erschleichung der Abkommensberechtigung durch Zwischenpersonen, in: *Vogel, Klaus,* Grundfragen des Internationalen Steuerrechts, Köln 1985, S. 171–193 (zitiert: *Becker,* in: Vogel (1985), S. ...).

Becker, Helmut/Wurm, Felix J., Treaty Shopping, Frankfurt 1988.

Becker, H.C. Enno/Riewald, Alfred/Koch, Carl, Reichsabgabenordnung mit Nebengesetzen, Kommentar, Band I, 9. Aufl., Köln 1963.

Becker, H.C. Enno, Zur Auslegung der Steuergesetze, StuW 1924, S. 145–180.

Behrens, Peter, Das Internationale Gesellschaftsrecht nach dem Centros-Urteil des EuGH, IPrax 1999, S. 323–331.

Behrens, Stefan, Änderung von § 50d Abs. 3 EStG durch das Beitreibungsrichtlinie-Umsetzungsgesetz, AG 2011, S. 863–868.

Beiser, Reinhold, Kohärenz und Steuersymmetrie im Gemeinschaftsrecht, IStR 2009, S. 236–238.

Beiser, Reinhold/Kühbacher, Thomas, Ertragsteuern im Spannungsfeld der Grundfreiheiten, in: Roth, Günther/Hilpold, Peter (Hrsg.), Der EuGH und die Souveränität der Mitgliedstaaten, Wien 2008, S. 130–250.

Beiser, Reinhold/Pülzl, Peter, Harmonisierung der direkten Steuern in der EU- Rechtsgrundlagen, Stand und Perspektiven, SWI 2004, S. 596–611.

Benz, Sebastian/Jetter, Jann, Die Neuregelung zur Steuerpflicht von Streubesitzdividenden, DStR 2013, S. 489–496.

Bergmann, Sebastian, Missbrauch im Anwendungsbereich der Mutter-Tochter-Richtlinie, StuW 2010, S. 246–261.

Beyer, Jürgen, Pfadabhängigkeit, Über institutionelle Kontinuität, anfällige Stabilität und fundamentalen Wandel, Frankfurt am Main 2006 (zitiert: *Beyer,* Pfadabhängigkeit, S. ...).

Beyer, Jürgen, Pfadabhängigkeit ist nicht gleich Pfadabhängigkeit! Wider den impliziten Konservatismus eines gängigen Konzepts, ZfS 2005, S. 5–21.

Birk, Dieter, Steuermoral, Steuerkultur und Rückwirkung von Steuergesetzen, in: Mellinghoff, Rudolf/Schön, Wolfgang/Viskorf, Hermann-Ullrich (Hrsg.), Festschrift für Wolfgang Spindler, Köln 2011, S. 13–28 (zitiert: *Birk,* in: FS Spindler, S. ...).

Birk, Dieter, Das Leistungsfähigkeitsprinzip als Maßstab der Steuergesetze, Köln 1983.

Birk, Dieter/Desens, Marc/Tappe, Henning, Steuerrecht, 16. Aufl., Heidelberg 2013.

Birker, Christian, Die Aufteilungsklausel des 50d Abs. 3 EStG n.F., BB 2012, S. 1961–1965.

Blencke, Hans, Gestaltungsfreiheit im Steuerrecht und ihre Grenzen, 4. Aufl., Herne/Berlin 1979 (zitiert: *Blencke,* Gestaltungsfreiheit, S. ...).

Blümich, EStG, KStG, GewStG – Kommentar, hrsg. v. Heuermann, Bernd/Brandis, Peter, München (zitiert: *Bearbeiter* in: Blümich, EStG/KStG/GewStG^{Ergänzungslieferung}).

Böing, Christian, Der Begriff des steuerlichen Gestaltungsmissbrauchs im Gemeinschaftsrecht, EWS 2007, S. 55–64.

Böing, Christian, Steuerlicher Gestaltungsmissbrauch in Europa, Hamburg 2006 (zitiert: *Böing,* Gestaltungsmissbrauch in Europa, S. ...).

Bopp, Gerhard, Steuerliche Billigkeitsmaßnahmen aus Verfassungsgründen, DStR 1979, S. 215–220.

Borgsmidt, Kirsten, Leitgedanken der EuGH-Rechtsprechung zu den Grundfreiheiten in Steuerfällen – eine Bestandsaufnahme, IStR 2007, S. 802–809.

Brähler, Gernot, Internationales Steuerrecht, Grundlagen für Studium und Steuerberaterprüfung, 7. Aufl., Wiesbaden 2012 (zitiert: *Brähler,* Internationales Steuerrecht, S. ...).

Brombach-Krüger, Monika, Das Verfahren „Columbus Container“ – Entscheidung des FG Münster und kein Ende in Sicht?, BB 2009, S. 924–927.

Brombach-Krüger, Monika, Treaty Override aus europarechtlicher und verfassungsrechtlicher Sicht, Ubg 2008, S. 324–330.

Bron, Jan Frederik, Die Europarechtswidrigkeit des § 50d Abs. 3 EStG unter Berücksichtigung von Missbrauchsvorschriften im Gemeinschaftsrecht, DB 2007, S. 1273–1276.

Bron, Jan Frederik, Das Treaty Override im deutschen Steuerrecht vor dem Hintergrund aktueller Entwicklungen, IStR 2007, S. 431–436.

Brunsbach, Stefan/Mock, Oliver, Die sachliche Entlastungsberechtigung des § 50d Abs. 3 EStG für Dividendenausschüttungen aus Deutschland in Theorie und Praxis, IStR 2013, S. 653–659.

Bünning, Martin/Mühle, Sabine Anja, Jahressteuergesetz 2007: Der Regierungsentwurf zur Änderung des § 50d Abs. 3, BB 2006, S. 2159–2165.

Bydlinski, Franz, Juristische Methodenlehre und Rechtsbegriff, 2. Aufl., Wien 2011.

Campos Nave, José A., Die Liberalisierung der Wegzugsfreiheit in Europa, BB 2008, S. 1410–1414.

Cloer, Adrian/Lavrelashvili, Nina, Einführung in das Europäische Steuerrecht mit den 50 wichtigesten Fällen zu den direkten Steuern, Berlin 2008 (zitiert: *Cloer/Lavrelashvili,* Einführung in das Europäische Steuerrecht, S. ...).

Cordewener, Axel, Deutsche Unternehmensbesteuerung und europäische Grundfreiheiten – Grundzüge des materiellen und formellen Rechtsschutzsystems der EG, DStR 2004, S. 6–15.

Cordewener, Axel, Europäische Grundfreiheiten und nationales Steuerrecht – „Konvergenz“ des Gemeinschaftsrechts“ und „Kohärenz“ der direkten Steuern in der Rechtsprechung des EuGH, Köln 2002 (zitiert: *Cordewener,* Europäische Grundfreiheiten und nationales Steuerrecht, S. ...).

Crezelius, Georg, Kodifizierte und rechtsprechungstypisierte Umgehungen, StuW 1995, S. 313–325.

Danzer, Jürgen, Die Steuerumgehung, Köln 1981.

Desens, Marc, Bindung der Finanzverwaltung an die Rechtsprechung. Bedingungen und Grenzen für Nichtanwendungserlasse, Tübingen 2011 (zitiert: *Desens,* Bindung der Finanzverwaltung an die Rechtsprechung, S. ...).

Dötsch, Ewald/Pung, Alexandra/Möhlenbrock, Rolf, Kommentar zum KStG, UmwStG, EStG und zur internationalen Gewinnabgrenzung (zitiert: *Bearbeiter,* in: Dötsch/Pung/Möhlenbrock, KStG^{Ergänzungslieferung}, § ... Rn. ...).

Dorfmüller, Pia, Die aktive Beteiligungsverwaltung – Eine kritische Analyse der Erfordernisse des BMF-Schreibens zu § 50d Abs. 3 i.d.F. des BeitrRLUmsG, IStR 2012, S. 423–425.

Dorfmüller, Pia/Fischer, Hardy, Die geplante Neufassung der Anti-Treaty-Shopping-Regelung des § 50d Abs. 3 EStG durch das BeitrRLUmsG, IStR 2011, S. 857–863.

*Drüen, Klaus-Dieter, in: Tipke, Klaus/Kruse, Heinrich Wilhelm (*Hrsg.), Kommentar zu AO und FGO, Band I, Stand: Mai 2011, 126. Ergänzungslieferung (zitiert: *Drüen,* in: Tipke/Kruse, AO, § ... Rn. ...).

Drüen, Klaus-Dieter, Die Bruttobesteuerung von Einkommen als verfassungsrechtliches Vabanquespiel, StuW 2008, S. 3–14.

Drüen, Klaus-Dieter, Unternehmerfreiheit und Steuerumgehung, StuW 2008, S. 154–166.

Drüen, Klaus-Dieter, „Präzisierung" und „Effektuierung" des § 42 AO durch das Jahressteuergesetz 2008?, Ubg 2008, S. 31–38.

Drüen, Klaus-Dieter, Zur Rechtsnatur des Steuerrechts und ihrem Einfluß auf die Rechtsanwendung, in: Drenseck, Walter/Seer, Roman (Hrsg.), Festschrift für Heinrich Wilhelm Kruse zum 70. Geburtstag, Köln 2001, S. 191–212 (zitiert: *Drüen,* in: FS Kruse, S. ...).

Dürrschmidt, Daniel, „Europäisches Steuerrecht" nach Lissabon, NJW 2010, S. 2086–2090.

Duttiné, Tino/Stumm, Ocka, Europarechtswidrigkeit deutsche Dividendenbesteuerung, BB 2012, S. 867–873.

Ehlers, Dirk (Hrsg.), Europäische Grundrechte und Grundfreiheiten, 3. Aufl., Berlin 2009 (zitiert: *Bearbeiter,* in: Ehlers, Europäische Grundrechte und Grundfreiheiten, S. ...).

Eicke, Rolf, Repatriierungsstrategien für U.S.-Inverstoren in Deutschland, Steuerplanung mit Holdinggesellschaften, 1. Aufl., Baden-Baden 2009 (zitiert: *Eicke,* Repatriierungsstrategien, S. ...).

Engers, Torsten/Dyckmans, Jan, Die Neuregelung des § 50d Abs. 3 EStG durch das BeitrRLUmsG, Ubg 2011, S. 929–934.

Englisch, Joachim, Verbot des Rechtsmissbrauchs – ein allgemeiner Rechtsgrundsatz des Gemeinschaftsrechts?, StuW 2009, S. 3–22.

Englisch, Joachim, Verfassungsrechtliche Grundlagen und Grenzen des objektiven Nettoprinzips, DStR 2009, Beihefter zu Heft 34, S. 92–100.

Ettinger, Jochen, Die Bestimmung des deutschen Steuerrechts durch die Rechtsprechung des Europäischen Gerichtshofs, RIW 2006, S. 95–101.

Everett, Mary, Der Einfluss der EuGH-Rechtsprechung auf die direkten Steuern, DStZ 2006, S. 357–373.

Fahrholz, Bernd, Schranken der Steuergestaltung bei grenzüberschreitenden Finanztransaktionen: Abkommensrecht und innerstaatliches Recht, in: Gaddum, Johann Wilhelm/Hofman, Heinz, Zinsen im internationalen Steuerrecht, München 1985, S. 51–61 (zitiert: *Fahrholz,* in: Gaddum/Hofman, S. ...).

Fastenrath, Ulrich/Groh, Thomas, Europarecht, 3. Aufl., Stuttgart 2012.

Fischer, Hardy/Dorfmüller, Pia, Entlastungsberechtigung ausländischer Gesellschaften nach § 50d Abs. 3 EStG – Ernüchterung nach dem raschen BMF-Schreiben vom 24.01.2012, S. 162–168.

Fischer, Michael, Grundfreiheiten, direkte Steuern und nationale Kompetenzgrenzen, JZ 2007, S. 1024–1028.

Fischer, Peter, Überlegungen zu § 42 AO i.d.F. des JStG 2008, FR 2008, S. 306–312.

Fischer, Peter, Überlegungen zum fraus-legis-Gedanken nach deutschem und europäischem Recht, in: Kirchhof, Paul/Nieskens, Hans (Hrsg.), Festschrift für Wolfram Reiss, Köln 2008, S. 621–644 (zitiert: *Fischer, P.*, in: FS Reiß, S. ...).

Fischer, Peter, Mobilität und (Steuer-)Gerechtigkeit in Europa, FR 2004, S. 630–638.

Fischer, Peter, Die Umgehung des Steuergesetzes – Zu den Bedingungen einer Bewahrung der Steuerrechtsordnung „aus eigener Kraft", DB 1996, S. 644–652.

Fischer, Susanne, Primäres Gemeinschaftsrecht und direkte Steuern. Die Bindung des Steuergesetzgebers an die Grundfreiheiten des EG-Vertrages, Frankfurt am Main 2001 (zitiert: *Fischer*, Primäres Gemeinschaftsrecht und direkte Steuern).

Fischer-Zernin, Justus, Missbrauch von Doppelbesteuerungsabkommen, RIW 1987, S. 362–368.

Flämig, Christian, Der Steuerstaat auf dem Weg in den Überwachungsstaat, DStR 2007, Beihefter zu Heft 44, S. 1–12.

Flick, Hans, Deutsche Aktivitäten von Ausländern über ausländische Zwischengesellschaften und die Mißbrauchsgesetzgebung des § 50d Abs. 1a EStG, IStR 1994, S. 223–225.

Flick, Hans, Mißbrauchsgesetzgebung contra Steuerumgehung, in: Kirchhof, Paul/Offerhaus, Klaus/Schöberle, Horst (Hrsg.), Festschrift für Franz Klein, Köln 1994, S. 329–346 (zitiert: *Flick*, in: FS Klein, S. ...).

Flick, Hans/Wassermeyer, Franz/Baumhoff, Hubertus/Schönfeld, Jens, Außensteuerrecht Kommentar, Band 4, Stand: November 2007, 61. Ergänzungslieferung (zitiert: *Bearbeiter*, in: Flick/Wassermeyer/Baumhoff/Schönfeld, § ... Rn. ...).

Forst, Paul/Radmer, Christine, Kriterien einer substanzlosen ausländischen Zwischengesellschaft Neueste Entwicklungen in Rechtsprechung und Verwaltung, EStB 2006, S. 384–387.

Franzen, Klaus, Die nationalsozialistische Weltanschauung in der Rechtsprechung des Reichsfinanzhofs, in: Kirchhof, Paul/Offerhaus, Klaus/Schöberle, Horst (Hrsg.), Festschrift für Franz Klein, Köln 1994, S. 1061–1074 (zitiert: *Franzen*, in: FS Klein, S. ...).

Frenz, Walter, Handbuch Europarecht, Band 1 Europäische Grundfreiheiten, 2. Aufl., Wien 2012 (zitiert: *Frenz*, Handbuch Europarecht I, Rn. ...).

Frotscher, Gerrit, Internationales Steuerrecht, 3. Aufl., München 2009.

Frotscher, Gerrit, Zur Zulässigkeit des Treaty Override, in: Spindler, Wolfgang/Tipke, Klaus/Rödder, Thomas (Hrsg.), Zentrierte Rechtsberatung, Festschrift für Harald Schaumburg zum 65. Geburtstag, Köln 2009, S. 687–714 (zitiert: *Frotscher,* in: FS Schaumburg, S. ...).

Frotscher, Gerrit, Kommentar zum Einkommensteuergesetz, Freiburg, (zitiert: *Bearbeiter,* in: Frotscher, EStG[Ergänzungslieferung], § ... Rn. ...).

Fuest, Clemens, Ist Deutschland dem internationalen Steuerwettbewerb gewachsen?, in: Lüdicke Jürgen (Hrsg.), Wo steht das deutsche Internationale Steuerrecht?, Köln 2009, S. 1–18 (zitiert: *Fuest,* in: Lüdicke, Wo steht das deutsch Internationale Steuerrecht?, S. ...).

Führich, Gregor, Auswirkungen der Zins- und Lizenzrichtlinie auf Abzugsbeschränkungen im deutschen Steuerrecht, Ubg 2009, S. 30–42.

Gabel, Monika, Verfassungsrechtliche Maßstäbe spezieller Missbrauchsnormen im Steuerrecht, 1. Aufl., Baden-Baden 2011 (zitiert: *Gabel,* Verfassungsrechtliche Maßstäbe, S. ...).

Gabel, Monika, Spezielle Missbrauchsnormen und der allgemeine Gleichheitssatz, StuW 2011, S. 3–17.

Gassner, Wolfgang/Lang, Michael, Österreichischer Juristentag (14.), Das Leistungsfähigkeitsprinzip im Einkommen- und Körperschaftsteuergesetz, Dogmatische Grundfragen – Rechtspolitischer Stellenwert, Wien 2000.

Gebhardt, Ronald/Moser, Till, Zur Anwendung von § 50d Abs. 3 EStG im Kontext des neuen DBA Niederlande – Hilversum II reloaded?, IStR 2012, S. 607–610.

Germelmann, Claas Friedrich, Konkurrenz von Grundfreiheiten und Missbrauch von Gemeinschaftsrechts – Zum Verhältnis von Kapitalverkehrs- und Niederlassungsfreiheit in der neueren Rechtsprechung, EuZW 2008, S. 596–600.

Glöckner, Frank, Übertragung des Familienheims im Erbschaftsteuerrecht aus europarechtlicher Perspektive, Frankfurt/Main 2013 (zitiert: *Glöckner,* Übertragung des Familienheims, S. ...).

Goebel, Sören/Glaser, Anja/Wangler, Clemens, Moderne Ansätze zur Verhinderung von Treaty-Shopping-Gestaltungen im geänderten DBA-USA, S. 197–205.

Gosch, Dietmar, Über das Treaty Overriding, IStR 2008, S. 413–421.

Gosch, Dietmar, Die Zwischengesellschaft nach „Hilversum I und II", „Cadbury Schweppes" und den Jahressteuergesetzen 2007 und 2008, in: Krichhof, Paul/Nieskens, Hans (Hrsg.), Festschrift für Wolfram Reiss, Köln 2008, S. 597–620 (zitiert: *Gosch,* in: FS Reiß, S. ...).

Gosch, Dietmar, Kurze, aber grundlegende Nachlese zur Nachlese von Meilicke zu den Schuldgeld-Urteilen des EuGH, DStR 2007, S. 1895–1898.

Grabitz, Eberhard/Hilf, Meinhard/Nettesheim, Martin (Hrsg.), Das Recht der Europäischen Union, München, Stand Mai 2013 (zitiert: *Bearbeiter,* in: Grabitz/Hilf/Nettesheim[Ergänzungslieferung], Art. ... Rn. ...).

Grotherr, Siegfried/Herfort, Claus/Strunk, Günther (Hrsg.), Internationales Steuerrecht, 3. Aufl., Achim 2010.

Grotherr, Siegfried, Keine deutsche Kapitalertragsteuerentlastung bei Einschaltung einer ausstattungslosen Zwischenholdinggesellschaft im Ausland – Nichtanwendungserlass zur Hilversum II-Entscheidung des BFH, IStR 2006, S. 361–367.

Grundmann, Stefan/Riesenhuber, Karl, Die Auslegung des Europäischen Privat- und Schuldvertragsrechts, JuS 2001, S. 529–536.

Günkel, Manfred/Lieber, Bettina, Braucht Deutschland eine Verschärfung der Holdingregelung in § 50d Abs. 3 EStG?, DB 2006, S. 2197–2199.

Haase, Florian (Hrsg.), Außensteuergesetz Doppelbesteuerungsabkommen, 2. Aufl., Heidelberg, München, Landsberg, Frechen, Hamburg 2012 (zitiert: *Bearbeiter,* in: Haase, AStG/DBA, § ... Rn. ...).

Haase, Florian, Internationales und Europäisches Steuerrecht, 3. Aufl., Heidelberg 2011.

Häcker, Hans-Dieter, Der steuerlich Begriff „Wirtschaftsgut". Ein Beitrag zur Handhabung von unbestimmten Rechtsbegriffen im Hinblick auf die verfassungsrechtlichen Grundsätze der Bestimmtheit von Steuerrechtsnormen, Berlin 1980 (zitiert: Häcker, Der steuerlich Begriff „Wirtschaftsgut", S. ...).

Hahn, Hartmut, Treaty Overriding sine ira et studio, IStR 2011, S. 863–870.

Hahn, Hartmut, Zur Gemeinschaftsrechtskonformität der Missbrauchsklausel in § 50g Abs. 4 EStG, IStR 2010, S. 638–644.

Hahn, Hartmut, Wie effizient ist § 42 AO neuer Fassung? – Praktische, dogmatische und rechtspolitische Beobachtungen –, DStZ 2008 S. 483–494.

Hahn, Hartmut, Zu Inhalt und Funktion des Begriffs des Gestaltungsmissbrauchs im Gemeinschaftsrecht, IStR 2007, S. 323–326.

Hahn, Hartmut, Bemerkung zum EuGH-Urteil „Cadbury Schweppes", IStR 2006, S. 667–670.

Hahn, Hartmut, § 42 AO uns Steuerkultur – zu einem unbekannten Standortfaktor, DStZ 2005, S. 183–190.

Hahn, Hartmut, Die Grundsätze der Gesetzmäßigkeit der Besteuerung und der Tatbestandsmäßigkeit der Besteuerung in rechtsvergleichender Sicht, Berlin 1984 (zitiert: *Hahn,* Gesetzmäßigkeit und Tatbestandsmäßigkeit der Besteuerung, S. ...).

Hakenberg, Waltraud, Europarecht, 6. Aufl. München 2012.

Hardeck, Inga, Die Empfehlungen der OECD-Leitsätze für multinationale Unternehmen im Bereich der Besteuerung, IStR 2011, S. 933–939.

Haslehner, Werner Christof, Das Konkurrenzverhältnis der Europäischen Grundfreiheiten in der Rechtsprechung des EuGH zu den direkten Steuern, IStR 2008, S- 565–575.

Heckemeyer, Jost/Overesch, Michael, Auswirkungen der Besteuerung auf Entscheidungen international tätiger Unternehmen – Ein Überblick zu den empirischen Befunden, DBW 2012, S. 451–472.

Helsper, Helmut, Chaotisierung der Steuerrechtsordnung als Folge eines verfehlten Zusammenspiels von politischer Führung und juristischer Expertenkompetenz. Über die Notwendigkeit und Möglichkeit, Gesetzgebung aus einem fortlaufenden Verschlechterungsprozeß in einen Optimierungsprozeß zu verwandeln, BB 1995, S. 17–25.

Hensel, Albert, Zur Dogmatik des Begriffs der „Steuerumgehung", in: *Krüger, Paul* (Hrsg.), Bonner Festgabe für Ernst Zitelmann zum fünfzigjährigen Doktorjubiläum, S. 217–288 (zitiert: *Hensel,* in: Festgabe Zitelmann, S. ...).

Hergeth, Armin/Ettinger, Jochen, Nichtanwendungserlass zum Urteil des BFH vom 31.5.2005 zu § 50d Abs. 3 EStG, IStR 2006, S. 307–309.

Hermann, Carl/Heuer, Gerhard/Raupach, Arndt (Hrsg.), Einkommensteuer- und Körperschaftssteuergesetz Kommentar, Band VIII (zitiert: *Bearbeiter,* in: Hermann/Heuer/Raupach, EStG/KStG^{Ergänzungslieferung}, § ... Rn. ...).

Heuermann, Bernd, Vermieten als unangemessenes Gestalten durch gegenläufige Rechtsgeschäfte auf der Nutzungsebene - Zugleich einige methodische Bemerkungen über Sinn der Unterscheidung von Innen- und Außentheorie -, StuW 2004, S. 124–130.

Hey, Friedrich E.F., Beweislast und Vermutungen im deutschen internationalen Steuerrecht, Baden-Baden 1992 (zitiert: *Friedrich Hey,* Beweislast und Vermutungen im deutschen internationalen Steuerrecht, S. ...).

Hey, Johanna, Spezialgesetzgebung und Typologie zum Gestaltungsmissbrauch, in: *Hüttemann, Rainer* (Hrsg.), Gestaltungsfreiheit und Gestaltungsmissbrauch im Steuerrecht, Köln 2010 (Deutsche Steuerjuristische Gesellschaft 2010, Band 33) S. 139–176 (zitiert: *Hey,* DStJG 2010, S. ...).

Hey, Johanna, Nationale Missbrauchsvorschriften im Spannungsfeld von DBA- und EU-Recht, in: Lüdicke *Jürgen* (Hrsg.), Wo steht das deutsche Internationale Steuerrecht?, Köln 2009, S. 137–169 (zitiert: *Reimer,* in: Lüdicke, Wo steht das deutsch Internationale Steuerrecht?, S. ...).

Hey, Johanna, Gestaltungsmissbrauch im Steuerrecht nach der Neufassung des § 42 AO und dem dazu ergangenen BMF-Erlass, BB 2009, S. 1044–1048.

Hey, Johanna, Nationale Missbrauchsverhinderungsvorschriften im Spannungsfeld von DBA- und EU-Recht, in: Lüdicke, Jürgen (Hrsg.), Wo steht das deutsche Internationale Steuerrecht?, S. 137–169 (zitiert: *Hey,* in: Lüdicke, Wo steht das deutsche Internationale Steuerrecht?, S. ...).

Hey, Johanna, Spezialgesetzliche Missbrauchsgesetzgebung aus steuersystematischer, verfassungs- und europarechtlicher Sicht, StuW 2008, S. 167–183.

Hey, Johanna, Gestaltungsspielraum des Gesetzgebers und Sicherung des Steueraufkommens, FA 2008, S. 1033–1040.

Hey, Johanna, Perspektiven der Unternehemensbesteuerung in Europa, StuW 2004, S. 193–211.

Hey, Johanna, Steuerplanungssicherheit als Rechtsproblem, Köln 2002.

Höpfner, Clemens, Die systemkonforme Auslegung, Tübingen 2008.

Höppner, Horst-Dieter, Nutzung von Doppelbesteuerungsabkommen und § 50d Abs. 1a EStG, in: *Haarmann, Wilhelm* (Hrsg.), Grenzen der Gestaltung im Internationalen Steuerrecht, Forum der Internationalen Besteuerung, Band 4, Köln 1994, S. 127–159.

Holtmann, Jan Philip, Pfadabhängigkeit strategischer Entscheidungen – Eine Fallstudie am Beispiel des Bertelsmann Buchclubs Deutschland, Köln 2008 (zitiert: *Holtmann,* Pfadabhängigkeit strategischer Entscheidungen, S. ...).

Isensee, Josef, Vom Beruf unserer Zeit für Steuervereinfachung, StuW 1994, S. 3–14.

Isensee, Josef, Die typisierende Verwaltung, Berlin 1976.

Jacob, Friedhelm/Klein, Martin, Kein Ausschluss der KapESt-Erstattung gemäß § 50d Abs. 1 a EStG 1990/1994 und § 42 AO bei Zwischenschaltung konzernintern ausgegliederter Beteiligungsgesellschaft, IStR 2005, S. 710–719.

Jacobs, Otto H./Endres, Dieter/Spengel, Christoph (Hrsg.), Internationale Unternehmensbesteuerung, 7. Aufl. München 2011 (zitiert: *Jacobs/Endres/Spengel,* Internationale Unternehmensbesteuerung, S. ...).

Jakob, Wolfgang, Einkommensteuerrecht, 4. Aufl., München 2008.

Jansen, Lothar/Weidmann, Matthias, Treaty Overriding und Verfassungsrecht, Beurteilung der verfassungsrechtlichen Zulässigkeit von Treaty Overrides am Beispiel des § 50d EStG, IStR 2010, S. 596–605.

Jarass, Hans D., Richtlinienkonforme bzw. EG-rechtskonforme Auslegung nationalen Rechts, EuR 1991, S. 211–223.

Jehlin, Alexander/Stolle, Barbara, Bericht zum 10. Münchner Unternehmenssteuerforum mit dem Titel „§ 50d Abs. 3 EStG – Neue Herausforderungen für die Kapitalsteuerentlastung", DStR 2013, Beihefter zu Heft 23, S. 26–29.

Käshammer, Daniel/Schümmer, Markus, Gestaltungen zur Vermeidung des § 50d Abs. 3 EStG bei Ausschüttungen, IStR 2011, S. 410–414.

Kellersmann, Dietrich/Treisch, Corinna/Lampert, Steffen/Heinemann, Daniela, Europäische Unternehmensbesteuerung I, Europarecht – Grundfreiheiten – Beihilfeproblematik, 2. Aufl., Wiesbaden 2013 (zitiert: *Kellersmann/Treisch/Lampert/Heinemann,* Europäische Unternehmensbesteuerung I, S. ...).

Kellersmann, Dietrich/Treisch, Corinna/Lampert, Steffen/Heinemann, Daniela, Europäische Unternehmensbesteuerung II, Harmonisierung der direkten Unternehmensbesteuerung, 2. Aufl., Wiesbaden 2013 (zitiert: *Kellersmann/Treisch/Lampert/Heinemann*, Europäische Unternehmensbesteuerung II, S. ...).

Kempf, Andreas/Bandl, Micheal, Hat das Treaty Override in Deutschland eine Zukunft?, DB 2007, S. 1377–1381.

Kirchhof, Paul, Einkommensteuergesetz, Kommentar, 11. Aufl., Köln 2012 (zitiert: *Bearbeiter*, in: Kirchhof).

Kirchhof, Paul, Legalität, Gestaltungsfreiheit und Belastungsgleichheit als Grundlagen der Besteuerung, in: *Hüttemann, Rainer* (Hrsg.), Gestaltungsfreiheit und Gestaltungsmissbrauch im Steuerrecht, Köln 2010 (Deutsche Steuerjuristische Gesellschaft 2010, Band 33) S. 9–28 (zitiert: *Kirchhof*, DStJG 2010, S. ...).

Kirchhof, Paul, Die Widerspruchsfreiheit im Steuerrecht, StuW 2000, S. 316–327.

Kirchhof, Paul, Steuergleichheit, StuW 1984, S. 297–314.

Kirchhof, Paul, Steuerumgehung und Auslegungsmethoden, StuW 1983, S. 173–183.

Kirchhof, Paul/Söhn, Hartmut/Mellinghoff, Rudolf (Hrsg.), Einkommensteuergesetz Kommentar (zitiert: *Bearbeiter*, in: K/S/M, EStG^{Ergänzungslieferung}, § ... Rn. ...).

Klein, Franz, Abgabenordnung – einschließlich Steuerstrafrecht –, 11. Aufl., München 2012 (zitiert: *Bearbeiter*, in: Klein, AO, § ... Rn. ...).

Klein, Albrecht, Die legislative Typisierung von Erwerbsaufwendungen im Einkommensteuerrecht, München 2001.

Knobbe-Keuk, Brigitte, Die beiden Unternehmenssteuerrichtlinien, Insbesondere die Mißbrauchsklauseln und die Mängel der deutschen Umsetzung, EuZW 1992, S. 336–343.

Knobbe-Keuk, Brigitte, The EC corporate tax directives – anti abuse provisions, dircet effect, German implementation law, intertax 1992, S. 485–494.

Köhler, Stefan/Tippelhofer, Martina, Verschärfung des § 42 AO durch das Jahressteuergesetz 2008? Zum unterschiedlichen Missbrauchsbegriff nach deutschem und europäischem Steuerrecht, IStR 2007, S. 681–684.

Köhler, Stefan/Tippelhofer, Martina, Kapitalverkehrsfreiheit auch in Drittstaatenfällen? Zugleich Anmerkung zu den Entscheidungen des EuGH in den Rechtssachen Lasertec (C-492/04) und Holböck (C-157/05) sowie zum BMF-Schreiben v. 21.3.2007 (IV B 7 – G 1421/0), IStR 2007, S. 645–649.

Kokott, Juliane/Henze, Thomas, Ist der EuGH – noch – ein Motor für die Konvergenz der Steuersysteme, BB 2007, S. 913–918.

Kokott, Juliane/Ost, Hartmut, Europäische Grundfreiheiten und nationales Steuerrecht, EuZW 2011, S. 496–503.

Kollruss, Thomas, Leerlaufen des § 50d Abs. 3 EStG durch die Zinsschranke, IStR 2007, S. 780.

Krabbe, Helmut, Arbeiten des OECD-Steuerausschusses zu Inanspruchnahme von DBA-Begünstigungen und zum Abkommensmißbrauch, in: Gaddum, Johann

Wilhelm/Hofman, Heinz, Zinsen im internationalen Steuerrecht, München 1985, S. 45–50 (zitiert: *Krabbe*, in: Gaddum/Hofman, S. ...).

Kraft, Gerhard, Auslegungs- und Anwendungsprobleme der speziellen Missbrauchsklausel des § 50d Abs. 1a EStG zur Verhinderung von „Treaty Shopping" bzw. „Directive Shopping", IStR 1994, S. 370–377.

Kraft, Gerhard, Die mißbräuchliche Inanspruchnahme von Doppelbesteuerungsabkommen, Heidelberg 1991.

Kraft, Gerhard/Gebhardt, Ronald, Ist die Treaty Shopping-Klausel des § 50d Abs. 3 EStG de lege ferenda unions- und abkommensrechtskompatibel?, DB 2012, S. 80–83.

Kraft, Gerhard/Gebhardt, Ronald, Der neue Erlass zu § 50d Abs. 3 EStG i.d.F. des BeitrRLUmsG v. 24.1.2012 – missglückter Rettungsversuch einer missratenen Vorschrift, DStZ 2012, S. 398–407.

Kube, Hanno, Die ungeschriebenen Rechtfertigungsgründe im Bereich der Steuern, in: *Kruthoffer-Röwenkamp, Jutta* (Hrsg.), Die Rechtsprechung des EuGH in ihrer Bedeutung für das nationale und internationale Recht der direkten Steuern, Baden-Baden 2010, S. 133–156 (zitiert: *Kube, in:* Kruthoffer-Röwenkamp, S. ...).

Kube, Hanno/Palm, Ulrich/Seiler, Christian, Finanzierungsverantwortung für Gemeinwohlbelange – Zu den finanzverfassungsrechtlichen Maßstäben quersubventionierender Preisinterventionen, NJW 2003, S. 927–932.

Kube, Hanno/Straßburger, Benjamin, Dividendenbesteuerung im Binnenmarkt. Zur Gemeinschaftsrechtskonformität der deutschen Vorschriften über die Besteuerung von Streubesitzdividenden, IStR 2010, S. 301–309.

Kudert, Stephan/Kaczarepa, Daniel, Verlagerung von Managementfunktionen ins Ausland zur Ausschaltung von § 50d Abs. 3 EStG, PIStB 2012, S. 303–310.

Lang, Michael, Direkte Steuern und EU-Steuerpolitik – Wo bleiben die Visionen?, IStR 2013, S. 365–373.

Lang, Michael, Die Vermeidung der Doppelbesteuerung und der doppelten Nichtbesteuerung als DBA-Auslegungsmaxime, IStR 2002, S. 609–613.

Lantpert, Steffen, Die dynamische Auslegung von Doppelbesteuerungsabkommen unter besonderer Beachtung des Kommentars zum OECD-Musterabkommen, IStR 2012, S. 513–518.

Larenz, Karl, Methodenlehre der Rechtswissenschaft, 5. Aufl., Berlin, Heidelberg 2011, New York, Tokyo.

Lehmbruch, Gerhard, Der unitarische Bundesstaat in Deutschland: Pfadabhängigkeit und Wandel, Köln 2002 (zitiert: *Lehmbruch,* Der unitarische Bundesstaat, S. ...).

Lehner, Moris, Keine Verfügung des Parlaments über seine Normsetzungsautorität, Zum Vorlagebeschluss des BFH v. 11.12.2013 I R 4/13 zu § 50d Abs. 10 EStG, IStR 2014, S. 189–192.

Lehner, Moris, Treaty Override im Anwendungsbereich des § 50d EStG, IStR 2012, S. 389–404.

Lehner, Moris, Die verfassungsrechtliche Verankerung des objektiven Nettoprinzips. Zum Vorlagebeschluss des BFH und zur Entscheidung des BVerfG über die Verfassungswidrigkeit der Entfernungspauschale, DStR 2009, S. 185–191.

Leisner-Egensperger, Anna, Treaty Override bei Einschaltung ausländischer Gesellschaften, DStZ 2013, S. 744–752.

Leisner-Egensperger, Anna, Die Folgerichtigkeit – Systemsuche als Problem für Verfassungsbegriff und Demokratiegebot –, DÖV 2013, S. 533–539.

Lenaerts, Koen, Die Entwicklung der Rechtsprechung des Gerichtshofs der Europäischen Gemeinschaften auf dem Gebiet der direkten Besteuerung, EuR 2009 S. 728–749.

Lenaerts, Koen, Die direkte Besteuerung in der EU, 1. Aufl., Baden-Baden 2007.

Lenz, Christopher/Gerhard, Torsten, Das „Grundrecht auf steueroptimierende Gestaltung“ Ist der Regierungsentwurf zu § 42 AO mit der Gestaltungsfreiheit des Steuerpflichtigen vereinbar?, BB 2007, S. 2429–2434.

Linardatos, Dimitrios, Die Partnerschaftsgesellschaft mit beschränkter Berufshaftung – eine echte Alternative zur Limited Liability Partnership oder eine systemwidrige Implementierung in das Partnerschaftsgesellschaftsgesetz?, VersR 2013, S. 1488–1498.

Linn, Alexander, Das Gesetz zur Umsetzung des EuGH-Urteils vom 20.10.2011 in der Rechtssache C-284/09 (Streubesitzdividenden), IStR 2013, S. 235–238.

Linn, Alexander, Generalthema I: Steuerumgehung und Abkommensrecht, IStR 2010, S. 542–546.

Littmann, Eberhard/Bitz, Horst/Pust, Hartmut (Hrsg.), Das Einkommensteuerrecht, Kommentar zum Einkommensteuerrecht, Loseblatt, Stuttgart (zitiert: *Bearbeiter,* in: Littmann/Bitz/Pust, $EStG^{Ergänzungslieferung}$, § ... Rn. ...).

Looschelders, Dirk/Roth, Wolfgang, Juristische Methodik im Prozeß der Rechtsanwendung, Zugleich ein Beitrag zu den verfassungsrechtlichen Grundlagen von Gesetzesauslegung und Rechtsfortbildung, Berlin 1996 (zitiert: *Looschelders/Roth,* Juristische Methodik im Prozeß der Rechtsanwendung, S. ...).

Loritz, Karl-Georg, Stellungnahme zum Gesetzesentwurf der Bundesregierung „Entwurf eines Jahressteuergesetzes 2008 (JStG 2008) – Drucksache 16/6290, ZSteu 2007, S. 415–420.

Lüdicke, Jürgen, Der missratene § 50d Abs. 3 Satz 1 EStG i. d. F. des BeitrRLUmsG, IStR 2012, S. 81–86.

Lüdicke, Jürgen, Zum BMF-Schreiben vom 24.1.2012: Entlastungsberechtigung ausländischer Gesellschaften (§ 50d Abs. 3 EStG), IStR 2012, S. 148–152.

Lüdicke, Jürgen, Überlegungen zur deutschen DBA-Politik, 1. Aufl., Baden-Baden 2008.

Lüdicke, Jürgen, Das Ende der Suspensionsklauseln für Dividenden in den deutschen DBA infolge StSenkG, IStR 2001, S. 743–745.

Lutz, Georg, Massnahmen gegen die missbräuchliche Inanspruchnahme von Doppelbesteuerungsabkommen, Zürich 2000.

Maiterth, Ralf, Das EuGH-Urteil „Marks & Spencer" und die grenzüberschreitende Verlustverrechnung aus ökonomischer Sicht, DStR 2006, S. 915–119.

Meiisel, Patrick/Bokeloh, Bettina, Neuere Erkenntnisse für die Anwendung primären und sekundären EU-Rechts aus der Rechtssache Burda?, DB 2008, S. 2160–2164.

Menhorn, Matthias, § 50d Abs. 3 EStG und der stillschweigende Missbrauchsvorbehalt in Doppelbesteuerungsabkommen, IstR 2005, S. 325–328.

Micker, Lars, Anwendungsprobleme des Anti-Treaty-Shopping nach § 50d Abs. 3 EStG, FR 2009, S. 409–415.

Mitschke, Wolfgang, Plädoyer für eine Nichtanwendung der EuGH-Rechtsprechung im Bereich der direkten Steuern, FR 2008, S. 165–174.

Mössner, Jörg Manfred, Selbständigkeit juristischer Personen und Kapitalgesellschaften im internationalen Steuerrecht, RIW 1986, S. 208–213.

Morgenthaler, Gerd, Beschränkte Steuerpflicht und Gleichheitssatz – Zur verfassungsrechtlichen Beurteilung des Falles Werner -, IStR 1993, S. 258–262.

Mühl, Alex, Diskriminierung und Beschränkung. Grundsätze einer einheitlichen Dogmatik der wirtschaftlichen Grundfreiheiten des EG-Vertrages, Berlin 2004.

Müller, Friedrich/Christensen, Ralph, Juristische Methodik. Band I. Grundlegung für die Arbeitsmethoden der Rechtspraxis, 11. Aufl. Berlin 2013 (zitiert: *Müller/Christensen,* Juristische Methodik, S. ...).

Münch, Ingov on/Kunig, Philip (Hrsg.), Grundgesetz, Band 1, 6. Aufl. München 2012 (zitiert: *Bearbeiter,* in: v. Münch/Kunig, GG, Art. ... Rn. ...).

Musil, Andreas, Treaty Override als Dauerproblem des Internationalen Steuerrechts, IstR 2014, S. 193–196.

Musil, Andreas, § 50d Abs. 3 EStG – eine unendliche Geschichte?, FR 2012, S. 149–153.

Musil, Andreas, Spielräume des deutschen Gesetzgebers bei der Verhütung grenzüberschreitende Steuerumgehung, RIW 2006, S. 287–294.

Musil, Andreas, Deutsches Treaty Overriding und seine Vereinbarkeit mit Europäischem Gemeinschaftsrecht, Berlin 2000 (zitiert: *Musil,* Deutsches Treaty Overriding, S. ...).

Musil, Andreas/Fähling, Lars, Neue Entwicklungen bei den europarechtlichen Rechtfertigungsgründen im Bereich des Ertragsteuerrechts, DStR 2010, S. 1501–1505.

Musil, Andreas/Volmering, Björn, Systematische, verfassungsrechtliche und europarechtliche Probleme der Zinsschranke, DB 2008, S. 12–16.

Musset, Karl Heinz, Normenflut im Steuerrecht. Ursachen und Möglichkeiten ihrer Eindämmung, ZG 1985, S. 60–72.

Neumann, Steffen, Steuergestaltung aus Sicht der Verwaltungspraxis, in: Hüttemann, Rainer (Hrsg.), Gestaltungsfreiheit und Gestaltungsmissbrauch im Steuerrecht,

Köln 2010 (Deutsche Steuerjuristische Gesellschaft 2010, Band 33) S. 73–91 (zitiert: *Neumann*, DStJG 2010, S. ...).

OECD, OECD Guidelines for Multinational Enterprises – Recommendations for Responsible Business Conduct in a Global Economy, Paris, 25.5.2011.

Oellerich, Ingo, Die Abwehr des Abkommensmissbrauchs, IWB 2013, S. 33–40.

Offerhaus, Klaus, Die Dreiteilung der Staatsgewalten im Steuerrecht – Zum Verhältnis von Gesetzgebung und Finanzverwaltung zur Rechtsprechung des Bundesfinanzhofs, in: Mayer, Horst, Unternehmensbesteuerung in Theorie und Praxis, Leipzig 1996, S. 76–88 (zitiert: *Offerhaus*, in: Mayer, Unternehmensbesteuerung in Theorie und Praxis, S. ...).

Oppermann, Thomas/Classen, Dieter/Nettesheim, Martin, Europarecht, 5. Aufl., München 2011.

Osterloh, Lerke, Gesetzesbindung und Typisierungsspielräume bei der Anwendung der Steuergesetze, Baden-Baden 1992 (zitiert: *Osterloh*, Gesetzesbindung und Typisierungsspielräume, S. ...).

Paetsch, Ralf, „Zulässigkeit und Grenzen der Durchbrechung des objektiven Nettoprinzips im Einkommen- und Körperschaftsteuerecht" – Tagungsbericht zum 2. Steuerwissenschaftlichen Symposium im Bundesfinanzhof, DStR 2009, Beihefter zu Heft 32, S. 78–87.

Pahlke, Armin/König, Ulrich, Abgabenordnung Kommentar, 2. Aufl. München 2009 (zitiert: *Bearbeiter*, in: Pahlke/König, AO, § ... Rn. ...).

Pezzer, Heinz-Jürgen, Finanzgerichtsbarkeit im gewaltengeteilten Verfassungsstaat, DStR 2004, S. 525–534.

Pezzer, Heinz-Jürgen, Neuere Entwicklungen in der BFH-Rechtsprechung zu § 42 AO, in: Steuerberater-Jahrbuch 2000/2001, S. 61–81 (zitiert: *Pezzer*, StbJb 2000/01).

Pflügler, Hansjörg, „Quintettstruktur" zur Reduktion der Quellensteuer ist rechtsmissbräuchlich, PIStB 2001, S. 255–257.

Piltz, Detlev J., Wirtschaftliche oder sonst beachtliche Gründe in § 50d Abs. 3 EStG, IStR 2007, S. 793–799.

Piltz, Detlev J., Doppelbesteuerungsabkommen und Steuerumgehung – unter besonderer Berücksichtigung des treaty-shopping, Bonn 1987 (zitiert: *Piltz*, Doppelbesteuerungsabkommen und Steuerumgehung, s. ...).

Poulakos, Christos P., Der Missbrauch von steuerlichen Gestaltungsmöglichkeiten nach § 42 AO und das Europäische Gemeinschaftsrecht, Regensburg/Athen 2013 (zitiert: *Poulakos*, Der Missbrauch von steuerlichen Gestaltungsmöglichkeiten, S. ...).

Prebble, Zeö/Prebble, John, Comparing the General Anti-Avoidance Rule of Income Tax Law with the Civil Law Doctrine of Abuse of Law, Bulletin For international Taxation 2008, S. 151–170.

Rauer, Horst, Mißbrauch von Gestaltungsmöglichkeiten des Rechts durch Einschaltung einer Basisgesellschaft, DB 1983, S. 2276–2290.

Raupach, Arndt, Gewinn und Sondervergütungen der Gesellschafter von Personengesellschaften, Zur Entscheidung des Großen Senats v. 25.2.1991 GrS 7/89 über die Besteuerung der doppelstöckigen KG, StuW 1991, S. 278–283.

Rehm, Helmut/Nagler, Jürgen, Anmerkungen zum nachstehenden EuGH-Urteil „Burda" S. 515, IStR 2008, S. 511–514.

Reimer, Ekkehart, Rechtsschutz durch den EuGH: Setzt die deutsche Verfassung Schranken?, in: Lüdicke Jürgen (Hrsg.), Wo steht das deutsche Internationale Steuerrecht?, Köln 2009, S. 31–84 (zitiert: *Reimer,* in: Lüdicke, Wo steht das deutsch Internationale Steuerrecht?, S. ...).

Renger, Stefan, Treaty Shopping, Die neue Rechtsprechung zur Nutzung von Doppelbesteuerungsabkommen und ihre Vereinbarkeit mit EU-Recht, Paderborn 2008.

Reiß, Wolfram, Die nicht ordnungsgemäße Umsetzung von EG-Steuerrichtlinien und ihre Folgen, StuW 1994, S. 323–330.

Ribbrock, Martin, Verfassungswidrigkeit eins Treaty Override, BB 2012, S. 1902–1908.

Richter, Thomas, Substanzerfordernisse für ausländische Holding- und Zweckgesellschaften, BB 2012, S. 1643–1649.

Rödder, Thomas, Deutsche Unternehmensbesteuerung im Visier des EuGH, DStR 2004, S. 1629–1634.

Röhl, Klaus F./Röhl, Hans Christian, Allgemeine Rechtslehre, 3. Aufl., Köln/München 2008.

Rose, Gerd, Missbrauchs-Innentheorie und Steuerplanungssicherheit, FR 2003, S. 1274–1277.

Rosenkranz, Frank, Die völkerrechtskonforme Auslegung des EG-Sekundärrechts dargestellt am Beispiel des Urheberrechts, EuZW 2007, S. 238–242.

Roser, Frank, Die Auslegung sog. „alternativer Missbrauchsbestimmungen" – Inwieweit können derartige Vorschriften Steueransprüche begründen?, FR 2005, S. 178–184.

Rudolf, Michael, Treaty Shopping und Gestaltungsmissbrauch – zugleich ein Beitrag zur Identifizierung und Bewältigung kollidierender Missbrauchsmaßstäbe im deutschen, europäischen und internationalen Steuerrecht, Köln 2012 (zitiert: *Rudolf,* Treaty Shopping und Gestaltungsmissbrauch, S. ...).

Rüthers, Bernd/Höpfner, Clemens, Analogieverbot und subjektive Auslegungsmethode, JZ 2005, S. 21–25.

Rust, Alexander/Reimer, Ekkehart, Treaty Override im deutschen Internationalen Steuerrecht, IStR 2005, S. 843–849.

Sachs, Michael (Hrsg.), Grundgesetz, 5. Auflage, München 2009 (zitiert: *Bearbeiter*, in: Sachs, GG, Art. ... Rn. ...).

Schade, Dirk, Die deutsche Anti-Treaty-Shopping-Regelung des § 50d Abs. 3 EStG – Zu den Grenzen und dem Bedürfnis nach eine spezialgesetzlichen Regelung, Berlin 2013 (zitiert: *Schade*, Die deutsche Anti-Treaty-Shopping-Regelung des § 50d Abs. 3 EStG, S. ...).

Schaflitz, Andreas/Weidmann, Matthias, Einschränkung bei der Entlastung deutscher Abzugssteuern nach § 50d Abs. 3 Satz 1 EStG – aktuelle Anwendungsfragen, DStR 2013, Beihefter zu Heft 23, S. 30–36.

Schanne, Marcus, Doppelbesteuerungsabkommen und innerstaatliches Recht, Abkommensmissbrauch und Missbrauchsverhinderung, Frankfurt am Main 1999 (zitiert: *Schanne*, DBA und innerstaatliches Recht, S. ...).

Schaumburg, Harald, Internationales Steuerrecht, Außensteuerrecht Doppelbesteuerungsrecht, 3. Aufl., Köln 2011 (zitiert: *Schaumburg*, Internationales Steuerrecht, S. ...).

Schaumburg, Harald, Das Leistungsfähigkeitsprinzip im internationalen Steuerrecht, in: *Lang, Joachim* (Hrsg.), Die Steuerrechtsordnung in der Diskussion, Festschrift für Klaus Tipke, Köln 1995, S. 125–151 (zitiert: *Schaumburg*, in: FS Tipke, S. ...).

Schenke, Ralf P., in: Kirchhof, Paul/Söhn, Hartmut/Mellinghoff, Rudolf (Hrsg.), Einkommensteuergesetz Kommentar, 236. Aktualisierung November 2012 (zitiert: *Ralf P. Schenke*, in: K/S/M, EStG[236], § ... Rn. ...).

Schenke, Ralf P., Das Leistungsfähigkeitsprinzip im Steuerrecht und die zwei Phasen des Öffentlichen Rechts, in: Appel, Ivo/Hermes, Georg/Schönberger, Christoph (Hrsg.), Öffentliches Recht im offenen Staat, Festschrift für Rainer Wahl, Berlin 2011, S. 803–818 (zitiert: *Ralf P. Schenke*, in: FS Wahl, S. ...).

Schenke, Ralf P., Auslegung und Rechtsfortbildung, Überlegungen zu Grundfragen der rechtsmethodischen Systembildung am Beispiel der „Auslegung gegen den Wortlaut“, DStR 2011, Beihefter zu Heft 31, S. 54–59.

Schenke, Ralf P., Von der unmittelbaren Geltung von Richtlinien zur richtlinienkonformen Rechtsfortbildung: Die steuerrechtliche Perspektive, in: Müller-Graf, Peter-Christian/Schmahl, Stefanie/Skouris, Vassilios (Hrsg.), Europäisches Recht zwischen Bewährung und Wandel, Festschrift für Dieter H. Scheuing, Baden-Baden 2011, S. 149–164 (zitiert: *Ralf P. Schenke*, in: FS Scheuing, S. ...).

Schenke, Ralf P., Kritik der steuerrechtlichen Methodenlehre, StuW 2008, S. 206–215.

Schenke, Ralf P., Die Rechtsfindung im Steuerrecht, Konstitutionalisierung, Europäisierung, Methodengesetzgebung, Tübingen 2007 (zitiert: *Ralf P. Schenke*, Rechtsfindung im Steuerrecht, S. ...).

Schenke, Ralf P./Mohr, Martin, Auswirkungen des europäischen Gemeinschaftsrechts auf das deutsche Steuerrecht – Prominente Beispiele aus dem EStR, KStR, GewStR und AStR -, DStR 2009, S. 439–452.

Schenke, Wolf-Rüdiger, Besteuerung und Eigentumsgarantie, in: Burkei, Franz/Polter, Dirk M., Rechtsfragen im Spektrum des Öffentlichen. Mainzer Festschrift für Hubert Armbruster, Berlin 1976, S. 177–210 (zitiert: *W.-R. Schenke,* in: FS Armbruster, S. ...).

Schießl, Harald, Europäisierung der deutschen Unternehmensbesteuerung durch den EuGH, NJW 2005, S. 849–855.

Schmahl, Stefanie, Das Verhältnis der deutschen Rechtsordnung zu Regeln des Völkerrechts, JuS 2013, S. 961–966.

Schmahl, Stefanie, Deutschland und die europäische Integration – Grund und Grenzen der verfassungsrechtlichen Regelung unionsbezogener Fragen –, BayVBl. 2012, S. 1–8.

Schmidt, Ludwig (Hrsg.), Einkommensteuergesetz, Kommentar, 32. Auflage, München 2012 (zitiert: *Schmidt/Bearbeiter,* EStG[32], § ... Rn. ...).

Schmidt, Ludwig (Hrsg.), Einkommensteuergesetz, Kommentar, 21. Auflage, München 2002 (zitiert: *Schmidt/Bearbeiter,* EStG[21], § ... Rn. ...).

Schmidt, Ludwig (Hrsg.), Einkommensteuergesetz, Kommentar, 13. Auflage, München 1994 (zitiert: Schmidt/Bearbeiter, EStG[13], § ... Rn. ...).

Schmidt, Susanne K., Gefangen im „lockin"? Zur Pfadabhängigkeit der Rechtsprechung des Europäischen Gerichtshofs, dms 2010, S. 455–473.

Schneider, Uwe H./Anzinger, Heribert M., Umgehung und missbräuchliche Gestaltung im Kapitalmarktrecht oder: Brauchen wir eine § 42 AO entsprechende Vorschrift im Kapitalmarktrecht?, ZIP 2009, S. 1–10.

Schnitger, Arne, Fragestellungen zur steuerlichen Behandlung doppelt ansässiger Kapitalgesellschaften, IStR 2013, S. 82–91.

Schnitger, Arne, Die Grenzen der Einwirkung der Grundfreiheiten des EG-Vertrages auf das Ertragsteuerrecht, Düsseldorf 2006 (zitiert: *Schnitger,* Einwirkung der Grundfreiheiten auf das Ertragsteuerrecht, S. ...).

Schnitger, Arne/Gebhardt, Ronald, Zweifelsfragen im Zusammenhang mit der Auslegung der sachlichen Entlastungsberechtigung gem. § 50d Abs. 3 EStG, ISR 2013, S. 202–210.

Schön, Wolfgang, Legalität, Gestaltungsfreiheit und Belastungsgleichheit als Grundlagen des Steuerrechts, in: Hüttemann, Rainer (Hrsg.), Gestaltungsfreiheit und Gestaltungsmissbrauch im Steuerrecht, Köln 2010 (Deutsche Steuerjuristische Gesellschaft 2010, Band 33) S. 29–63 (zitiert: *Wendt,* DStJG 2010, S. ...).

Schön, Wolfgang, Kapitalertragsteuer bei beschränkt steuerpflichtiger Kapitalgesellschaft: Bei Vermeidung der Doppelbesteuerung durch DBA kein Verstoß gegen Gemeinschaftsrecht, IStR 2009, S. 551–556.

Schön, Wolfgang, Rechtsmissbrauch und Europäisches Steuerrecht, in: Kirchhof, Paul/Nieskens, Hans (Hrsg.), Festschrift für Wolfram Reiss, Köln 2008, S. 571–596 (zitiert: *Schön,* in: FS Reiß, S. ...).

Schön, Wolfgang, Der „Rechtsmissbrauch“ im Europäischen Gesellschaftsrecht, in: Wank, Rolf/Hirte, Heribert/Frey, Kaspar/Fleischer, Holger/Thüsing, Gregor (Hrsg.), Festschrift für Heribert Wiedemann, München 2002, S. 1271–1295 (zitiert: *Schön*, in: FS Wiedemann, S. ...).

Schön, Wolfgang, Gestaltungsmissbrauch im europäischen Steuerrecht, IStR 1996, Beihefter zu Heft 2, S. 1–16.

Schön, Wolfgang, Die Auslegung europäischen Steuerrechts, Das harmonisierte Steuerrecht zwischen nationalem Zivilrecht und europäischem Gemeinschaftsrecht, in: Knobbe-Keuk, Brigitte (Hrsg.), Rechtsordnung und Steuerwesen, Band 20, Köln 1993 (zitiert: *Schön,* Die Auslegung europäischen Steuerrechts, S. ...).

Schönfeld, Jens, Die Steuerpflicht von Streubesitzdividenden gemäß § 8b Abs. 4 KStG n.F. – dargestellt anhand von Fallbeispielen, DStR 2013, S. 937–943.

Schönfeld, Jens, Missbrauchsvermeidung und Steuervergünstigungen im Lichte des Europarechts, IStR 2012, S. 215–222.

Schönfeld, Jens, Unterkapitalisierung und Missbrauch im Binnenmarkt und im Verhältnis zu Drittstaaten, und Staatshaftung, IStR 2007, S. 249–261.

Scholz, Judith, Anti-Treaty-Shopping-Regelungen, § 50d Abs. 3 EStG im internationalen Vergleich, Köln 2011 (zitiert: *Scholz,* Anti-Treaty-Shopping-Regelungen, S. ...).

Scholz, Sebastian, „Einheit der Gesellschaft“ versus „Vielheit der Gesellschafter“, Wertungsbezogenes System und Widerspruchsfreiheit im Ertragssteuerrecht der Personengesellschaften in der Rechtsprechung des BFH (zitiert: *Scholz,* „Einheit der Gesellschaft“ versus „Vielheit der Gesellschafter“, S. ...).

Schulz, Jan/Musil, Andreas, Grenzüberschreitende Einkünfteverlagerungen in verbundenen Unternehmen und europarechtliche Handlungsspielräume der Mitgliedstaaten, DStR 2013, S. 2205–2211.

Schulze, Reiner/Zuleeg (Hrsg.), Manfred, Europarecht Handbuch für die deutsche Rechtspraxis, Baden-Baden 2006 (zitiert: *Bearbeiter,* in: Schulze/Zuleeg, Europarecht, S. ...).

Schwarz, Bernhard (Hrsg.), Kommentar zu Abgabenordnung, Band 1, Freiburg, Stand: August 2010, 140. Ergänzungslieferung (zitiert: *Bearbeiter,* in: Schwarz, § ... Rn. ...).

Seer, Roman, Gestaltungsmissbrauch und Gestaltungsfreiheit im Steuerrecht – Einführung und Rechtfertigung des Themas, in: Hüttemann, Rainer (Hrsg.), Gestaltungsfreiheit und Gestaltungsmissbrauch im Steuerrecht, Köln 2010 (Deutsche Steuerjuristische Gesellschaft 2010, Band 33) S. 1–7 (zitiert: *Seer,* DStJG 2010).

Seer, Roman, Grenzen der Zulässigkeit eines treaty overridings am Beispiel der Switch-over-Klausel des § 20 AStG (Teil II), IStR 1997, S. 520–525.

Seer, Roman, Grenzen der Zulässigkeit eines treaty overridings am Beispiel der Switch-over-Klausel des § 20 AStG (Teil II), IStR 1997, S. 480–486.

Selling, Hans-Jürgen, Die Abschirmwirkung ausländischer Basisgesellschaften gegenüber dem deutschen Fiskus, DB 1988, S. 930–944.

Spindler, Wolfgang, Steuerrecht und Verfassungsrecht – eine Bestandsaufnahme, in: *Wachter, Thomas* (Hrsg.), Festschrift für Sebastian Spiegelberger zum 70. Geburtstag, Bonn 2009 (zitiert: *Spindler,* in: FS Spiegelberger, S. ...).

Spindler, Wolfgang, Der Nichtanwendungserlass im Steuerrecht, DStR 2007, S. 1061–1066.

Stark, Peter/Jasper, Benedikt, Methodische Überlegungen zu aktuellen Anwendungsproblemen des § 50d Abs. 3 EStG und einer systemgerechten Neuregelung, IStR 2013, S. 169–174.

Stern, Klaus/Becker, Florian (Hrsg.), Grundrechte-Kommentar, Köln 2010 (zitiert: *Bearbeiter,* in: Stern/Becker, Art. ... Rn. ...).

Stöber, Michael, Dividendenbesteuerung und Kapitalverkehrsfreiheit, DStZ, 155–164.

Stotz, Rüdiger, § 22 Die Rechtsprechung des EuGH, in: Riesenhuber, Karl (Hrsg.), Europäische Methodenlehre, 2. Aufl. Berlin/New York 2010, S. 653–678 (zitiert: *Stotz,* in: Riesenhuber, S. ...).

Streinz, Rudolf, Europarecht, 9. Aufl., Heidelberg 2012.

Strobl-Haarmann, Elisabeth, 25 Jahre Rechtsentwicklung zum Treaty Shopping in Deutschland, in: Kirchhof, Paul/Schmidt, Karsten/Schön, Wolfgang/Vogel, Klaus (Hrsg.), Festschrift für Arndt Raupach, S. 613–625, Köln 2006 (zitiert: *Strobl-Haarmann,* in: FS Raupach, S. ...).

Struck, Gerhard, Rechtssoziologie, Grundlagen und Strukturen, Baden-Baden 2011.

Sydow, Sabine/Franke, Yvonne, Überraschendes EuGH-Urteil zu Kapitalverkehrsfreiheit in Drittstaatensachverhalten und zu Missbrauchsreglungen, DB 2013, S. 2641–2646.

Tanzer, Michael, Das „Analogieverbot" im Steuerrecht – Eine Wertbetrachtung auf der Grundlage des kritischen Rechtspositivismus –, StuW 1981, S. 201–219.

Teichmann, Arndt, Die Gesetzesumgehung, Bd. 49 – Göttinger Rechtswissenschaftliche Studien, Göttingen 1962.

Terra, J.M. Ben/Wattel, Peter J., European Tax Law, 6. Aufl., New York 2012.

Thiele, Alexander, Das Europäische Steuerrecht – Eine Herausforderung für den nationalen Gesetzgeber, ZEuS 2007, S. 41–69.

Thiele, Katja, Der unionsrechtliche Missbrauchsbegriff im Bereich der direkten Steuern, IStR 2011, S. 452–457.

Tiedtke, Klaus/Mohr, Martin, Die Grundfreiheiten als zulässiger Maßstab für die direkten Steuern, EuZW 2008, S. 424–428.

Tipke, Klaus, Die Steuerrechtsordnung, Band I, 2. Aufl., Köln 2000 (zitiert: *Tipke,* Steuerrechtsordnung I, S. ...).

Tipke, Klaus, Die Steuerrechtsordnung, Band III, Köln 1993 (zitiert: *Tipke,* Steuerrechtsordnung III, S. ...).

Tipke, Klaus, An den Grenzen der Steuerberatung: Steuervermeidung, Steuerumgehung, Steuerhinterziehung, Steuerberater-Jahrbuch, 1972/73, S. 509–532.

Tipke, Klaus/Lang, Joachim, Steuerrecht, 20. Aufl., Köln 2010 (zitiert: *Bearbeiter,* in: Tipke/Lang, S. ...).

Thömmes, Otmar, Missbrauch und Missbrauchsverhütung aus EG-rechtlicher Sicht, in: *Gocke, Rolf/Gosch, Dietmar/Lang, Michael* (Hrsg.), Körperschaftsteuer Internationales Steuerrecht Doppelbesteuerung, Festschrift für Franz Wassermeyer, München 2005, S. 207–240 (zitiert: *Thömmes,* in: FS Wassermeyer, S. ...).

Tumpel, Michael, Europarechtliche Besteuerungsmaßstäbe für die grenzüberschreitende Organisation und Finanzierung von Unternehmen, in: *Pelka, Jürgen* (Hrsg.), Europa- und verfassungsrechtliche Grenzen der Unternehmensbesteuerung, Köln 2000 (Deutsche Steuerjuristische Gesellschaft 2000, Band 23) S. 321–372 (zitiert: *Tumpel,* DStJG 2000).

Tumpel, Michael, Die Bedeutung der abkommensrechtlichen Ansässigkeit für die Mutter-Tochter-Richtlinie und die Fusionsrichtlinie, in: Gassner, Wolfgang/Lang, Michael/Lechner, Eduard, Doppelbesteuerungsabkommen und EU-Recht, Wien 1996, S. 181–199 (zitiert: *Tumpel,* in: Gassner/Lang/Lechner, S. ...).

U. N. Department of International Economic and Social Affairs (1998): Contribution to international co-operation in tax matters (U. N. publications, ST/ESA/203), New York, 1988.

Vedder, Christoph/Heintschel von Heinegg, Wolff (Hrsg.), Europäisches Unionsrecht, EUV/AEUV/Grundrechts-Charta, Handkommentar, 1. ,Aufl., Baden-Baden 2012 (zitiert: *Bearbeiter,* in: Vedder/Heintschel von Heinegg, AEUV).

Vogel, Klaus, Der EuGH und die direkten Steuern, StuW 2005, S. 373–377.

Vogel, Klaus, Völkerrechtliche Verträge und innerstaatliche Gesetzgebung – Eine neue Entscheidung des BVerfG hat Bedeutung auch für die Beurteilung des treaty override –, IStR 2005, S. 29–30.

Vogel, Klaus, Abkommensbindung und Missbrauchsabwehr, in: Cagianut, Francis/Vallander, Klaus A. (Hrsg.), Steuerrecht – Ausgewählte Probleme am Ende des 20. Jahrhunderts, Bern/Stuttgart/Wien 1995, S. 461–481 (zitiert: *Vogel,* in: FS Höhn, S. ...).

Vogel, Klaus, Steuerumgehung bei Doppelbesteuerungsabkommen, in: Haarmann, Wilhelm (Hrsg.), Grenzen der Gestaltung im Internationalen Steuerrecht, Forum der Internationalen Besteuerung, Band 4, Köln 1994.

Vogel, Klaus, Steuerumgehung nach innerstaatlichem Recht und nach Abkommensrecht, StuW 1985, S. 369–381.

Vogel, Klaus/Lehner, Moris (Hrsg.), Doppelbesteuerungsabkommen, Kommentar, 5. Aufl., München 2008 (zitiert: *Bearbeiter,* in: *Vogel/Lehner,* DBA[5]).

Wassermeyer, Franz/Debatin, Helmut (Hrsg.), Doppelbesteuerung, Kommentar, Band I, München, Stand: Mai 2012, 118. Ergänzungslieferung (zitiert: *Bearbeiter*, in: Wassermeyer/Debatin, § ... Rn. ...).

Weber-Grellet, Heinrich, Neu-Justierung der EuGH-Rechtsprechung, DStR 2009, S. 1229–1236.

Weber-Grellet, Heinrich, Europäisches Steuerrecht, München 2005.

Weber-Grellet, Heinrich, Rechtssicherheit im demokratischen Rechtsstaat Kontinuität und Planungssicherheit, StuW 2003, S. 278–285.

Weber-Grellet, Heinrich, Die Bedeutung der Rechtsnatur des Steuerrechts für dessen Anwendung und Auslegung, StuW 1993, S. 97–104.

Weber-Grellet, Heinrich, Auf den Schultern von Larenz: Demokratisch - rechtsstaatliche Rechtsanwendung und Rechtsfortbildung im Steuerrecht, DStR 1991, S. 438–445.

Weigell, Jörg, „Treaty Override" durch § 20 Abs. 2 AStG? Unerfreulich - Einfach gesetzlich unwirksam - Verfassungswidrig, IStR 2009, S. 636–641.

Wendt, Michael, § 42 AO vor dem Hintergrund der Rechtsprechung, in: Hüttemann, Rainer (Hrsg.), Gestaltungsfreiheit und Gestaltungsmissbrauch im Steuerrecht, Köln 2010 (Deutsche Steuerjuristische Gesellschaft 2010, Band 33) S. 117–138 (zitiert: *Wendt,* DStJG 2010, S. ...).

Werle, Raymund, Pfadabhängigkeit, in: Benz, Arthur/Lütz, Susanne/Schimank, Uwe/ Simonis, Georg, Handbuch Governance, 1. Aufl., Wiesbaden 2007, S. 119–131 (zitiert: *Werle,* in: Benz/Lütz/Schimank/Simonis, S. ...).

Wieland, Joachim, Der Europäische Gerichtshof als Steuergesetzgeber?, in: Gaitanidis, Charlotte/Kadelbach, Stefan/Rodriguez Iglesias, Gil Carlos (Hrsg.), Europa und seine Verfassung, Festschrift für Manfred Zuleeg, Baden-Baden 2005, S. 492–504 (zitiert: *Wieland,* in: FS Zuleeg, S. ...).

Wienbracke, Mike, Die Genese fiskalischen Misstrauens - Von § 5 RAO zu § 42 AO i. d. F. des JStG 2008 –, DB 2008, S. 664–669.

Wienbracke, Mike, Europarecht und nationale direkte Steuern, JURA 2008, S. 929–937.

Wiese, Götz Tobias, Entlastung ausländischer Gesellschaften von deutscher Quellensteuer - Anmerkung zur Änderung des § 50d Abs. 3 S. 1 und zum BMF-Schreiben vom 24.1.2012, GmbHR 2012, S. 376–384.

Winkelmann, Marion, Steuerumgehung durch die Einschaltung ausländischer Kapitalgesellschaften, Eine Untersuchung des Normenkonkurrenzverhältnisses zwischen § 42 AO und §§ 7 ff. AStG sowie § 50d Abs. 1a EStG, Frankfurt am Main 1997 (zitiert: *Winkelmann,* Steuerumgehung, S. ...).

Wohlschlegel, Hansperter, Doppelbesteuerungsabkommen: Treaty Override und Grundgesetz, FR 1993, S. 48–50.

Wünsche, Sybille/Briemaier, Bernhard, Erhebung von Quellensteuern auf Dividenden bei Investmentfonds – insbesondere Analyse des EuGH-Urteils vom 10.5.2012 in den verbundenen Rs. FIM Santander u.a., BB 2012, S. 2467–2473.

Zettler, Hilmar, Treaty-shopping nach Inkrafttreten des § 50d Ia EStG – Anwendung der deutschen Abwehrvorschrift und ihrer Konsequenz für die Internationale Steuerplanung mit Zwischengesellschaften, Hannover 1999 (zitiert: *Zettler,* Treaty-shopping nach Inkrafttreten des § 50d Ia EStG, S. ...).

Zippelius, Reinhold, Juristische Methodenlehre, 10. Aufl., München 2006.

Zorn, Nikolaus, Nochmals: Kapitalverkehrsfreiheit für Drittstaatendividenden, Eine Reaktion auf den Beitrag von Dietmar Völker in IStR 2009, 705 ff., IStR 2010, S. 190–196.

Zorn, Nikolaus, Verwertung von Auslandsverlusten bei DBA mit Befreiungsmethode, SWI 2001, S. 456–465.

www.ingramcontent.com/pod-product-compliance
Ingram Content Group UK Ltd.
Pitfield, Milton Keynes, MK11 3LW, UK
UKHW021911290926
8980IPUK00015B/1195

9 783631 715109